Harald Rösler (Hrsg.)

Tropfen aus dem Märchenborn (1903) und Märchen (1923)

von „Erika Hellingen“ (Pseudonym) = Elsbeth Montzheimer

Jugendperlen.

Sammlung illustrierter Erzählungen
für die deutsche Jugend und das Volk.

Herausgegeben von der
Hermann-Hubertus-Stiftung.

Band XXII.

Tropfen
aus dem
Märchenborn.

Von

Erika Hellingen.

Verlag der Hermann-Hubertus-Stiftung in Bochum.

Kommissionsverlag
von Carl Aug. Seyfried & Comp., München,
Schillerstrasse 28.

Titelblatt von 1903

„Erika Hellingen“ war das Pseudonym von Elsbeth Montzheimer.

Tropfen aus dem Märchenborn

(1903)

von „Erika Hellingen“ (Pseudonym)

und

Märchen

(1923)

von Elsbeth Montzheimer

Zweischriftige Sammelausgabe
— in Fraktur und in Antiqua —

neu herausgegeben

von

Harald Rösler

Duisburg
2024

Bibliographische Information der Deutschen Bibliothek
Die Deutsche Bibliothek verzeichnet diese Publikation
in der Deutschen Nationalbibliographie;
detaillierte bibliographische Daten sind im Internet über
http://dnb.ddb.de abrufbar.

Eine Übersicht der verwendeten Schriften findet sich
am Ende des Buches.

Preis: 19,95 €

ISBN 978-3-98885-344-8

Inhalt

Vergleich ausgewählter Schriftarten

(„lateinische Schrift“ Antiqua — „gebrochene Schrift“ Fraktur)

Offenbacher Schwabacher	Welt-Fraktur	Antiquaschrift: Scotch Modern	Koenig-Type	Fraktur (Normal-Fr.)	Deutſche Schreibſchrift (Kurrent)
A, a	A, a	A, a	A, a	A, a	A, a
B, b	B, b	B, b	B, b	B, b	B, b
C, c, ch	C, c, ch	C, c	C, c, ch	C, c, ch	C, c, ch
D, d	D, d	D, d	D, d	D, d	D, d
E, e	E, e	E, e	E, e	E, e	E, e
F, f	F, f	F, f	F, f	F, f	F, f
G, g	G, g	G, g	G, g	G, g	G, g
H, h	H, h	H, h	H, h	H, h	H, h
I, i	I, i	I, i	I, i	I, i	I, i
J, j	J, j	J, j	J, j	J, j	J, j
K, k, ck	K, k, ck	K, k	K, k, ck	K, k, ck	K, k, ck
L, l	L, l	L, l	L, l	L, l	L, l
M, m	M, m	M, m	M, m	M, m	M, m
N, n	N, n	N, n	N, n	N, n	N, n
O, o	O, o	O, o	O, o	O, o	O, o
P, p	P, p	P, p	P, p	P, p	P, p
Q, q	Q, q	Q, q	Q, q	Q, q	Q, q
R, r	R, r	R, r	R, r	R, r	R, r
S, ſ, s, ß	S, ſ, s, ß	S, ſ, s, ß	S, ſ, s, ß	S, ſ, s, ß	S, ſ, s, ß
T, t	T, t	T, t	T, t	T, t	T, t
U, u	U, u	U, u	U, u	U, u	U, u
V, v	V, v	V, v	V, v	V, v	V, v
W, w	W, w	W, w	W, w	W, w	W, w
X, x	X, x	X, x	X, x	X, x	X, x
Y, y	Y, y	Y, y	Y, y	Y, y	Y, y
Z, z, tz	Z, z, tz	Z, z	Z, z, tz	Z, z, tz	Z, z, tz

Ausführliche Anmerkungen zu den im vorliegenden Buche verwendeten Schriften (Name, Entstehungszeit usw.) finden sich ab Seite 490.

Bei den älteren „gebrochenen Schriften“ (Frakturschriften) finden sich meist ein offenes großes A (𝔄), ein einbeiniges kleines k (𝔨), ein geringeltes großes S (𝔖), ein kleines x, das einem kleinen r ähnelt (𝔵) und ein Y/y eigener Art (𝔜, 𝔶). Neuere Schriften dieses Typs orientieren sich stärker an Antiquaschriften (A, k, S, x/x, Y, y).

Der Hauptunterschied liegt in der S-Schreibung mit den beiden Buchstaben **Lang-ſ und Schluß-s** („Rund-s“). Für ungeübte Leser besteht zunächst eine große Verwechslungsmöglichkeit mit dem kleinen f, weil sie sich optisch nur durch den nach rechts durchgehenden Strich unterscheiden (f), der beim ſ fehlt. Letzteres hat bei manchen, nicht allen Schriften nur einen kleinen „Sporn“ nach links (Aufsicht = Aufſicht, Aufſicht, Aufſicht, *Aufſicht*).

Das lange ſ war früher auch in Antiquaschriften üblich, etwa bei Shakespeare-Werken (Shakeſpeare, *publiſhed by* …), auch in lateinischen oder französischen Texten. Im Laufe der Zeit wurde das Lang-ſ in der Antiqua immer ungebräuchlicher; übrig blieb das s als alleinige Form.

Das Lang-ſ steht als Anlaut oder Inlaut (ſie, ſich, ſein, ſo, Senſe, Urſula, ſonſt) und kann verdoppelt werden (Waſſer, Prinzeſ-ſin). Gerät der Doppellaut ans Zeilenende, wird er getrennt. ↗

Das Schluß-s steht im Auslaut: am Wortende (das, aus, damals) oder am Ende eines Teilwortes (Königshof, Volksmund), auch dann, wenn das nächste Teilwort mit einem Lang-ſ beginnt (Königsſohn, diesſeits, Ausſicht; Trennungen: Königs-ſohn, dies-ſeits, Aus-ſicht).

Die Buchstabenverbindung ſt bleibt beim Fraktursatz im Wortinneren stets ungetrennt (Trenne nie ſt, denn es tut ihm weh – ha-ſtig, ge-ſtern, ſchön-ſte); nur wenn ein Schluß-s an ein t gerät, kann getrennt werden (Königs-throhn, Haus-tür, Aus-tauſch) – also nur in zusammengesetzten Wörtern an der Wortfuge.

Am Wortschluß (oder am Schluß eines Teilwortes) wird das Doppel-ſ zum ß (zu Prinzeſſin: Prinzeß, Prinzeßböhnchen; zu küſſen: Kuß, Küßchen, Kußmund).

Im Fraktur-Schriftsatz sind deshalb Buchstabenfolgen wie ss oder gar sss unmöglich (~~Gussstahlwerk~~ — Gußſtahlwerk).

Jugend-Perlen

Illustrierte Erzählungen
für die
Deutsche Jugend.

Tropfen aus dem Märchenborn.

Außentitel von 1903

Vorwort des Herausgebers

Mit Begeisterung las ich als Kind vom Erdbeerkönig, von der Wilden Marinka, vom dankbaren Heinzelmännchen und all den anderen Gestalten. Das Buch selbst, damals schon über 50 Jahre alt und in beklagenswertem Zustand, ließ ich 1988 in Magdeburg buchbinderisch aufarbeiten und opferte gern einen Teil meines ersten Lohnes dafür. Nun hatte ich ein schönes Buch im Regal, aber das konnte ich höchstens an Freunde verleihen. Zwar keimte der Gedanke an eine Neuauflage, doch sprachen viele Gründe dagegen: keine Beziehungen zum Verlags- und Druckwesen, Papier wurde in der DDR zugeteilt, andere Dinge waren erst einmal wichtiger. Nach den Ereignissen von 1989/90, nach Berufs- und Ortswechseln, folgten 1996 der Kauf eines Rechners und die ersten Schritte auf dem Weg, selbst Druckwerke zu setzen.

Im Jahre 2003 konnte ich beim Bund für Deutsche Schrift und Sprache (BfdS) das Märchenbuch in deutscher Schrift (Fraktur) neu herausgeben. Diese Ausgabe ist gelegentlich noch antiquarisch zu bekommen.

Nun gab es zwar ein Buch, das dem Original ähnlich war, aber weil Frakturschrift selten geworden ist und besonders jüngere Menschen sie nicht mehr lesen, entschloß ich mich im Jahre 2010, die Märchen auch in lateinischer Schrift (Antiqua) einem größeren Publikum zu präsentieren, erstmals seit 1926. Dieses in einer Kleinauflage erschienene Buch ist inzwischen nicht mehr erhältlich.

Nach der Neuherausgabe der Märchensammlung von 1923 bekam ich den Hinweis, daß die Autorin, Fräulein Elsbeth Montzheimer, 1903 unter dem Pseudonym „Erika Hellingen“ bereits Märchen veröffentlicht hatte, und zwar unter dem Titel „Tropfen aus dem Märchenborn“ in der Buchreihe

„Jugendperlen — Sammlung illustrierter Erzählungen für die deutsche Jugend und das Volk, herausgegeben von der Hermann-Hubertus-Stiftung“ [in Bochum].

Der Gedanke an eine Sammelausgabe der Märchen von der gleichen Autorin kam sofort auf, allerdings war eine Originalausgabe als Vorlage für den Neusatz zunächst nicht verfügbar: Die Deutsche Bücherei in Leipzig, die alle deutschsprachigen Bücher sammelt, wurde erst 1910 gegründet, hatte also kein Exemplar von 1903; die nach dem Kriege gegründete Deutsche Bibliothek in Frankfurt am Main erst recht nicht.

Das Durchforschen von Antiquariatslisten und ausgiebige Recherchen im Internet blieben sehr lange erfolglos — bis mir ein glücklicher Zufall doch noch ein Original der „Tropfen aus dem Märchenborn“ von 1903 in die Hände spielte. Nun konnte endlich der Neusatz beginnen. Das Ergebnis liegt vor Ihnen.

Bei der Frage „Fraktur oder Antiqua“, „näher am Original oder näher am heutigen, fraktur-ungeübten Leser“ wird mit dem vorliegenden Buch ein Kompromiß versucht: *beide* Zielgruppen sollen auf ihre Kosten kommen.

In Anlehnung an *zweisprachige* Bücher zur Unterstützung des Sprachenlernens liegt ein *zweischriftiges* Buch vor dem Leser: Dem moderneren Antiquatext auf den linken Seiten steht der Frakturtext auf den rechten Seiten gegenüber.

Des weiteren war zu überlegen, ob alle Märchen in je einer Schrift dem Leser dargebracht werden sollten, oder ob eine Auswahl verschiedener Schriften die bessere Wahl wäre. Die Entscheidung ist zugunsten *verschiedener* Schriften gefallen; auch, um dem Leser die Vielfalt vor Augen zu führen, die auf dem Gebiet der Typographie herrscht. Anregungen dazu stammen unter anderem aus der „Deutschen Schrift“, den Vierteljahresheften des Bundes für deutsche Schrift und Sprache, die in jedem Quartal mit anderen Schriften aufwarten.

Letztlich stand die Frage nach der Rechtschreibung im Raum, weil seit 1996 anders geschrieben wird als 1903 oder 1923. Hier fiel die Wahl auf die Originalschreibung.

Offensichtliche Satzfehler wurden stillschweigend beseitigt, ansonsten folgt die vorliegende Auflage den Urausgaben.

Das geht so weit, daß unverändert „Hülfe“ und „Epheu“ von 1903 übernommen wurde, wo es 1923 „Hilfe“ heißt und wo heute „Efeu“ geschrieben wird. Auch die Getrennt- und Zusammenschreibung wurde aus den Vorlagen übernommen.

Möge diese Sammelausgabe Ihnen heute ebensoviel Freude bereiten wie den Lesern vor hundertzwanzig und vor hundert Jahren.

Duisburg im November 2024
Der Herausgeber.

Prinzessin Hochmut

Es lebte vor vielen hundert Jahren ein mächtiger König, der über ein großes Königreich regierte. Viel Volk gehorchte ihm; er besaß herrliche Schlösser und Burgen, viele Schätze und Edelgestein; doch der größte Schatz dünkte ihm sein Töchterlein zu sein, das lieblich und hold anzusehn, unter der Obhut des Königs heranwuchs.

Weil aber die kleine Prinzessin Cora so ungewöhnlich hübsch und überdies eines so mächtigen Königs Tochter war, tat jedermann am Hofe ihren Willen, von der einfachsten Küchenmagd bis hinauf zur Oberhofmeisterin, sowie vom kleinsten Stallburschen bis zum vornehmsten Edelmann. — In der Tat, was immer sie wollte, geschah, wenn der Wunsch auch noch so töricht war.

So wurde sie launenhaft, eigenwillig und herrisch, glaubte, es sei die ganze Welt nur zu ihrem besonderen Vergnügen erschaffen und — ward schließlich hochmütig, was alles ihrer alten Amme, Frau Ursula, viel Herzeleid schaffte; denn ihr hatte die Königin auf dem Sterbebette anbefohlen, über das Kind zu wachen, daß es gut und brav werde. Sie war daher auch die einzige Person am Königshofe, die der jungen Prinzessin ins Gewissen redete. Es half jedoch nur selten, und die treue Dienerin mußte nach und nach erkennen, wie das Königskind sich auch ihr mehr und mehr entfremdete.

Als Cora fast erwachsen war, gab der König ihr Töchter von Grafen und Edlen zu Spielgefährtinnen, mit denen sie alles das lernen sollte, was damals von einer Prinzessin verlangt wurde. Doch mehr und mehr wuchs der Hochmut Coras, bis sie endlich begehrte, nur mit Königskindern zu verkehren. Da solche aber nicht in der Nähe waren und ihre Gefährtinnen zu ihren Eltern heimkehrten, war Cora ohne Freundinnen. Sie verlor nun immer mehr an Beliebtheit im Lande und hieß jetzt bei Hofe sowie auch im Volksmund — natürlich nur im Geheimen — „Prinzessin Hochmut“.

Prinzessin Hochmut

Es lebte vor vielen hundert Jahren ein mächtiger König, der über ein großes Königreich regierte. Viel Volk gehorchte ihm; er besaß herrliche Schlösser und Burgen, viele Schätze und Edelgestein; doch der größte Schatz dünkte ihm sein Töchterlein zu sein, das lieblich und hold anzusehn, unter der Obhut des Königs heranwuchs.

Weil aber die kleine Prinzessin Cora so ungewöhnlich hübsch und überdies eines so mächtigen Königs Tochter war, tat jedermann am Hofe ihren Willen, von der einfachsten Küchenmagd bis hinauf zur Oberhofmeisterin, sowie vom kleinsten Stallburschen bis zum vornehmsten Edelmann. — In der Tat, was immer sie wollte, geschah, wenn der Wunsch auch noch so töricht war.

So wurde sie launenhaft, eigenwillig und herrisch, glaubte, es sei die ganze Welt nur zu ihrem besonderen Vergnügen erschaffen und — ward schließlich hochmütig, was alles ihrer alten Amme, Frau Ursula, viel Herzeleid schaffte; denn ihr hatte die Königin auf dem Sterbebette anbefohlen, über das Kind zu wachen, daß es gut und brav werde. Sie war daher auch die einzige Person am Königshofe, die der jungen Prinzessin ins Gewissen redete. Es half jedoch nur selten, und die treue Dienerin mußte nach und nach erkennen, wie das Königskind sich auch ihr mehr und mehr entfremdete.

Als Cora fast erwachsen war, gab der König ihr Töchter von Grafen und Edlen zu Spielgefährtinnen, mit denen sie alles das lernen sollte, was damals von einer Prinzessin verlangt wurde. Doch mehr und mehr wuchs der Hochmut Coras, bis sie endlich begehrte, nur mit Königskindern zu verkehren. Da solche aber nicht in der Nähe waren und ihre Gefährtinnen zu ihren Eltern heimkehrten, war Cora ohne Freundinnen. Sie verlor nun immer mehr an Beliebtheit im Lande und hieß jetzt bei Hofe sowie auch im Volksmund — natürlich nur im Geheimen — „Prinzessin Hochmut“.

Prinzessin Hochmut war zu einer wunderschönen Jungfrau erwachsen, und der Ruf ihrer Schönheit sowie ihres Reichtums erfüllte alle Lande und verfehlte nicht, viele Freier herbeizuziehen. Es gab bei Hofe große Feste, Turniere und Jagden. — Doch obwohl sich zahlreiche Prinzen einfanden, gelang es keinem, die Neigung der Prinzessin zu gewinnen; denn an jedem hatte sie etwas auszusetzen. Sie glaubte, daß eine so schöne und reiche Prinzessin, wie sie es sei, füglich nur dem Sohn eines *Kaisers* ihre Hand reichen könne, und da ein solcher bisher noch nicht um sie geworben, schickte sie einen nach dem anderen heim, bis der König zornig wurde, zumal auch viele der abgewiesenen Freier mit Feindschaft gedroht hatten. So erklärte er ihr, der nächste vorhehme Freier, der sich ritterlich und tapfer zeige, solle, selbst wenn er *kein* Prinz sei, der Gatte Coras werden.

Die Prinzessin war außer sich. Sie beschwor den Vater, ihr doch als einer Königstochter eine solche Schmach nicht anzutun. Doch der König entließ sie diesmal ungnädig, ohne sein Wort zurückgenommen zu haben.

Bald darauf fand eine große Bärenjagd statt, an welcher auch Cora teilnahm, da sie das Waidwerk liebte. — Sie sah heute schöner aus denn je, war auch heiter und sorglos, denn der König war wieder liebevoll wie sonst zu ihr, und sie glaubte daher, er habe sie nur mit seiner Strenge schrecken wollen.

Ein junger Graf, der sich beim letzten Turnier sehr tapfer gezeigt und noch als Gast am Königshofe weilte, hatte mit dem König soeben einen Bären erlegt, als ein furchtbares Angstgeschrei in der Nähe ertönte. Beide Männer bahnten sich einen Weg durch das dichte Gestrüpp und sahen mit Entsetzen, wie eine verwundete, wütende Bärin an dem Roß der Prinzessin hinaufzuspringen suchte. Jetzt hing das besonders starke Raubtier in dem kostbaren Zaumzeug und streckte schon seine mächtigen Pranken drohend aus, um die totenbleiche Prinzessin zu zerfleischen. Da sauste der Speer des sofort zuspringenden Grafen in die Brust des Ungetüms, das sich nun auf diesen stürzen wollte.

Einen Augenblick war auch der kühne Ritter in Lebensgefahr; denn das wütende Tier hatte mit letzter Kraft den Arm seines Gegners

Prinzessin Hochmut war zu einer wunderschönen Jungfrau erwachsen, und der Ruf ihrer Schönheit sowie ihres Reichtums erfüllte alle Lande und verfehlte nicht, viele Freier herbeizuziehen. Es gab bei Hofe große Feste, Turniere und Jagden. — Doch obwohl sich zahlreiche Prinzen einfanden, gelang es keinem, die Neigung der Prinzessin zu gewinnen; denn an jedem hatte sie etwas auszusetzen. Sie glaubte, daß eine so schöne und reiche Prinzessin, wie sie es sei, füglich nur dem Sohn eines K a i s e r s ihre Hand reichen könne, und da ein solcher bisher noch nicht um sie geworben, schickte sie einen nach dem anderen heim, bis der König zornig wurde, zumal auch viele der abgewiesenen Freier mit Feindschaft gedroht hatten. So erklärte er ihr, der nächste vorhehme Freier, der sich ritterlich und tapfer zeige, solle, selbst wenn er k e i n Prinz sei, der Gatte Coras werden.

Die Prinzessin war außer sich. Sie beschwor den Vater, ihr doch als einer Königstochter eine solche Schmach nicht anzutun. Doch der König entließ sie diesmal ungnädig, ohne sein Wort zurückgenommen zu haben.

Bald darauf fand eine große Bärenjagd statt, an welcher auch Cora teilnahm, da sie das Waidwerk liebte. — Sie sah heute schöner aus denn je, war auch heiter und sorglos, denn der König war wieder liebevoll wie sonst zu ihr, und sie glaubte daher, er habe sie nur mit seiner Strenge schrecken wollen.

Ein junger Graf, der sich beim letzten Turnier sehr tapfer gezeigt und noch als Gast am Königshofe weilte, hatte mit dem König soeben einen Bären erlegt, als ein furchtbares Angstgeschrei in der Nähe ertönte. Beide Männer bahnten sich einen Weg durch das dichte Gestrüpp und sahen mit Entsetzen, wie eine verwundete, wütende Bärin an dem Roß der Prinzessin hinaufzuspringen suchte. Jetzt hing das besonders starke Raubtier in dem kostbaren Zaumzeug und streckte schon seine mächtigen Pranken drohend aus, um die totenbleiche Prinzessin zu zerfleischen. Da sauste der Speer des sofort zuspringenden Grafen in die Brust des Ungetüms, das sich nun auf diesen stürzen wollte.

Einen Augenblick war auch der kühne Ritter in Lebensgefahr; denn das wütende Tier hatte mit letzter Kraft den Arm seines Gegners gepackt. Doch dieser führte abermals einen mächtigen, tödlichen Stoß mit seinem Speer nach der Bärin, so daß dieselbe überwunden zur Erde fiel.

Der König, der nicht so schnell durch das dichte Unterholz folgen konnte, hatte, von Schreck überwältigt, die furchtbare Szene mit angesehen. Er umarmte den Lebensretter seiner Tochter, indem er ihm sagte, alles, was er wünsche, solle ihm als Lohn zuteil werden.

Die Prinzessin dankte ihrem Lebensretter ebenfalls mit warmen Worten und zeigte sich äußerst huldvoll gegen denselben; wußte sie doch am besten, wie nahe ihr die Gefahr gewesen, wie sie ohne die Hülfe des Tapferen verloren gewesen, da ihr Gefolge feige die Flucht ergriffen hatte. — Sie überlegte, womit sie auch ihrerseits den tapferen Grafen belohnen könne, ob vielleicht der herrliche Rappe aus ihrem Marstall mit seinem kostbaren Zaumzeug nach seinem Geschmack sein würde.

Im Schloß angekommen, ließ der König sogleich den Grafen Bruno zu sich entbieten und drang in ihn, seine Wünsche kundzutun, denn nichts von allen seinen Schätzen sei ihm so kostbar, daß er es dem Lebensretter seines einzigen Kindes nicht mit Freuden geben würde. Doch der Graf antwortete:

„Herr König, Ihr seid gar gütig und voll Huld; doch nicht nach *den* Schätzen trage ich Verlangen, die Ihr meinet. Das, was ich von Euch begehren möchte, so ich ein Königssohn wäre, ist mir unerreichbar. — Nur *dieses* Kleinod, das schönste aus Eurer Krone, dünkt mich begehrenswert: — Eure Tochter! — Verzeiht mir, gnädigster König, meinen Freimut und laßt mich nun von dannen ziehen!“

Der König jedoch ward nicht zornig, wie der Graf erwartet hatte, sondern nur ernst und nachdenklich, bis er endlich antwortete: „Fürwahr, edler Graf, kühn ist Eure Bitte, doch ich zürne Euch nicht ob derselben. Ihr wißt, was ich Euch danke, und ich will es Euch nicht verhehlen, daß Ihr mir fast so wert geworden seid, als wäret Ihr mein Sohn; darum weigere ich Euch nicht, um Prinzeß Cora zu werben. Doch gemach, junger Freund, denn gar stolz ist sie und voll Hochmut.“

gepackt. Doch dieser führte abermals einen mächtigen, tödlichen Stoß mit seinem Speer nach der Bärin, so daß dieselbe überwunden zur Erde fiel.

Der König, der nicht so schnell durch das dichte Unterholz folgen konnte, hatte, von Schreck überwältigt, die furchtbare Szene mit angesehen. Er umarmte den Lebensretter seiner Tochter, indem er ihm sagte, alles, was er wünsche, solle ihm als Lohn zuteil werden.

Die Prinzessin dankte ihrem Lebensretter ebenfalls mit warmen Worten und zeigte sich äußerst huldvoll gegen denselben; wußte sie doch am besten, wie nahe ihr die Gefahr gewesen, wie sie ohne die Hülfe des Tapferen verloren gewesen, da ihr Gefolge feige die Flucht ergriffen hatte. — Sie überlegte, womit sie auch ihrerseits den tapferen Grafen belohnen könne, ob vielleicht der herrliche Rappe aus ihrem Marstall mit seinem kostbaren Zaumzeug nach seinem Geschmack sein würde.

Im Schloß angekommen, ließ der König sogleich den Grafen Bruno zu sich entbieten und drang in ihn, seine Wünsche kundzutun, denn nichts von allen seinen Schätzen sei ihm so kostbar, daß er es dem Lebensretter seines einzigen Kindes nicht mit Freuden geben würde. Doch der Graf antwortete:

„Herr König, Ihr seid gar gütig und voll Huld; doch nicht nach d e n Schätzen trage ich Verlangen, die Ihr meinet. Das, was ich von Euch begehren möchte, so ich ein Königssohn wäre, ist mir unerreichbar. — Nur d i e s e s Kleinod, das schönste aus Eurer Krone, dünkt mich begehrenswert: — Eure Tochter! — Verzeiht mir, gnädigster König, meinen Freimut und laßt mich nun von dannen ziehen!“

Der König jedoch ward nicht zornig, wie der Graf erwartet hatte, sondern nur ernst und nachdenklich, bis er endlich antwortete: „Fürwahr, edler Graf, kühn ist Eure Bitte, doch ich zürne Euch nicht ob derselben. Ihr wißt, was ich Euch danke, und ich will es Euch nicht verhehlen, daß Ihr mir fast so wert geworden seid, als wäret Ihr mein Sohn; darum weigere ich Euch nicht, um Prinzeß Cora zu werben. Doch gemach, junger Freund, denn gar stolz ist sie und voll Hochmut.“

Als der König darauf seiner Tochter das Begehren des Grafen eröffnete und sie sich weigerte, diesen zum Gemahl zu wählen, ward ihr Vater ungnädig und drohte ihr mit seinem Zorn, wenn sie diesen ritterlichen Grafen abweisen würde, der ihn vor allen anderen Freiern am würdigsten und passendsten als sein Nachfolger auf dem Thron dünkte.

Prinzessin Cora hatte nichts an dem Grafen Bruno auszusetzen, als — daß er eben nicht der Sohn eines Kaisers oder Königs war. Verwischt war jetzt ihre Dankbarkeit, sie war wieder ganz und gar nur „Prinzessin Hochmut", die sich innerlich gegen die ihr gestellte unerhörte Zumutung auflehnte. Aber der Zorn des Vaters hatte sie so eingeschüchtert, daß sie nur um drei Tage Bedenkzeit zu bitten wagte. Diese wurde ihr gewährt und dem Bewerber ihr Bescheid kundgetan. In dieser Nacht fand Prinzessin Cora keinen Schlaf, und früh am Morgen, als die meisten Schloßbewohner noch der Ruhe pflegten, ritt sie, nur von ihrem alten Leibknappen Gino begleitet, dem Walde zu. Hier würde sie dem Freier nicht begegnen und konnte ihre Gedanken sammeln, konnte überlegen, was zu tun sei, um den Vater umzustimmen. Gino war schier verwundert über diesen einsamen Ritt seiner fürstlichen Gebieterin, die sonst nur dann in Wald und Feld zu reiten pflegte, wenn es galt, der Reiherbeize oder sonstigem Waidwerk obzuliegen.

Da plötzlich, als sie schon eine ganze Weile durch den schweigenden Wald geritten waren, lahmte Ginos Roß; es hatte sich einen Dorn in den Fuß getreten und konnte nicht weiter. Gino teilte es seiner Herrin mit und bat sie, ein wenig zu rasten, bis er den Dorn herausgezogen und den Fuß des Tieres verbunden habe.

Ungeachtet der Bitten, und Warnungen des Alten, nicht allein weiter zu reiten, da das in diesem großen Walde gefährlich wäre, lachte Cora verächtlich, ohne seiner Worte zu achten, und als der treue Diener daraufhin sein Roß festband und sich anschickte, der Prinzessin zu Fuße zu folgen, befahl sie ihm mit herrischem Ton, zuvor sein Roß zu verbinden und erst dann ihr zu folgen.

Sie ritt mit verhängtem Zügel langsam weiter, ohne des Weges zu achten, den ihr Roß nahm, oder sich nach Gino umzusehen.

Als der König darauf seiner Tochter das Begehren des Grafen eröffnete und sie sich weigerte, diesen zum Gemahl zu wählen, ward ihr Vater ungnädig und drohte ihr mit seinem Zorn, wenn sie diesen ritterlichen Grafen abweisen würde, der ihn vor allen anderen Freiern am würdigsten und passendsten als sein Nachfolger auf dem Thron dünkte.

Prinzessin Cora hatte nichts an dem Grafen Bruno auszusetzen, als — daß er eben nicht der Sohn eines Kaisers oder Königs war. Verwischt war jetzt ihre Dankbarkeit, sie war wieder ganz und gar nur „Prinzessin Hochmut", die sich innerlich gegen die ihr gestellte unerhörte Zumutung auflehnte. Aber der Zorn des Vaters hatte sie so eingeschüchtert, daß sie nur um drei Tage Bedenkzeit zu bitten wagte. Diese wurde ihr gewährt und dem Bewerber ihr Bescheid kundgetan. In dieser Nacht fand Prinzessin Cora keinen Schlaf, und früh am Morgen, als die meisten Schloßbewohner noch der Ruhe pflegten, ritt sie, nur von ihrem alten Leibknappen Gino begleitet, dem Walde zu. Hier würde sie dem Freier nicht begegnen und konnte ihre Gedanken sammeln, konnte überlegen, was zu tun sei, um den Vater umzustimmen. Gino war schier verwundert über diesen einsamen Ritt seiner fürstlichen Gebieterin, die sonst nur dann in Wald und Feld zu reiten pflegte, wenn es galt, der Reiherbeize oder sonstigem Waidwerk obzuliegen.

Da plötzlich, als sie schon eine ganze Weile durch den schweigenden Wald geritten waren, lahmte Ginos Roß; es hatte sich einen Dorn in den Fuß getreten und konnte nicht weiter. Gino teilte es seiner Herrin mit und bat sie, ein wenig zu rasten, bis er den Dorn herausgezogen und den Fuß des Tieres verbunden habe.

Ungeachtet der Bitten, und Warnungen des Alten, nicht allein weiter zu reiten, da das in diesem großen Walde gefährlich wäre, lachte Cora verächtlich, ohne seiner Worte zu achten, und als der treue Diener daraufhin sein Roß festband und sich anschickte, der Prinzessin zu Fuße zu folgen, befahl sie ihm mit herrischem Ton, zuvor sein Roß zu verbinden und erst dann ihr zu folgen.

Sie ritt mit verhängtem Zügel langsam weiter, ohne des Weges zu achten, den ihr Roß nahm, oder sich nach Gino umzusehen.

Der hatte erst ein Stück Weges zu einem Waldquell zu laufen, um die Wunde seines treuen Tieres zu kühlen, und konnte nur mit Mühe den Dorn entfernen. Als er daher endlich mit innerer Unruhe der Prinzessin folgen konnte, war diese längst seinen Blicken entschwunden. Hier und dort fand er frische Hufspuren, denen er folgte, die sich aber bald wieder verloren, und da alles Rufen vergeblich, auch der Ton seines Hornes unbeantwortet blieb, befiel ihn eine gewaltige Angst. Stundenlang irrte er umher und durchstreifte den Wald nach allen Richtungen, ohne die Gesuchte zu finden.

Prinzessin Cora war es ebenfalls mit Schrecken klar geworden, daß sie sich verirrt; sie wußte nicht, wohin sie sich wenden solle, um Gino wieder zu finden.

Sie führte das zierliche silberne Hifthorn, das sie bei sich trug, an die Lippen; aber es mußte neulich bei dem Bärenüberfall beschädigt worden sein; denn es gab keinen Ton von sich. Da fiel ihr ein, was sie nicht bedacht, daß es noch mehr Bären im Walde gab, daß sie ohne Waffe schutzlos jetzt solchen wilden Ungetümen preisgegeben wäre. Ihr Ruf verhallte ungehört. Stunden waren vergangen, Hunger und Durst quälten sie; denn Gino führte ja allen Mundvorrat bei sich. Endlich sprudelte ein Waldquell aus Felsgestein; sie fand eine geeignete Stelle zum Absteigen, zog ihren silbernen Trinkbecher hervor und trank das erquickende Wasser in langen Zügen.

Da sah sie plötzlich ein zerlumptes altes Weiblein zwischen den Bäumen auftauchen, das ebenfalls auf die Quelle zuschritt. Die Alte stutzte, als sie die schöne Jungfrau erblickte, welcher sie sich mit Zögern und unterwürfigem Gruß nahte. Anscheinend konnte sie sich nur mit größter Mühe fortbewegen und schien ebenfalls vom Durst geplagt; denn sie trat humpelnd neben Cora und schickte sich an, mit ihrer braunen Hand aus dem Quell zu schöpfen. Doch die schwere Holzlast auf dem Rücken hinderte sie im Niederbücken, und sie schaute mit verlangenden Blicken nach dem wieder gefüllten Becher der Prinzessin. „Schöne Dame, 's will nimmer gehen mit der schweren Last; ach, ich bitt' Euch, helft mir, sie absetzen, oder gebt mir einen Trunk Wasser aus Eurem Becher!“ Cora, welche bis dahin die Alte kaum eines Blickes gewürdigt hatte, sah nun mit unwilligem

Der hatte erst ein Stück Weges zu einem Waldquell zu laufen, um die Wunde seines treuen Tieres zu kühlen, und konnte nur mit Mühe den Dorn entfernen. Als er daher endlich mit innerer Unruhe der Prinzessin folgen konnte, war diese längst seinen Blicken entschwunden. Hier und dort fand er frische Hufspuren, denen er folgte, die sich aber bald wieder verloren, und da alles Rufen vergeblich, auch der Ton seines Hornes unbeantwortet blieb, befiel ihn eine gewaltige Angst. Stundenlang irrte er umher und durchstreifte den Wald nach allen Richtungen, ohne die Gesuchte zu finden.

Prinzessin Cora war es ebenfalls mit Schrecken klar geworden, daß sie sich verirrt; sie wußte nicht, wohin sie sich wenden solle, um Gino wieder zu finden.

Sie führte das zierliche silberne Hifthorn, das sie bei sich trug, an die Lippen; aber es mußte neulich bei dem Bärenüberfall beschädigt worden sein; denn es gab keinen Ton von sich. Da fiel ihr ein, was sie nicht bedacht, daß es noch mehr Bären im Walde gab, daß sie ohne Waffe schutzlos jetzt solchen wilden Ungetümen preisgegeben wäre. Ihr Ruf verhallte ungehört. Stunden waren vergangen, Hunger und Durst quälten sie; denn Gino führte ja allen Mundvorrat bei sich. Endlich sprudelte ein Waldquell aus Felsgestein; sie fand eine geeignete Stelle zum Absteigen, zog ihren silbernen Trinkbecher hervor und trank das erquickende Wasser in langen Zügen.

Da sah sie plötzlich ein zerlumptes altes Weiblein zwischen den Bäumen auftauchen, das ebenfalls auf die Quelle zuschritt. Die Alte stutzte, als sie die schöne Jungfrau erblickte, welcher sie sich mit Zögern und unterwürfigem Gruß nahte. Anscheinend konnte sie sich nur mit größter Mühe fortbewegen und schien ebenfalls vom Durst geplagt; denn sie trat humpelnd neben Cora und schickte sich an, mit ihrer braunen Hand aus dem Quell zu schöpfen. Doch die schwere Holzlast auf dem Rücken hinderte sie im Niederbücken, und sie schaute mit verlangenden Blicken nach dem wieder gefüllten Becher der Prinzessin. „Schöne Dame, 's will nimmer gehen mit der schweren Last; ach, ich bitt' Euch, helft mir, sie absetzen, oder gebt mir einen Trunk Wasser aus Eurem Becher!" Cora, welche bis dahin die Alte kaum eines Blickes gewürdigt hatte, sah nun mit unwilligem

Erstaunen zu dieser hin und antwortete hochmütig: „Sahet Ihr meinen Knappen nicht, den ich im Walde verlor? Der mag Euch zu Diensten sein; der Prinzessin Cora, der Tochter des Königs, würde solches übel anstehen."

Sie warf der Alten einige Silbermünzen zu, ohne zu beachten, daß sie nicht genommen wurden, und fuhr in ihrer hochmütigen Weise fort: „Haltet mir mein Roß, daß ich wieder aufsteigen kann und zeigt mir den nächsten Weg nach dem Schlosse!" — Das Weiblein war, so dünkte es Cora, stumm vor scheuer Verwunderung, ehe es mit zahnlosem Munde etliche unverständliche Worte murmelte. Dann aber traf ein flammender Blick aus düsteren Augen die Jungfrau, welcher diese erschauern ließ, und mit schriller Stimme tönte es an ihr Ohr:

„Ei, ei, Prinzessin, jetzt kenne ich Euch; weiß schon, wie die Leute von Euch reden: „Prinzessin Hochmut" nennen sie Euch. Doch helfen will ich Euch, so es Euch gelüstet, noch weiter zu reiten."

Die Prinzessin war sprachlos vor Entrüstung; denn niemals hatte noch jemand ihr solche Worte zu sagen gewagt. Aber seltsam, sie fand keine Erwiderung; vielmehr war ihr die Kehle wie zugeschnürt, und ein Beben flog durch ihren Körper, als sie sah, wie das Weib nach dem Zügel des Pferdes griff und dieses sich hoch aufbäumte.

Während Cora ihrem Roß begütigend den Hals klopfte und auf das erregte Tier liebkosend einsprach, war die Alte verschwunden, und Cora empfand dieses trotz der Einsamkeit beruhigend. Als sie aber ihr Pferd zu besteigen versuchte, bemekrte sie mit Entsetzen, daß es lahmte, und obwohl sie sich diesen Umstand nicht erklären konnte, blieb ihr nichts übrig, als, das Tier im Zügel führend, zu Fuß zu versuchen, entweder den Heimweg oder doch wenigstens Gino zu finden. Stundenlang irrte sie wieder umher. Ihre Füße, des weiten Wanderns auf unwegsamen Pfaden ungewohnt, schmerzten. Hunger und Durst peinigten sie unerträglich, und schon sank die Sonne, den Wald in schweigende Dämmerung hüllend.

Was sollte sie tun, wenn sich völlige Nacht über den Wald legte, dessen Einsamkeit ihr immer entsetzlicher wurde? Sie war nun völlig erschöpft und nahe daran, nieder zu sinken, als ihr plötzlich ein

Erstaunen zu dieser hin und antwortete hochmütig: „Sahet Ihr meinen Knappen nicht, den ich im Walde verlor? Der mag Euch zu Diensten sein; der Prinzessin Cora, der Tochter des Königs, würde solches übel anstehen.“

Sie warf der Alten einige Silbermünzen zu, ohne zu beachten, daß sie nicht genommen wurden, und fuhr in ihrer hochmütigen Weise fort: „Haltet mir mein Roß, daß ich wieder aufsteigen kann und zeigt mir den nächsten Weg nach dem Schlosse!“ — Das Weiblein war, so dünkte es Cora, stumm vor scheuer Verwunderung, ehe es mit zahnlosem Munde etliche unverständliche Worte murmelte. Dann aber traf ein flammender Blick aus düsteren Augen die Jungfrau, welcher diese erschauern ließ, und mit schriller Stimme tönte es an ihr Ohr:

„Ei, ei, Prinzessin, jetzt kenne ich Euch; weiß schon, wie die Leute von Euch reden: „Prinzessin Hochmut“ nennen sie Euch. Doch helfen will ich Euch, so es Euch gelüstet, noch weiter zu reiten.“

Die Prinzessin war sprachlos vor Entrüstung; denn niemals hatte noch jemand ihr solche Worte zu sagen gewagt. Aber seltsam, sie fand keine Erwiderung; vielmehr war ihr die Kehle wie zugeschnürt, und ein Beben flog durch ihren Körper, als sie sah, wie das Weib nach dem Zügel des Pferdes griff und dieses sich hoch aufbäumte.

Während Cora ihrem Roß begütigend den Hals klopfte und auf das erregte Tier liebkosend einsprach, war die Alte verschwunden, und Cora empfand dieses trotz der Einsamkeit beruhigend. Als sie aber ihr Pferd zu besteigen versuchte, bemekrte sie mit Entsetzen, daß es lahmte, und obwohl sie sich diesen Umstand nicht erklären konnte, blieb ihr nichts übrig, als, das Tier im Zügel führend, zu Fuß zu versuchen, entweder den Heimweg oder doch wenigstens Gino zu finden. Stundenlang irrte sie wieder umher. Ihre Füße, des weiten Wanderns auf unwegsamen Pfaden ungewohnt, schmerzten. Hunger und Durst peinigten sie unerträglich, und schon sank die Sonne, den Wald in schweigende Dämmerung hüllend.

Was sollte sie tun, wenn sich völlige Nacht über den Wald legte, dessen Einsamkeit ihr immer entsetzlicher wurde? Sie war nun völlig erschöpft und nahe daran, nieder zu sinken, als ihr plötzlich ein

Lichtschein auffiel, der in ziemlicher Nähe seinen Ursprung haben mußte. Das müde Roß führend, bahnte sie sich einen Weg durch das Gestrüpp und war sprachlos vor freudigem Erstaunen, als sie nun ein Schloß mit Zinnen und Türmen erblickte, doch nicht von dunklen Ringmauern umgeben, sondern ganz frei und nur durch einen schmalen Bach von den alten Waldbäumen getrennt. Wie weit von ihres Vaters Palast mußte sie abgeirrt sein, um in dieses ihr bisher völlig unbekannte Gebiet zu gelangen! Hatte sie doch keine Ahnung von dem Vorhandensein eines so prächtigen Schlosses im tiefen Walde und ebenso wenig davon, wem dasselbe gehören konnte.

Eine zierliche Zugbrücke führte über das Wässerlein, und Cora sah, diese betretend, in eine weite, von Fackeln erleuchtete, prächtige Halle, aus der soeben ein reich geschmückter Page ihr entgegenkam. Gewiß, hier konnte nur ein Fürst wohnen; sie durfte sich freuen, in dem schauerlichen Walde ein solches Obdach zu finden. Der Page verneigte sich ehrerbietig und deutete nach der Halle, auf deren breiten Eingangsstufen jetzt eine vornehme Frauengestalt in kostbaren Gewändern sichtbar wurde, welche grüßend der ihr nahenden Cora entgegenschritt.

„Verzeiht", nahm diese das Wort, „wenn ich Euch zur Nachtzeit heimsuche; aber ich bin verirrt und vermag nicht, den Rückweg zu meines Vaters Schloß zu finden. Mein Roß lahmt, und mein Leibknappe verlor meine Spur, und so bin ich allein, ohne Speis' und Trank umhergeirrt. Wollet Ihr, edle Dame, mir Obdach für einige Stunden der Rast gewähren, so wird es des Königs Huld Euch reichlich lohnen; denn ich bin seine Tochter."

„Willkommen heiße ich Euch, edle Prinzessin und werde mich freuen, so Ihr mein bescheidenes Heim würdig findet, Euch Rast zu gewähren. Das ganze Schloß steht Euren Wünschen und Befehlen offen, und ich selbst will Euch dienen, wie Ihr es heischen möget."

„Gar freundlich zeigte Ihr Euch; doch wollet mir nun auch kund tun, wer Ihr seid und wo ich bin! Eure Erscheinung, Kleider und Geschmeide sind die einer Fürstin, und doch sah ich Euch niemals an meines Vaters Hof bei Fest und Spiel, hörte auch nie von Eurem prächtigen Schloß erzählen." Die schöne Dame lächelte und antwortete:

Lichtschein auffiel, der in ziemlicher Nähe seinen Ursprung haben mußte. Das müde Roß führend, bahnte sie sich einen Weg durch das Gestrüpp und war sprachlos vor freudigem Erstaunen, als sie nun ein Schloß mit Zinnen und Türmen erblickte, doch nicht von dunklen Ringmauern umgeben, sondern ganz frei und nur durch einen schmalen Bach von den alten Waldbäumen getrennt. Wie weit von ihres Vaters Palast mußte sie abgeirrt sein, um in dieses ihr bisher völlig unbekannte Gebiet zu gelangen! Hatte sie doch keine Ahnung von dem Vorhandensein eines so prächtigen Schlosses im tiefen Walde und ebenso wenig davon, wem dasselbe gehören konnte.

Eine zierliche Zugbrücke führte über das Wässerlein, und Cora sah, diese betretend, in eine weite, von Fackeln erleuchtete, prächtige Halle, aus der soeben ein reich geschmückter Page ihr entgegenkam. Gewiß, hier konnte nur ein Fürst wohnen; sie durfte sich freuen, in dem schauerlichen Walde ein solches Obdach zu finden. Der Page verneigte sich ehrerbietig und deutete nach der Halle, auf deren breiten Eingangsstufen jetzt eine vornehme Frauengestalt in kostbaren Gewändern sichtbar wurde, welche grüßend der ihr nahenden Cora entgegenschritt.

„Verzeiht", nahm diese das Wort, „wenn ich Euch zur Nachtzeit heimsuche; aber ich bin verirrt und vermag nicht, den Rückweg zu meines Vaters Schloß zu finden. Mein Roß lahmt, und mein Leibknappe verlor meine Spur, und so bin ich allein, ohne Speis' und Trank umhergeirrt. Wollet Ihr, edle Dame, mir Obdach für einige Stunden der Rast gewähren, so wird es des Königs Huld Euch reichlich lohnen; denn ich bin seine Tochter."

„Willkommen heiße ich Euch, edle Prinzessin und werde mich freuen, so Ihr mein bescheidenes Heim würdig findet, Euch Rast zu gewähren. Das ganze Schloß steht Euren Wünschen und Befehlen offen, und ich selbst will Euch dienen, wie Ihr es heischen möget."

„Gar freundlich zeigte Ihr Euch; doch wollet mir nun auch kund tun, wer Ihr seid und wo ich bin! Eure Erscheinung, Kleider und Geschmeide sind die einer Fürstin, und doch sah ich Euch niemals an meines Vaters Hof bei Fest und Spiel, hörte auch nie von Eurem prächtigen Schloß erzählen." Die schöne Dame lächelte und antwortete:

„Saht Ihr mich noch nie, so denkt, daß mich nicht danach gelüstete, solchen Festen beizuwohnen; denn ich fühle mich nur hier im Walde wohl in meinem Reich, in der Waldburg, und ich höre mich am liebsten die „Frau vom Walde“ nennen, damit laßt Euch genügen, edle Prinzessin! Glaubt mir, nicht Rang und Reichtum sind die größten Schätze dieser Erde; denn sie machen gar manches Herz kalt und stolz, und weil ich das oft gesehen, zog ich es vor, allein und ungekannt hier zu leben. Doch nun sind wir am Ziel. Auch Eurem Roß wird es im Stall besser als im finstern Walde behagen; es soll bestens versorgt werden.“

Unter solcher Rede hatte die geheimnisvolle Schloßfrau ihren Gast durch weite herrliche Säle und Zimmer geführt, wo eines immer schöner als das andere war, bis sie endlich in ein großes Gemach gelangten, wo ein köstlicher Imbiß bereitet stand. Verwundert sah Cora die seltenen Gerichte, sowie die prächtige Tafel an, welche schon für zwei Personen gedeckt war.

„Ihr erwartet gewiß einen Gast, denn für mich konnte doch nicht wohl so schnell alles bereitet sein?“

Die Frau vom Walde lächelte und sagte: „Ei, Prinzessin, ich sah Euch schon kommen, und meine Diener sind behende.“

Nach beendetem Mahl, das der halb verschmachteten Cora herrlich mundete, führte die Schloßfrau sie in ein naheliegendes Schlafgemach, das fast noch prächtiger eingerichtet war, als die übrigen Räume. Wundervolle Teppiche zierten die Wände, an welchen schwellende, seidene Ruhebetten standen, und auf kunstvoll eingelegtem Marmorfußboden lagen kostbare Tigerfelle. Vergoldet waren die Sessel, und prunkvoll erschien selbst der verwöhnten Cora das große, ebenfalls vergoldete Himmelbett mit seidenen Kissen und Decken.

„Mich dünkt, ich darf es wagen, Euch, Prinzessin Cora, dieses Lager anzubieten? Wohl wird das Eure im Königsschloß Euch erwünschter sein, aber fühlt selbst, es sind die weichsten Daunen, welche Eurem ermüdeten Körper bald Schlummer bringen werden.“

Bald ruhte die Prinzessin auf dem weichen Lager, und obwohl die Gedanken an die Sorge ihres Vaters um sie auch anfangs den

„Saht Ihr mich noch nie, so denkt, daß mich nicht danach gelüstete, solchen Festen beizuwohnen; denn ich fühle mich nur hier im Walde wohl in meinem Reich, in der Waldburg, und ich höre mich am liebsten die „Frau vom Walde“ nennen, damit laßt Euch genügen, edle Prinzessin! Glaubt mir, nicht Rang und Reichtum sind die größten Schätze dieser Erde; denn sie machen gar manches Herz kalt und stolz, und weil ich das oft gesehen, zog ich es vor, allein und ungekannt hier zu leben. Doch nun sind wir am Ziel. Auch Eurem Roß wird es im Stall besser als im finstern Walde behagen; es soll bestens versorgt werden.“

Unter solcher Rede hatte die geheimnisvolle Schloßfrau ihren Gast durch weite herrliche Säle und Zimmer geführt, wo eines immer schöner als das andere war, bis sie endlich in ein großes Gemach gelangten, wo ein köstlicher Imbiß bereitet stand. Verwundert sah Cora die seltenen Gerichte, sowie die prächtige Tafel an, welche schon für zwei Personen gedeckt war.

„Ihr erwartet gewiß einen Gast, denn für mich konnte doch nicht wohl so schnell alles bereitet sein?“

Die Frau vom Walde lächelte und sagte: „Ei, Prinzessin, ich sah Euch schon kommen, und meine Diener sind behende.“

Nach beendetem Mahl, das der halb verschmachteten Cora herrlich mundete, führte die Schloßfrau sie in ein naheliegendes Schlafgemach, das fast noch prächtiger eingerichtet war, als die übrigen Räume. Wundervolle Teppiche zierten die Wände, an welchen schwellende, seidene Ruhebetten standen, und auf kunstvoll eingelegtem Marmorfußboden lagen kostbare Tigerfelle. Vergoldet waren die Sessel, und prunkvoll erschien selbst der verwöhnten Cora das große, ebenfalls vergoldete Himmelbett mit seidenen Kissen und Decken.

„Mich dünkt, ich darf es wagen, Euch, Prinzessin Cora, dieses Lager anzubieten? Wohl wird das Eure im Königsschloß Euch erwünschter sein, aber fühlt selbst, es sind die weichsten Daunen, welche Eurem ermüdeten Körper bald Schlummer bringen werden.“

Bald ruhte die Prinzessin auf dem weichen Lager, und obwohl die Gedanken an die Sorge ihres Vaters um sie auch anfangs den

Schlummer verscheuchen wollten, fiel sie doch bald in tiefen, festen Schlaf, aus welchem sie erst nach mehreren Stunden erwachte. Mit Mühe besann sie sich auf die Erlebnisse des vergangenen Tages. Wohl fühlte sie die seidenen Kissen und Decken, aber ihr Hochmut erwachte schon wieder, und sie murmelte:

„Ei, mag die Frau vom Walde auch stolz auf ihre weichen Daunen sein, Eiderdaunen, wie Prinzessin Cora sie gewohnt ist, sind es doch nicht." Hierauf schloß sie, da es noch Nacht war, wieder schlaftrunken die Augen und schlief, bis der helle Tag sie weckte.

Verstört blickte sie um sich. Welch wüster Traum äffte sie nur! Wo war sie? Die Augen schließend, versuchte sie die seidene Decke über ihr Gesicht zu ziehen; doch sie faßte nur groben Friesstoff und schrie plötzlich entsetzt auf! — Nein, sie träumte nicht, sie merkte es nun, daß sie auf harten Strohlager und grobem Fries lag, davon ihre Glieder schmerzten, und daß sie sich in einem niedrigen, dumpfen Gemach befand, welches nur dürftig mit ärmlichstem Hausrat ausgestattet war. Sie sprang, so schnell es ihr möglich war, auf und suchte nach ihrem Gewand, um von hier fort zu kommen, wo sie vielleicht Räubern in die Hände gefallen war. Doch keine Spur von ihrem Reitkleid war zu entdecken; nur ein Oberkleid von grobem Stoff, wie es die Bäuerinnen trugen, lag auf dem zerbrochenen Schemel bei ihrem Lager. — Was sollte sie beginnen?

Verzweifelt schaute sie um sich, als die Tür sich öffnete und dasselbe alte Weiblein eintrat, welches Cora gestern im Walde begegnet war. Ein unerklärliches Grauen beschlich die Prinzessin; doch — es gewaltsam überwindend, sagte sie in dringendem Ton: „Ich bitt' Euch, helft mir! Gebt mir meine Kleider und sagt mir, wo ich bin, wer mich aus dem Schloß der Frau vom Walde hierher entführte!" — Als die Alte noch zögerte, wiederholte sie abermals: „Ich bitt' Euch, helft mir!"

Da verzog sich der zahnlose Mund zu einem häßlichen Grinsen, und mit höhnischem Lachen ahmte sie die bittende Gebärde der Prinzessin nach.

„Hi, hi, hi, mein Täubchen, — ei, jetzt findet „Prinzessin Hochmut" gar dieselben Worte, so ich gestern vergbeblich im Walde an sie

Schlummer verscheuchen wollten, fiel sie doch bald in tiefen, festen Schlaf, aus welchem sie erst nach mehreren Stunden erwachte. Mit Mühe besann sie sich auf die Erlebnisse des vergangenen Tages. Wohl fühlte sie die seidenen Kissen und Decken, aber ihr Hochmut erwachte schon wieder, und sie murmelte:

„Ei, mag die Frau vom Walde auch stolz auf ihre weichen Daunen sein, Eiderdaunen, wie Prinzessin Cora sie gewohnt ist, sind es doch nicht.“ Hierauf schloß sie, da es noch Nacht war, wieder schlaftrunken die Augen und schlief, bis der helle Tag sie weckte.

Verstört blickte sie um sich. Welch wüster Traum äffte sie nur! Wo war sie? Die Augen schließend, versuchte sie die seidene Decke über ihr Gesicht zu ziehen; doch sie faßte nur groben Friesstoff und schrie plötzlich entsetzt auf! — Nein, sie träumte nicht, sie merkte es nun, daß sie auf harten Strohlager und grobem Fries lag, davon ihre Glieder schmerzten, und daß sie sich in einem niedrigen, dumpfen Gemach befand, welches nur dürftig mit ärmlichstem Hausrat ausgestattet war. Sie sprang, so schnell es ihr möglich war, auf und suchte nach ihrem Gewand, um von hier fort zu kommen, wo sie vielleicht Räubern in die Hände gefallen war. Doch keine Spur von ihrem Reitkleid war zu entdecken; nur ein Oberkleid von grobem Stoff, wie es die Bäuerinnen trugen, lag auf dem zerbrochenen Schemel bei ihrem Lager. — Was sollte sie beginnen?

Verzweifelt schaute sie um sich, als die Tür sich öffnete und dasselbe alte Weiblein eintrat, welches Cora gestern im Walde begegnet war. Ein unerklärliches Grauen beschlich die Prinzessin; doch — es gewaltsam überwindend, sagte sie in dringendem Ton: „Ich bitt' Euch, helft mir! Gebt mir meine Kleider und sagt mir, wo ich bin, wer mich aus dem Schloß der Frau vom Walde hierher entführte!“ — Als die Alte noch zögerte, wiederholte sie abermals: „Ich bitt' Euch, helft mir!“

Da verzog sich der zahnlose Mund zu einem häßlichen Grinsen, und mit höhnischem Lachen ahmte sie die bittende Gebärde der Prinzessin nach.

„Hi, hi, hi, mein Täubchen, — ei, jetzt findet „Prinzessin Hochmut“ gar dieselben Worte, so ich gestern vergbeblich im Walde an sie gerichtet, als ich matt, vom Durst geplagt, zur Quelle kam. — Fandet es gestern verächtlich, der Alten zu helfen, heischet solches darob auch heut' vergeblich von dieser. — Wollt wissen, wie Ihr hierher gekommen seid? — Hi, hi, ist leicht zu sagen. — Kamet gestern hierher als meine Herrin, — die Frau vom Walde, zu Eurem Empfange einen Palast errichtet hatte, der sich zu Eurem Frommen wieder in dieses Hüttlein verwandelte. Meine Herrin ist mächtig, sie kann vieles, — zaubert sich ein Schloß, wo sie just mag, belohnt das Gute und straft den Hochmut. Euch kannte sie schon lange, wollte Euch gestern prüfen, bliebet aber „Prinzessin Hochmut", nun müsset Ihr hier bleiben, — weiß nicht, wie lange! Sträubt Euch nicht, Prinzeßlein, 's hilft nichts, bis Ihr eine andere worden seid."

Geisterbleich, entsetzten Blickes starrte Cora die Alte an, dann sprang sie zur Tür, denn um jeden Preis von hier fort zu kommen, war ihr einziger Gedanke.

Doch ehe sie ihre Absicht ausführen konnte, fühlte sie sich mit schnellem Griff von der Alten festgehalten, welche ihr drohenden Blickes zurief:

„Entfliehe nicht —
Dein Bein wird Stein!
Ruf Hülfe nicht, —
Dein Schrein wird Kraihn (Krähen)!"

Als Cora trotzdem sich losreißen wollte, stand plötzlich die hohe Gestalt der „Frau vom Walde" vor ihr. Mit ernster, gebieterischer Gebärde deutete sie auf die Alte und sprach: „Prinzessin, ich rate dir zu deinem Besten, folge *dieser* dort in allen Stücken, sollte es dir auch nicht sonderlich gefallen. Du stößest die Armen unbarmherzig und mit Verachtung von dir; denn dein Herz ist voll Hochmut und kein Platz darin für Dankbarkeit und Milde. Einen edlen Mann mit treuem Gemüt und voll Tapferkeit verschmähtest du, weil er dich nicht vornehm genug dünkte. Wie wolltest du einst Königin sein, so du nicht ein Herz hättest für die Not deiner Untertanen? Prinzessin Cora, du bist in dem Reiche der „Waldfee", in *meinem* Reiche und gerichtet, als ich matt, vom Durst geplagt, zur Quelle kam. — Fandet es gestern verächtlich, der Alten zu helfen, heischet solches darob auch heut' vergeblich von dieser. — Wollt wissen, wie Ihr hierher gekommen seid? — Hi, hi, ist leicht zu sagen. — Kamet gestern hierher als meine Herrin, — die Frau vom Walde, zu Eurem Empfange einen Palast errichtet hatte, der sich zu Eurem Frommen wieder in dieses Hüttlein verwandelte. Meine Herrin ist mächtig, sie kann vieles, — zaubert sich ein Schloß, wo sie just mag, belohnt das Gute und straft den Hochmut. Euch kannte sie schon lange, wollte Euch gestern prüfen, bliebet aber „Prinzessin Hochmut", nun müsset Ihr hier bleiben, — weiß nicht, wie lange! Sträubt Euch nicht, Prinzeßlein, 's hilft nichts, bis Ihr eine andere worden seid."

Geisterbleich, entsetzten Blickes starrte Cora die Alte an, dann sprang sie zur Tür, denn um jeden Preis von hier fort zu kommen, war ihr einziger Gedanke.

Doch ehe sie ihre Absicht ausführen konnte, fühlte sie sich mit schnellem Griff von der Alten festgehalten, welche ihr drohenden Blickes zurief:

„Entfliehe nicht —
Dein Bein wird Stein!
Ruf Hülfe nicht, —
Dein Schrein wird Kraihn (Krähen)!"

Als Cora trotzdem sich losreißen wollte, stand plötzlich die hohe Gestalt der „Frau vom Walde" vor ihr. Mit ernster, gebieterischer Gebärde deutete sie auf die Alte und sprach: „Prinzessin, ich rate dir zu deinem Besten, folge d i e s e r dort in allen Stücken, sollte es dir auch nicht sonderlich gefallen. Du stößest die Armen unbarmherzig und mit Verachtung von dir; denn dein Herz ist voll Hochmut und kein Platz darin für Dankbarkeit und Milde. Einen edlen Mann mit treuem Gemüt und voll Tapferkeit verschmähtest du, weil er dich nicht vornehm genug dünkte. Wie wolltest du einst Königin sein, so du nicht ein Herz hättest für die Not deiner Untertanen? Prinzessin Cora, du bist in dem Reiche der „Waldfee", in m e i n e m Reiche und *meiner* Gewalt, zu deinem Besten. Bleibst du, wie du bist, schaust du kaum jemals wieder deines Vaters Reich; wirst du aber eine andere, dann ziehst du danach in Ehren wieder in deines Vaters Schloß, und Glück wird dir lächeln. — Darum höre und merke dieses Sprüchlein:

„Dem Hochmut entsage
Mit heutigem Tage;
Mein Wort wohl beachte:
nach *Demut* stets trachte!
Im Herzen dein wohne
Barmherzigkeit, Milde;
Schaust dann auch zum Lohne
Der Heimat Gefilde!"

Nach diesen Worten war die Fee verschnwunden, und Cora sank ganz gebrochen auf ihr dürftiges Lager. Es war zuviel auf sie eingestürmt in den letzten Minuten; jetzt umfing eine tiefe Ohnmacht ihre Sinne.

Als sie erwachte und sich mit Schrecken der letzten Vorgänge erinnerte, fand sie die Alte um ihre Pflege bemüht; sie rieb ihr die Stirn mit stärkendem Balsam, und in dem runzligen Gesicht glaubte Cora sogar so etwas wie Wohlwollen zu lesen, mit welchem die Gefährtin ihr jetzt eine Schüssel voll dampfender Mehlsuppe und feines, weißes Brot reichte. Als Cora, obwohl nach anfänglichem Sträuben, einen Teil der Mahlzeit genossen, fühlte sie sich neu belebt, und sich vorläufig in das Unabänderliche fügend, legte sie, obwohl unter heißen Tränen, das schon erwähnte grobe Gewand an, welches eigens für sie gemacht schien, so gut paßte es ihr. — Im stillen hoffte sie, ihres Vaters Boten würden sie doch endlich finden, und sie fügte sich dann anscheinend gehorsam allen Befehlen der Waldfrau. Sie lernte die Stube fegen, Wasser vom Quell schöpfen und sah mit Schrecken, wie ihre feinen weißen Hände vom Ruß beschmutzt wurden, als sie das Feuer im Herde schüren mußte. Kaum einen Bissen vermochte sie von der Mittagskost zu genießen; die Kehle war ihr meiner Gewalt, zu deinem Besten. Bleibst du, wie du bist, schaust du kaum jemals wieder deines Vaters Reich; wirst du aber eine andere, dann ziehst du danach in Ehren wieder in deines Vaters Schloß, und Glück wird dir lächeln. — Darum höre und merke dieses Sprüchlein:

„Dem Hochmut entsage
Mit heutigem Tage;
Mein Wort wohl beachte:
nach Demut stets trachte!
Im Herzen dein wohne
Barmherzigkeit, Milde;
Schaust dann auch zum Lohne
Der Heimat Gefilde!“

Nach diesen Worten war die Fee verschnwunden, und Cora sank ganz gebrochen auf ihr dürftiges Lager. Es war zuviel auf sie eingestürmt in den letzten Minuten; jetzt umfing eine tiefe Ohnmacht ihre Sinne.

Als sie erwachte und sich mit Schrecken der letzten Vorgänge erinnerte, fand sie die Alte um ihre Pflege bemüht; sie rieb ihr die Stirn mit stärkendem Balsam, und in dem runzligen Gesicht glaubte Cora sogar so etwas wie Wohlwollen zu lesen, mit welchem die Gefährtin ihr jetzt eine Schüssel voll dampfender Mehlsuppe und feines, weißes Brot reichte. Als Cora, obwohl nach anfänglichem Sträuben, einen Teil der Mahlzeit genossen, fühlte sie sich neu belebt, und sich vorläufig in das Unabänderliche fügend, legte sie, obwohl unter heißen Tränen, das schon erwähnte grobe Gewand an, welches eigens für sie gemacht schien, so gut paßte es ihr. — Im stillen hoffte sie, ihres Vaters Boten würden sie doch endlich finden, und sie fügte sich dann anscheinend gehorsam allen Befehlen der Waldfrau. Sie lernte die Stube fegen, Wasser vom Quell schöpfen und sah mit Schrecken, wie ihre feinen weißen Hände vom Ruß beschmutzt wurden, als sie das Feuer im Herde schüren mußte. Kaum einen Bissen vermochte sie von der Mittagskost zu genießen; die Kehle war ihr wie zugeschnürt, da sie daran dachte, mit welcher Pracht und Fülle ihr Vater sie stets umgeben, und wie er voll Sorge ihretwegen sein würde.

Doch was war das? — Cora horchte gespannt, und ihr Herz drohte vor Freude still zu stehen, als sie Hundegebell vernahm und gleich darauf ihren Leibknappen Gino mit mehreren Knappen ihres Vaters unter den Bäumen des Waldes auftauchen sah. Sie riß schnell das kleine Fenster auf, um die Getreuen herbeizurufen, doch nur ein heiserer Vogelschrei entrang sich ihrer Kehle, und mit Gedankenschnelle fühlte sie sich in eine Krähe verwandelt. Und nun kauerte sie zitternd im Fensterrahmen, den Ihrigen so nah und doch so himmelweit von ihnen getrennt.

Jetzt erblickte sie auch den Grafen Bruno, wie er mit ernstem, traurigem Gesicht der Hütte zuschritt. Sie sah, wie er suchend umherblickte, und konnte jedes Wort hören, das er mit seinen Begleitern und endlich mit der Alten wechselte, welche den Ankommenden entgegentrat. Sie hörte des Grafen angstvolle Fragen und die Versicherung der Alten, daß man die Prinzessin Cora bei ihr vergeblich suchen würde, sie wolle aber tun, was sie vermöge, um sie dem Vater wiederzubringen. Jetzt erhob die arme Krähe abermals ihre Stimme, doch ihr Schrei war noch heiserer und mißtönender als das erste Mal, so daß sie entsetzt über sich selbst verstummte und traurig die gestutzten Flügel hängen ließ. Graf Bruno horchte auf, trat näher, schaute durch das Fenster in das kleine Gemach und erblickte das trübselige Geschöpf im Federkleid. „Welch eine traurigen Gesellen habt Ihr dort, gute Frau? Verkauft ihn mit! Hätte ihn gern zur Kurzweil."

„Edler Herr, ich bin ein arm alt Weiblein; ganz einsam hause ich im Hüttlein, so ich diesen Gesellschafter von mir gebe. Ist ein törichter Vogel, der Euch jetzt wenig Freude schaffen würde; muß noch vieles lernen, bis er vor Euch bestehen kann. Will ihm aber gute Lehren geben, und so er sie annimmt, soll er einst Euch zu eigen werden, zu Eurer Freude und seinem eigenen Glück."

Die Krähe schlug mit den Flügeln; ach, sie verstand nur zu wohl den geheimem Sinn in den Worten der Waldfrau, deren Berechtigung wie zugeschnürt, da sie daran dachte, mit welcher Pracht und Fülle ihr Vater sie stets umgeben, und wie er voll Sorge ihretwegen sein würde.

Doch was war das? — Cora horchte gespannt, und ihr Herz drohte vor Freude still zu stehen, als sie Hundegebell vernahm und gleich darauf ihren Leibknappen Gino mit mehreren Knappen ihres Vaters unter den Bäumen des Waldes auftauchen sah. Sie riß schnell das kleine Fenster auf, um die Getreuen herbeizurufen, doch nur ein heiserer Vogelschrei entrang sich ihrer Kehle, und mit Gedankenschnelle fühlte sie sich in eine Krähe verwandelt. Und nun kauerte sie zitternd im Fensterrahmen, den Ihrigen so nah und doch so himmelweit von ihnen getrennt.

Jetzt erblickte sie auch den Grafen Bruno, wie er mit ernstem, traurigem Gesicht der Hütte zuschritt. Sie sah, wie er suchend umherblickte, und konnte jedes Wort hören, das er mit seinen Begleitern und endlich mit der Alten wechselte, welche den Ankommenden entgegentrat. Sie hörte des Grafen angstvolle Fragen und die Versicherung der Alten, daß man die Prinzessin Cora bei ihr vergeblich suchen würde, sie wolle aber tun, was sie vermöge, um sie dem Vater wiederzubringen. Jetzt erhob die arme Krähe abermals ihre Stimme, doch ihr Schrei war noch heiserer und mißtönender als das erste Mal, so daß sie entsetzt über sich selbst verstummte und traurig die gestutzten Flügel hängen ließ. Graf Bruno horchte auf, trat näher, schaute durch das Fenster in das kleine Gemach und erblickte das trübselige Geschöpf im Federkleid. „Welch eine traurigen Gesellen habt Ihr dort, gute Frau? Verkauft ihn mit! Hätte ihn gern zur Kurzweil.“

„Edler Herr, ich bin ein arm alt Weiblein; ganz einsam hause ich im Hüttlein, so ich diesen Gesellschafter von mir gebe. Ist ein törichter Vogel, der Euch jetzt wenig Freude schaffen würde; muß noch vieles lernen, bis er vor Euch bestehen kann. Will ihm aber gute Lehren geben, und so er sie annimmt, soll er einst Euch zu eigen werden, zu Eurer Freude und seinem eigenen Glück.“

Die Krähe schlug mit den Flügeln; ach, sie verstand nur zu wohl den geheimem Sinn in den Worten der Waldfrau, deren Berechtigung sie trotz allen Widerstrebens doch zugeben mußte. Wie elend hatte ihr törichter Hochmut sie gemacht, wie einsam und wie freudlos! –

Erst nachdem es zu dunkeln begann und somit viele Stunden vergangen waren, seit Graf Bruno mit seinem Gefolge die Umgebung der Hütte verlassen hatte, erhielt Cora ihre natürliche Gestalt wieder. Es war nun ihr erster Gedanke, zu fliehen und, den vielleicht noch sichtbaren Eindrücken der vielen Pferdehufe folgend, den richtigen Weg zu ihrem Vaterhause zu finden; aber sie sah, wie die Waldfrau sie unablässig bewachte; zudem würde der hereinbrechende Abend jedes Auffinden einer Spur vereitelt haben. Sie fand in dieser Nacht wenig Ruhe auf ihrem harten Lager, netzte es mit ihren Tränen und zermarterte ihr Hirn, um eine Möglichkeit, wie sie entfliehen könne, ausfindig zu machen.

Am nächsten Morgen schien die Alte jedes Mißtrauen wegen etwaiger Flucht ihrer Gefangenen verloren zu haben, denn sie gebot dieser, aus einer unweit der Hütte befindlichen Quelle einen Krug frischen Wassers zu schöpfen, ohne sie zu begleiten. Cora stellte den Krug zum Quell. Die Märzensonne ließ den klaren Born flimmern und gleißen, gleichzeitig auch einige noch sichtbare Hufeindrücke beleuchtend. Da wuchs plötzlich der Mut der Prinzessin, und leicht wie ein Reh flog sie der Richtung zu, in welcher gestern die Reiterschar verschwunden war.

Doch nach etlichen Schritten fühlte sie eine unbezwingliche Ermüdung; eine sonderbare Erstarrung kroch in ihrem Körper hinauf, bis sie endlich wie festgewurzelt, regungslos an einen Baum gelehnt, stehen bleiben mußte. Es fiel ihr nun die Drohung der Waldfrau ein:

„Entfliehe nicht, dein Bein wird Stein, Ruf Hülfe nicht, dein Schrein wird Kraihn!“ Ja, ja, so hatte sie ihr zugerufen, und mit Grauen wurde es der Jungfrau klar, daß ebenso, wie sich das letztere bereits an ihr erfüllt hatte, nun auch ersteres zur entsetzlichen Wahrheit geworden war. Wirklich schwer und fühllos wie Stein waren ihre Glieder, und erst, als sie wünschte, die Waldhütte wieder erreichen zu können, fühlte sie, wie allmählich der Bann wich, so daß sie, obwohl nach vieler Mühe, endlich wieder zur Quelle und sie trotz allen Widerstrebens doch zugeben mußte. Wie elend hatte ihr törichter Hochmut sie gemacht, wie einsam und wie freudlos! —

Erst nachdem es zu dunkeln begann und somit viele Stunden vergangen waren, seit Graf Bruno mit seinem Gefolge die Umgebung der Hütte verlassen hatte, erhielt Cora ihre natürliche Gestalt wieder. Es war nun ihr erster Gedanke, zu fliehen und, den vielleicht noch sichtbaren Eindrücken der vielen Pferdehufe folgend, den richtigen Weg zu ihrem Vaterhause zu finden; aber sie sah, wie die Waldfrau sie unablässig bewachte; zudem würde der hereinbrechende Abend jedes Auffinden einer Spur vereitelt haben. Sie fand in dieser Nacht wenig Ruhe auf ihrem harten Lager, netzte es mit ihren Tränen und zermarterte ihr Hirn, um eine Möglichkeit, wie sie entfliehen könne, ausfindig zu machen.

Am nächsten Morgen schien die Alte jedes Mißtrauen wegen etwaiger Flucht ihrer Gefangenen verloren zu haben, denn sie gebot dieser, aus einer unweit der Hütte befindlichen Quelle einen Krug frischen Wassers zu schöpfen, ohne sie zu begleiten. Cora stellte den Krug zum Quell. Die Märzensonne ließ den klaren Born flimmern und gleißen, gleichzeitig auch einige noch sichtbare Hufeindrücke beleuchtend. Da wuchs plötzlich der Mut der Prinzessin, und leicht wie ein Reh flog sie der Richtung zu, in welcher gestern die Reiterschar verschwunden war.

Doch nach etlichen Schritten fühlte sie eine unbezwingliche Ermüdung; eine sonderbare Erstarrung kroch in ihrem Körper hinauf, bis sie endlich, wie festgewurzelt, regungslos an einen Baum gelehnt, stehen bleiben mußte. Es fiel ihr nun die Drohung der Waldfrau ein:

„Entfliehe nicht, dein Bein wird Stein, Ruf Hülfe nicht, dein Schrein wird Kraihn!" Ja, ja, so hatte sie ihr zugerufen, und mit Grauen wurde es der Jungfrau klar, daß ebenso, wie sich das letztere bereits an ihr erfüllt hatte, nun auch ersteres zur entsetzlichen Wahrheit geworden war. Wirklich schwer und fühllos wie Stein waren ihre Glieder, und erst, als sie wünschte, die Waldhütte wieder erreichen zu können, fühlte sie, wie allmählich der Bann wich, so daß sie, obwohl nach vieler Mühe, endlich wieder zur Quelle und mit ihrem längst überlaufenden Kruge in die Hütte gelangte, wo sie zitternd und erschöpft auf ihr Lager sank. Sie mußte nun einsehen, daß sie wirklich gefangen, rettungslos der Gewalt der Waldfee und ihrer Gehülfin preisgegeben war. Jetzt fiel ihr auch das Sprüchlein der ersteren wieder ein:

„Dem Hochmut entsage
Mit heutigem Tage;
Mein Wort wohl beachte:
nach *Demut* stets trachte!
Im Herzen dein wohne
Barmherzigkeit, Milde;
Schaust dann auch zum Lohne
Der Heimat Gefilde!“

Wiederum fühlte sie es, wie viele Fehler sie doch in sich habe, es wurde ihr zur Gewißheit, daß sie sich bessern müsse, und in dem sie sich letzteres vornahm, kehrten Ruhe und Ergebung in ihr Gemüt ein. Sie begann nun alles mit anderen Augen anzusehen.

Die Hütte kam ihr nicht mehr so abschreckend und das Gesicht der alten Waldfrau nicht mehr so höhnisch vor wie sonst. Ja, sonderbar, sie glaubte sogar zu bemerken, wie sich in demselben öfter Wohlwollen zeigte, und wie auch solches im Benehmen der Alten mehr und mehr zu Tage trat, als sie sich nun täglich williger zeigte, deren Anordnungen und Befehlen zu willfahren. —

Wohl bäumte sich ihr Stolz und Hochmut noch zuweilen mächtig in ihr auf, wohl machten ihre Heftigkeit und üble Laune ihr noch zu schaffen; aber dann glaubte sie plötzlich das Sprüchlein der Waldfee zu hören, und bezwungen von dem heißen Verlangen, ihre Heimat wiederzusehen, bemühte sie sich jedesmal, ihren schlimmen Fehler zu bekämpfen, um den ihr dann winkenden Siegespreis mit der Zeit zu erringen.

Aber nicht nur um dieses Lohnes willen sollte sie eine andere werden, das wäre wertlos gewesen, wenn nicht zugleich aufrichtige Reue ihre Seele erfüllte; sie wußte dies und strebte danach.

mit ihrem längst überlaufenden Kruge in die Hütte gelangte, wo sie zitternd und erschöpft auf ihr Lager sank. Sie mußte nun einsehen, daß sie wirklich gefangen, rettungslos der Gewalt der Waldfee und ihrer Gehülfin preisgegeben war. Jetzt fiel ihr auch das Sprüchlein der ersteren wieder ein:

„Dem Hochmut entsage
Mit heutigem Tage;
Mein Wort wohl beachte:
nach Demut stets trachte!
Im Herzen dein wohne
Barmherzigkeit, Milde;
Schaust dann auch zum Lohne
Der Heimat Gefilde!"

Wiederum fühlte sie es, wie viele Fehler sie doch in sich habe, es wurde ihr zur Gewißheit, daß sie sich bessern müsse, und in dem sie sich letzteres vornahm, kehrten Ruhe und Ergebung in ihr Gemüt ein. Sie begann nun alles mit anderen Augen anzusehen.

Die Hütte kam ihr nicht mehr so abschreckend und das Gesicht der alten Waldfrau nicht mehr so höhnisch vor wie sonst. Ja, sonderbar, sie glaubte sogar zu bemerken, wie sich in demselben öfter Wohlwollen zeigte, und wie auch solches im Benehmen der Alten mehr und mehr zu Tage trat, als sie sich nun täglich williger zeigte, deren Anordnungen und Befehlen zu willfahren. —

Wohl bäumte sich ihr Stolz und Hochmut noch zuweilen mächtig in ihr auf, wohl machten ihre Heftigkeit und üble Laune ihr noch zu schaffen; aber dann glaubte sie plötzlich das Sprüchlein der Waldfee zu hören, und bezwungen von dem heißen Verlangen, ihre Heimat wiederzusehen, bemühte sie sich jedesmal, ihren schlimmen Fehler zu bekämpfen, um den ihr dann winkenden Siegespreis mit der Zeit zu erringen.

Aber nicht nur um dieses Lohnes willen sollte sie eine andere werden, das wäre wertlos gewesen, wenn nicht zugleich aufrichtige Reue ihre Seele erfüllte; sie wußte dies und strebte danach.

Als sie eines Tages nach dem Verbleib ihres Rosses fragte, zeigte die Waldfrau ein Heupferd, welches im Gärtlein herumhüpfte, und äußerte, daß das treue Tier in dieser Gestalt die Verbannung seiner Herrin teilen müsse, bis diese der Erlösung würdig befunden werde. Wie das Mitgefühl mit ihrem armen verzauberten Pferde sie ergriff, war das nun auch anderen Tieren gegenüber der Fall; denn sie lernte bei der Waldfrau nicht nur in Haus und Garten tätig einzugreifen, sowie allerlei heilsame Tränklein und Salben zu bereiten, sondern sie gewahrte auch mit Erstaunen, welchen Zwecken sie zum Teil dienen mußten. Ja, o Wunder, fast kein Tag verging, an dem es nicht irgend einen Patienten gab, und diese waren nicht Menschen, sondern die Tiere des Waldes von allen Arten mit den verschiedensten Gebrechen.

Käfer mit verletzten Flügeln und Beinchen, Vögel, welche irgend einem Raubgetier entronnen und verwundet waren, alle kamen sie, Hülfe suchend, vertrauensvoll zur alten Waldfrau ans Fensterlein. Sie ließen sich geduldig von deren geschickten Händen verbinden, und manches dankbare „Brumm, Brumm" aus Käfermund oder „Tirili" aus Vogelkehle belohnte die Alte, welche diese Sprache ihrer Schützlinge wohl verstand. Auch mancherlei Edelwild, das im Kampf mit Bär und Wolf oder durch des Jägers Pfeil verwundet worden, nahm seine Zuflucht zur Waldfrau, welche für alle Schäden Rat wußte. Stolze Hirsche, scheue Rehe und Hasen, sie zeigten sich hier zutraulich und furchtlos wie alte Bekannte. Für Cora hatte jedes Edelwild nur insoweit Interesse gehabt, als es ihr Kurzweil geschafft, wenn es gegolten, mit glänzendem Gefolge und wilder Meute hinauszuziehen, um dem Waidwerk obzuliegen. Sie sah nun, wie der stattliche Hirsch auch sie ohne Furcht anäugte, sie blickte in die sanften Augen des klugen Rehs und konnte sich selbst nicht verstehen, wie es ihr je möglich gewesen, solch edles Tier zu jagen. Ja, sie gelobte sich fest, dieses nie wieder zu tun, wenn sie jemals ihre Freiheit wieder erlangen sollte.

Als Graf Bruno ohne Erfolg von seinen mehrtägigen, unermüdlichen Nachforschungen im Walde zu dem tiefbetrübten Vater zurückgekehrt war und auch alle seiner weiteren Versuche, die Verlorene

Als sie eines Tages nach dem Verbleib ihres Rosses fragte, zeigte die Waldfrau ein Heupferd, welches im Gärtlein herumhüpfte, und äußerte, daß das treue Tier in dieser Gestalt die Verbannung seiner Herrin teilen müsse, bis diese der Erlösung würdig befunden werde. Wie das Mitgefühl mit ihrem armen verzauberten Pferde sie ergriff, war das nun auch anderen Tieren gegenüber der Fall; denn sie lernte bei der Waldfrau nicht nur in Haus und Garten tätig einzugreifen, sowie allerlei heilsame Tränklein und Salben zu bereiten, sondern sie gewahrte auch mit Erstaunen, welchen Zwecken sie zum Teil dienen mußten. Ja, o Wunder, fast kein Tag verging, an dem es nicht irgend einen Patienten gab, und diese waren nicht Menschen, sondern die Tiere des Waldes von allen Arten mit den verschiedensten Gebrechen.

Käfer mit verletzten Flügeln und Beinchen, Vögel, welche irgend einem Raubgetier entronnen und verwundet waren, alle kamen sie, Hülfe suchend, vertrauensvoll zur alten Waldfrau ans Fensterlein. Sie ließen sich geduldig von deren geschickten Händen verbinden, und manches dankbare „Brumm, Brumm" aus Käfermund oder „Tirili" aus Vogelkehle belohnte die Alte, welche diese Sprache ihrer Schützlinge wohl verstand. Auch mancherlei Edelwild, das im Kampf mit Bär und Wolf oder durch des Jägers Pfeil verwundet worden, nahm seine Zuflucht zur Waldfrau, welche für alle Schäden Rat wußte. Stolze Hirsche, scheue Rehe und Hasen, sie zeigten sich hier zutraulich und furchtlos wie alte Bekannte. Für Cora hatte jedes Edelwild nur insoweit Interesse gehabt, als es ihr Kurzweil geschafft, wenn es gegolten, mit glänzendem Gefolge und wilder Meute hinauszuziehen, um dem Waidwerk obzuliegen. Sie sah nun, wie der stattliche Hirsch auch sie ohne Furcht anäugte, sie blickte in die sanften Augen des klugen Rehs und konnte sich selbst nicht verstehen, wie es ihr je möglich gewesen, solch edles Tier zu jagen. Ja, sie gelobte sich fest, dieses nie wieder zu tun, wenn sie jemals ihre Freiheit wieder erlangen sollte.

Als Graf Bruno ohne Erfolg von seinen mehrtägigen, unermüdlichen Nachforschungen im Walde zu dem tiefbetrübten Vater zurückgekehrt war und auch alle seiner weiteren Versuche, die Verlorene aufzufinden, vergeblich blieben, bat der König den treu befundenen jungen Freund, ihn nicht zu verlassen, sondern als sein Sohn und dereinstiger Nachfolger auf dem Throne bei ihm zu bleiben, worein Graf Bruno auch endlich willigte.

So war der Sommer vergangen, der Herbst gekommen, und niemand hatte Kunde von der Verlorenen bringen können.

Zuweilen, wenn der König über die letzte stürmische Unterredung nachdachte, welche er mit seiner Tochter am Tage vor ihrem Verschwinden gehabt, kam ihm der Gedanke, sie könne entflohen sein und werde eines Tages wiederkehren; meistens schien es ihm jedoch am wahrscheinlichsten, daß die Prinzessin samt ihrem Rosse von wilden Tieren zerrissen worden sei. Tiefe Schwermut beherrschte ihn alsdann.

Obschon Cora am Hofe ihres Vaters wenig beliebt gewesen, so erfüllte doch dieses plötzliche, rätselhafte Verschwinden der schönen Königstochter jedermann mit Teilnahme, denn den meisten schien es ebenfalls sicher, daß sie nicht mehr unter den Lebenden weilte.

Sehr betrübt war auch Frau Ursula, die einstige Amme der Prinzessin, über das unbekannte Schicksal ihres Lieblings, und manche Träne netzte die welken Wangen der Treuen. Sie konnte nicht glauben, daß Cora ihr Leben verloren habe; aber wie sollte sie darüber Kunde erlangen? Es war ihr einmal erzählt worden, im Walde blühe ein Zauberkraut, das man bei Vollmond suchen müsse. Wer es fände, sollte es in der Nacht auf die Augen legen, um im Traum dann Aufschluß über das zu erhalten, was er zu wissen wünsche.

Das kam Frau Ursula immer wieder in den Sinn, und sie beschloß, beim nächsten Vollmond sich heimlich in den Wald zu begeben und nach dem Zauberkraut zu suchen.

In der Waldhütte hatte sich Coras Leben traurig und freudlos fortgesponnen. Jeder Tag brachte ihr neue, ungewohnte Arbeit, und abends mußte sie spinnen, wobei oft ihre Tränen den Faden netzten. Je williger sie sich zeigte, desto mitteilsamer wurde ihre sonst aufzufinden, vergeblich blieben, bat der König den treu befundenen jungen Freund, ihn nicht zu verlassen, sondern als sein Sohn und dereinstiger Nachfolger auf dem Throne bei ihm zu bleiben, worein Graf Bruno auch endlich willigte.

So war der Sommer vergangen, der Herbst gekommen, und niemand hatte Kunde von der Verlorenen bringen können.

Zuweilen, wenn der König über die letzte stürmische Unterredung nachdachte, welche er mit seiner Tochter am Tage vor ihrem Verschwinden gehabt, kam ihm der Gedanke, sie könne entflohen sein und werde eines Tages wiederkehren; meistens schien es ihm jedoch am wahrscheinlichsten, daß die Prinzessin samt ihrem Rosse von wilden Tieren zerrissen worden sei. Tiefe Schwermut beherrschte ihn alsdann.

Obschon Cora am Hofe ihres Vaters wenig beliebt gewesen, so erfüllte doch dieses plötzliche, rätselhafte Verschwinden der schönen Königstochter jedermann mit Teilnahme, denn den meisten schien es ebenfalls sicher, daß sie nicht mehr unter den Lebenden weilte.

Sehr betrübt war auch Frau Ursula, die einstige Amme der Prinzessin, über das unbekannte Schicksal ihres Lieblings, und manche Träne netzte die welken Wangen der Treuen. Sie konnte nicht glauben, daß Cora ihr Leben verloren habe; aber wie sollte sie darüber Kunde erlangen? Es war ihr einmal erzählt worden, im Walde blühe ein Zauberkraut, das man bei Vollmond suchen müsse. Wer es fände, sollte es in der Nacht auf die Augen legen, um im Traum dann Aufschluß über das zu erhalten, was er zu wissen wünsche.

Das kam Frau Ursula immer wieder in den Sinn, und sie beschloß, beim nächsten Vollmond sich heimlich in den Wald zu begeben und nach dem Zauberkraut zu suchen.

In der Waldhütte hatte sich Coras Leben traurig und freudlos fortgesponnen. Jeder Tag brachte ihr neue, ungewohnte Arbeit, und abends mußte sie spinnen, wobei oft ihre Tränen den Faden netzten. Je williger sie sich zeigte, desto mitteilsamer wurde ihre sonst schweigsame Gefährtin, und während die Spindel in den dürren Händen der Alten tanzte, erzählte sie von dem Leben und Weben des Waldes und wußte von jedem Baum und Strauch wundersame Mären zu berichten. Wie das Veilchen seinen Duft erhalten, wie die Birken zu ihrem weißen Stamm gekommen, warum die Tollkirschen so schwarz und giftig seien, die Irrlichter immer tanzen und vor den Menschen fliehen müssen; das alles wußte die Waldfrau mitzuteilen und noch vieles andere. Es lag ihren Erzählungen meist ein tiefer Sinn zu Grunde, dessen gute Lehren nicht ohne Einfluß auf das Gemüt der schönen Zuhörerin blieben.

Auch an einem klaren Herbstabende, da der Vollmond schien, hatte die Alte wieder Märchen erzählt, und dieselben gaben Cora zu denken, so daß sie anfangs keinen Schlaf finden konnte. Der helle Mondschein fand den Weg sogar in ihr winziges Dachkämmerlein, was sie veranlaßte, wieder aufzuspringen, um durch eine enge Fensterluke den Wald hinab zu blicken. Da hörte sie plötzlich dicht an der Hütte Stimmen. Die Waldfrau sprach mit jemandem, und Cora erbebte. Konnte es denn möglich sein, daß die zweite Sprecherin ihre treue Ursula war? Die Prinzessin rüttelte an der Tür, doch diese war verschlossen, zugleich fühlte sie sich auch schon wieder in eine Krähe verwandelt. Der Zauber war diesmal sogar ihrem Rufen zuvorgekommen, und mit blutendem Herzen mußte die verzauberte Königstochter hören, wie drunten von einem Kraut die Rede war, das ihre geliebte Ursula vergeblich gesucht, und wobei sie sich zuletzt verirrt hatte. Die Lauscherin hörte, daß diese Mühe ihrem Auffinden galt, und daß die treue Amme nunmehr die Alte befragte. Die arme Krähe stieß wie damals, als sie den Grafen mit dem Gefolge erblickt hatte, einen heiseren Schrei aus, doch derselbe verhallte diesmal unbeachtet, und nun saß sie wieder traurig mit hängenden Flügeln und hörte weiter Wort für Wort: „Und wenn das Zauberkraut hier in diesem Walde jetzt nicht wächst, wie ihr sagt, wo könnt' ich's denn finden? Wer sollt' mir künden, ob meine alten Augen je wieder mein Prinzeßlein schauen werden? Wer sollte den alten König trösten, der voll Gram sein Kind für tot hält und den edlen Grafen, welcher Leid um sie trägt? Wie sollten wir je wieder froh werden?"

schweigsame Gefährtin, und während die Spindel in den dürren Händen der Alten tanzte, erzählte sie von dem Leben und Weben des Waldes und wußte von jedem Baum und Strauch wundersame Mären zu berichten. Wie das Veilchen seinen Duft erhalten, wie die Birken zu ihrem weißen Stamm gekommen, warum die Tollkirschen so schwarz und giftig seien, die Irrlichter immer tanzen und vor den Menschen fliehen müssen; das alles wußte die Waldfrau mitzuteilen und noch vieles andere. Es lag ihren Erzählungen meist ein tiefer Sinn zu Grunde, dessen gute Lehren nicht ohne Einfluß auf das Gemüt der schönen Zuhörerin blieben.

Auch an einem klaren Herbstabende, da der Vollmond schien, hatte die Alte wieder Märchen erzählt, und dieselben gaben Cora zu denken, so daß sie anfangs keinen Schlaf finden konnte. Der helle Mondschein fand den Weg sogar in ihr winziges Dachkämmerlein, was sie veranlaßte, wieder aufzuspringen, um durch eine enge Fensterluke den Wald hinab zu blicken. Da hörte sie plötzlich dicht an der Hütte Stimmen. Die Waldfrau sprach mit jemandem, und Cora erbebte. Konnte es denn möglich sein, daß die zweite Sprecherin ihre treue Ursula war? Die Prinzessin rüttelte an der Tür, doch diese war verschlossen, zugleich fühlte sie sich auch schon wieder in eine Krähe verwandelt. Der Zauber war diesmal sogar ihrem Rufen zuvorgekommen, und mit blutendem Herzen mußte die verzauberte Königstochter hören, wie drunten von einem Kraut die Rede war, das ihre geliebte Ursula vergeblich gesucht, und wobei sie sich zuletzt verirrt hatte. Die Lauscherin hörte, daß diese Mühe ihrem Auffinden galt, und daß die treue Amme nunmehr die Alte befragte. Die arme Krähe stieß wie damals, als sie den Grafen mit dem Gefolge erblickt hatte, einen heiseren Schrei aus, doch derselbe verhallte diesmal unbeachtet, und nun saß sie wieder traurig mit hängenden Flügeln und hörte weiter Wort für Wort: „Und wenn das Zauberkraut hier in diesem Walde jetzt nicht wächst, wie ihr sagt, wo könnt' ich's denn finden? Wer sollt' mir künden, ob meine alten Augen je wieder mein Prinzeßlein schauen werden? Wer sollte den alten König trösten, der voll Gram sein Kind für tot hält und den edlen Grafen, welcher Leid um sie trägt? Wie sollten wir je wieder froh werden?"

„Ich hab's Euch schon gesagt", entgegnegte die Waldfrau, „so Ihr das Kraut fändet, würde es Euch wenig frommen; denn es möcht' ein unlieb Traumbild sein, das Ihr sehen würdet und doch nicht ändern könntet. Ich geb' Euch hier ein Tränklein, das heilt viele Gebreste, gibt ein fröhlich Gemüt und macht geduldsam; denn ich glaube gewiß, daß die Prinzessin Euch nicht verloren ist. Trugen der König und der edle Graf nicht schier Leid um sie, da sie noch bei Euch war und ihr bös und hochmütig Wesen niemand Freude machte? Weilt sie vielleicht durch eignes Verschulden fern vom Vaterhaus, mag Reue ihr zur Besserung verhelfen, damit sie in Demut heimkehre. Hab' mein Leben allzeit im Walde zugebracht; dürft' mir nicht verborgen sein, so die Prinzessin darin umgekommen. Warum wollt Ihr nicht der Hoffnung Raum geben? Ist doch die Sonne oft verhüllt von Wolken, und man meint, ihr Schein sei verblichen, und bedeckt ja der Schnee im Winter den Wald, daß man glaubt, alles Leben sei tot. Ziehen dann fort die Wolken, scheint der herrliche Sonnenball herrlicher denn je und weckt der Bäume Grün, daß der Menschen Auge voll Freude ist. Also mag's auch eurem König und dem treuen Grafen beschieden sein, daß ihre Augen wieder hell blicken und sie die Frühlingszeit mit frohem Herzen grüßen dürfen! Mehr vermag ich Euch nicht zu künden. Aber nun eilet, ich geleite Euch, daß Ihr von Irrwegen bewahrt bleibet!" Die Sprechenden entfernten sich, und Cora in ihrer armseligen Verwandlung wußte, daß die Worte der Waldfrau ebenso ihr, als der Fragenden gegolten, und wiederum übten dieselben gute Wirkung an ihr.

So wich der Herbst dem Winter, der Winter dem Frühling, und noch immer befand sich Prinzessin Cora in der einsamen Hütte der Waldfrau. Doch sie glich nicht mehr der „Prinzessin Hochmut" von vordem. Nicht etwa, daß sie jetzt weniger schön gewesen wäre, weil ihre Hände rot und grob geworden und sie schlechte Kleider trug, nein, ihre Schönheit war im Gegenteil größer als jemals; denn der Zug des Hochmutes, welcher dieselbe oft so sehr gemindert hatte,

„Ich hab's Euch schon gesagt", entgegnegte die Waldfrau, „so Ihr das Kraut fändet, würde es Euch wenig frommen; denn es möcht' ein unlieb Traumbild sein, das Ihr sehen würdet und doch nicht ändern könntet. Ich geb' Euch hier ein Tränklein, das heilt viele Gebreste, gibt ein fröhlich Gemüt und macht geduldsam; denn ich glaube gewiß, daß die Prinzessin Euch nicht verloren ist. Trugen der König und der edle Graf nicht schier Leid um sie, da sie noch bei Euch war und ihr bös und hochmütig Wesen niemand Freude machte? Weilt sie vielleicht durch eignes Verschulden fern vom Vaterhaus, mag Reue ihr zur Besserung verhelfen, damit sie in Demut heimkehre. Hab' mein Leben allzeit im Walde zugebracht; dürft' mir nicht verborgen sein, so die Prinzessin darin umgekommen. Warum wollt Ihr nicht der Hoffnung Raum geben? Ist doch die Sonne oft verhüllt von Wolken, und man meint, ihr Schein sei verblichen, und bedeckt ja der Schnee im Winter den Wald, daß man glaubt, alles Leben sei tot. Ziehen dann fort die Wolken, scheint der herrliche Sonnenball herrlicher denn je und weckt der Bäume Grün, daß der Menschen Auge voll Freude ist. Also mag's auch eurem König und dem treuen Grafen beschieden sein, daß ihre Augen wieder hell blicken und sie die Frühlingszeit mit frohem Herzen grüßen dürfen! Mehr vermag ich Euch nicht zu künden. Aber nun eilet, ich geleite Euch, daß Ihr von Irrwegen bewahrt bleibet!" Die Sprechenden entfernten sich, und Cora in ihrer armseligen Verwandlung wußte, daß die Worte der Waldfrau ebenso ihr, als der Fragenden gegolten, und wiederum übten dieselben gute Wirkung an ihr.

So wich der Herbst dem Winter, der Winter dem Frühling, und noch immer befand sich Prinzessin Cora in der einsamen Hütte der Waldfrau. Doch sie glich nicht mehr der „Prinzessin Hochmut" von vordem. Nicht etwa, daß sie jetzt weniger schön gewesen wäre, weil ihre Hände rot und grob geworden und sie schlechte Kleider trug, nein, ihre Schönheit war im Gegenteil größer als jemals; denn der Zug des Hochmutes, welcher dieselbe oft so sehr gemindert hatte, war aus Coras Gesicht gänzlich verschwunden. Hatte sich schon nach und nach eine günstige Wendung ihres Wesens gezeigt, so war eine solche seit jener Nacht, in der Ursulas Nähe und deren Gespräche mit der Waldfrau sie so mächtig erregt hatten, unverkennbar zutage getreten. Sie hatte es immer mehr eingesehen, daß sie hilflos der Gewalt der Waldfrau preisgegeben war, und als sie damals mehrere bange Stunden bis zur Rückkehr der Alten in ihrer Vogelgestalt hatte zubringen müssen, da gelobte sie sich fest, mit allem Ernst danach zu streben, besser zu werden. Vielleicht könnte sie dann bald erlöst heimkehren und den Kummer der Ihrigen in Freude verwandeln?

Sie hielt nun täglich von neuem Einkehr in sich selbst und suchte mit aller Willenskraft die Abneigung gegen die ihr auferlegten groben Arbeiten zu bezwingen und sich möglichst geduldig in ihre Lage zu schicken. Ja, sie empfand nach und nach den Segen ernster Tätigkeit. So hatte sie still jeden Auftrag der Waldfrau ausgeführt, und obwohl sie noch manchmal todmüde und tieftraurig war, schien ihr doch die Zeit jetzt weniger endlos zu verfließen. Nun prangte der Wald rings wieder in jungem Grün; die Vögel sangen, und linde Lüfte mit süßen Frühlingsdüften zogen durch das kleine geöffnete Fenster des Stübchens, wo Cora den Estrich fegte. Da trat die Waldfrau in das Gemach und eröffnete der Jungfrau, daß sie sich auf einige Stunden zu entfernen gedenke, da sie besondere Kräuter suchen müsse, die nicht in der Nähe der Waldhütte zu finden seien. Sie solle alle Arbeit gut besorgen, auch den Mittagsbrei nicht anbrennen lassen.

Es war das erste Mal, daß die Alte Cora allein ließ; aber als erstere fort war, kam der Gefangenen doch kein ernstlicher Gedanke an Flucht. Wußte sie doch, daß solcher Versuch nie gelingen, sondern ihr vielmehr nur Schaden bringen würde.

So besorgte sie denn alles, brachte auch der Ziege Futter und schürte das Feuer zur Mittagskost.

Stunden vergingen, die Sonne hatte längst den Scheitelpunkt überschritten; doch noch keine Spur der Waldfrau war zu entdecken. Cora schritt zum Quell, um ihren Krug zu füllen, als sie erschrocken war aus Coras Gesicht gänzlich verschwunden. Hatte sich schon nach und nach eine günstige Wendung ihres Wesens gezeigt, so war eine solche seit jener Nacht, in der Ursulas Nähe und deren Gespräche mit der Waldfrau sie so mächtig erregt hatten, unverkennbar zutage getreten. Sie hatte es immer mehr eingesehen, daß sie hilflos der Gewalt der Waldfrau preisgegeben war, und als sie damals mehrere bange Stunden bis zur Rückkehr der Alten in ihrer Vogelgestalt hatte zubringen müssen, da gelobte sie sich fest, mit allem Ernst danach zu streben, besser zu werden. Vielleicht könnte sie dann bald erlöst heimkehren und den Kummer der Ihrigen in Freude verwandeln?

Sie hielt nun täglich von neuem Einkehr in sich selbst und suchte mit aller Willenskraft die Abneigung gegen die ihr auferlegten groben Arbeiten zu bezwingen und sich möglichst geduldig in ihre Lage zu schicken. Ja, sie empfand nach und nach den Segen ernster Tätigkeit. So hatte sie still jeden Auftrag der Waldfrau ausgeführt, und obwohl sie noch manchmal todmüde und tieftraurig war, schien ihr doch die Zeit jetzt weniger endlos zu verfließen. Nun prangte der Wald rings wieder in jungem Grün; die Vögel sangen, und linde Lüfte mit süßen Frühlingsdüften zogen durch das kleine geöffnete Fenster des Stübchens, wo Cora den Estrich fegte. Da trat die Waldfrau in das Gemach und eröffnete der Jungfrau, daß sie sich auf einige Stunden zu entfernen gedenke, da sie besondere Kräuter suchen müsse, die nicht in der Nähe der Waldhütte zu finden seien. Sie solle alle Arbeit gut besorgen, auch den Mittagsbrei nicht anbrennen lassen.

Es war das erste Mal, daß die Alte Cora allein ließ; aber als erstere fort war, kam der Gefangenen doch kein ernstlicher Gedanke an Flucht. Wußte sie doch, daß solcher Versuch nie gelingen, sondern ihr vielmehr nur Schaden bringen würde.

So besorgte sie denn alles, brachte auch der Ziege Futter und schürte das Feuer zur Mittagskost.

Stunden vergingen, die Sonne hatte längst den Scheitelpunkt überschritten; doch noch keine Spur der Waldfrau war zu entdecken. Cora schritt zum Quell, um ihren Krug zu füllen, als sie erschrocken stehen blieb; denn ein Wehelaut war deutlich an ihr Ohr gedrungen, dem bald ein zweiter folgte. Ihr Herz pocht ungestüm, denn ein menschliches Wesen mußte sich in nächster Nähe befinden, und so suchte sie, umherspähend, dasselbe zu entdecken.

Da, nicht weit vom Quell, halb verborgen durch einen Haselstrauch, sah sie ein junges Mädchen kauern, das, jetzt offenbar ohnmächtig, die Laute ausgestoßen hatte. Es mußte ein Mädchen aus dem Volke sein, denn sehr grobe, vielgeflickte Kleidung umschloß ihren Körper, und ein zum Teil mit jungen Kräutern gefülltes Körbchen ließ Cora vermuten, daß die Unbekannte sich bis hierher verirrt hatte und wie einst sie vielleicht viele Stunden ohne Nahrung gewandert war. Sollte die Arme nun auch gleich ihr etwa jetzt der Gewalt der Waldfrau preisgegeben sein? Was „Prinzessin Hochmut" einst mit gleichgültigem Blick kaum beachtet und bedacht haben würde, erfüllte die „geläuterte Cora" jetzt mit großem Mitleid. Sie netzte Stirn und Schläfe der Ohnmächtigen mit dem frischen Quellwasser, und hatte auch bald die Freude, ihre Mühe belohnt und das Mädchen aus ihrer Bewußtlosigkeit erwachen zu sehen. Cora, die früher keinen Ausdruck der Teilnahme für ihre Umgebung, geschweige denn für ein einfaches Mädchen aus dem Volke gehabt hätte, fand jetzt freundliche, tröstende Worte für dasselbe, versuchte es aufzurichten und ihm Wasser einzuflößen. Wie lang hatte Cora kein menschliches Wesen außer ihrer Hüterin erblickt, wie wallte es nun warm in ihr auf, und wie köstlich kam es ihr jetzt zum Bewußtsein, daß es beglückend und erhebend sei, seinen Mitmenschen liebreich und hülfespendend zu begegnen! Sonderbar, wie gerade *jetzt* ihr die Worte der Waldfee in den Sinn kamen:

„Im Herzen dein wohne
Barmherzigkeit, Milde;
Schaust dann auch zum Lohne
Der Heimat Gefilde!"

und daß sie sich in diesem Augenblick so glücklich und zufrieden fühlte wie niemals in den Zeiten ihres Glanzes.

stehen blieb; denn ein Wehelaut war deutlich an ihr Ohr gedrungen, dem bald ein zweiter folgte. Ihr Herz pocht ungestüm, denn ein menschliches Wesen mußte sich in nächster Nähe befinden, und so suchte sie, umherspähend, dasselbe zu entdecken.

Da, nicht weit vom Quell, halb verborgen durch einen Haselstrauch, sah sie ein junges Mädchen kauern, das, jetzt offenbar ohnmächtig, die Laute ausgestoßen hatte. Es mußte ein Mädchen aus dem Volke sein, denn sehr grobe, vielgeflickte Kleidung umschloß ihren Körper, und ein zum Teil mit jungen Kräutern gefülltes Körbchen ließ Cora vermuten, daß die Unbekannte sich bis hierher verirrt hatte und wie einst sie vielleicht viele Stunden ohne Nahrung gewandert war. Sollte die Arme nun auch gleich ihr etwa jetzt der Gewalt der Waldfrau preisgegeben sein? Was „Prinzessin Hochmut" einst mit gleichgültigem Blick kaum beachtet und bedacht haben würde, erfüllte die „geläuterte Cora" jetzt mit großem Mitleid. Sie netzte Stirn und Schläfe der Ohnmächtigen mit dem frischen Quellwasser, und hatte auch bald die Freude, ihre Mühe belohnt und das Mädchen aus ihrer Bewußtlosigkeit erwachen zu sehen. Cora, die früher keinen Ausdruck der Teilnahme für ihre Umgebung, geschweige denn für ein einfaches Mädchen aus dem Volke gehabt hätte, fand jetzt freundliche, tröstende Worte für dasselbe, versuchte es aufzurichten und ihm Wasser einzuflößen. Wie lang hatte Cora kein menschliches Wesen außer ihrer Hüterin erblickt, wie wallte es nun warm in ihr auf, und wie köstlich kam es ihr jetzt zum Bewußtsein, daß es beglückend und erhebend sei, seinen Mitmenschen liebreich und hülfespendend zu begegnen! Sonderbar, wie gerade j e t z t ihr die Worte der Waldfee in den Sinn kamen:

„Im Herzen dein wohne
Barmherzigkeit, Milde;
Schaust dann auch zum Lohne
Der Heimat Gefilde!"

und daß sie sich in diesem Augenblick so glücklich und zufrieden fühlte wie niemals in den Zeiten ihres Glanzes.

Da öffnete das Mädchen die noch immer bleichen Lippen, und in abgerissenen Worten flüsterte es: „Ach, Milch, — bitte, bitte!" —

Cora flog eilends dem Häuschen zu und suchte dort, wo die Milch zu stehen pflegte, aber es war nirgends ein Tröpfchen zu finden. Da lief sie entschlossen mit einem Gefäß in den Ziegenstall. Sie hatte sich bisher nie überwinden können, die Ziege zu melken, und obwohl sie öfter dabei zugegen gewesen, hatte merkwürdigerweise die Waldfrau doch noch nie verlangt, daß sie diese Arbeit verrichten solle. Jetzt ging ihr das durch den Sinn; aber ohne Zögern, nur von dem Verlangen getrieben, den Wunsch der fast Verschmachteten erfüllen zu können, nahte sie sich der Ziege. Anfang bäumte sich diese und erschwerte Cora so das Werk, zu dem sie auch keinerlei Geschick mitbrachte. Aber ihr fester Wille half ihr, und sonderbar, es ging auf einmal so leicht, daß ihr irdenes Gefäß bald fast gefüllt war und sie gleich darauf mit der Milch und ihrem eigenen Vesperbrot zu der ihr wohl mit Ungeduld Wartenden eilen konnte. — Doch der Platz war leer, die Fremde mußte sich erhoben haben. Cora suchte nun und rief mit Unruhe, doch alles war vergebens, keine Spur des Mädchens war zu finden. Cora war enttäuscht, und Tränen traten in ihre Augen. Wie hatte sie sich gefreut, die Unbekannte erquicken und noch freundlich mit ihr plaudern zu können, wie hätte ihr selbst das wohlgetan in ihrer Einsamkeit!

Da regte es sich hinter den Buchenstämmen, und plötzlich, — kaum traute Cora ihren Augen — trat die hohe Gestalt der Waldfee hinter den Bäumen vor, ihr zur Seite die Waldfrau. Lächelnd schritt die Fee auf das verwirrte Königskind zu, welches, Milch und Brot noch in den Händen, keine Worte fand. Sie nahm ihr beides ab, es der Waldfrau reichend, und zog dann die demütig vor ihr stehende Prinzessin zärtlich an ihre Brust.

„Du hast die Prüfung bestanden, mein Kind; dein Herz ist geläutert, und niemand soll dich wieder „Prinzessin Hochmut" heißen; denn du hast dem Hochmut, dieser giftigen Schlingpflanze, welche im Menschenherzen so viele edle Triebe vernichtet, entsagt, hast Barmherzigkeit und Milde walten lassen und, jeden Stolz vergessend, dich selbst besiegt. — Ich selbst war es, die in Gestalt der hülflosen

Da öffnete das Mädchen die noch immer bleichen Lippen, und in abgerissenen Worten flüsterte es: „Ach, Milch, — bitte, bitte!" —

Cora flog eilends dem Häuschen zu und suchte dort, wo die Milch zu stehen pflegte, aber es war nirgends ein Tröpfchen zu finden. Da lief sie entschlossen mit einem Gefäß in den Ziegenstall. Sie hatte sich bisher nie überwinden können, die Ziege zu melken, und obwohl sie öfter dabei zugegen gewesen, hatte merkwürdigerweise die Waldfrau doch noch nie verlangt, daß sie diese Arbeit verrichten solle. Jetzt ging ihr das durch den Sinn; aber ohne Zögern, nur von dem Verlangen getrieben, den Wunsch der fast Verschmachteten erfüllen zu können, nahte sie sich der Ziege. Anfang bäumte sich diese und erschwerte Cora so das Werk, zu dem sie auch keinerlei Geschick mitbrachte. Aber ihr fester Wille half ihr, und sonderbar, es ging auf einmal so leicht, daß ihr irdenes Gefäß bald fast gefüllt war und sie gleich darauf mit der Milch und ihrem eigenen Vesperbrot zu der ihr wohl mit Ungeduld Wartenden eilen konnte. — Doch der Platz war leer, die Fremde mußte sich erhoben haben. Cora suchte nun und rief mit Unruhe, doch alles war vergebens, keine Spur des Mädchens war zu finden. Cora war enttäuscht, und Tränen traten in ihre Augen. Wie hatte sie sich gefreut, die Unbekannte erquicken und noch freundlich mit ihr plaudern zu können, wie hätte ihr selbst das wohlgetan in ihrer Einsamkeit!

Da regte es sich hinter den Buchenstämmen, und plötzlich, — kaum traute Cora ihren Augen — trat die hohe Gestalt der Waldfee hinter den Bäumen vor, ihr zur Seite die Waldfrau. Lächelnd schritt die Fee auf das verwirrte Königskind zu, welches, Milch und Brot noch in den Händen, keine Worte fand. Sie nahm ihr beides ab, es der Waldfrau reichend, und zog dann die demütig vor ihr stehende Prinzessin zärtlich an ihre Brust.

„Du hast die Prüfung bestanden, mein Kind; dein Herz ist geläutert, und niemand soll dich wieder „Prinzessin Hochmut" heißen; denn du hast dem Hochmut, dieser giftigen Schlingpflanze, welche im Menschenherzen so viele edle Triebe vernichtet, entsagt, hast Barmherzigkeit und Milde walten lassen und, jeden Stolz vergessend, dich selbst besiegt. — Ich selbst war es, die in Gestalt der hülflosen

Armen deine Hülfe heischte, um dich zu prüfen und zu erfahren, ob du dich gebessert habest. Ich weiß jetzt, daß deine Prüfungszeit dir zum Segen gereichte, und daß du dieselbe wie alle guten Lehren niemals vergessen wist. Und so sage ich dir, Prinzessin Cora, ebenso wie du den Hochmut besiegt, dich der Demut befleißigt hast, ebenso wie du barmherzig und milde geworden bist, ebenso soll sich nun auch bald mein Versprechen erfüllen:

„Schaust dann auch zum Lohne
Der Heimat Gefilde!"

Nur noch kurze Zeit gedulde dich, dann zieht Freude in dein Herz."

Halb betäubt vor freudigem Erstaunen und durch die Gemütsbewegung über diesen so ungeahnt plötzlichen Wechsel ihres Schicksals, ruhte Cora noch in den Armen der Fee, welche sie nun sanft wie ein Kind liebkoste.

An diesem Abend fand Cora erst vor freudiger Erregung lange keinen Schlaf; aber als er dann ihre Lider schloß, umgaukelten liebliche Traumbilder ihre Seele.

Mit dem wohligen Gefühl, herrlich geschlafen zu haben, und dem Vorgefühl einer großen Freude erwachte sie. Wie weich erschien ihr jetzt ihr hartes Lager! Sie öffnete die Augen; doch erstaunt blickte sie um sich. — Sie lag in dem Prunkgemach, in dem sie sich an jenem schrecklichen Abend zur Ruhe begeben hatte. — Sie hätte fast glauben können, alles geträumt zu haben; aber nein, sie fühlte es ja, daß sie innerlich eine andere geworden; es war kein Traum.

Sie dehnte sich nochmal in den langentbehrten Daunen und suchte dann nach ihrem Gewande. Aber siehe da, o Freude, ihr damaliges Reitkleid war es, das vor ihr lag, und als Cora freudig erregt sich angekleidet, öffnete sich die Tür und die Waldfee trat ein.

„Ich grüße Euch, vielliebe Prinzessin, habt wie ich hoffe, wohl geruht. Kommt nun und seid mein Gast!"

Wie damals war ein köstlicher Imbiß aufgestellt; doch heute nahm auch die Waldfrau an dem Mahle teil. Ihr altes runzeliges Gesicht zeigte jetzt nur Wohlwollen, und lächelnd sprach sie: „Wollet,

Armen deine Hülfe heischte, um dich zu prüfen und zu erfahren, ob du dich gebessert habest. Ich weiß jetzt, daß deine Prüfungszeit dir zum Segen gereichte, und daß du dieselbe wie alle guten Lehren niemals vergessen wist. Und so sage ich dir, Prinzessin Cora, ebenso wie du den Hochmut besiegt, dich der Demut befleißigt hast, ebenso wie du barmherzig und milde geworden bist, ebenso soll sich nun auch bald mein Versprechen erfüllen:

„Schaust dann auch zum Lohne
Der Heimat Gefilde!"

Nur noch kurze Zeit gedulde dich, dann zieht Freude in dein Herz."

Halb betäubt vor freudigem Erstaunen und durch die Gemütsbewegung über diesen so ungeahnt plötzlichen Wechsel ihres Schicksals, ruhte Cora noch in den Armen der Fee, welche sie nun sanft wie ein Kind liebkoste.

An diesem Abend fand Cora erst vor freudiger Erregung lange keinen Schlaf; aber als er dann ihre Lider schloß, umgaukelten liebliche Traumbilder ihre Seele.

Mit dem wohligen Gefühl, herrlich geschlafen zu haben, und dem Vorgefühl einer großen Freude erwachte sie. Wie weich erschien ihr jetzt ihr hartes Lager! Sie öffnete die Augen; doch erstaunt blickte sie um sich. — Sie lag in dem Prunkgemach, in dem sie sich an jenem schrecklichen Abend zur Ruhe begeben hatte. — Sie hätte fast glauben können, alles geträumt zu haben; aber nein, sie fühlte es ja, daß sie innerlich eine andere geworden; es war kein Traum.

Sie dehnte sich nochmal in den langentbehrten Daunen und suchte dann nach ihrem Gewande. Aber siehe da, o Freude, ihr damaliges Reitkleid war es, das vor ihr lag, und als Cora freudig erregt sich angekleidet, öffnete sich die Tür und die Waldfee trat ein.

„Ich grüße Euch, vielliebe Prinzessin, habt wie ich hoffe, wohl geruht. Kommt nun und seid mein Gast!"

Wie damals war ein köstlicher Imbiß aufgestellt; doch heute nahm auch die Waldfrau an dem Mahle teil. Ihr altes runzeliges Gesicht zeigte jetzt nur Wohlwollen, und lächelnd sprach sie: „Wollet, edle Prinzessin, verzeihen, so ich Euch arg quälte und bös tat; war eben zu Eurem Heil!"

Da hörte Cora plötzlich den Hufschlag eines Rosses, und hinausblickend, erkannte sie froh bewegt ihr Leibroß, das aufgezäumt und freudig wiehernd vor dem Schloß von einem neuen Pagen herumgeführt wurde. Als Cora nun mit der Waldfee hinaustrat, liebkoste und streichelte sie unter Freudentränen das schöne Tier zärtlich, bevor sie es bestieg. Jetzt brache ein zweiter Page einen milchweißen, ebenfalls schön gezäumten Zelter, der für die „Frau vom Walde" bestimmt war.

„Die Waldfrau hat in der Nacht Botschaft von Euch in die Heimat gebracht, Prinzessin; die Eurigen werden nicht fern sein," sagte die Fee, als sie eine Strecke geritten waren. Doch kaum hatte sie geendet, als Trompeten schmetterten und gleich darauf ein kleiner Reiterzug den Frauen sichtbar wurde. Cora jubelte auf, denn sie hatte den treuen Gino mit einigen Knappen ihres Vaters erkannt, und allen voran sprengte ein stattlicher Reiter, Graf Bruno. Er neigte sich ehrerbietig vor den Frauen. „Ich grüße Euch, teure Prinzessin, und soll Euch den Gruß Eures Vaters entbieten, der mich sandte, Euch heim zu geleiten, damit seine alten Augen bald sein lang entbehrtes Kleinod erblicken möchten." Bei diesen Worten traten Zähren in Coras Augen; aber mit lieblichem Lächeln reichte sie dem edlen Grafen die Hand, freundliche Dankesworte sprechend. Alle die Treuen drängten sich nun herbei, um ihre schöne, so vorteilhaft veränderte Gebieterin zu begrüßen, während die Waldfrau den Grafen beiseite nahm und leise flüsterte:

„Einst, edler Graf, heischtet Ihr von mir ein Krählein. Ich versprach, es solle Euch zu eigen werden, so es meine Lehren befolgen würde. Diese hat es nun gar wohl zu Herzen genommen; darum mag's nunmehr in seiner wahren Gestalt Euch Glück bereiten."

Das Gefolge war in einiger Entfernung zurückgeblieben. Nun nahm die Waldfee das Wort.

„Ihre Schicksale mag Euch die edle Prinzessin selbst erzählen, aber gedenket alle ohne Groll meiner und der treuen Alten hier! Denn alles geschah nur zum Besten dieser Königstochter. Mich und edle Prinzessin, verzeihen, so ich Euch arg quälte und bös tat; war eben zu Eurem Heil!"

Da hörte Cora plötzlich den Hufschlag eines Rosses, und hinausblickend, erkannte sie froh bewegt ihr Leibroß, das aufgezäumt und freudig wiehernd vor dem Schloß von einem neuen Pagen herumgeführt wurde. Als Cora nun mit der Waldfee hinaustrat, liebkoste und streichelte sie unter Freudentränen das schöne Tier zärtlich, bevor sie es bestieg. Jetzt brache ein zweiter Page einen milchweißen, ebenfalls schön gezäumten Zelter, der für die „Frau vom Walde" bestimmt war.

„Die Waldfrau hat in der Nacht Botschaft von Euch in die Heimat gebracht, Prinzessin; die Eurigen werden nicht fern sein," sagte die Fee, als sie eine Strecke geritten waren. Doch kaum hatte sie geendet, als Trompeten schmetterten und gleich darauf ein kleiner Reiterzug den Frauen sichtbar wurde. Cora jubelte auf, denn sie hatte den treuen Gino mit einigen Knappen ihres Vaters erkannt, und allen voran sprengte ein stattlicher Reiter, Graf Bruno. Er neigte sich ehrerbietig vor den Frauen. „Ich grüße Euch, teure Prinzessin, und soll Euch den Gruß Eures Vaters entbieten, der mich sandte, Euch heim zu geleiten, damit seine alten Augen bald sein lang entbehrtes Kleinod erblicken möchten." Bei diesen Worten traten Zähren in Coras Augen; aber mit lieblichem Lächeln reichte sie dem edlen Grafen die Hand, freundliche Dankesworte sprechend. Alle die Treuen drängten sich nun herbei, um ihre schöne, so vorteilhaft veränderte Gebieterin zu begrüßen, während die Waldfrau den Grafen beiseite nahm und leise flüsterte:

„Einst, edler Graf, heischtet Ihr von mir ein Krählein. Ich versprach, es solle Euch zu eigen werden, so es meine Lehren befolgen würde. Diese hat es nun gar wohl zu Herzen genommen; darum mag's nunmehr in seiner wahren Gestalt Euch Glück bereiten."

Das Gefolge war in einiger Entfernung zurückgeblieben. Nun nahm die Waldfee das Wort.

„Ihre Schicksale mag Euch die edle Prinzessin selbst erzählen, aber gedenket alle ohne Groll meiner und der treuen Alten hier! Denn alles geschah nur zum Besten dieser Königstochter. Mich und meine Gehilfin werdet Ihr nie wiedersehen, auch vergeblich nach dem Schloß und der Waldhütte suchen; denn unser Werk in diesem Gebiet ist getan. Kein Zauber soll je wieder Macht über Euch haben, Prinzessin Cora, als nur der Zauber wahrer Liebe zu Euren Mitmenschen. Vergeßt unser und der Waldhütte *niemals!*"

Noch ein freundlicher Gruß, und die beiden Frauen waren verschwunden, während Cora mit ihrem Geleite bald in die Nähe des väterlichen Palastes gelangte, wo großer Festjubel ihrer harrte.

Ein glänzender Zug nahm die Nahenden in Empfang; Fanfaren ertönten, und durch die jubelnde Menge zog das Königskind wieder ein in seines Vaters Schloß, das im Festschmuck prangte. Die Freude des Wiedersehens zwischen Vater und Tochter war unbeschreiblich, und da Graf Bruno nun ehrerbietig nahte, sträubte Cora sich nicht mehr, als der König beider Hände ineinander legte. Außer dem jungen Brautpaar und dem alten König war am Hofe aber wohl niemand glücklicher als die treue Ursula, zumal sie merkte, wie die Schicksale der schönen Cora, welche sie von dieser nun erfuhr, deren Herz veredelt hatten.

Die Hochzeit wurde bald mit großer Pracht gefeiert, und alles Volk wußte nun täglich Coras Demut und Herzensgüte zu rühmen.

meine Gehilfin werdet Ihr nie wiedersehen, auch vergeblich nach dem Schloß und der Waldhütte suchen; denn unser Werk in diesem Gebiet ist getan. Kein Zauber soll je wieder Macht über Euch haben, Prinzessin Cora, als nur der Zauber wahrer Liebe zu Euren Mitmenschen. Vergeßt unser und der Waldhütte n i e m a l s!"

Noch ein freundlicher Gruß, und die beiden Frauen waren verschwunden, während Cora mit ihrem Geleite bald in die Nähe des väterlichen Palastes gelangte, wo großer Festjubel ihrer harrte.

Ein glänzender Zug nahm die Nahenden in Empfang; Fanfaren ertönten, und durch die jubelnde Menge zog das Königskind wieder ein in seines Vaters Schloß, das im Festschmuck prangte. Die Freude des Wiedersehens zwischen Vater und Tochter war unbeschreiblich, und da Graf Bruno nun ehrerbietig nahte, sträubte Cora sich nicht mehr, als der König beider Hände ineinander legte. Außer dem jungen Brautpaar und dem alten König war am Hofe aber wohl niemand glücklicher als die treue Ursula, zumal sie merkte, wie die Schicksale der schönen Cora, welche sie von dieser nun erfuhr, deren Herz veredelt hatten.

Die Hochzeit wurde bald mit großer Pracht gefeiert, und alles Volk wußte nun täglich Coras Demut und Herzensgüte zu rühmen.

Prinzessin Hochmut

Der Kristallsee

Der Kristallsee

Gar stolz anzusehen lag auf einem Berge ein prächtiges Schloß, von dessen Söllern man weit hinein ins Land über einen großen, großen Wald blickte. Wenn die Sonne unterging und die ganze Gegend mit goldig rotem Glanz übergoß, dann sah man von dort oben zuweilen inmitten dieses großen Waldes ein geheimnisvolles Blinken, als ob die Sonnenstrahlen sich dort in einem Wasser widerspiegelten. So war es auch: denn dort lag der Kristallsee. Habt ihr schon einmal von diesem See gehört? Nun, ich will euch von ihm heut etwas erzählen.

Die Leute, welche dort in der Gegend wohnten, wußten von diesem Wasser; doch niemand getraute sich dort hin, weil man sagte, es wohne dort ein mächtiger Zauberer, den alle fürchteten.

In einem Turmgemach des Schlosses sprachen eben eine alte Frau und ein junges Mädchen vom Zauberer. Die Alte, welche Ulla hieß und seit langen Jahren Schließerin im Schloß war, berichtete ihrer Zuhörerin, der Prinzessin Amarant, daß der Zauberer lauter glänzende Fische in dem See habe, die dessen Wasser mit ihren leuchtenden Schuppen bei Nacht erhellten, und daß alle diese Fische arme, verzauberte Menschen seien.

„Wie leid tun mir diese armen Opfer des bösen Zauberers!“ sagte die Prinzessin Amarant voll Mitleid. „Ich wollte, daß ich ihnen helfen könnte! Wie wäre das aber zu machen?“

Erschrocken bat die Alte: „Ich bitte Euch, Prinzessin, denkt an so etwas niemals, Ihr seid zu mitleidig. Merkt es Euch:

Wer den armen verzauberten Fischen helfen will und zum See kommt, der verfällt dem Zauberer und wird ebenfalls in einen Fisch verwandelt. Hütet Euch vor dem Kristallsee!“

Amarant schritt in ihr stilles Zimmer und dachte über alles nach. Sie war seit einigen Monaten als Gast hier im Schloß; aber sie wünschte sich wieder fort von diesem Orte. Das Schloß gehörte nämlich einem Herzog, der mit seinen beiden Töchtern darin wohnte.

Der Kristallsee

Gar stolz anzusehen lag auf einem Berge ein prächtiges Schloß, von dessen Söllern man weit hinein ins Land über einen großen, großen Wald blickte. Wenn die Sonne unterging und die ganze Gegend mit goldig rotem Glanz übergoß, dann sah man von dort oben zuweilen inmitten dieses großen Waldes ein geheimnisvolles Blinken, als ob die Sonnenstrahlen sich dort in einem Wasser widerspiegelten. So war es auch: denn dort lag der Kristallsee. Habt ihr schon einmal von diesem See gehört? Nun, ich will euch von ihm heut etwas erzählen.

Die Leute, welche dort in der Gegend wohnten, wußten von diesem Wasser; doch niemand getraute sich dort hin, weil man sagte, es wohne dort ein mächtiger Zauberer, den alle fürchteten.

In einem Turmgemach des Schlosses sprachen eben eine alte Frau und ein junges Mädchen vom Zauberer. Die Alte, welche Ulla hieß und seit langen Jahren Schließerin im Schloß war, berichtete ihrer Zuhörerin, der Prinzessin Amarant, daß der Zauberer lauter glänzende Fische in dem See habe, die dessen Wasser mit ihren leuchtenden Schuppen bei Nacht erhellten, und daß alle diese Fische arme, verzauberte Menschen seien.

„Wie leid tun mir diese armen Opfer des bösen Zauberers!" sagte die Prinzessin Amarant voll Mitleid. „Ich wollte, daß ich ihnen helfen könnte! Wie wäre das aber zu machen?"

Erschrocken bat die Alte: „Ich bitte Euch, Prinzessin, denkt an so etwas niemals, Ihr seid zu mitleidig. Merkt es Euch:

Wer den armen verzauberten Fischen helfen will und zum See kommt, der verfällt dem Zauberer und wird ebenfalls in einen Fisch verwandelt. Hütet Euch vor dem Kristallsee!"

Amarant schritt in ihr stilles Zimmer und dachte über alles nach. Sie war seit einigen Monaten als Gast hier im Schloß; aber sie wünschte sich wieder fort von diesem Orte. Das Schloß gehörte nämlich einem Herzog, der mit seinen beiden Töchtern darin wohnte.

Die Herzogsfamilie war mit Amarants Vater entfernt verwandt. Nun hatte dieser, der ein König war, mit seinem Sohn in den Krieg ziehen müssen und Amarant so lange auf dieses Schloß gesandt, wo der Vater sie in guter Obhut wähnte. Aber die beiden Töchter des Herzogs, Pia und Mia, waren Amarant nicht gut. Sie merkten, daß ihre junge Verwandte bei allen Leuten bald beliebter war als sie beide.

Das kam daher, daß Amarant freundlich und leutselig und gar mitleidig war, während Pia und Mia sich stolz, hochfahrend und hartherzig zeigten.

Die beiden Schwestern waren viel schöner als Amarant; aber verblendet, wie sie waren, glaubten sie, diese damit in den Schatten zu stellen.

Daß letztere trotzdem allen Leuten besser gefiel, konnten sie nicht verschmerzen. Anstatt ihre Fehler zu bekämpfen und zu bedenken, daß nicht Schönheit, sondern mehr noch eine von Herzen kommende Liebenswürdigkeit die Zuneigung der Menschen erweckt, wühlten sie sich vielmehr immer tiefer in ihren Groll, bis er schließlich in Haß gegen die unschuldige Amarant ausartete. Pia war die böseste, die oftmals ihre üble Laune an Amarant ausließ.

So verging dieser die Zeit immer trauriger, und sie sehnte den Augenblick herbei, in dem ihr Vater und ihr Bruder kommen würden, sie wieder heim zu holen. An jedem Tage stieg sie auf den höchsten Söller des Schlosses, um von dort aus Umschau zu halten, ob sie die beiden nicht erblicke. Aber vergeblich war ihr Harren, und ihr Herz wurde immer schwerer. Eines Tages schaute sie wieder von der Höhe hinab voll Sehnsucht in die Weite, aber vergebens; Vater und Bruder kamen nicht.

Da hörte sie eigentümliche Laute und gewahrte einen Habicht, der eine junge wilde Taube verfolgte. Ängstlich flatterte das Tierchen gerade vor Amarants Füße, während der Habicht seinem Opfer bis dorthin nachflog. Doch furchtlos entriß Amarant die Taube seiner Gewalt, indem sie das Tier mit ihrem eigenen Körper deckte und den Raubvogel verjagte.
Dann untersuchte sie vorsichtig die Wunden der armen Taube, die aber zu der Prinzessin Freude nur unbedeutend waren.

Das Tierchen schmiegte sich zutraulich an die Retterin, ließ sich geduldig heilenden Balsam auf die blutende Stelle träufeln und nahm

Die Herzogsfamilie war mit Amarants Vater entfernt verwandt. Nun hatte dieser, der ein König war, mit seinem Sohn in den Krieg ziehen müssen und Amarant so lange auf dieses Schloß gesandt, wo der Vater sie in guter Obhut wähnte. Aber die beiden Töchter des Herzogs, Pia und Mia, waren Amarant nicht gut. Sie merkten, daß ihre junge Verwandte bei allen Leuten bald beliebter war als sie beide.

Das kam daher, daß Amarant freundlich und leutselig und gar mitleidig war, während Pia und Mia sich stolz, hochfahrend und hartherzig zeigten.

Die beiden Schwestern waren viel schöner als Amarant; aber verblendet, wie sie waren, glaubten sie, diese damit in den Schatten zu stellen.

Daß letztere trotzdem allen Leuten besser gefiel, konnten sie nicht verschmerzen. Anstatt ihre Fehler zu bekämpfen und zu bedenken, daß nicht Schönheit, sondern mehr noch eine von Herzen kommende Liebenswürdigkeit die Zuneigung der Menschen erweckt, wühlten sie sich vielmehr immer tiefer in ihren Groll, bis er schließlich in Haß gegen die unschuldige Amarant ausartete. Pia war die böseste, die oftmals ihre üble Laune an Amarant ausließ.

So verging dieser die Zeit immer trauriger, und sie sehnte den Augenblick herbei, in dem ihr Vater und ihr Bruder kommen würden, sie wieder heim zu holen. An jedem Tage stieg sie auf den höchsten Söller des Schlosses, um von dort aus Umschau zu halten, ob sie die beiden nicht erblicke. Aber vergeblich war ihr Harren, und ihr Herz wurde immer schwerer. Eines Tages schaute sie wieder von der Höhe hinab voll Sehnsucht in die Weite, aber vergebens; Vater und Bruder kamen nicht.

Da hörte sie eigentümliche Laute und gewahrte einen Habicht, der eine junge wilde Taube verfolgte. Ängstlich flatterte das Tierchen gerade vor Amarants Füße, während der Habicht seinem Opfer bis dorthin nachflog. Doch furchtlos entriß Amarant die Taube seiner Gewalt, indem sie das Tier mit ihrem eigenen Körper deckte und den Raubvogel verjagte.

Dann untersuchte sie vorsichtig die Wunden der armen Taube, die aber zu der Prinzessin Freude nur unbedeutend waren.

Das Tierchen schmiegte sich zutraulich an die Retterin, ließ sich geduldig heilenden Balsam auf die blutende Stelle träufeln und nahm ohne Scheu die dargebotene Nahrung aus der Prinzessin Hand. Als ihr Schützling nach kurzer Zeit wieder ganz kräftig war, erwartete Amarant es nicht anders, als daß er nun wieder davon fliegen würde. Sie nickte dem niedlichen Tiere freundliche zu; da nickte es auch mit seinem Köpfchen, schaute sie gar klug an und flog auf ihre Schulter. Die Prinzessin streichelte es. Aber erschreckt hielt sie inne, als die Taube sich plötzlich vernehmen ließ:

„Kuruh – kuruh – kuruh –
Prinzessin, hör mir zu!
Wär' ohne dich jetzt krank;
Prinzessin, habe Dank!
Mein Nest liegt nah am See.
Weiß Manches! Wehe! – Weh!
Sah Männer hoch zu Roß,
Sie wollten hier zum Schloß.
Ich sah den Vater dein,
Den Bruder jung und fein.
Sie stiegen, – ach, und weh –
Hernieder all zum See.
Das war zu böser Stund' –
Dem Zaubrer ward es kund.
Sein Zauber wirkte gleich,
Zog alle in sein Reich. –
Kuruh – kuruh – kuruh –
Vergeblich wartest du!" –

Geisterbleich vernahm die arme Prinzessin diese Botschaft. Sie sank auf die Knie und weinte bitterlich, während das Täubchen, sie traurig anblickend, davonflog. Schon längst hatte es sein Nest am Kristallsee erreicht, doch immer noch klagte und jammerte Amarant, bis die alte Beschließerin Ulla, von der sie vermißt wurde, sie so fand. Die gute treue Alte, welche ebenfalls der Prinzessin Amarant aufrichtig zugetan war, ruhte nicht eher, als sie den Grund von deren Trauer erfahren. Tief erschreckt vernahm sie alles; doch ihr Schreck ward noch größer, als Amarant ihr mit Festigkeit erklärte, sie wolle zum Kristallsee und ohne Scheu die dargebotene Nahrung aus der Prinzessin Hand. Als ihr Schützling nach kurzer Zeit wieder ganz kräftig war, erwartete Amarant es nicht anders, als daß er nun wieder davon fliegen würde. Sie nickte dem niedlichen Tiere freundlich zu; da nickte es auch mit seinem Köpfchen, schaute sie gar klug an und flog auf ihre Schulter. Die Prinzessin streichelte es. Aber erschreckt hielt sie inne, als die Taube sich plötzlich vernehmen ließ:

„Kuruh — kuruh — kuruh —
Prinzessin, hör mir zu!
Wär' ohne dich jetzt krank;
Prinzessin, habe Dank!
Mein Nest liegt nah am See.
Weiß Manches! Wehe! — Weh!
Sah Männer hoch zu Roß,
Sie wollten hier zum Schloß.
Ich sah den Vater dein,
Den Bruder jung und fein.
Sie stiegen, — ach, und weh —
Hernieder all zum See.
Das war zu böser Stund' —
Dem Zaubrer ward es kund.
Sein Zauber wirkte gleich,
Zog alle in sein Reich. —
Kuruh — kuruh — kuruh —
Vergeblich wartest du!" —

Geisterbleich vernahm die arme Prinzessin diese Botschaft. Sie sank auf die Knie und weinte bitterlich, während das Täubchen, sie traurig anblickend, davonflog. Schon längst hatte es sein Nest am Kristallsee erreicht, doch immer noch klagte und jammerte Amarant, bis die alte Beschließerin Ulla, von der sie vermißt wurde, sie so fand. Die gute treue Alte, welche ebenfalls der Prinzessin Amarant aufrichtig zugetan war, ruhte nicht eher, als sie den Grund von deren Trauer erfahren. Tief erschreckt vernahm sie alles; doch ihr Schreck ward noch größer, als Amarant ihr mit Festigkeit erklärte, sie wolle zum Kristallsee und

Vater und Bruder retten oder ihr Schicksal teilen. Vergebens war der Alten Bitte, von solch aussichtslosem Vorhaben abzustehen; Amarant blieb fest. Ulla bat nun, sie wenigstens begleiten zu dürfen. Doch die Prinzessin wollte davon nichts hören und sagte: „Du gute Ulla, hast mich lieb, das weiß ich, und ich danke dir dafür; aber es wäre Selbstsucht, wollte ich dich noch nutzlos mit in mein ungewisses Schicksal ziehen. Ich müßte dich vielleicht mit mir zugleich unglücklich enden sehen, und das darf nicht geschehen.“ Sie umarmte die gute Alte und sagte, sie wolle sich zur Ruhe begeben.

Am anderen Morgen, als alles im Schlosse noch schlief, stahl die treue Amarant sich heimlich fort und lief, so schnell sie konnte, in den Wald, wo sie vor spähenden Blicken sicher war. Leicht schritt sie dahin. Vom Söller aus hatte sie sich die Richtung, in der der Kristallsee liegen mußte, wohl gemerkt, und nach einigen Stunden glaubte sie von ferne auch in Blinken wie von Wasser zu sehen.

Erst jetzt kam ihre grenzenlose Einsamkeit ihr zum Bewußtsein; sie bereute fast, die gute Ulla nicht wenigstens in der Nähe behalten zu haben; doch sie verscheuchte diesen Gedanken wieder.

Sie kniete in dem weichen Moose nieder und begann zu beten, bis ihr Herz leichter wurde und sie neuen Mut fühlte. –

Ganz in ihrer Nähe gewahrte sie jetzt einen dicken, hohlen Baum. Dieser konnte ihr, wie sie dachte, vielleicht ein Obdach bieten, wenn sie länger im Walde zubringen mußte.

Sie bahnte sich durch Farnkräuter und Geröll einen Weg dahin. Doch bevor sie den Baum erreicht hatte, blieb sie erschrocken stehen; denn offenbar aus seiner Höhlung kommend, drang ein klagendes Stimmchen an ihr Ohr, und deutlich verstand sie jetzt auch die Worte:

„Zerrissen, zerrissen das Röcklein mein –
Und nirgends ein Fädchen, ein Flöcklein klein!
Läßt sich niemand, niemand blicken,
Der mir mag das Röcklein flicken?“

Amarants eben noch furchtsames Herz pochte nun in freudiger Erwartung und in Mitleid. Ein menschliches Wesen, vielleicht ein

Vater und Bruder retten oder ihr Schicksal teilen. Vergebens war der Alten Bitte, von solch aussichtslosem Vorhaben abzustehen; Amarant blieb fest. Ulla bat nun, sie wenigstens begleiten zu dürfen. Doch die Prinzessin wollte davon nichts hören und sagte: „Du gute Ulla, hast mich lieb, das weiß ich, und ich danke dir dafür; aber es wäre Selbstsucht, wollte ich dich noch nutzlos mit in mein ungewisses Schicksal ziehen. Ich müßte dich vielleicht mit mir zugleich unglücklich enden sehen, und das darf nicht geschehen.“ Sie umarmte die gute Alte und sagte, sie wolle sich zur Ruhe begeben.

Am anderen Morgen, als alles im Schlosse noch schlief, stahl die treue Amarant sich heimlich fort und lief, so schnell sie konnte, in den Wald, wo sie vor spähenden Blicken sicher war. Leicht schritt sie dahin. Vom Söller aus hatte sie sich die Richtung, in der der Kristallsee liegen mußte, wohl gemerkt, und nach einigen Stunden glaubte sie von ferne auch in Blinken wie von Wasser zu sehen.

Erst jetzt kam ihre grenzenlose Einsamkeit ihr zum Bewußtsein; sie bereute fast, die gute Ulla nicht wenigstens in der Nähe behalten zu haben; doch sie verscheuchte diesen Gedanken wieder.

Sie kniete in dem weichen Moose nieder und begann zu beten, bis ihr Herz leichter wurde und sie neuen Mut fühlte. —

Ganz in ihrer Nähe gewahrte sie jetzt einen dicken, hohlen Baum. Dieser konnte ihr, wie sie dachte, vielleicht ein Obdach bieten, wenn sie länger im Walde zubringen mußte.

Sie bahnte sich durch Farnkräuter und Geröll einen Weg dahin. Doch bevor sie den Baum erreicht hatte, blieb sie erschrocken stehen; denn offenbar aus seiner Höhlung kommend, drang ein klagendes Stimmchen an ihr Ohr, und deutlich verstand sie jetzt auch die Worte:

„Zerrissen, zerrissen das Röcklein mein —
Und nirgends ein Fädchen, ein Flöcklein klein!
Läßt sich niemand, niemand blicken,
Der mir mag das Röcklein flicken?“

Amarants eben noch furchtsames Herz pochte nun in freudiger Erwartung und in Mitleid. Ein menschliches Wesen, vielleicht ein verirrtes Kind, war in der Nähe; sie befand sich nicht ganz allein hier in der furchtbaren Einsamkeit, und sie konnte dem Kinde vielleicht helfen. So bog sie denn mutig die Zweige, welche die Öffnung verdeckten, zurück; aber was sie sah, flößte ihr neuen Schrecken ein. Nicht ein Kind saß da, sondern ein Männlein, kaum zwei Schuh hoch, mit langem, eisgrauem Bart. Es mühte sich eben, einen großen Riß in seinem Wämslein mit Dornen von einem wilden Rosenbusch zuzustecken, und blickte Amarant aus großen Augen erwartungsvoll an. Die Jungfrau stand unschlüssig da; Furcht und Mitleid kämpften in ihr, bis der Zwerg abermals anhob:

„O, Königstochter, flieh nicht fort,
Kein Feind ist hier an diesem Ort."

Da faßte sie sich ein Herz und sprach:

„Ich hörte deine Worte, kleiner Mann, und wenn du mir nichts zu leide tun willst, da helfe ich dir gern, aber sag mir, wer du bist!"

„Waldfreund heiß ich, und bin ein Zwerg!
Wohn' im Walde und auch im Berg.
Aus Sonnenstrahlen und Mondenschein
Da schmiede ich Gold und Silber fein.
Willst du mir mein Röcklein flicken?
Sollst zum Lohn mit Gold dich schmücken."

Der Kleine blickte freundlich zu Amarant auf.

„Nicht nach Gold verlangt mich, lieber Zwerg," sprach nun die Jungfrau zutraulich. „Ich will dir aber gerne helfen."

Sie hatte sich, im Falle sie selbst dergleichen gebrauchen würde, mit allerlei Werkzeug verehen und nahm aus ihrem Täschlein, das sie nach der Sitte damaliger Zeit am Gürtel trug, Nadel und Faden, um ihr gutes Werk zu beginnen.

Doch da zeigte es sich, daß ein großes Stück aus dem Wämslein fehlte und ein Faden allein den Schaden nicht zu heilen vermochte. „Ich weiß Rat," tröstete Amarant den Kleinen freundlich.

verirrtes Kind, war in der Nähe; sie befand sich nicht ganz allein hier in der furchtbaren Einsamkeit, und sie konnte dem Kinde vielleicht helfen. So bog sie denn mutig die Zweige, welche die Öffnung verdeckten, zurück; aber was sie sah, flößte ihr neuen Schrecken ein. Nicht ein Kind saß da, sondern ein Männlein, kaum zwei Schuh hoch, mit langem, eisgrauem Bart. Es mühte sich eben, einen großen Riß in seinem Wämslein mit Dornen von einem wilden Rosenbusch zuzustecken, und blickte Amarant aus großen Augen erwartungsvoll an. Die Jungfrau stand unschlüssig da; Furcht und Mitleid kämpften in ihr, bis der Zwerg abermals anhob:

„O, Königstochter, flieh nicht fort,
Kein Feind ist hier an diesem Ort."

Da faßte sie sich ein Herz und sprach:

„Ich hörte deine Worte, kleiner Mann, und wenn du mir nichts zu leide tun willst, da helfe ich dir gern, aber sag mir, wer du bist!"

„Waldfreund heiß ich, und bin ein Zwerg!
Wohn' im Walde und auch im Berg.
Aus Sonnenstrahlen und Mondenschein
Da schmiede ich Gold und Silber fein.
Willst du mir mein Röcklein flicken?
Sollst zum Lohn mit Gold dich schmücken."

Der Kleine blickte freundlich zu Amarant auf.

„Nicht nach Gold verlangt mich, lieber Zwerg," sprach nun die Jungfrau zutraulich. „Ich will dir aber gerne helfen."

Sie hatte sich, im Falle sie selbst dergleichen gebrauchen würde, mit allerlei Werkzeug versehen und nahm aus ihrem Täschlein, das sie nach der Sitte damaliger Zeit am Gürtel trug, Nadel und Faden, um ihr gutes Werk zu beginnen.

Doch da zeigte es sich, daß ein großes Stück aus dem Wämslein fehlte und ein Faden allein den Schaden nicht zu heilen vermochte. „Ich weiß Rat," tröstete Amarant den Kleinen freundlich.

Kurz entschlossen schnitt sie aus ihrem eigenen Gewande das nötige Stück Stoff, ohne die Abwehr des kleinen „Waldfreundes“ zu beachten.

Was machte es denn aus, ob das Stück an ihrem Kleide fehlte! So dachte sie mit trübem Lächeln. Und wenn sie gar auch verzaubert würde, dann fragte erst recht niemand danach.

Amarant hatte sich fleißig geübt, mit der Nadel umzugehen, und so saß denn bald ein kunstgerechter Flicken in Waldfreundes Wämslein, so daß der Kleine vor Freude tanzte. Er zupfte die wieder in trübe Gedanken versunkene Jungfrau am Kleid und fragte plötzlich mit ganz ernstem Gesicht:

„Prinzessin, sag, was ficht dich an?
Sag, ob ich dir nicht helfen kann!“

„Sagen will ich dir's schon,“ antwortete diese. „Ich glaube, daß du es gut mit mir meinst, und wen du mir auch schwerlich wirst helfen können, vielleicht vermagst du mir zu raten.“

Darauf erzählte sie, was sie von der Taube vernommen, und wie sie ihren Vater und Bruder erlösen möchte.

„Bist eine treue Tochter und Schwester, und kamst zu guter Stunde her. Kenne wild' Täublein vom Nest am See gar wohl und bin gut Freund mit ihr. Hat mir die Mär auch schon erzählt. Ich selbst auch schaute den glänzenden Troß, der mit seinem Geräusch den Zauberer aus dem Schlaf geweckt und dafür büßen mußte. Voran ritt dein Vater und Bruder; – ihre Rüstungen blitzten wie Gold. Heut' ist Johannistag und Vollmond, – das ist ein gar guter Zeitpunkt für das Erlösungswerk. Aber bedenke es wohl, Prinzessin: Ich kann dir zwar raten, was du tun mußt, will dir dabei auch so viel als möglich behülflich sein, denn ich schulde dir Dank. Aber wenn dein Mut schwindet, wenn du die Probe nicht bestehst und der Macht des bösen Zauberers verfällst, dann vermag auch ich dir nicht mehr zu helfen. Dann bist auch du rettungslos verloren.“

Prinzessin Amarant erklärte aber, daß sie alles tun, alle Furcht überwinden wolle, und so sprach Waldfreund: „Merke auf: In dieser Nacht wird die blaue Wunderblume sich entfalten, welche die Menschen

Kurz entschlossen schnitt sie aus ihrem eigenen Gewande das nötige Stück Stoff, ohne die Abwehr des kleinen „Waldfreundes" zu beachten.

Was machte es denn aus, ob das Stück an ihrem Kleide fehlte! So dachte sie mit trübem Lächeln. Und wenn sie gar auch verzaubert würde, dann fragte erst recht niemand danach.

Amarant hatte sich fleißig geübt, mit der Nadel umzugehen, und so saß denn bald ein kunstgerechter Flicken in Waldfreundes Wämslein, so daß der Kleine vor Freude tanzte. Er zupfte die wieder in trübe Gedanken versunkene Jungfrau am Kleid und fragte plötzlich mit ganz ernstem Gesicht:

„Prinzessin, sag, was ficht dich an?
Sag, ob ich dir nicht helfen kann!"

„Sagen will ich dir's schon," antwortete diese. „Ich glaube, daß du es gut mit mir meinst, und wen du mir auch schwerlich wirst helfen können, vielleicht vermagst du mir zu raten."

Darauf erzählte sie, was sie von der Taube vernommen, und wie sie ihren Vater und Bruder erlösen möchte.

„Bist eine treue Tochter und Schwester, und kamst zu guter Stunde her. Kenne wild' Täublein vom Nest am See gar wohl und bin gut Freund mit ihr. Hat mir die Mär auch schon erzählt. Ich selbst auch schaute den glänzenden Troß, der mit seinem Geräusch den Zauberer aus dem Schlaf geweckt und dafür büßen mußte. Voran ritt dein Vater und Bruder; — ihre Rüstungen blitzten wie Gold. Heut' ist Johannistag und Vollmond, — das ist ein gar guter Zeitpunkt für das Erlösungswerk. Aber bedenke es wohl, Prinzessin: Ich kann dir zwar raten, was du tun mußt, will dir dabei auch so viel als möglich behülflich sein, denn ich schulde dir Dank. Aber wenn dein Mut schwindet, wenn du die Probe nicht bestehst und der Macht des bösen Zauberers verfällst, dann vermag auch ich dir nicht mehr zu helfen. Dann bist auch du rettungslos verloren."

Prinzessin Amarant erklärte aber, daß sie alles tun, alle Furcht überwinden wolle, und so sprach Waldfreund: „Merke auf: In dieser Nacht wird die blaue Wunderblume sich entfalten, welche die Menschen ohne unsere Hülfe nie finden. Ich will sie dir bringen, Prinzessin. Sie ist das einzige Mittel, den Zauberer seiner Macht zu entkleiden.

Nutzest du die Zeit, ehe die Blume welkt, wohl aus, dann kannst du nicht nur Vater und Bruder, sondern alle im See verzauberten Menschen und Tiere erlösen.“

Waldfreund sprach nun leise und eifrig mit ihr weiter, und die Jungfrau verlor keinen Laut von seinen Lippen. Als der Kleine geendet, streichelte Amarant liebkosend mit ihrer weichen Hand sein häßliches Runzelgesicht, das so freundlich zu ihr aufblickte.

„Folge mir!“ winkte darauf der Zwerg, und die Jungfrau tat, wie er wünschte. Leise schritten beide über den weichen Waldboden dahin.

Amarant blickte nicht rechts, nicht links, bis Waldfreund plötzlich an einem Baume stehen blieb, an dessen Rinde er leise pochte. Da flatterte ein Vogel von oben hernieder, und im gleichen Augenblick erkannte Amarant ihren Schützling „Wildtäublein“. Das Tierchen setzte sich zutraulich auf ihre Schulter, schmiegte sein Köpfchen an ihre Wange und girrte:

„Kuruh – kuruh,
Prinzessin du,
Willkommen hier –
Auch *ich* helf dir.“

Amarant streichelte zärtlich den hübschen Vogel und nickte ihm dankbar zu. – Ihr war nun so leicht ums Herz, daß sie vor keinem noch so schweren Wagestück zurückgeschreckt wäre. Doch die Anstrengungen und mancherlei Eindrücke dieses Tages machten nun allgemach ihr Recht geltend. Die Sonne stand noch in Mittagshöhe, und vor ihrem Untergang konnte an das Rettungswerk nicht gedacht werden.

Waldfreund bemerkte Amarants Ermattung. „Prinzessin, du mußt Kräfte sammeln für heut’ nacht. Ich bereite dir ein kühles Schlummerplätzchen und will deine Ruhe bewachen, daß niemand dir ein Leid zufügen darf.“ Dicht neben Wildtäubleins Baum stand eine alte Linde, unter welcher der Moosboden besonders weich schien. Waldfreunds Rat folgend, schlang Amarant ihre langen Zöpfe um den Baum und sprach dabei:

ohne unsere Hülfe nie finden. Ich will sie dir bringen, Prinzessin. Sie ist das einzige Mittel, den Zauberer seiner Macht zu entkleiden.

Nutzest du die Zeit, ehe die Blume welkt, wohl aus, dann kannst du nicht nur Vater und Bruder, sondern alle im See verzauberten Menschen und Tiere erlösen."

Waldfreund sprach nun leise und eifrig mit ihr weiter, und die Jungfrau verlor keinen Laut von seinen Lippen. Als der Kleine geendet, streichelte Amarant liebkosend mit ihrer weichen Hand sein häßliches Runzelgesicht, das so freundlich zu ihr aufblickte.

„Folge mir!" winkte darauf der Zwerg, und die Jungfrau tat, wie er wünschte. Leise schritten beide über den weichen Waldboden dahin.

Amarant blickte nicht rechts, nicht links, bis Waldfreund plötzlich an einem Baume stehen blieb, an dessen Rinde er leise pochte. Da flatterte ein Vogel von oben hernieder, und im gleichen Augenblick erkannte Amarant ihren Schützling „Wildtäublein". Das Tierchen setzte sich zutraulich auf ihre Schulter, schmiegte sein Köpfchen an ihre Wange und girrte:

„Kuruh — kuruh,
Prinzessin du,
Willkommen hier —
Auch *ich* helf dir."

Amarant streichelte zärtlich den hübschen Vogel und nickte ihm dankbar zu. — Ihr war nun so leicht ums Herz, daß sie vor keinem noch so schweren Wagestück zurückgeschreckt wäre. Doch die Anstrengungen und mancherlei Eindrücke dieses Tages machten nun allgemach ihr Recht geltend. Die Sonne stand noch in Mittagshöhe, und vor ihrem Untergang konnte an das Rettungswerk nicht gedacht werden.

Waldfreund bemerkte Amarants Ermattung. „Prinzessin, du mußt Kräfte sammeln für heut' nacht. Ich bereite dir ein kühles Schlummerplätzchen und will deine Ruhe bewachen, daß niemand dir ein Leid zufügen darf." Dicht neben Wildtäubleins Baum stand eine alte Linde, unter welcher der Moosboden besonders weich schien. Waldfreunds Rat folgend, schlang Amarant ihre langen Zöpfe um den Baum und sprach dabei:

„Will dich mit meinem Haar umschlingen,
Du grüner Waldesbaum,
Bewache meinen Traum,
Wollst sanfte Ruhe und Schatten bringen!“

Kaum hatte sie bittend also gesprochen, als es im grünen Blätterdach rauschte. Und siehe da, tiefer und tiefer neigten sich die Zweige über das Königskind, bis die grünen Blätter eine undurchdringliche Mauer bildeten, durch die kein spähender Blick dringen konnte. Bald war auch Amarant in tiefen Schlaf versunken, und nichts störte ihre Ruhe.

Im Herzogsschloß hatte man inzwischen Amarants Abwesenheit entdeckt, und Ulla war untröstlich; denn sie ahnte, wohin ihr Liebling sich gewandt hatte. Der Herzog war abwesend, und so beschwor sie denn seine beiden Töchter, Amarant suchen zu lassen, damit sie nicht in die Macht des Zauberers falle. Mia sagte nicht viel und überließ der älteren Schwester die Entscheidung. Doch Pia lachte nur höhnisch:

„Wer sich in Gefahr begibt, kommt darin um. Laß die Vorwitzige sehen, wie sie fertig wird! Sie ist alt genug, um keine Kinderfrau mehr zu brauchen!“

Keine Regung des Mitleids, der Besorgnis fühlte Pia, wohl aber Neugierde, wenn nicht gar Schadenfreude. Sie wollte Amarant beobachten; vielleicht kam sie gerade dazu, wie der Zauberer sie hinab zog. So ließ sie schnell Pferde satteln und ritt mit mehreren Knappen, ohne das Ziel zu nennen, dem Kristallsee zu. Als die Reisigen aber sahen, wohin Pia wollte, erklärten sie, nicht bis zum See mitkommen zu wollen. Keine Drohung half. Sie wollten lieber vom Schloß gejagt werden als in die Gewalt des Zauberers zu gelangen. Pias Stolz litt es nun nicht, dem Ziel so nahe, mit ihnen umzukehren. Sie konnte sich vor Grimm nicht fassen, befahl ihren Leuten, auf sie zu warten, stieg ab und ging allein die noch übrige Strecke bis in die Nähe des Sees.

Amarant schlief unterdes fest und ahnte nicht, daß ihre Feindin ihr so nahe sei.

„Will dich mit meinem Haar umschlingen,
Du grüner Waldesbaum,
Bewache meinen Traum,
Wollst sanfte Ruhe und Schatten bringen!“

Kaum hatte sie bittend also gesprochen, als es im grünen Blätterdach rauschte. Und siehe da, tiefer und tiefer neigten sich die Zweige über das Königskind, bis die grünen Blätter eine undurchdringliche Mauer bildeten, durch die kein spähender Blick dringen konnte. Bald war auch Amarant in tiefen Schlaf versunken, und nichts störte ihre Ruhe.

Im Herzogsschloß hatte man inzwischen Amarants Abwesenheit entdeckt, und Ulla war untröstlich; denn sie ahnte, wohin ihr Liebling sich gewandt hatte. Der Herzog war abwesend, und so beschwor sie denn seine beiden Töchter, Amarant suchen zu lassen, damit sie nicht in die Macht des Zauberers falle. Mia sagte nicht viel und überließ der älteren Schwester die Entscheidung. Doch Pia lachte nur höhnisch:

„Wer sich in Gefahr begibt, kommt darin um. Laß die Vorwitzige sehen, wie sie fertig wird! Sie ist alt genug, um keine Kinderfrau mehr zu brauchen!“

Keine Regung des Mitleids, der Besorgnis fühlte Pia, wohl aber Neugierde, wenn nicht gar Schadenfreude. Sie wollte Amarant beobachten; vielleicht kam sie gerade dazu, wie der Zauberer sie hinab zog. So ließ sie schnell Pferde satteln und ritt mit mehreren Knappen, ohne das Ziel zu nennen, dem Kristallsee zu. Als die Reisigen aber sahen, wohin Pia wollte, erklärten sie, nicht bis zum See mitkommen zu wollen. Keine Drohung half. Sie wollten lieber vom Schloß gejagt werden als in die Gewalt des Zauberers zu gelangen. Pias Stolz litt es nun nicht, dem Ziel so nahe, mit ihnen umzukehren. Sie konnte sich vor Grimm nicht fassen, befahl ihren Leuten, auf sie zu warten, stieg ab und ging allein die noch übrige Strecke bis in die Nähe des Sees.

Amarant schlief unterdes fest und ahnte nicht, daß ihre Feindin ihr so nahe sei.

Da hörtePia durch die Waldesstille dicht am Wege eine Stimme und gewahrte einen Zwerg. Der hielt der Prinzessin ein zerrissenes Ding entgegen und klagte:

„Mein Käpplein ist zerrissen,
Ein Mäuslein hat's zerbissen.
Wen find' ich armer Tropf –
Der mir mein Käpplein stopf?"

Weniger Schrecken als Abscheu und Empörung malte sich in Pias Gesicht. „Wie darfst du dich erkühnen, mich, die Prinzessin, anzureden? Was habe ich mit deinem Käpplein zu tun, du alberner Wicht? Meinst du gar, ich sollt' meine weißen Finger mit dem Dinge besudeln? Hätte gerade Lust, sie mir zu zerstechen. Da such dir irgend einen Waldkobold! Der mag dazu besser taugen. Sahst du nicht die Prinzessin Amarant?"

Aber keine Antwort erfolgte; Zwerg Waldfreund war verschwunden. Er stand im Dickicht und lachte schadenfroh:

„Für deinen Hohn
Werd' dir der Lohn!"

während er kichernd ein neues Käpplein aus seinem Wämschen zog:

„Hast deine Prüfung schlechter bestanden wie deine sanfte Base. Als ob Waldfreund sich nicht heile Wämslein und Käpplein zaubern könnte, so viel es ihm beliebt! Aber die Menschen will er kennen lernen." Er rieb sich frohlockend die Hände, als er Pia dem See eilig zustreben sah.

Sie konnte nicht anders denken, als daß Amarant denselben Weg genommen.

Nur von dieser Annahme erfüllt, schritt sie ganz dicht ans Ufer. Es kam ihr nicht in den Sinn, daß ihr Vorwitz ihr selbst Gefahr bringen könne. Es hieß nämlich, daß man die Verzauberten erst noch in menschlicher Gestalt auf dem Grunde des Sees in einer Kristallgrotte gewahren könne. Das mußte sie ergründen. Sie schlich immer näher. Da – ihr Fuß stockte, wirklich – da unten erblickte sie eine ganz herrlich schillernde Grotte, und sie glaubte auch eine menschliche Gestalt darin zu sehen.

Da hörtePia durch die Waldesstille dicht am Wege eine Stimme und gewahrte einen Zwerg. Der hielt der Prinzessin ein zerrissenes Ding entgegen und klagte:

„Mein Käpplein ist zerrissen,
Ein Mäuslein hat's zerbissen.
Wen find' ich armer Tropf —
Der mir mein Käpplein stopf?"

Weniger Schrecken als Abscheu und Empörung malte sich in Pias Gesicht. „Wie darfst du dich erkühnen, mich, die Prinzessin, anzureden? Was habe ich mit deinem Käpplein zu tun, du alberner Wicht? Meinst du gar, ich sollt' meine weißen Finger mit dem Dinge besudeln? Hätte gerade Lust, sie mir zu zerstechen. Da such dir irgend einen Waldkobold! Der mag dazu besser taugen. Sahst du nicht die Prinzessin Amarant?"

Aber keine Antwort erfolgte; Zwerg Waldfreund war verschwunden. Er stand im Dickicht und lachte schadenfroh:

„Für deinen Hohn
Werd' dir der Lohn!"

während er kichernd ein neues Käpplein aus seinem Wämschen zog:

„Hast deine Prüfung schlechter bestanden wie deine sanfte Base. Als ob Waldfreund sich nicht heile Wämslein und Käpplein zaubern könnte, so viel es ihm beliebt! Aber die Menschen will er kennen lernen." Er rieb sich frohlockend die Hände, als er Pia dem See eilig zustreben sah.

Sie konnte nicht anders denken, als daß Amarant denselben Weg genommen.

Nur von dieser Annahme erfüllt, schritt sie ganz dicht ans Ufer. Es kam ihr nicht in den Sinn, daß ihr Vorwitz ihr selbst Gefahr bringen könne. Es hieß nämlich, daß man die Verzauberten erst noch in menschlicher Gestalt auf dem Grunde des Sees in einer Kristallgrotte gewahren könne. Das mußte sie ergründen. Sie schlich immer näher. Da — ihr Fuß stockte, wirklich — da unten erblickte sie eine ganz herrlich schillernde Grotte, und sie glaubte auch eine menschliche Gestalt darin zu sehen.

Atemlos spähte sie hinab. Triumphierend schillerten ihre bösen Augen. Sie glaubte nun ihrer Sache gewiß zu sein und wollte die Nachricht gleich im Schloß melden.

Aber ihr Gewand hatte sich in einigen Wurzeln am Ufer verstrickt. Je mehr sie fortstrebte, desto mehr ward sie gehalten. Sie rief, alle Vorsicht vergessend, so laut sie konnte, nach den Reisigen. Doch da spritzte das Wasser plötzlich hoch auf. Ein greuliches Ungeheuer, halb Mensch, halb Frosch, tauchte aus den Fluten hervor. Pia stieß einen gellenden Schrei aus, dann schlugen die Wellen über ihr zusammen. Sie war in der Gewalt des Zauberers. Waldfreund hatte es gesehen; er nahm schweigend wieder seinen Posten in der Nähe von Amarants Schlummerstätte ein. Auch die Reisigen hatten den Angstschrei vernommen, und der mutigste war von ferne Zeuge gewesen, wie Pia im See verschwand. Keiner rührte einen Finger zu ihrer Rettung; keiner bemitleidete sie. Sie hatte sich durch ihr böses Wesen alle zu Feinden gemacht.

Hätten sie Amarant im gleichen Falle gesehen, so würden sie ihr zu Liebe eher einen Rettungsversuch gemacht haben. Aber ihr Schicksal war unsicher, obwohl es ihre Teilnahme erregte. So ritten sie denn schweigend nach Hause, um dort die Botschaft zu verkünden. Der Wald war still wie zuvor.

Als die Sonne tiefer zu sinken begann, pochte Waldfreund abermals leise an Wildtäubleins Baum, und gleich darauf saß das kluge Tierchen im Gebüsch neben dem Zwerg, der also flüsterte:

„Komm, Täublein, jetzt ganz nah zu mir,
Gar wicht'ge Botschaft sag ich dir:
Es nahet bald Mittsommernacht;
Kein böser Vogel hat heut' Macht.
Da schläft selbst Eule, Habicht, Aar;
Johannismond scheint hell und klar.
Dann blüht die Wunderblume blau –
Wildtäublein, kennst den Platz genau?

Atemlos spähte sie hinab. Triumphierend schillerten ihre bösen Augen. Sie glaubte nun ihrer Sache gewiß zu sein und wollte die Nachricht gleich im Schloß melden.

Aber ihr Gewand hatte sich in einigen Wurzeln am Ufer verstrickt. Je mehr sie fortstrebte, desto mehr ward sie gehalten. Sie rief, alle Vorsicht vergessend, so laut sie konnte, nach den Reisigen. Doch da spritzte das Wasser plötzlich hoch auf. Ein greuliches Ungeheuer, halb Mensch, halb Frosch, tauchte aus den Fluten hervor. Pia stieß einen gellenden Schrei aus, dann schlugen die Wellen über ihr zusammen. Sie war in der Gewalt des Zauberers. Waldfreund hatte es gesehen; er nahm schweigend wieder seinen Posten in der Nähe von Amarants Schlummerstätte ein. Auch die Reisigen hatten den Angstschrei vernommen, und der mutigste war von ferne Zeuge gewesen, wie Pia im See verschwand. Keiner rührte einen Finger zu ihrer Rettung; keiner bemitleidete sie. Sie hatte sich durch ihr böses Wesen alle zu Feinden gemacht.

Hätten sie Amarant im gleichen Falle gesehen, so würden sie ihr zu Liebe eher einen Rettungsversuch gemacht haben. Aber ihr Schicksal war unsicher, obwohl es ihre Teilnahme erregte. So ritten sie denn schweigend nach Hause, um dort die Botschaft zu verkünden. Der Wald war still wie zuvor.

Als die Sonne tiefer zu sinken begann, pochte Waldfreund abermals leise an Wildtäubleins Baum, und gleich darauf saß das kluge Tierchen im Gebüsch neben dem Zwerg, der also flüsterte:

„Komm, Täublein, jetzt ganz nah zu mir,
Gar wicht'ge Botschaft sag ich dir:
Es nahet bald Mittsommernacht;
Kein böser Vogel hat heut' Macht.
Da schläft selbst Eule, Habicht, Aar;
Johannismond scheint hell und klar.
Dann blüht die Wunderblume blau —
Wildtäublein, kennst den Platz genau?

Flieg hin, hol mir die Blum' vom Berg! –
Es wartet dein Waldfreund, der Zwerg."

Da nickte Wildtäublein mit dem Köpfchen und girrte:

„Kuruh, kuruh! –
Bleib ganz in Ruh! –
Der Botschaft dein
Folgt Täubelein,
Fliegt in die Fern,
Tut es so gern.
Wenn Vollmond scheint,
Sind wir vereint."

Kaum hatte sie geendet, als sie auch schon die Flügel ausbreitete, so daß sie bald Waldfreunds Blicken entschwand. Der gute Zwerg lugte vorsichtig durch Amarants Blättermauer und nickte zufrieden lächelnd vor sich hin, als er die Prinzessin noch in festem Schlaf fand.

Nun war der Mond aufgegangen, und Waldfreund lugte abermals, ob Amarant noch schlief. Sie regte sich nicht. Da rief der treue Zwerg leise:

„Mond ist aufgegangen,
Silberschleier hangen,
Wildtäublein ist schon nah.
Königskind, erwache!
Es gilt nun ernster Sache; –
Die Rettungsstund' ist da."

Nicht lange, so trat Amarant zu Waldfreund. Sie fühlte sich frisch, wie neugeboren, und dankte dem Getreuen von Herzen für all seine Fürsorge. Der Zwerg ermutigte sie und prägte ihr nochmals alles ein, denn jeden Augenblick konnte Wildtäublein mit der Wunderblume kommen.

Flieg hin, hol mir die Blum' vom Berg! —
Es wartet dein Waldfreund, der Zwerg."

Da nickte Wildtäublein mit dem Köpfchen und girrte:

„Kuruh, kuruh! —
Bleib ganz in Ruh! —
Der Botschaft dein
Folgt Täubelein,
Fliegt in die Fern,
Tut es so gern.
Wenn Vollmond scheint,
Sind wir vereint."

Kaum hatte sie geendet, als sie auch schon die Flügel ausbreitete, so daß sie bald Waldfreunds Blicken entschwand. Der gute Zwerg lugte vorsichtig durch Amarants Blättermauer und nickte zufrieden lächelnd vor sich hin, als er die Prinzessin noch in festem Schlaf fand.

Nun war der Mond aufgegangen, und Waldfreund lugte abermals, ob Amarant noch schlief. Sie regte sich nicht. Da rief der treue Zwerg leise:

„Mond ist aufgegangen,
Silberschleier hangen,
Wildtäublein ist schon nah.
Königskind, erwache!
Es gilt nun ernster Sache; —
Die Rettungsstund' ist da."

Nicht lange, so trat Amarant zu Waldfreund. Sie fühlte sich frisch, wie neugeboren, und dankte dem Getreuen von Herzen für all seine Fürsorge. Der Zwerg ermutigte sie und prägte ihr nochmals alles ein, denn jeden Augenblick konnte Wildtäublein mit der Wunderblume kommen.

Und siehe da, jetzt rauschte es auch schon über ihnen und dann saß Wildtäublein dicht bei ihnen, eine herrliche blaue Blume im Schnabel haltend, die so köstlichen Duft aushauchte, daß Amarant ganz entzückt war. Ihr schien, als ob dieser Duft ihren Mut und die Klarheit ihrer Gedanken noch bedeutend stärkte. Wildtäublein nickte mit dem Köpfchen, sah die Jungfrau aus klugen Äuglein an und girrte, ihr die Blume in den Schoß legend:

„Die Blum', am Berg erblüht,
Kuruh – kuruh – kuruh –
Vor Schaden dich behüt'
O Königstochter du!" –

Nun war keine Zeit mehr zu versäumen. Amarant dankte auch der treuen gefiederten Freundin herzlich. Dann eilte sie, gefolgt von den beiden Getreuen, an den See.

Die weite Fläche lag, vom Mondlicht nur teilweise erhellt, schweigsam und spiegelglatt da. Kaum daß ein Wellchen zu sehen war. Aber o Wunder! Kristallklar erschien auch jetzt trotz der unsicheren Beleuchtung das Wasser, und deutlich sah Amarant eigenartig leuchtende Gebilde.

Es waren die jetzt regungslos verharrenden verzauberten Fische, die, wie die Königstochter nun wußte, jetzt schliefen. Tief hinab blickte sie, und da gewahrte sie deutlich die Zaubergrotte, in der wohl der Zauberer jetzt ruhte, und zur Seite zwei herrliche Schwäne mit goldenen Krönlein auf dem Haupt und mit goldenen Kettlein an die Grotte geschmiedet. Sie wußte, das waren ihr Vater und Bruder. Nun galt es, ohne Säumen alles zu tun, was Waldfreund ihr eingeprägt hatte; denn der Getreue wie auch Wildtäublein mußten jetzt stumm sein und blieben nur zu ihrer Beruhigung in der Nähe.

Die Jungfrau hielt die Wunderblume fest in einer Hand; denn diesen Talisman durfte sie nicht verlieren. Amarant beugte sich weit vor, um die Schwäne genau sehen zu können. Tränen flossen über ihre bleichen Wangen, weil sie beide in solcher Verzauberung sehen mußte. Sie sollten wissen, daß sie, die Tochter und Schwester, nahe war. Glatte Kieselsteinchen, die sie schon zu diesem Zweck gesammelt, sollten den beiden

Und siehe da, jetzt rauschte es auch schon über ihnen und dann saß Wildtäublein dicht bei ihnen, eine herrliche blaue Blume im Schnabel haltend, die so köstlichen Duft aushauchte, daß Amarant ganz entzückt war. Ihr schien, als ob dieser Duft ihren Mut und die Klarheit ihrer Gedanken noch bedeutend stärkte. Wildtäublein nickte mit dem Köpfchen, sah die Jungfrau aus klugen Äuglein an und girrte, ihr die Blume in den Schoß legend:

„Die Blum', am Berg erblüht,
Kuruh — kuruh — kuruh —
Vor Schaden dich behüt'
O Königstochter du!" —

Nun war keine Zeit mehr zu versäumen. Amarant dankte auch der treuen gefiederten Freundin herzlich. Dann eilte sie, gefolgt von den beiden Getreuen, an den See.

Die weite Fläche lag, vom Mondlicht nur teilweise erhellt, schweigsam und spiegelglatt da. Kaum daß ein Wellchen zu sehen war. Aber o Wunder! Kristallklar erschien auch jetzt trotz der unsicheren Beleuchtung das Wasser, und deutlich sah Amarant eigenartig leuchtende Gebilde.

Es waren die jetzt regungslos verharrenden verzauberten Fische, die, wie die Königstochter nun wußte, jetzt schliefen. Tief hinab blickte sie, und da gewahrte sie deutlich die Zaubergrotte, in der wohl der Zauberer jetzt ruhte, und zur Seite zwei herrliche Schwäne mit goldenen Krönlein auf dem Haupt und mit goldenen Kettlein an die Grotte geschmiedet. Sie wußte, das waren ihr Vater und Bruder. Nun galt es, ohne Säumen alles zu tun, was Waldfreund ihr eingeprägt hatte; denn der Getreue wie auch Wildtäublein mußten jetzt stumm sein und blieben nur zu ihrer Beruhigung in der Nähe.

Die Jungfrau hielt die Wunderblume fest in einer Hand; denn diesen Talisman durfte sie nicht verlieren. Amarant beugte sich weit vor, um die Schwäne genau sehen zu können. Tränen flossen über ihre bleichen Wangen, weil sie beide in solcher Verzauberung sehen mußte. Sie sollten wissen, daß sie, die Tochter und Schwester, nahe war. Glatte Kieselsteinchen, die sie schon zu diesem Zweck gesammelt, sollten den beiden

Schwänen ein Zeichen geben. Sie warf vorsichtig ein Steinchen in die Fluten, und dann ganz sacht noch eines mit den Worten:

„Wellen, Wellen, leise, leise
Ringelt eure weiten Kreise!
Steinchen, Steinchen, eilt zum Grunde;
Bringt von mir den Schwänen Kunde!“

Und als ob den Steinchen und den leis geflüsterten Begleitworten magische Kraft inne gewohnt habe: die Schwäne bogen die schlanken Hälse aufwärts und blickten Amarant sehnsuchtsvoll an. Fast hätte diese leise aufgejubelt; doch zum Glück fiel ihr Waldfreunds Warnung ein, außer den Zaubersprüchlein keinen Laut von sich zu geben. Jetzt war's hohe Zeit, hinab zu steigen. Sie trat noch einen Schritt vor, daß der Saum ihres Gewandes das Wasser berührte, heftete die Augen unverwandt auf die Zaubergrotte, schwang die Wunderblume dreimal auf und nieder und sprach:

„Ihr dräuenden Wasser, o, tut euch auf;
Hemmt nimmer der Rettenden eil'gen Lauf.
Weicht rechts und weicht links bis zum tiefsten Grund,
Doch ziehet mich nimmer in euren Schlund!“

Und kaum waren diese Worte verklungen, als die Wasser hochauf schäumend bis zum Grunde einen breiten Weg bildeten. Es schauderte Amarant, da sie so in die jähe Tiefe blickte und auf die hohen Wassermauern, die mit weißen Schaumköpfen jeden Augenblick den Eindringling verschlingen konnten. Ohne Zögern aber stieg sie, so schnell sie vermochte, hinab in die Tiefe. Da kamen einige leuchtende Fische angeschwommen, die kühne Jungfrau aus verwunderten Augen anglotzend. Sie wußte, daß die Tiere dem Zauberer ihr Nahen verraten konnten. Abermals schwang sie die Zauberblume und flüsterte:

„Ach Fischlein, ihr zauberhaft glänzenden Wicht',
Verratet mit eurem Gefunkel mich nicht!

Schwänen ein Zeichen geben. Sie warf vorsichtig ein Steinchen in die Fluten, und dann ganz sacht noch eines mit den Worten:

„Wellen, Wellen, leise, leise
Ringelt eure weiten Kreise!
Steinchen, Steinchen, eilt zum Grunde;
Bringt von mir den Schwänen Kunde!“

Und als ob den Steinchen und den leis geflüsterten Begleitworten magische Kraft inne gewohnt habe: die Schwäne bogen die schlanken Hälse aufwärts und blickten Amarant sehnsuchtsvoll an. Fast hätte diese leise aufgejubelt; doch zum Glück fiel ihr Waldfreunds Warnung ein, außer den Zaubersprüchlein keinen Laut von sich zu geben. Jetzt war's hohe Zeit, hinab zu steigen. Sie trat noch einen Schritt vor, daß der Saum ihres Gewandes das Wasser berührte, heftete die Augen unverwandt auf die Zaubergrotte, schwang die Wunderblume dreimal auf und nieder und sprach:

„Ihr dräuenden Wasser, o, tut euch auf;
Hemmt nimmer der Rettenden eil'gen Lauf.
Weicht rechts und weicht links bis zum tiefsten Grund,
Doch ziehet mich nimmer in euren Schlund!“

Und kaum waren diese Worte verklungen, als die Wasser hochauf schäumend bis zum Grunde einen breiten Weg bildeten. Es schauderte Amarant, da sie so in die jähe Tiefe blickte und auf die hohen Wassermauern, die mit weißen Schaumköpfen jeden Augenblick den Eindringling verschlingen konnten. Ohne Zögern aber stieg sie, so schnell sie vermochte, hinab in die Tiefe. Da kamen einige leuchtende Fische angeschwommen, die kühne Jungfrau aus verwunderten Augen anglotzend. Sie wußte, daß die Tiere dem Zauberer ihr Nahen verraten konnten. Abermals schwang sie die Zauberblume und flüsterte:

„Ach Fischlein, ihr zauberhaft glänzenden Wicht',
Verratet mit eurem Gefunkel mich nicht!

Schlaft weiter und träumt in dunklen Fluten;
Erhellet nur milde den Weg zum Guten."

Da standen die Fischlein unbeweglich, eine glänzende Reihe leuchtender Körper bildend, die Amarant den Weg wies.

Jetzt kam der schwerste und wichtigste Teil ihrer Aufgabe. Sie hatte die Zaubergrotte erreicht. Die beiden Schwäne hatten ihre Retterin erkannt, das war kein Zweifel, doch ihrer Aufgabe eingedenk, beherrschte Amarant sich fast übermenschlich, um sich kein Wort der Teilnahme entschlüpfen zu lassen. Mit feinen goldenen Schlößchen waren die Ketten der armen Schwäne an die Grotte gefesselt. Sie mußten gesprengt werden. Amarant legte den Finger auf den Mund, um den beiden Schweigen anzuempfehlen. Dann bewegte sie wieder die blaue Blume über den Schwänen auf und nieder, dabei sprechend:

„Ich schwinge dich, Blume, schwinge, schwinge,
Ich bitte dich, Schlößchen, springe, springe,
Daß weiche der Zauber, der böse, der böse,
Ich Vater und Bruder erlöse, erlöse!"

Da sprangen mit lautem „Kling, kling!" beide Schlößchen, und im gleichen Augenblick standen Vater und Bruder erlöst vor ihr. Obwohl bebend vor freudiger Erregung, wußte Amarant, daß alles von ihrem Schweigen abhing. So wehrte sie denn durch Zeichen angstvoll dem Ausbruch der Freude bei den ihr liebsten Menschen, die sich plötzlich auch dessen bewußt wurden, daß sie noch nicht aller Gefahr entronnen waren. Eine Unbesonnenheit konnte alles verderben. Aber mit gezücktem Schwert blieben nun ihr Vater und Bruder an der Jungfrau Seite. Jetzt stand Amarant in der Zaubergrotte. Für die Pracht derselben hatte sie kaum einen Blick, weil ihre Gedanken nur von ihrer wichtigen Aufgabe erfüllt waren. Sie sah kaum die glänzenden Kristalle, aus denen die Grotte bestand, die, in allen Farben schillernd, einen wunderbaren Anblick bot.

War auch ihr Mut groß, so hätte sie jetzt fast entsetzt aufgeschrieen; denn der auf einer Korallenbank ruhende Zauberer flößte ihr Grausen

Schlaft weiter und träumt in dunklen Fluten;
Erhellet nur milde den Weg zum Guten."

Da standen die Fischlein unbeweglich, eine glänzende Reihe leuchtender Körper bildend, die Amarant den Weg wies.

Jetzt kam der schwerste und wichtigste Teil ihrer Aufgabe. Sie hatte die Zaubergrotte erreicht. Die beiden Schwäne hatten ihre Retterin erkannt, das war kein Zweifel, doch ihrer Aufgabe eingedenk, beherrschte Amarant sich fast übermenschlich, um sich kein Wort der Teilnahme entschlüpfen zu lassen. Mit feinen goldenen Schlößchen waren die Ketten der armen Schwäne an die Grotte gefesselt. Sie mußten gesprengt werden. Amarant legte den Finger auf den Mund, um den beiden Schweigen anzuempfehlen. Dann bewegte sie wieder die blaue Blume über den Schwänen auf und nieder, dabei sprechend:

„Ich schwinge dich, Blume, schwinge, schwinge,
Ich bitte dich, Schlößchen, springe, springe,
Daß weiche der Zauber, der böse, der böse,
Ich Vater und Bruder erlöse, erlöse!"

Da sprangen mit lautem „Kling, kling!" beide Schlößchen, und im gleichen Augenblick standen Vater und Bruder erlöst vor ihr. Obwohl bebend vor freudiger Erregung, wußte Amarant, daß alles von ihrem Schweigen abhing. So wehrte sie denn durch Zeichen angstvoll dem Ausbruch der Freude bei den ihr liebsten Menschen, die sich plötzlich auch dessen bewußt wurden, daß sie noch nicht aller Gefahr entronnen waren. Eine Unbesonnenheit konnte alles verderben. Aber mit gezücktem Schwert blieben nun ihr Vater und Bruder an der Jungfrau Seite. Jetzt stand Amarant in der Zaubergrotte. Für die Pracht derselben hatte sie kaum einen Blick, weil ihre Gedanken nur von ihrer wichtigen Aufgabe erfüllt waren. Sie sah kaum die glänzenden Kristalle, aus denen die Grotte bestand, die, in allen Farben schillernd, einen wunderbaren Anblick bot.

War auch ihr Mut groß, so hätte sie jetzt fast entsetzt aufgeschrieen; denn der auf einer Korallenbank ruhende Zauberer flößte ihr Grausen ein. Ein menschenähnlicher Kopf saß auf einem schuppigen Körper, der dem eines Frosches von etwa Menschengröße glich. Lange krallige Finger umschlossen einen langen Stab von Schilfrohr, seinen Zauberstab. Das Klingen der Schlößchen hatte das Ungeheuer aus dem Schlaf geweckt. Es blickte mit rollenden Augen auf die drei Gestalten und wollte sich ihnen entgegenwerfen.

Alle Kräfte zusammenraffend, schwang Amarant ihren Talisman und rief trotz ihres Entsetzens so laut sie konnte:

„Du Blume blau, ach ström' aus deine Kraft,
Die Böses bannt und Entzauberung schafft!
Ich schwing' dich! Banne des Zauberers Macht!
Sie stürz' in Trümmer noch heutige Nacht!“

Das Ungeheuer hatte bei Amarants Worten das Schilfrohr erhoben, um dessen Verderben bringende Macht an der kühnen Jungfrau zu zeigen; doch wie von unsichtbarer Hand ergriffen, entsank ihm der Zauberstab ; eine große Welle kam zugleich und riß denselben mit sich fort. Als der schreckliche Zauberer das sah, nahm er alle Kraft zusammen, um sich auf die Jungfrau zu stürzen und ihr die Zauberblume zu entreißen. Doch da sank er, von den beiden Schwertern des befreiten Königs und seines Sohnes durchbohrt, zu Boden. Immer wieder suchte sich das Ungetüm zu erheben; doch die tapferen Helden drangen unermüdlich furchtlos auf dasselbe ein, daß sein grünes Blut das Wasser färbte. –

Amarant wollte eben nochmals die Blume erheben, doch ihr Finger bebten, so daß dieser Talisman zu Boden sank. Mit letzter Kraft wollte der Zauberer ihn erhaschen; doch siehe, da war das treue Wildtäublein zur Stelle und ergriff, dem Schrecklichen zuvorkommend, die Wunderblume mit ihrem Schnäblein, sie der bestürzten Prinzessin wieder reichend.

Ohne einen der kostbaren Augenblicke zu verlieren, erhob Amarant nochmals mit neuem Mut das Kleinod und rief, die blaue Blume nach allen Richtungen schwingend, diesmal so laut sie konnte:

„Schwing dich, Blume, in die Runde.
Höret all die Freudenkunde:

ein. Ein menschenähnlicher Kopf saß auf einem schuppigen Körper, der dem eines Frosches von etwa Menschengröße glich. Lange krallige Finger umschlossen einen langen Stab von Schilfrohr, seinen Zauberstab. Das Klingen der Schlößchen hatte das Ungeheuer aus dem Schlaf geweckt. Es blickte mit rollenden Augen auf die drei Gestalten und wollte sich ihnen entgegenwerfen.

Alle Kräfte zusammenraffend, schwang Amarant ihren Talisman und rief trotz ihres Entsetzens so laut sie konnte:

„Du Blume blau, ach ström' aus deine Kraft,
Die Böses bannt und Entzauberung schafft!
Ich schwing' dich! Banne des Zauberers Macht!
Sie stürz' in Trümmer noch heutige Nacht!"

Das Ungeheuer hatte bei Amarants Worten das Schilfrohr erhoben, um dessen Verderben bringende Macht an der kühnen Jungfrau zu zeigen; doch wie von unsichtbarer Hand ergriffen, entsank ihm der Zauberstab; eine große Welle kam zugleich und riß denselben mit sich fort. Als der schreckliche Zauberer das sah, nahm er alle Kraft zusammen, um sich auf die Jungfrau zu stürzen und ihr die Zauberblume zu entreißen. Doch da sank er, von den beiden Schwertern des befreiten Königs und seines Sohnes durchbohrt, zu Boden. Immer wieder suchte sich das Ungetüm zu erheben; doch die tapferen Helden drangen unermüdlich furchtlos auf dasselbe ein, daß sein grünes Blut das Wasser färbte. —

Amarant wollte eben nochmals die Blume erheben, doch ihr Finger bebten, so daß dieser Talisman zu Boden sank. Mit letzter Kraft wollte der Zauberer ihn erhaschen; doch siehe, da war das treue Wildtäublein zur Stelle und ergriff, dem Schrecklichen zuvorkommend, die Wunderblume mit ihrem Schnäblein, sie der bestürzten Prinzessin wieder reichend.

Ohne einen der kostbaren Augenblicke zu verlieren, erhob Amarant nochmals mit neuem Mut das Kleinod und rief, die blaue Blume nach allen Richtungen schwingend, diesmal so laut sie konnte:

„Schwing dich, Blume, in die Runde.
Höret all die Freudenkunde:

Was verzaubert hier im Grunde,
Sei erlöst noch diese Stunde!“

Da gab es einen furchtbaren Krach. Die Zaubergotte zerbarst plötzlich von unten bis oben, so daß sie im gleichen Augenblick in Trümmer stürzte, die den Zauberer gänzlich zerschmetterten. Vater und Bruder hatten Amarant schnell zurück gerissen, so daß sie alle unversehrt blieben. Doch vor freudigem Schreck halb betäubt, lehnte Amarant an des Vaters Brust, die Wunderblume krampfhaft umspannend. Sie hatten alle im Augenblick vor großer Erregung nicht um sich geblickt; aber da fühlten sie sich plötzlich von einem Menschenknäuel umdrängt. Das war eine bunte Menge.

Alle, die verzaubert gewesen, waren plötzlich aus ihrem Schuppenkleide erlöst und eilten, außer sich vor Glück und Dankbarkeit, viele mit Freudentränen, zu der mutigen Jungfrau, die aus Liebe zu Vater und Bruder dieses Rettungswerk vollbracht. Wo vorher bedrückendes Schweigen geherrscht, da wurde nunmehr Jubel laut. Auch Pia eilte jetzt, ebenfalls erlöst, zu ihrer Retterin. Die Verzauberung war eine zwar kurze, aber sehr harte Buße für sie gewesen, da das Ungeheuer sie in die dunkelste Ecke des Sees verbannt hatte, wo sie mit häßlichen Molchen und Kröten zusammen hausen mußte. Sie wähnte schon Monate dort geschmachtet zu haben. Voll tiefer Reue und Beschämung bat sie Amarant alles ab. Diese verzieh ihr gern, doch wehrte sie den Huldigungen aller bescheiden, indem sie sprach: „Ich verdiene nur den kleinsten Teil eures Dankes. Wir alle vielmehr haben dem treuen Zwerg Waldfreund und dem lieben Wildtäublein zu danken; denn was hätte ich schwaches Mägdlein ausrichten können ohne den weisen Rat und die tatkräftige Hülfe dieser beiden Getreuen! Waldfreund sorgte väterlich für mich. Von ihm lernte ich die Zaubersprüche, und Wildtäublein flog weit, weit, um die Wunderblume zu holen, mit deren Hülfe jene Sprüche Zaubermacht entfalteten.“

Die Prinzessin blickte suchend umher und rief:

„Du liebes, du gutes Wildtäublein mein,
Ich such’ dich vergebens, möcht’ dankbar dir sein.

Was verzaubert hier im Grunde,
Sei erlöst noch diese Stunde!"

Da gab es einen furchtbaren Krach. Die Zaubergotte zerbarst plötzlich von unten bis oben, so daß sie im gleichen Augenblick in Trümmer stürzte, die den Zauberer gänzlich zerschmetterten. Vater und Bruder hatten Amarant schnell zurück gerissen, so daß sie alle unversehrt blieben. Doch vor freudigem Schreck halb betäubt, lehnte Amarant an des Vaters Brust, die Wunderblume krampfhaft umspannend. Sie hatten alle im Augenblick vor großer Erregung nicht um sich geblickt; aber da fühlten sie sich plötzlich von einem Menschenknäuel umdrängt. Das war eine bunte Menge.

Alle, die verzaubert gewesen, waren plötzlich aus ihrem Schuppenkleide erlöst und eilten, außer sich vor Glück und Dankbarkeit, viele mit Freudentränen, zu der mutigen Jungfrau, die aus Liebe zu Vater und Bruder dieses Rettungswerk vollbracht. Wo vorher bedrückendes Schweigen geherrscht, da wurde nunmehr Jubel laut. Auch Pia eilte jetzt, ebenfalls erlöst, zu ihrer Retterin. Die Verzauberung war eine zwar kurze, aber sehr harte Buße für sie gewesen, da das Ungeheuer sie in die dunkelste Ecke des Sees verbannt hatte, wo sie mit häßlichen Molchen und Kröten zusammen hausen mußte. Sie wähnte schon Monate dort geschmachtet zu haben. Voll tiefer Reue und Beschämung bat sie Amarant alles ab. Diese verzieh ihr gern, doch wehrte sie den Huldigungen aller bescheiden, indem sie sprach: „Ich verdiene nur den kleinsten Teil eures Dankes. Wir alle vielmehr haben dem treuen Zwerg Waldfreund und dem lieben Wildtäublein zu danken; denn was hätte ich schwaches Mägdlein ausrichten können ohne den weisen Rat und die tatkräftige Hülfe dieser beiden Getreuen! Waldfreund sorgte väterlich für mich. Von ihm lernte ich die Zaubersprüche, und Wildtäublein flog weit, weit, um die Wunderblume zu holen, mit deren Hülfe jene Sprüche Zaubermacht entfalteten."

Die Prinzessin blickte suchend umher und rief:

„Du liebes, du gutes Wildtäubelein mein,
Ich such' dich vergebens, möcht' dankbar dir sein.

Wildtäubelein, hast du dich von mir gewandt?
Es bleibt dir in Dankbarkeit treu Amarant."

Aber Wildtäublein kam nicht, so viel auch die Königstochter rief. Traurig sprach sie zu den andern: „Erst muß ich die beiden Getreuen finden; denn ich habe ihnen noch nicht danken können."

Als sie sich durch den dichten Schwarm der glücklichen Menschen gewunden, fiel es Amarant erst auf, welche Veränderung mit dem See vor sich gegangen war. Sie alle brauchten nicht zu fürchten, vom Wasser verschlungen zu werden, denn dessen ganzes Bett war jetzt eine grüne Wiese, in der die nun ebenfalls entzauberten Rosse weideten. Der Mond schien jetzt prächtig, so daß die Gegend fast taghell erleuchtet war. – Die Prinzessin stieg, von Vater und Bruder an den Händen geführt, zum Walde hinauf, Worte der Wiedersehensfreude mit ihnen tauschend. Sie zog die beiden zu Wildtäubleins Baum. Leise rief sie in bittendem Ton:

„Wildtäubelein, ich suche dich,
Komm schnell herab, beglücke mich!
Und Waldfreund, treuer Helfer du,
Ich such' dich sonder Rast und Ruh."

Da fühlte sich die Rufende am Kleide gezupft, und wie sie sich in froher Ahnung umwandte, stand Waldfreund hinter ihr. Ein Arm hielt mühsam ein dickes Bündel von Schilfrohrstücken umspannt. Der Kleine blickte vergnüglich zu der Prinzessin empor und antwortete auf ihren erstaunten Blick:

„Hab' erst dort aus der Wasserbucht
Den Zauberstab hervorgesucht,
Und ihn zerbrochen kurz und klein –
Soll niemand mehr verderblich sein."

Amarant und die Ihrigen dankten gerührt dem Zwerg, der ihnen allen so viel Gutes erwiesen, aber bescheiden allen Dank abwehrte. Er wollte solchen nur für Wildtäublein gelten lassen. Die Prinzessin klagte nun

Wildtäubelein, hast du dich von mir gewandt?
Es bleibt dir in Dankbarkeit treu Amarant."

Aber Wildtäublein kam nicht, so viel auch die Königstochter rief. Traurig sprach sie zu den andern: „Erst muß ich die beiden Getreuen finden; denn ich habe ihnen noch nicht danken können."

Als sie sich durch den dichten Schwarm der glücklichen Menschen gewunden, fiel es Amarant erst auf, welche Veränderung mit dem See vor sich gegangen war. Sie alle brauchten nicht zu fürchten, vom Wasser verschlungen zu werden, denn dessen ganzes Bett war jetzt eine grüne Wiese, in der die nun ebenfalls entzauberten Rosse weideten. Der Mond schien jetzt prächtig, so daß die Gegend fast taghell erleuchtet war. — Die Prinzessin stieg, von Vater und Bruder an den Händen geführt, zum Walde hinauf, Worte der Wiedersehensfreude mit ihnen tauschend. Sie zog die beiden zu Wildtäubleins Baum. Leise rief sie in bittendem Ton:

„Wildtäubelein, ich suche dich,
Komm schnell herab, beglücke mich!
Und Waldfreund, treuer Helfer du,
Ich such' dich sonder Rast und Ruh."

Da fühlte sich die Rufende am Kleide gezupft, und wie sie sich in froher Ahnung umwandte, stand Waldfreund hinter ihr. Ein Arm hielt mühsam ein dickes Bündel von Schilfrohrstücken umspannt. Der Kleine blickte vergnüglich zu der Prinzessin empor und antwortete auf ihren erstaunten Blick:

„Hab' erst dort aus der Wasserbucht
Den Zauberstab hervorgesucht,
Und ihn zerbrochen kurz und klein —
Soll niemand mehr verderblich sein."

Amarant und die Ihrigen dankten gerührt dem Zwerg, der ihnen allen so viel Gutes erwiesen, aber bescheiden allen Dank abwehrte. Er wollte solchen nur für Wildtäublein gelten lassen. Die Prinzessin klagte nun

Waldfreund, daß Wildtäublein trotz ihres Rufens nicht zu finden sei. Da erhob der Kleine seine Stimme:

„Wildtäublein, komm aus dem grünen Wald,
Verbirg nicht länger deine Gestalt!“

Amarant lauschte auf den Flügelschlag ihrer lieben Taube; sie glaubte ihn auch zu vernehmen. Doch was war das?

Nicht die *Taube*, sondern eine wunderschöne *Jungfrau* kam aus dem Walde, der Waldfreund fröhlich entgegen sprang, um sie dann zu Amarant zu führen. Mit herzgewinnendem Lächeln reichte sie dieser die Hand, und wie Musik klangen ihre Worte:

„Galt dir für „Täublein wild vom See“;
In Wahrheit bin ich eine *Fee,*
Die *Böses straft* und *Gutes lohnt,*
Mit „Waldfreund“ hier im Walde wohnt.
Ich schlüpfte in das Federkleid –
Es schien mir dazu an der Zeit.
Braucht' eine Jungfrau rein und hold,
Wenn's Rettungswerk gelingen sollt',
Und bin beglückt, daß ich sie fand,
In dir, du gute Amarant.“

Die Fee blickte mit gütigem Ausdruck auf die ganz verwirrte Prinzessin, die herzliche Dankesworte sprach. Sie streckte der Jungfrau nochmals die Hand entgegen und reichte ihr eine Wildtauben-Feder mit den Worten:

„Dies Federlein so unscheinbar
Bringt Glück und Segen immerdar.
Den Weg getrost zur Heimar richt;
Vergiß *uns* – deine *Freunde* – nicht!“

Die von Rührung erfüllte Prinzessin, welcher der Abschied jetzt erst recht schwer wurde, wollte beiden nochmals danken; doch sie waren

Waldfreund, daß Wildtäublein trotz ihres Rufens nicht zu finden sei. Da erhob der Kleine seine Stimme:

„Wildtäublein, komm aus dem grünen Wald,
Verbirg nicht länger deine Gestalt!"

Amarant lauschte auf den Flügelschlag ihrer lieben Taube; sie glaubte ihn auch zu vernehmen. Doch was war das?

Nicht die Taube, sondern eine wunderschöne Jungfrau kam aus dem Walde, der Waldfreund fröhlich entgegen sprang, um sie dann zu Amarant zu führen. Mit herzgewinnendem Lächeln reichte sie dieser die Hand, und wie Musik klangen ihre Worte:

„Galt dir für „Täublein wild vom See";
In Wahrheit bin ich eine Fee,
Die Böses straft und Gutes lohnt,
Mit „Waldfreund" hier im Walde wohnt.
Ich schlüpfte in das Federkleid —
Es schien mir dazu an der Zeit.
Braucht' eine Jungfrau rein und hold,
Wenn's Rettungswerk gelingen sollt',
Und bin beglückt, daß ich sie fand,
In dir, du gute Amarant."

Die Fee blickte mit gütigem Ausdruck auf die ganz verwirrte Prinzessin, die herzliche Dankesworte sprach. Sie streckte der Jungfrau nochmals die Hand entgegen und reichte ihr eine Wildtauben-Feder mit den Worten:

„Dies Federlein so unscheinbar
Bringt Glück und Segen immerdar.
Den Weg getrost zur Heimar richt;
Vergiß uns — deine Freunde — nicht!"

Die von Rührung erfüllte Prinzessin, welcher der Abschied jetzt erst recht schwer wurde, wollte beiden nochmals danken; doch sie waren spurlos verschwunden. Nur ihr eigenes Echo antwortete; aber Amarant hoffte, daß ihr Abschiedsgruß nicht ungehört verhallte:

„Lebt wohl, ihr beiden, ihr Getreuen!
Mein Dank wird täglich sich erneuen!“

Amarant barg die Feder und die Wunderblume nun sorglich. Beides sollte ihr kostbarster Schatz bleiben. Die ganze Schar der Geretteten fand sich während dieser Szene ein, so daß alle Zeugen derselben wurden. Alle hätten gerne den beiden Getreuen ebenfalls gedankt. Da diese aber unsichtbar blieben, so folgten sie Amarants Bespiel und riefen laut im Chor, daß es laut durch den Wald schallte:

„Lebt wohl, ihr Getreuen, wir ziehen nun fort,
Zur Heimat ein jeder, drum hört unser Wort:
In Dankbarkeit immer, ob nah wir, ob weit,
Gedenken wir euer zu jeglicher Zeit!“

Das Gefolge führte nun die Rosse herbei; denn es war inzwischen Zeit zum Aufbruch geworden. Die aufgehende Sonne vergoldete mit ihren ersten Strahlen den Wald, als sich die ganze Schar auf den Weg machte. Alle waren überein gekommen, zuerst beim Herzogsschlosse Halt zu machen, um dann Amarant nebst Vater und Bruder das Geleit zu deren Heimat zu geben. Im Herzogsschlosse begrüßten die Verwandten sich jubelnd; der Herzog fand Pia vorteilhaft verändert, was auch Amarant zu ihrer Freude bestätigen konnte. Auch Mia bemühte sich, die früheren Kränkungen an ihrer jungen Verwandten gut zu machen. Die alte Ulla vergoß Freudentränen, und Amarant mußte ihr von allem berichten.

Die Freude im Lande des Königs kannte aber bei dessen Heimkehr keine Grenzen, besonders da er in dem Kriege, um dessentwillen er sein Land verlassen hatte, siegreich gewesen. Er und die Seinen waren schon mit Sehnsucht erwartet worden. Als seine Untertanen nun gar erfuhren, welches Schicksal ihn und den Prinzen betroffen hatte, und welchen Mut Prinzessin Amarant bewiesen, da konnten alle diese nicht genug rühmen. Auch die andern erlösten Opfer des bösen Ungeheuers spurlos verschwunden. Nur ihr eigenes Echo antwortete; aber Amarant hoffte, daß ihr Abschiedsgruß nicht ungehört verhallte:

„Lebt wohl, ihr beiden, ihr Getreuen!
Mein Dank wird täglich sich erneuen!"

Amarant barg die Feder und die Wunderblume nun sorglich. Beides sollte ihr kostbarster Schatz bleiben. Die ganze Schar der Geretteten fand sich während dieser Szene ein, so daß alle Zeugen derselben wurden. Alle hätten gerne den beiden Getreuen ebenfalls gedankt. Da diese aber unsichtbar blieben, so folgten sie Amarants Bespiel und riefen laut im Chor, daß es laut durch den Wald schallte:

„Lebt wohl, ihr Getreuen, wir ziehen nun fort,
Zur Heimat ein jeder, drum hört unser Wort:
In Dankbarkeit immer, ob nah wir, ob weit,
Gedenken wir euer zu jeglicher Zeit!"

Das Gefolge führte nun die Rosse herbei; denn es war inzwischen Zeit zum Aufbruch geworden. Die aufgehende Sonne vergoldete mit ihren ersten Strahlen den Wald, als sich die ganze Schar auf den Weg machte. Alle waren überein gekommen, zuerst beim Herzogsschlosse Halt zu machen, um dann Amarant nebst Vater und Bruder das Geleit zu deren Heimat zu geben. Im Herzogsschlosse begrüßten die Verwandten sich jubelnd; der Herzog fand Pia vorteilhaft verändert, was auch Amarant zu ihrer Freude bestätigen konnte. Auch Mia bemühte sich, die früheren Kränkungen an ihrer jungen Verwandten gut zu machen. Die alte Ulla vergoß Freudentränen, und Amarant mußte ihr von allem berichten.

Die Freude im Lande des Königs kannte aber bei dessen Heimkehr keine Grenzen, besonders da er in dem Kriege, um dessentwillen er sein Land verlassen hatte, siegreich gewesen. Er und die Seinen waren schon mit Sehnsucht erwartet worden. Als seine Untertanen nun gar erfuhren, welches Schicksal ihn und den Prinzen betroffen hatte, und welchen Mut Prinzessin Amarant bewiesen, da konnten alle diese nicht genug rühmen. Auch die andern erlösten Opfer des bösen Ungeheuers betrachtete man als werte Gäste, denen zu Ehren viele Festlichkeiten veranstaltet wurden. Unter diesen Gästen befanden sich Grafen und Ritter, besonders aber ein edler Prinz mit seiner holden Schwester, die überglücklich waren, nun bald ihren Eltern, an denen sie mit großer Liebe hingen, wiedergegeben zu sein. Das Geschwisterpaar zeigte sich außerordentlich dankbar. Die Prinzessin war Amarant bald wie eine Schwester in Liebe zugetan, während der Prinz keine Gelegenheit versäumte, die Huld seiner Retterin zu erringen. Er erzählte Amarant, wie er und seine Schwester über ein Jahr verzaubert gewesen, wie unglücklich beide sich gefühlt und mit welchem Entzücken sie das Nahen ihrer Retterin begrüßt hätten. Auch von seiner schönen Heimat sprach er, und Amarant hörte ihm gerne zu.

Ein Teil der Gäste war schon im Begriff, den gastlichen Königshof zu verlassen, da zog ein mächtiger König mit glänzendem Gefolge in das Schloß. Es war der Vater des Geschwisterpaares, der gekommen war, um Amarant selbst zu danken und die Seinen abzuholen. Als er sah, daß die Retterin seinem Sohn so gefiel, warb er für diesen beim König um die Hand Amarants.

Weil auch der letztere ähnliches für seinen Sohn wünschte, so war seine Antwort zugleich eine Werbung für diesen Prinzen um die Tochter seines königlichen Gastes. Da alle Beteiligten zustimmten, so gab es nun wieder eine Reihe festlicher Veranstaltungen, die ihren Höhepunkt erreichten, als die prunkvolle Doppelhochzeit der beiden Paare gefeiert wurde.

Als bei dieser Feier alle beim Mahle saßen, trat plötzlich Amarants Gönnerin, „Wildtäublein“, die wunderliebliche Fee, zu den glücklichen Paaren, und hinter ihr blickte schalkhaft Waldfreunds Gesicht hervor. Beide wurden mit Jubel begrüßt und sprachen also:

„Wir haben vernommen die frohe Mär,
Und eilten nun schnell aus dem Walde her;
Woll'n Wünsche und Grüße euch bringen.
Wir treten in euren frohen Kreis,
Der kindlichen Liebe sei Lob und Preis.
Das Schwerste mag ihr wohl gelingen!“

betrachtete man als werte Gäste, denen zu Ehren viele Festlichkeiten veranstaltet wurden. Unter diesen Gästen befanden sich Grafen und Ritter, besonders aber ein edler Prinz mit seiner holden Schwester, die überglücklich waren, nun bald ihren Eltern, an denen sie mit großer Liebe hingen, wiedergegeben zu sein. Das Geschwisterpaar zeigte sich außerordentlich dankbar. Die Prinzessin war Amarant bald wie eine Schwester in Liebe zugetan, während der Prinz keine Gelegenheit versäumte, die Huld seiner Retterin zu erringen. Er erzählte Amarant, wie er und seine Schwester über ein Jahr verzaubert gewesen, wie unglücklich beide sich gefühlt und mit welchem Entzücken sie das Nahen ihrer Retterin begrüßt hätten. Auch von seiner schönen Heimat sprach er, und Amarant hörte ihm gerne zu.

Ein Teil der Gäste war schon im Begriff, den gastlichen Königshof zu verlassen, da zog ein mächtiger König mit glänzendem Gefolge in das Schloß. Es war der Vater des Geschwisterpaares, der gekommen war, um Amarant selbst zu danken und die Seinen abzuholen. Als er sah, daß die Retterin seinem Sohn so gefiel, warb er für diesen beim König um die Hand Amarants.

Weil auch der letztere ähnliches für seinen Sohn wünschte, so war seine Antwort zugleich eine Werbung für diesen Prinzen um die Tochter seines königlichen Gastes. Da alle Beteiligten zustimmten, so gab es nun wieder eine Reihe festlicher Veranstaltungen, die ihren Höhepunkt erreichten, als die prunkvolle Doppelhochzeit der beiden Paare gefeiert wurde.

Als bei dieser Feier alle beim Mahle saßen, trat plötzlich Amarants Gönnerin, „Wildtäublein“, die wunderliebliche Fee, zu den glücklichen Paaren, und hinter ihr blickte schalkhaft Waldfreunds Gesicht hervor. Beide wurden mit Jubel begrüßt und sprachen also:

„Wir haben vernommen die frohe Mär,
Und eilten nun schnell aus dem Walde her;
Woll'n Wünsche und Grüße euch bringen.
Wir treten in euren frohen Kreis,
Der kindlichen Liebe sei Lob und Preis.
Das Schwerste mag ihr wohl gelingen!“

Die Fee erhob segnend die Hände über den jungen Paaren. Waldfreund nickte freundlich und winkte zum Abschied mit der Hand. Doch ehe beide verschwanden, wandten sie sich an alle Gäste und sprachen laut:

„Vergesset es nie, was im See ihr erlebt,
Im unheilvoll magischen Grunde,
Was kindliche Liebe gewagt und erstrebt,
Vollbracht hat in wichtiger Stunde!
Prägt darum es tief in die Herzen euch ein:
Solch edeles Tun wird zum Segen.
Lieb jeder die Eltern, Geschwister sein:
Das findet stets Lohn allerwegen.
Wohl wurde vernichtet der Zaubrer im See,
Doch bleibe die Kindeslieb' immer,
Das wünscht euch Zwerg Waldfreund,
Wildtäubelein-Fee;
Vergesset dies alles doch nimmer!"

Die Fee erhob segnend die Hände über den jungen Paaren. Waldfreund nickte freundlich und winkte zum Abschied mit der Hand. Doch ehe beide verschwanden, wandten sie sich an alle Gäste und sprachen laut:

„Vergesset es nie, was im See ihr erlebt,
Im unheilvoll magischen Grunde,
Was kindliche Liebe gewagt und erstrebt,
Vollbracht hat in wichtiger Stunde!
Prägt darum es tief in die Herzen euch ein:
Solch edeles Tun wird zum Segen.
Lieb jeder die Eltern, Geschwister sein:
Das findet stets Lohn allerwegen.
Wohl wurde vernichtet der Zaubrer im See,
Doch bleibe die Kindeslieb' immer,
Das wünscht euch Zwerg Waldfreund,
Wildtäubelein-Fee;
Vergesset dies alles doch nimmer!"

Warum die Veilchen so lieblich duften

Als der liebe Gott den Garten des Paradieses erschaffen und ihn mit den schönsten Blumen geschmückt hatte, da stiegen die Engel vom Himmel, um in den grünen Gefilden zu wandeln. Sie blickten voll Freude um sich, alle Blumen betrachtend, die hier und dort blühten. Ein Engel kam dabei an eine Stelle, die ganz versteckt zwischen großen Bäumen lag. Ein Quell sprudelte in der Nähe, und große Falter wiegten sich auf Baum und Strauch. Der Ort gefiel dem Engel so wohl, daß er sich in den dichten Strauchwerk niedersetzte, um ein wenig auszuruhen.

Da ward er auf feine Stimmchen aufmerksam, die hinter dichtem Epheugerank hervorzutönen schienen. Zart wie der Flügelschlag der Libelle oder der Schmetterlinge waren die Stimmchen; der Engel vernahm sie aber dennoch. Er spähte durch die dichte Blättermauer; da hörte er's ganz deutlich, wie die Tulpen riefen:

„Scheint die Sonn' auf unser Kleid,
Hei, wie leuchtet es dann weit –
Gelb geflammt und glühend rot,
Als ob Feuer aus uns loht'.
Sind die Schönsten wohl auf Erden,
Wollen drum gesehen werden."

Da antwortete aus dichtem Grün ein Stimmchen, das noch weit zarter klang, vielleicht wie sanfter Maienhauch, wenn er kosend in ein Menschenantlitz fächelt:

„Beneide Euch nimmer
Um Glanz und um Schimmer;
Ich grüße den Morgen,
Im Grünen geborgen.

Warum die Veilchen so lieblich duften

Als der liebe Gott den Garten des Paradieses erschaffen und ihn mit den schönsten Blumen geschmückt hatte, da stiegen die Engel vom Himmel, um in den grünen Gefilden zu wandeln. Sie blickten voll Freude um sich, alle Blumen betrachtend, die hier und dort blühten. Ein Engel kam dabei an eine Stelle, die ganz versteckt zwischen großen Bäumen lag. Ein Quell sprudelte in der Nähe, und große Falter wiegten sich auf Baum und Strauch. Der Ort gefiel dem Engel so wohl, daß er sich in den dichten Strauchwerk niedersetzte, um ein wenig auszuruhen.

Da ward er auf feine Stimmchen aufmerksam, die hinter dichtem Epheugerank hervorzutönen schienen. Zart wie der Flügelschlag der Libelle oder der Schmetterlinge waren die Stimmchen; der Engel vernahm sie aber dennoch. Er spähte durch die dichte Blättermauer; da hörte er's ganz deutlich, wie die Tulpen riefen:

„Scheint die Sonn' auf unser Kleid,
Hei, wie leuchtet es dann weit —
Gelb geflammt und glühend rot,
Als ob Feuer aus uns loht'.
Sind die Schönsten wohl auf Erden,
Wollen drum gesehen werden."

Da antwortete aus dichtem Grün ein Stimmchen, das noch weit zarter klang, vielleicht wie sanfter Maienhauch, wenn er kosend in ein Menschenantlitz fächelt:

„Beneide Euch nimmer
Um Glanz und um Schimmer;
Ich grüße den Morgen,
Im Grünen geborgen.

Blüh' gerne versteckt –
Von niemand entdeckt,
Möcht einmal nur sehn
Die Engelein gehn."

Des Engels Antlitz erglänzte in holdem Lächeln. Er erhob sich, um, an den Tulpen vorbeischreitend, das bescheidene Blümchen zu entdecken. Endlich gewahrte er es, wie es sich schüchtern in seinen grünen Blättern versteckte – es war ein V e i l c h e n.

„Klein Blümlein", sprach er, sich zu dem Blumenkinde neigend, „sage mir, möchtest du nicht auch so ein buntes Kleid haben, wie die Tulpen, mit denen du sprachest?"

Das Veilchen blickte den Engel an und antwortete:

„Auch ein buntes Kleid
Schützet nicht vor Leid –
Ist nur flüchtger Staub,
Fällt der Zeit zum Raub.
Pflanzte Gottes Hand
Mich in Edens Land –
Fand mich Engleins Blick.
Brauch' ich größ'res Glück?"

So lieb schaute das Veilchen bei diesen Worten zum Engel auf, daß dieser sich noch tiefer neigte, das Blümchen segnete und es dabei küßte.

Und o Wunder! Kaum hatten des Engels Lippen den Blumenstern berührt, als aus dessen Kelch jener liebliche Duft emporquoll, der noch heute das Veilchen zu einer Lieblingsblume vieler Menschen macht.

So erhielt jenes erste Veilchen seinen Duft, und von ihm wirkte des Engels segnender Kuß fort und fort weiter, daß wir ihn heute noch an dem Veilchen, dem Sinnbilde der B e s c h e i d e n h e i t spüren.

Blüh' gerne versteckt —
Von niemand entdeckt,
Möcht einmal nur sehn
Die Engelein gehn."

Des Engels Antlitz erglänzte in holdem Lächeln. Er erhob sich, um, an den Tulpen vorbeischreitend, das bescheidene Blümchen zu entdecken. Endlich gewahrte er es, wie es sich schüchtern in seinen grünen Blättern versteckte — es war ein Veilchen.

„Klein Blümlein", sprach er, sich zu dem Blumenkinde neigend, „sage mir, möchtest du nicht auch so ein buntes Kleid haben, wie die Tulpen, mit denen du sprachest?"

Das Veilchen blickte den Engel an und antwortete:

„Auch ein buntes Kleid
Schützet nicht vor Leid —
Ist nur flüchtger Staub,
Fällt der Zeit zum Raub.
Pflanzte Gottes Hand
Mich in Edens Land —
Fand mich Engleins Blick.
Brauch' ich größ'res Glück?"

So lieb schaute das Veilchen bei diesen Worten zum Engel auf, daß dieser sich noch tiefer neigte, das Blümchen segnete und es dabei küßte.

Und o Wunder! Kaum hatten des Engels Lippen den Blumenstern berührt, als aus dessen Kelch jener liebliche Duft emporquoll, der noch heute das Veilchen zu einer Lieblingsblume vieler Menschen macht.

So erhielt jenes erste Veilchen seinen Duft, und von ihm wirkte des Engels segnender Kuß fort und fort weiter, daß wir ihn heute noch an dem Veilchen, dem Sinnbilde der Bescheidenheit spüren.

Der Smaragd.

In Bagdad, der Kalifenstadt, lebte in alter Zeit ein reicher Mann namens Mustapha, der in der Stadt sehr angesehen war. Das verdankte er nicht nur seinem Reichtum, sondern besonders dem Umstande, daß er als ein gar kluger und weiser Mann galt und darum vom Kalifen Harun-Al-Raschid besonders geschätzt wurde. Mustapha benützte auch seinen Reichtum so, wie jeder wahrhaft edle Reiche dies tun wird.

Er tat viel Gutes, half den Armen und Kranken und ward darum von diesen sehr verehrt. Oft liebte es Mustapha auch, seinen Wohltätigkeitssinn in origineller Form zu betätigen. Er steckte zum Beispiel Geld in Orangen oder andere Früchte, die er durch einen treuen Diener den Kranken schickte, oder die er eigenhändig unbemerkt irgendwohin warf, wo er wußte, daß die Armen sie fanden.

Auch ließ er zu hohen Festtagen Goldstücke in Brote backen, die er heimlich in die Hütten der Armen und Kranken legen ließ. Oft kamen ihm plötzlich ähnliche Einfälle, und da auf seinem Reichtum ersichtlich großer Segen ruhte, und dieser sich fort und fort mehrte, so konnte er solchen schon folgen und selbst wertvolle Edelsteine verschenken. Mustapha besaß viele solcher Steine.

Da in Bagdad Handel und Wandel blühte und in den großen Bazars die Erzeugnisse der Heimat und fremder Länder aufgestapelt waren, so hatte der reiche Mann oft Gelegenheit, seine Edelsteinsammlung zu vergrößern. Er hatte vielen dieser Steine Namen gegeben, die sich weniger auf die Bedeutung der Edelsteine an sich, als auf besondere Umstände bezogen, unter denen er sie gekauft hatte, oder auf besondere Gedanken und Betrachtungen, die er an diese kostbaren Gegenstände knüpfte.

Eines Tages kehrte Mustapha ganz allein, wie er das oft zu tun liebte, von einem Ausgang in sein prächtiges Haus heim.

Der Smaragd.

In Bagdad, der Kalifenstadt, lebte in alter Zeit ein reicher Mann namens Mustapha, der in der Stadt sehr angesehen war. Das verdankte er nicht nur seinem Reichtum, sondern besonders dem Umstande, daß er als ein gar kluger und weiser Mann galt und darum vom Kalifen Harun-Al-Raschid besonders geschätzt wurde. Mustapha benützte auch seinen Reichtum so, wie jeder wahrhaft edle Reiche dies tun wird.

Er tat viel Gutes, half den Armen und Kranken und ward darum von diesen sehr verehrt. Oft liebte es Mustapha auch, seinen Wohltätigkeitssinn in origineller Form zu betätigen. Er steckte zum Beispiel Geld in Orangen oder andere Früchte, die er durch einen treuen Diener den Kranken schickte, oder die er eigenhändig unbemerkt irgendwohin warf, wo er wußte, daß die Armen sie fanden.

Auch ließ er zu hohen Festtagen Goldstücke in Brote backen, die er heimlich in die Hütten der Armen und Kranken legen ließ. Oft kamen ihm plötzlich ähnliche Einfälle, und da auf seinem Reichtum ersichtlich großer Segen ruhte, und dieser sich fort und fort mehrte, so konnte er solchen schon folgen und selbst wertvolle Edelsteine verschenken. Mustapha besaß viele solcher Steine.

Da in Bagdad Handel und Wandel blühte und in den großen Bazars die Erzeugnisse der Heimat und fremder Länder aufgestapelt waren, so hatte der reiche Mann oft Gelegenheit, seine Edelsteinsammlung zu vergrößern. Er hatte vielen dieser Steine Namen gegeben, die sich weniger auf die Bedeutung der Edelsteine an sich, als auf besondere Umstände bezogen, unter denen er sie gekauft hatte, oder auf besondere Gedanken und Betrachtungen, die er an diese kostbaren Gegenstände knüpfte.

Eines Tages kehrte Mustapha ganz allein, wie er das oft zu tun liebte, von einem Ausgang in sein prächtiges Haus heim.

Er fühlte sich heute besonders froh und glücklich, und überlegte, wie er wohl irgend jemand erfreuen könne.

Als er den weiten mosaikgepflasterten Hof seines Heimwesens betrat, wo ein Springbrunnen und einige Palmen Kühlung vor der glühenden Sonne boten, ließ er sich auf dem hier befindlichen Ruhesitz nieder. Dabei bemerkte er plötzlich in geringer Entfernung etwas am Boden, das im hellen Sonnenlicht aufblitzte.

Langsam schlenderte er näher. Es war nichts als ein zerbrochener grüner Glaskrug, dessen Splitter in der Sonne glänzten. Schon wollte Mustapha seinem Haushofmeister einen Verweis erteilen, daß er solche Unachtsamkeit übersehen habe, als ihm plötzlich einer jener schon erwähnten originellen Einfälle kam, der ihm heute dazu dienen sollte, seine Menschenkenntnis zu vergrößern und vielleicht einen seiner Mitmenschen zu beglücken.

Ohne ein Wort zu äußern, ging er in seine Gemächer, wo er sich einschloß. Er öffnete die Kassette, die seine Edelsteine enthielt, was er nur bei besonderen Gelegenheiten tat. Dann zog er aus dem Geheimfach einer kostbaren Truhe ein Spiegelein hervor, das er in seinem Kaftan verbarg. Mustapha hatte es einst mit einem seidenen Tüchlein zusammen von einem indischen Zauberer erhalten, dem er das Leben gerettet. Nicht lange danach stand er an einem der vergitterten Fenster und spähte in den Hof hinab.

Richtig, die Glasscherben lagen noch dort.

Da zog er das Spiegelein hervor, befestigte es so, daß es gerade jene Stelle des Hofes widerspiegelte, wo die Splitter lagen, indem er in seinen weißen Bart hineinlächelte. Das Spiegelein war nämlich ein Zauberpiegel. Mustapha konnte ruhig das Haus verlassen; er wußte ja, daß dieser treue Freund ihm später erzählen würde, was er zu wissen wünschte. Dann betrachtete er noch einmal einen Smaragd, den er vorhin seiner Kassette entnommen. Es war ein kostbarer Stein, der in herrlichstem Grün funkelte. Mustapha nannte ihn „Stein des Glücks“.

Es war die Stunde, zu welcher er die Moschee zu besuchen pflegte, um seine Andacht zu verrichten.

Er fühlte sich heute besonders froh und glücklich, und überlegte, wie er wohl irgend jemand erfreuen könne.

Als er den weiten mosaikgepflasterten Hof seines Heimwesens betrat, wo ein Springbrunnen und einige Palmen Kühlung vor der glühenden Sonne boten, ließ er sich auf dem hier befindlichen Ruhesitz nieder. Dabei bemerkte er plötzlich in geringer Entfernung etwas am Boden, das im hellen Sonnenlicht aufblitzte.

Langsam schlenderte er näher. Es war nichts als ein zerbrochener grüner Glaskrug, dessen Splitter in der Sonne glänzten. Schon wollte Mustapha seinem Haushofmeister einen Verweis erteilen, daß er solche Unachtsamkeit übersehen habe, als ihm plötzlich einer jener schon erwähnten originellen Einfälle kam, der ihm heute dazu dienen sollte, seine Menschenkenntnis zu vergrößern und vielleicht einen seiner Mitmenschen zu beglücken.

Ohne ein Wort zu äußern, ging er in seine Gemächer, wo er sich einschloß. Er öffnete die Kassette, die seine Edelsteine enthielt, was er nur bei besonderen Gelegenheiten tat. Dann zog er aus dem Geheimfach einer kostbaren Truhe ein Spiegelein hervor, das er in seinem Kaftan verbarg. Mustapha hatte es einst mit einem seidenen Tüchlein zusammen von einem indischen Zauberer erhalten, dem er das Leben gerettet. Nicht lange danach stand er an einem der vergitterten Fenster und spähte in den Hof hinab.

Richtig, die Glasscherben lagen noch dort.

Da zog er das Spiegelein hervor, befestigte es so, daß es gerade jene Stelle des Hofes widerspiegelte, wo die Splitter lagen, indem er in seinen weißen Bart hineinlächelte. Das Spiegelein war nämlich ein Zauberpiegel. Mustapha konnte ruhig das Haus verlassen; er wußte ja, daß dieser treue Freund ihm später erzählen würde, was er zu wissen wünschte. Dann betrachtete er noch einmal einen Smaragd, den er vorhin seiner Kassette entnommen. Es war ein kostbarer Stein, der in herrlichstem Grün funkelte. Mustapha nannte ihn „Stein des Glücks".

Es war die Stunde, zu welcher er die Moschee zu besuchen pflegte, um seine Andacht zu verrichten.

Als er im Hof bei den Glasscherben angelangt war, ließ er unbemerkt den kostbaren Stein mitten zwischen dieselben gleiten, während er abermals verstohlen lächelte. Dann murmelte er leise: „Werde ich Freude ernten? Wirst du, „Stein des Glücks“, deinem Namen gerecht werden? Tat ich recht daran, dich Kleinod, einer plötzlichen Eingebung folgend, dem ungewissen Zufall preiszugeben? Wirst du mich bittere – oder beglückende Menschenkenntnis lehren?“

Eine Stunde später kehrte Mustapha heim und saß bald vor seinem Spiegelein. Die Glasscherben im Hof aber waren verschwunden. Mustapha murmelte einen Koranspruch, dann hauchte er auf den Spiegel und putzte ihn darauf mit dem erwähnten seidenen Tuch, in das allerlei arabische Zeichen eingewirkt waren, indem er leise sprach:

„Spiegelein, ich putze dich,
Spiegelein, ich stutze dich.
Spiegelein, Spiegelein, sollst mir sagen,
Was sich jüngst hat zugetragen,
Sollst das Kleinste mir erzählen,
Selbst die Reden nicht verhehlen.“

Dann blickte er unverwandt in den Zauberspiegel, in dem es plötzlich lebendig wurde. Es wiederholten sich darin im Spiegelbilde die Ereignisse der letztvergangenen Stunde: Auf dem weiten Hofe war es still. Plötzlich ward eine wunderschöne Frauengestalt sichtbar. Das war Zenaïde, die Lieblingstochter Mustaphas, gefolgt von ihren Sklavinnen.

Zenaïde, tief verschleiert, schritt langsam zum Springbrunnen, wobei sie an den Scherben vorbeikam. Sie stutzte einen Augenblick, beugte sich ein wenig nieder, schob dann aber achtlos mit ihrem zierlichen Schuh einen Splitter beiseite und – ging weiter.

Die letzte Sklavin blieb, wie ihre Herrin, einen Augenblick stehen, schob ebenfalls mit dem Fuß einig Splitter gleichgültig aus dem Wege und ergriff hierauf die Laute, um durch Musik

Als er im Hof bei den Glasscherben angelangt war, ließ er unbemerkt den kostbaren Stein mitten zwischen dieselben gleiten, während er abermals verstohlen lächelte. Dann murmelte er leise: „Werde ich Freude ernten? Wirst du, „Stein des Glücks", deinem Namen gerecht werden? Tat ich recht daran, dich Kleinod, einer plötzlichen Eingebung folgend, dem ungewissen Zufall preiszugeben? Wirst du mich bittere — oder beglückende Menschenkenntnis lehren?"

Eine Stunde später kehrte Mustapha heim und saß bald vor seinem Spiegelein. Die Glasscherben im Hof aber waren verschwunden. Mustapha murmelte einen Koranspruch, dann hauchte er auf den Spiegel und putzte ihn darauf mit dem erwähnten seidenen Tuch, in das allerlei arabische Zeichen eingewirkt waren, indem er leise sprach:

„Spiegelein, ich putze dich,
Spiegelein, ich stutze dich.
Spiegelein, Spiegelein, sollst mir sagen,
Was sich jüngst hat zugetragen,
Sollst das Kleinste mir erzählen,
Selbst die Reden nicht verhehlen."

Dann blickte er unverwandt in den Zauberspiegel, in dem es plötzlich lebendig wurde. Es wiederholten sich darin im Spiegelbilde die Ereignisse der letztvergangenen Stunde: Auf dem weiten Hofe war es still. Plötzlich ward eine wunderschöne Frauengestalt sichtbar. Das war Zenaïde, die Lieblingstochter Mustaphas, gefolgt von ihren Sklavinnen.

Zenaïde, tief verschleiert, schritt langsam zum Springbrunnen, wobei sie an den Scherben vorbeikam. Sie stutzte einen Augenblick, beugte sich ein wenig nieder, schob dann aber achtlos mit ihrem zierlichen Schuh einen Splitter beiseite und — ging weiter.

Die letzte Sklavin blieb, wie ihre Herrin, einen Augenblick stehen, schob ebenfalls mit dem Fuß einig Splitter gleichgültig aus dem Wege und ergriff hierauf die Laute, um durch Musik ihrer Gebieterin Kurzweil zu schaffen. Den Smaragd hatte keine entdeckt. Sehr bald verließen die Frauen den Hof, um sich in den kühleren Garten zu begeben. Als sie hierbei nochmals jene Stelle passierten, achtete keine der Scherben und des Smaragds. Sie waren auch anderweitig beschäftigt; denn Zenaïde mußte gerade ihren etwas verschobenen Schleier ordnen, Fatime ihr mit dem großen Fächer aus Pfauenfedern Kühlung zuwehen, Suleika das gleiche mit einem Straußenfederwedel tun und Mira, die schöne Armenierin, wieder eine ihrer Heimatweisen anstimmen.

Nun folgte ein anderes Bild:
Osman Pascha, ein am Hofe Harun-Al-Raschids sehr angesehener Beamter, betrat den Hof und kam ebenfalls an der bezeichneten Stelle vorüber. Er blieb erstaunt einen Augenblick stehen und – ging weiter. Den Smaragd hatte er nicht bemerkt, oder ihn nur zweifelhaft angesehen; denn einem so hohen Beamten hätte es kaum angestanden, sich zu bücken. Er entfernte sich gleich darauf, als er Achmed, dem Haushofmeister, eine Botschaft vom Kalifen Harun-Al-Raschid an Mustapha übergeben. Das mußte etwas Wichtiges sein, aber Mustapha hatte das Pergament noch nicht geöffnet, auch befohlen, ungestört zu bleiben. Das Schicksal des „Steins des Glücks“ interessierte ihn vor allem.

Kaum waren die beiden verschwunden, als der Spiegel eine neue Szene zeigte: Mammud, einer der schwarzen Sklaven, ging über den Hof. Er hemmte ebenfalls, als er die Scherben sah, verwundert den Schritt, betrachtete sie flüchtig und – schlich dann träge weiter. Mustapha runzelte die Brauen.

Doch er war heute besonders gütig gestimmt, und so dachte er nachsichtig: „Die Sonne brennt heiß, da kann ich dem Burschen nicht zürnen, wenn er die Mühe des Bückens scheut.“

Den Smaragd hatte auch Mammud nicht entdeckt. Mustaphas Blick in den Zauberspiegel ward immer gespannter. Wieder zeigte sich in dem Spiegel ein anderes Bild:

Das war ja Hassan, ein armer Knabe, für den Mustapha schon lange ein freundliches Interesse hegte.

ihrer Gebieterin Kurzweil zu schaffen. Den Smaragd hatte keine entdeckt. Sehr bald verließen die Frauen den Hof, um sich in den kühleren Garten zu begeben. Als sie hierbei nochmals jene Stelle passierten, achtete keine der Scherben und des Smaragds. Sie waren auch anderweitig beschäftigt; denn Zenaïde mußte gerade ihren etwas verschobenen Schleier ordnen, Fatime ihr mit dem großen Fächer aus Pfauenfedern Kühlung zuwehen, Suleika das gleiche mit einem Straußenfederwedel tun und Mira, die schöne Armenierin, wieder eine ihrer Heimatweisen anstimmen.

Nun folgte ein anderes Bild:
Osman Pascha, ein am Hofe Harun-Al-Raschids sehr angesehener Beamter, betrat den Hof und kam ebenfalls an der bezeichneten Stelle vorüber. Er blieb erstaunt einen Augenblick stehen und — ging weiter. Den Smaragd hatte er nicht bemerkt, oder ihn nur zweifelhaft angesehen; denn einem so hohen Beamten hätte es kaum angestanden, sich zu bücken. Er entfernte sich gleich darauf, als er Achmed, dem Haushofmeister, eine Botschaft vom Kalifen Harun-Al-Raschid an Mustapha übergeben. Das mußte etwas Wichtiges sein, aber Mustapha hatte das Pergament noch nicht geöffnet, auch befohlen, ungestört zu bleiben. Das Schicksal des „Steins des Glücks" interessierte ihn vor allem.

Kaum waren die beiden verschwunden, als der Spiegel eine neue Szene zeigte: Mammud, einer der schwarzen Sklaven, ging über den Hof. Er hemmte ebenfalls, als er die Scherben sah, verwundert den Schritt, betrachtete sie flüchtig und — schlich dann träge weiter. Mustapha runzelte die Brauen.

Doch er war heute besonders gütig gestimmt, und so dachte er nachsichtig: „Die Sonne brennt heiß, da kann ich dem Burschen nicht zürnen, wenn er die Mühe des Bückens scheut."

Den Smaragd hatte auch Mammud nicht entdeckt. Mustaphas Blick in den Zauberspiegel ward immer gespannter. Wieder zeigte sich in dem Spiegel ein anderes Bild:

Das war ja Hassan, ein armer Knabe, für den Mustapha schon lange ein freundliches Interesse hegte.

Er war sehr arm, aber brav und fleißig, denn seinen Eltern war er trotz seiner Jugend schon eine große Stütze. Er tat jede Handreichung, die ihm einige Münzen einbringen konnte, trug den Leuten die Wasserkrüge von den Cisternen heim, half den Kaufleuten Waren herbeischleppen und handelte in seiner freien Zeit mit Früchten oder Blumen, die er in reichen Häusern feilbot. Auch in sein Haus war der Knabe schon oft gekommen.

Mustapha wußte, daß er die schönsten Früchte stets zuerst hierherbrachte. Ja, er fand oft einige der köstlichsten Exemplare oder Blumen in seinen Gemächern und wußte, daß Hassan sie hingelegt hatte als Dank für manche reiche Unterstützung, die der edle Mustapha den Eltern des Knaben gespendet. Hassan trug auch heute auf dem Haupte einen Korb mit herrlichen Früchten. Er sah ganz erhitzt aus und wollte anscheinend dem kühlenden Brunnen zu kurzer Rast nahen. Mustapha verwandte kein Auge von dem Bilde. Jetzt stutzte der Knabe. Seine nackten Füße stießen an die Scherben, bevor er sie erblickte. Nun sieht Mustapha deutlich, wie er seine schwere Last sorglich in den Schatten der Bäume bringt. Dann – ja wirklich, – dann kehrt er zu den Scherben zurück und schickt sich an, sie aufzulesen.

Jetzt stutzt er abermals, kauert sich auf den Boden und betrachtet aufmerksam etwas, das in der Sonne grün auffunkelt. Mustaphas Herz pocht vor Erwartung. Der Knabe verbirgt jetzt schnell den Fund in seinem ärmlichen Gewand. Dann liest er sorgsam die Glasscherben auf und trägt sie auf den Kehricht. Hassan wischt sich oft den Schweiß vom Gesicht, dann verschwindet er im Innern des Hauses.

Erregt sprang Mustapha auf. Er wartete nicht ab, ob der Spiegel Hassans Gesicht noch einmal zeigen würde, er wußte ja nun, daß der Knabe den „Stein des Glücks" gefunden. Er legte das kostbare Spiegelein und das Tuch vorsichtig wieder in die Truhe, worauf er gedankenvoll in dem Gemach auf und ab schritt. Wenn der Knabe den Stein verkaufte, konnte er aller Not enthoben sein, denn er war sehr wertvoll; er hätte selbst einer Königin zum Schmuck dienen können.

Er war sehr arm, aber brav und fleißig, denn seinen Eltern war er trotz seiner Jugend schon eine große Stütze. Er tat jede Handreichung, die ihm einige Münzen einbringen konnte, trug den Leuten die Wasserkrüge von den Cisternen heim, half den Kaufleuten Waren herbeischleppen und handelte in seiner freien Zeit mit Früchten oder Blumen, die er in reichen Häusern feilbot. Auch in sein Haus war der Knabe schon oft gekommen.

Mustapha wußte, daß er die schönsten Früchte stets zuerst hierherbrachte. Ja, er fand oft einige der köstlichsten Exemplare oder Blumen in seinen Gemächern und wußte, daß Hassan sie hingelegt hatte als Dank für manche reiche Unterstützung, die der edle Mustapha den Eltern des Knaben gespendet. Hassan trug auch heute auf dem Haupte einen Korb mit herrlichen Früchten. Er sah ganz erhitzt aus und wollte anscheinend dem kühlenden Brunnen zu kurzer Rast nahen. Mustapha verwandte kein Auge von dem Bilde. Jetzt stutzte der Knabe. Seine nackten Füße stießen an die Scherben, bevor er sie erblickte. Nun sieht Mustapha deutlich, wie er seine schwere Last sorglich in den Schatten der Bäume bringt. Dann — ja wirklich, — dann kehrt er zu den Scherben zurück und schickt sich an, sie aufzulesen.

Jetzt stutzt er abermals, kauert sich auf den Boden und betrachtet aufmerksam etwas, das in der Sonne grün auffunkelt. Mustaphas Herz pocht vor Erwartung. Der Knabe verbirgt jetzt schnell den Fund in seinem ärmlichen Gewand. Dann liest er sorgsam die Glasscherben auf und trägt sie auf den Kehricht. Hassan wischt sich oft den Schweiß vom Gesicht, dann verschwindet er im Innern des Hauses.

Erregt sprang Mustapha auf. Er wartete nicht ab, ob der Spiegel Hassans Gesicht noch einmal zeigen würde, er wußte ja nun, daß der Knabe den „Stein des Glücks" gefunden. Er legte das kostbare Spiegelein und das Tuch vorsichtig wieder in die Truhe, worauf er gedankenvoll in dem Gemach auf und ab schritt. Wenn der Knabe den Stein verkaufte, konnte er aller Not enthoben sein, denn er war sehr wertvoll; er hätte selbst einer Königin zum Schmuck dienen können.

Er gönnte dem armen Knaben darum das Kleinod; aber er fand jetzt, daß er töricht gehandelt, als er dem augenblicklichen Einfalle mit dem Smaragd nachgegeben hatte. Gewiß würde Hassan den Stein für sich behalten, und er, Mustapha, hatte ihn somit in Versuchung geführt, vom geraden Weg der Ehrlichkeit abzuweichen, den der Knabe bisher gegangen. Das Ende würde also sein, daß Mustapha um einen kostbaren Stein ärmer und um eine traurige Erfahrung reicher geworden war.

Jetzt fiel sein Blick auf das ganz vergessene Pergament. Er löste die Wachssiegel und begann den Inhalt zu entziffern. Das hatte der Geheimsekretär des Kalifen im Namen und Auftrag seines Gebieters geschrieben; der Inhalt lautete:

„Du, vortrefflicher Mustapha, weißt, daß ich Deine Freundschaft, Deinen Rat hoch schätze. Ich möchte die Sonne Deiner Weisheit immer am Horizont meines Daseins erblicken und mit dem Golde Deiner Freundschaft mein Leben schmücken. Auf daß dieses nun noch mehr als sonst geschehe, will ich Dir einen Beweis meines Wohlwollens geben. Der Ruf von der Schönheit Deiner Lieblingstochter Zenaïde, der Blume Deines Hauses, ist bis zu den Ohren Deines Gebieters, sowie meines Großveziers Ben Akim Bei gedrungen, dessen Sohn Ali diese Perle Deines Hauses zur Gemahlin begehrt. Ich hoffe, Du wirst meine Freude über diese Wahl teilen und der Ehre eingedenk sein, die Dir und Deiner Tochter durch dieselbe bewiesen wird.

Dein gnädiger Gebieter

Harun-Al-Raschid.“

Mustaphas Antlitz strahlte in befriedigtem Vaterstolz. Das war wohl die freudige Überraschung, die er gleichsam in seiner heutigen Stimmung vorausgeahnt hatte. Er schätzte auch den jungen Ali, den Sohn des Großveziers, besonders; er war ihm ein willkommener Eidam. Er beeilte sich, Zenaïde den Inhalt des wichtigen Schreibens mitzuteilen. Eine halbe Stunde später saß Mustapha beim Mahl, dem heute ausnahmsweise auch Zenaïde

Er gönnte dem armen Knaben darum das Kleinod; aber er fand jetzt, daß er töricht gehandelt, als er dem augenblicklichen Einfalle mit dem Smaragd nachgegeben hatte. Gewiß würde Hassan den Stein für sich behalten, und er, Mustapha, hatte ihn somit in Versuchung geführt, vom geraden Weg der Ehrlichkeit abzuweichen, den der Knabe bisher gegangen. Das Ende würde also sein, daß Mustapha um einen kostbaren Stein ärmer und um eine traurige Erfahrung reicher geworden war.

Jetzt fiel sein Blick auf das ganz vergessene Pergament. Er löste die Wachssiegel und begann den Inhalt zu entziffern. Das hatte der Geheimsekretär des Kalifen im Namen und Auftrag seines Gebieters geschrieben; der Inhalt lautete:

„Du, vortrefflicher Mustapha, weißt, daß ich Deine Freundschaft, Deinen Rat hoch schätze. Ich möchte die Sonne Deiner Weisheit immer am Horizont meines Daseins erblicken und mit dem Golde Deiner Freundschaft mein Leben schmücken. Auf daß dieses nun noch mehr als sonst geschehe, will ich Dir einen Beweis meines Wohlwollens geben. Der Ruf von der Schönheit Deiner Lieblingstochter Zenaïde, der Blume Deines Hauses, ist bis zu den Ohren Deines Gebieters, sowie meines Großveziers Ben Akim Bei gedrungen, dessen Sohn Ali diese Perle Deines Hauses zur Gemahlin begehrt. Ich hoffe, Du wirst meine Freude über diese Wahl teilen und der Ehre eingedenk sein, die Dir und Deiner Tochter durch dieselbe bewiesen wird.

Dein gnädiger Gebieter

Harun-Al-Raschid."

Mustaphas Antlitz strahlte in befriedigtem Vaterstolz. Das war wohl die freudige Überraschung, die er gleichsam in seiner heutigen Stimmung vorausgeahnt hatte. Er schätzte auch den jungen Ali, den Sohn des Großveziers, besonders; er war ihm ein willkommener Eidam. Er beeilte sich, Zenaïde den Inhalt des wichtigen Schreibens mitzuteilen. Eine halbe Stunde später saß Mustapha beim Mahl, dem heute ausnahmsweise auch Zenaïde beiwohnte, die sonst mit ihren Frauen zu speisen pflegte. Sie hatte sich Festgewänder anlegen lassen, und Mustapha fand, daß sie schön genug war, um selbst einem Königsthrone zur Zierde zu gereichen. Da nahte sich der Haushofmeister und sprach:

„Herr, vergib, daß ich deine Tafelfreude zu stören wage, aber es ist ein Knabe draußen, der dich zu sprechen wünscht. Als du in der Moschee weiltest, war er mit Früchten hier, und obwohl ich ihm seinen ganzen Vorrat abkaufte, fragte er nach dir. Er wollte dir vermutlich ein Anliegen vortragen. Ich wies ihn fort. Jetzt ist er wieder da und bittet dringend, zu dir geführt zu werden. Vielleicht kennst du ihn; es ist der Knabe Hassan."

„Allah ist groß!" rief Mustapha. „Ich ahne, daß er seinem Knechte Mustapha heute noch eine Freude vorbehalten hat. Führe Hassan sogleich zu mir!"

Die Augen der Anwesenden hefteten sich mit Spannung auf den Türvorhang, den ein Sklave jetzt zur Seie schob, um abermals den Haushofmeister einzulassen, dem ein ärmlich gekleideter Knabe auf dem Fuße folgte. Er war sichtlich befangen, als er nun in dem glänzenden Raume vor Mustapha stand.

Mit über der Brust gekreuzten Armen stand er in demütiger Haltung da und wartete geduldig, bis der Hausherr ihn anreden würde. Wohlwollend ruhte dessen Blick auf dem hübschen Knaben, der bei den ersten Worten, die Mustapha an ihn richtete, mit großen dunklen Augen freimütig aufblickte.

„Was begehrst du von mir, Knabe?" so fragte Mustapha, und sein Blick hing erwartungsvoll an dem Munde Hassans, der also antwortete: „Gelobt sei Allah! Er machte seinen ärmsten Knecht Hassan zum Werkzeug seiner Gnade. Wenn Ihr, gütiger Herr, es mir vergönnt, so will ich erzählen."

Der Knabe berichtete nun die Szene auf dem Hofe genau so, wie Mustapha sie schon durch seinen Zauberspiegel kannte. Dann zog er einen abgegriffenen Beutel aus seinem Gewand hervor, dem er den in ein grünes Blatt gewickelten Smaragd entnahm. In demütiger Haltung legte er das Kleinod in Mustaphas Schoß, indem er sprach: „Nehmt, Herr, Euer Eigentum."

beiwohnte, die sonst mit ihren Frauen zu speisen pflegte. Sie hatte sich Festgewänder anlegen lassen, und Mustapha fand, daß sie schön genug war, um selbst einem Königsthrone zur Zierde zu gereichen. Da nahte sich der Haushofmeister und sprach:

„Herr, vergib, daß ich deine Tafelfreude zu stören wage, aber es ist ein Knabe draußen, der dich zu sprechen wünscht. Als du in der Moschee weiltest, war er mit Früchten hier, und obwohl ich ihm seinen ganzen Vorrat abkaufte, fragte er nach dir. Er wollte dir vermutlich ein Anliegen vortragen. Ich wies ihn fort. Jetzt ist er wieder da und bittet dringend, zu dir geführt zu werden. Vielleicht kennst du ihn; es ist der Knabe Hassan."

„Allah ist groß!" rief Mustapha. „Ich ahne, daß er seinem Knechte Mustapha heute noch eine Freude vorbehalten hat. Führe Hassan sogleich zu mir!"

Die Augen der Anwesenden hefteten sich mit Spannung auf den Türvorhang, den ein Sklave jetzt zur Seie schob, um abermals den Haushofmeister einzulassen, dem ein ärmlich gekleideter Knabe auf dem Fuße folgte. Er war sichtlich befangen, als er nun in dem glänzenden Raume vor Mustapha stand.

Mit über der Brust gekreuzten Armen stand er in demütiger Haltung da und wartete geduldig, bis der Hausherr ihn anreden würde. Wohlwollend ruhte dessen Blick auf dem hübschen Knaben, der bei den ersten Worten, die Mustapha an ihn richtete, mit großen dunklen Augen freimütig aufblickte.

„Was begehrst du von mir, Knabe?" so fragte Mustapha, und sein Blick hing erwartungsvoll an dem Munde Hassans, der also antwortete: „Gelobt sei Allah! Er machte seinen ärmsten Knecht Hassan zum Werkzeug seiner Gnade. Wenn Ihr, gütiger Herr, es mir vergönnt, so will ich erzählen."

Der Knabe berichtete nun die Szene auf dem Hofe genau so, wie Mustapha sie schon durch seinen Zauberspiegel kannte. Dann zog er einen abgegriffenen Beutel aus seinem Gewand hervor, dem er den in ein grünes Blatt gewickelten Smaragd entnahm. In demütiger Haltung legte er das Kleinod in Mustaphas Schoß, indem er sprach: „Nehmt, Herr, Euer Eigentum."

Tiefe Stille herrschte einige Augenblicke nach diesen Worten. Mustapha konnte seine Bewegung kaum unterdrücken. Dann fragte er: „Sage mir, Hassan, warum trugst du die Scherben auf den Kehrichthaufen?“ Erstaunt blickte der Knabe auf: „Warum ich das tat? O Herr, es konnte sich ja jemand an den Scherben verletzen, und ich sah niemand, der sie hätte fortnehmen können.“

Da zog Mustapha den Knaben wortlos in seine Arme und drückte einen Kuß auf seine Stirn. Mit Staunen gewahrten die Zeugen dieser Szene solche Herablassung des angesehenen Mannes einem armen Knaben aus dem Volke gegenüber. Doch Mustapha schien das nicht zu bemerken. Er blickte dem ganz verwirrt dastehenden Knaben liebevoll ins Antlitz und hob also an: „Hast du nicht bedacht, daß der Erlös dieses allerdings mir gehörenden Steines dich und deine Eltern den Not entheben konnte, daß du dann nicht mehr zu darben brauchtest?“

„Ja, Herr! Ich dachte daran,“ antwortete der Knabe. „Aber ich wußte auch, daß ich dann nicht verdient hätte, Euch wieder unter die Augen zu kommen. Es wäre ein schlechter Dank für alle Eure meinen Eltern bewiesene Güte gewesen.“

„Und wenn der Stein nun dennoch nicht mir gehört hätte?“ „Dann, edler Mustapha, hätte ich ebensowenig ein Recht gehabt, ihn zu behalten.“

„Du bist ein braves Kind, Hassan. Ich danke dir,“ sagte Mustapha gerührt. „Aber nun sage mir auch, womit ich dir meine Dankbarkeit beweisen kann!“ „Erlaubt mir, Herr, daß ich wie sonst Euer Haus betreten und meine Waren anbieten darf!“ „Das steht dir immer frei; aber sage, was dir sonst Freude machen würde?“ Hassans Augen leuchteten; doch erst nach erneuter Aufforderung kam es stockend über seine Lippen: „Lernen möchte ich, Herr, – eine Schule besuchen.“

„Dein Wunsch soll erfüllt werden. Ich will dich fördern, als ob du mein Sohn wärest.“ Hassan warf sich vor Mustapha nieder und küßte den Saum seines Gewandes. „Nicht doch, mein Kind,“ wehrte der edle Mann ihm, und richtete den glückstrahlenden Knaben auf.

Tiefe Stille herrschte einige Augenblicke nach diesen Worten. Mustapha konnte seine Bewegung kaum unterdrücken. Dann fragte er: „Sage mir, Hassan, warum trugst du die Scherben auf den Kehrichthaufen?" Erstaunt blickte der Knabe auf: „Warum ich das tat? O Herr, es konnte sich ja jemand an den Scherben verletzen, und ich sah niemand, der sie hätte fortnehmen können."

Da zog Mustapha den Knaben wortlos in seine Arme und drückte einen Kuß auf seine Stirn. Mit Staunen gewahrten die Zeugen dieser Szene solche Herablassung des angesehenen Mannes einem armen Knaben aus dem Volke gegenüber. Doch Mustapha schien das nicht zu bemerken. Er blickte dem ganz verwirrt dastehenden Knaben liebevoll ins Antlitz und hob also an: „Hast du nicht bedacht, daß der Erlös dieses allerdings mir gehörenden Steines dich und deine Eltern den Not entheben konnte, daß du dann nicht mehr zu darben brauchtest?"

„Ja, Herr! Ich dachte daran," antwortete der Knabe. „Aber ich wußte auch, daß ich dann nicht verdient hätte, Euch wieder unter die Augen zu kommen. Es wäre ein schlechter Dank für alle Eure meinen Eltern bewiesene Güte gewesen."

„Und wenn der Stein nun dennoch nicht mir gehört hätte?" „Dann, edler Mustapha, hätte ich ebensowenig ein Recht gehabt, ihn zu behalten."

„Du bist ein braves Kind, Hassan. Ich danke dir," sagte Mustapha gerührt. „Aber nun sage mir auch, womit ich dir meine Dankbarkeit beweisen kann!" „Erlaubt mir, Herr, daß ich wie sonst Euer Haus betreten und meine Waren anbieten darf!" „Das steht dir immer frei; aber sage, was dir sonst Freude machen würde?" Hassans Augen leuchteten; doch erst nach erneuter Aufforderung kam es stockend über seine Lippen: „Lernen möchte ich, Herr, — eine Schule besuchen."

„Dein Wunsch soll erfüllt werden. Ich will dich fördern, als ob du mein Sohn wärest." Hassan warf sich vor Mustapha nieder und küßte den Saum seines Gewandes. „Nicht doch, mein Kind," wehrte der edle Mann ihm, und richtete den glückstrahlenden Knaben auf.

„Du hast einen von Allah gesegneten Geist, und es ist meine Pflicht, ihn zu bilden."

Er flüsterte dem Haushofmeister einige Worte zu. Der verschwand eilends und kehrte bald mit einer Kassette zurück, der Mustapha einen Beutel entnahm, worauf er weiter sprach: „Damit du aber mit deinen Eltern vor Not bewahrt bist, nimm hier dieses! Es sind fünfhundert Zechinen, die du als Finderlohn für den Stein behalten magst." Außer sich vor Freude stammelte Hassan jetzt heiße Dankesworte. Zenaïde aber erhob sich lächelnd und führte den Knaben neben ihren eigenen Platz, um ihn bestens zu bewirten. Sie winkte ihren Sklavinnen und sprach freundlich zu ihnen: „Auch *ich* ging mit euch an den Scherben vorbei. Hätte ich mich gebückt und den Stein gefunden, so wäre er in mein Brautgeschmeide gekommen. Was hättet ihr drei denn zum Lohne gewünscht, wenn ihr ihn gefunden?"

Mustapha hörte zu, als Fatime und Suleika meinten, daß sie sich dafür Schmuck gewünscht haben würden. Als aber Mira gefragt wurde, sprach sie leise: „O, Herrin, – ich? – ich hätte mir gewünscht, heimkehren zu dürfen zu den Meinen."

Zenaïde streichelte mitleidig Miras Hand. „Arme Mira, ich will meinen Vater bitten, daß er deinen Wunsch erfülle." Mustapha nickte seiner schönen, glücklichen Tochter zu und sprach laut: „Heute mag ich euch nichts verweigern. Aber ein andermal geht an keinem Gegenstand achtlos vorüber. Selbst unter Glas finden sich Edelsteine. Das hat euch Hassan bewiesen. Zieht euch daraus eine Lehre!"

Bald nach dieser Zeit ward Zenaïdes Hochzeit mit großer Pracht gefeiert. Der Smaragd glänzte in ihrem Brautgeschmeide. Sie hielt ihn besonders in Ehren; denn der „Stein des Glücks" bewährte sich in dieser Bedeutung bei ihr.

Auch Hassan konnte das sagen. Ihm brachte der Stein oder vielmehr seine *Ehrlichkeit*, die ihm durch denselben den Weg zum Glück gebahnt hatte, viel Segen. Mustapha erlebte es noch, daß sein Schützling ein gelehrter und tüchtiger Mann wurde, der dem edlen Gönner stets große Dankbarkeit bewahrte.

„Du hast einen von Allah gesegneten Geist, und es ist meine Pflicht, ihn zu bilden."

Er flüsterte dem Haushofmeister einige Worte zu. Der verschwand eilends und kehrte bald mit einer Kassette zurück, der Mustapha einen Beutel entnahm, worauf er weiter sprach: „Damit du aber mit deinen Eltern vor Not bewahrt bist, nimm hier dieses! Es sind fünfhundert Zechinen, die du als Finderlohn für den Stein behalten magst." Außer sich vor Freude stammelte Hassan jetzt heiße Dankesworte. Zenaïde aber erhob sich lächelnd und führte den Knaben neben ihren eigenen Platz, um ihn bestens zu bewirten. Sie winkte ihren Sklavinnen und sprach freundlich zu ihnen: „Auch i c h ging mit euch an den Scherben vorbei. Hätte ich mich gebückt und den Stein gefunden, so wäre er in mein Brautgeschmeide gekommen. Was hättet ihr drei denn zum Lohne gewünscht, wenn ihr ihn gefunden?"

Mustapha hörte zu, als Fatime und Suleika meinten, daß sie sich dafür Schmuck gewünscht haben würden. Als aber Mira gefragt wurde, sprach sie leise: „O, Herrin, — ich? — ich hätte mir gewünscht, heimkehren zu dürfen zu den Meinen."

Zenaïde streichelte mitleidig Miras Hand. „Arme Mira, ich will meinen Vater bitten, daß er deinen Wunsch erfülle." Mustapha nickte seiner schönen, glücklichen Tochter zu und sprach laut: „Heute mag ich euch nichts verweigern. Aber ein andermal geht an keinem Gegenstand achtlos vorüber. Selbst unter Glas finden sich Edelsteine. Das hat euch Hassan bewiesen. Zieht euch daraus eine Lehre!"

Bald nach dieser Zeit ward Zenaïdes Hochzeit mit großer Pracht gefeiert. Der Smaragd glänzte in ihrem Brautgeschmeide. Sie hielt ihn besonders in Ehren; denn der „Stein des Glücks" bewährte sich in dieser Bedeutung bei ihr.

Auch Hassan konnte das sagen. Ihm brachte der Stein oder vielmehr seine E h r l i c h k e i t, die ihm durch denselben den Weg zum Glück gebahnt hatte, viel Segen. Mustapha erlebte es noch, daß sein Schützling ein gelehrter und tüchtiger Mann wurde, der dem edlen Gönner stets große Dankbarkeit bewahrte.

Gottfrieds Wunderflöte

Gottfrieds Eltern waren reiche Bauern gewesen; doch ein großer Brand und viel sonstiges Mißgeschick brachte sie um ihre Habe. Bald darauf starben sie, und Gottfried sah sich mit einem etwas jüngeren Schwesterchen auf die Hülfe eines ebenso geizigen als reichen Verwandten angewiesen, welcher den Kindern ein Unterkommen gewährte, dafür aber deren Mitarbeit in Haus und Feld verlangte. Willig und freundlich leisteten sie, so viel in ihren Kräften stand, wurden aber trotzdem als Eindringlinge behandelt, so daß sich die Geschwister, die sich dadurch ihrer traurigen Verlassenheit mehr und mehr bewußt wurden, mit um so größerer Liebe aneinander schlossen.

So waren den Kindern mehrere Jahre vergangen. Gottfried hütete das Vieh seines Verwandten, wofür er schmale Kost und jedes Jahr ein grobes Wämslein und Mützchen erhielt. Er war aber stets fröhlich und zufrieden, und wenn er mit seiner Herde draußen in der schönen, freien Gottesnatur weilte, sang er mit den Vögeln um die Wette.

Da plötzlich wie ein Schlag aus heiterem Himmel brach das Unglück abermals über ihn herein. Es kam eine böse Seuche in das Dorf, welche viele Menschen dahin raffte, und Gottfrieds Herzleid war groß, als auch sein Schwesterchen ihm durch den Tod entrissen wurde.

Aber auch sein Verwandter starb, und Gottfried war nun heimatlos; denn die Erben teilten den Besitz sogleich unter sich. Sie nannten den Knaben einen unnützen Brotesser und gaben ihm zu verstehen, daß er in die Welt hinaus wandern solle, um sich anderswo einen Verdienst zu suchen.

Gottfrieds Wunderflöte

Gottfrieds Eltern waren reiche Bauern gewesen; doch ein großer Brand und viel sonstiges Mißgeschick brachte sie um ihre Habe. Bald darauf starben sie, und Gottfried sah sich mit einem etwas jüngeren Schwesterchen auf die Hülfe eines ebenso geizigen als reichen Verwandten angewiesen, welcher den Kindern ein Unterkommen gewährte, dafür aber deren Mitarbeit in Haus und Feld verlangte. Willig und freundlich leisteten sie, so viel in ihren Kräften stand, wurden aber trotzdem als Eindringlinge behandelt, so daß sich die Geschwister, die sich dadurch ihrer traurigen Verlassenheit mehr und mehr bewußt wurden, mit um so größerer Liebe aneinander schlossen.

So waren den Kindern mehrere Jahre vergangen. Gottfried hütete das Vieh seines Verwandten, wofür er schmale Kost und jedes Jahr ein grobes Wämslein und Mützchen erhielt. Er war aber stets fröhlich und zufrieden, und wenn er mit seiner Herde draußen in der schönen, freien Gottesnatur weilte, sang er mit den Vögeln um die Wette.

Da plötzlich wie ein Schlag aus heiterem Himmel brach das Unglück abermals über ihn herein. Es kam eine böse Seuche in das Dorf, welche viele Menschen dahin raffte, und Gottfrieds Herzleid war groß, als auch sein Schwesterchen ihm durch den Tod entrissen wurde.

Aber auch sein Verwandter starb, und Gottfried war nun heimatlos; denn die Erben teilten den Besitz sogleich unter sich. Sie nannten den Knaben einen unnützen Brotesser und gaben ihm zu verstehen, daß er in die Welt hinaus wandern solle, um sich anderswo einen Verdienst zu suchen.

So packte er denn sein schmales Ränzlein, zog sein Mützchen tief ins Gesicht, damit niemand seine Tränen sehen möchte, und verließ die Heimat, in welcher kein Herz mehr für ihn schlug, nachdem er Eltern und Schwesterchen verloren.

An der großen Waldweide, seinem Lieblingsplatz, machte er Halt. Hier hatte er oft geweilt, und hierhin zog es ihn mit magischer Gewalt. Er setzte sich auf einen moosbewachsenen Felsblock und überlegte, wohin er sich wenden solle, um bald wieder ein Unterkommen zu finden.

Da fuhr er plötzlich aus seinem trüben Sinnen auf; denn eigenartige Laute waren an sein Ohr gedrungen, Töne, ähnlich dem Flöten einer Amsel, aber so weich, lieblich und in so entzückender Melodie, daß der Lauscher den Atem anhielt und sich kaum zu rühren wagte. Konnte es ein Engelgruß sein? Ihm ward immer hoffnungsfroher zu Mute, je näher die Musik zu kommen schien. Er sprang auf, forschend nach allen Seiten über die Wiese nach dem nahen Walde blickend. Da — auf einem Stein saß eine lichte, weiße Gestalt, welche einer Hirtenflöte die wundervollen Weisen entlockte. Jetzt — kein Zweifel — hatte sie Gottfried zugewinkt, der zagend näher trat, bis er die geheimnisvolle Erscheinung erreicht hatte. Er sah in ein wunderschönes, freundliches Antlitz, aus dem ein Paar strahlende Augen ihn anblickte. Die liebliche Jungfrau streckte lächelnd dem Knaben die Hand entgegen, der, obwohl noch Tränen an seinen Wimpern hingen, nun ebenfalls die Fremde anlächelte, von welcher ein wundersamer Zauber ausging. Ihre Stimme klang wie Musik, als sie sprach: „Lieber Knabe, ich sah dich schon öfter; du warst immer fröhlich; doch heute scheint dein Herz bekümmert. Künde mir, was dich drückt und wer du bist!"

Anfänglich verlegen und öfter stockend, dann immer zutraulicher werdend, erzählte der Knabe der schönen Unbekannten nun alles, was ihn bedrückte, vom Tode seiner guten Eltern an bis auf die letzten traurigen Ereignisse, welche ihn nun heimatlos in die Welt hinaus trieben. Zuletzt fügte er hinzu, daß er, seit er die herrlichen Töne ihrer Flöte vernommen und sie so

So packte er denn sein schmales Ränzlein, zog sein Mützchen tief ins Gesicht, damit niemand seine Tränen sehen möchte, und verließ die Heimat, in welcher kein Herz mehr für ihn schlug, nachdem er Eltern und Schwesterchen verloren.

An der großen Waldweide, seinem Lieblingsplatz, machte er Halt. Hier hatte er oft geweilt, und hierhin zog es ihn mit magischer Gewalt. Er setzte sich auf einen moosbewachsenen Felsblock und überlegte, wohin er sich wenden solle, um bald wieder ein Unterkommen zu finden.

Da fuhr er plötzlich aus seinem trüben Sinnen auf; denn eigenartige Laute waren an sein Ohr gedrungen, Töne, ähnlich dem Flöten einer Amsel, aber so weich, lieblich und in so entzückender Melodie, daß der Lauscher den Atem anhielt und sich kaum zu rühren wagte. Konnte es ein Engelgruß sein? Ihm ward immer hoffnungsfroher zu Mute, je näher die Musik zu kommen schien. Er sprang auf, forschend nach allen Seiten über die Wiese nach dem nahen Walde blickend. Da — auf einem Stein saß eine lichte, weiße Gestalt, welche einer Hirtenflöte die wundervollen Weisen entlockte. Jetzt — kein Zweifel — hatte sie Gottfried zugewinkt, der zagend näher trat, bis er die geheimnisvolle Erscheinung erreicht hatte. Er sah in ein wunderschönes, freundliches Antlitz, aus dem ein Paar strahlende Augen ihn anblickte. Die liebliche Jungfrau streckte lächelnd dem Knaben die Hand entgegen, der, obwohl noch Tränen an seinen Wimpern hingen, nun ebenfalls die Fremde anlächelte, von welcher ein wundersamer Zauber ausging. Ihre Stimme klang wie Musik, als sie sprach: „Lieber Knabe, ich sah dich schon öfter; du warst immer fröhlich; doch heute scheint dein Herz bekümmert. Künde mir, was dich drückt und wer du bist!“

Anfänglich verlegen und öfter stockend, dann immer zutraulicher werdend, erzählte der Knabe der schönen Unbekannten nun alles, was ihn bedrückte, vom Tode seiner guten Eltern an bis auf die letzten traurigen Ereignisse, welche ihn nun heimatlos in die Welt hinaus trieben. Zuletzt fügte er hinzu, daß er, seit er die herrlichen Töne ihrer Flöte vernommen und sie so gütig mit ihm gesprochen, sich gar nicht mehr so traurig fühle. Er sei jung und gesund und wolle gern arbeiten.

„Aber," setzte er dann zögernd hinzu, „willst du, holde Jungfrau, mir nicht sagen, wer dich lehrte, so schön die Flöte zu spielen, und wer du bist?"

Lächelnd antwortete die Gefragte: „Ich bin die „Fröhlichkeit". Unsichtbar für dich, war ich dir oft nahe mit meiner Schwester, der „Zufriedenheit", welche gern da weilt, wo ich zu finden bin. Die Menschen verwechseln uns oft miteinander, was wohl daher kommt, daß in einem Herzen, das in Fröhlichkeit schlägt, die Zufriedenheit leicht Platz finden mag. Wiederum schafft ein zufriedenes Gemüt der Fröhlichkeit gern Eingang. So wirken wir beide zum Wohle der Menschen, und diejenigen, welche uns kennen, sind die Sonntagskinder unter ihnen. Du bist auch ein solches Sonntagskind, lieber Gottfried. Darum vergiß mich und diese Stunde niemals, sondern merke meine Worte wohl! Damit du solches aber auch in trüben Stunden besser vermagst, schenke ich dir diese Flöte. So lang dein Herz der Zufriedenheit und Fröhlichkeit in Gottvertrauen offen steht, vermagst du diesem Instrument die schönsten Weisen zu entlocken, welche jeden, der sie hört, fröhlich machen. Bewahre es darum dir und anderen zum Segen! Es wird dir Glück bringen."

Mit diesen Worten reichte die Jungfrau dem froh erstaunten Knaben, welcher nur stammelnd zu danken vermochte, die Wunderflöte. Dann in eine bestimmte Richtung deutend, fügte sie liebevoll hinzu:

„Dorthin wand're in die Ferne,
Dorthin wende deinen Blick;
Folge nur dem Lauf der Sterne,
In der Ferne blüht dein Glück."

Nach diesen Worten war sie verschwunden. Wohl rief der noch ganz verwirrte Gottfried herzliche Dankesworte, aber ob seine Wohltäterin sie vernahm, blieb ihm unbekannt. Er hätte glauben gütig mit ihm gesprochen, sich gar nicht mehr so traurig fühle. Er sei jung und gesund und wolle gern arbeiten.

„Aber," setzte er dann zögernd hinzu, „willst du, holde Jungfrau, mir nicht sagen, wer dich lehrte, so schön die Flöte zu spielen, und wer du bist?"

Lächelnd antwortete die Gefragte: „Ich bin die „Fröhlichkeit". Unsichtbar für dich, war ich dir oft nahe mit meiner Schwester, der „Zufriedenheit", welche gern da weilt, wo ich zu finden bin. Die Menschen verwechseln uns oft miteinander, was wohl daher kommt, daß in einem Herzen, das in Fröhlichkeit schlägt, die Zufriedenheit leicht Platz finden mag. Wiederum schafft ein zufriedenes Gemüt der Fröhlichkeit gern Eingang. So wirken wir beide zum Wohle der Menschen, und diejenigen, welche uns kennen, sind die Sonntagskinder unter ihnen. Du bist auch ein solches Sonntagskind, lieber Gottfried. Darum vergiß mich und diese Stunde niemals, sondern merke meine Worte wohl! Damit du solches aber auch in trüben Stunden besser vermagst, schenke ich dir diese Flöte. So lang dein Herz der Zufriedenheit und Fröhlichkeit in Gottvertrauen offen steht, vermagst du diesem Instrument die schönsten Weisen zu entlocken, welche jeden, der sie hört, fröhlich machen. Bewahre es darum dir und anderen zum Segen! Es wird dir Glück bringen."

Mit diesen Worten reichte die Jungfrau dem froh erstaunten Knaben, welcher nur stammelnd zu danken vermochte, die Wunderflöte. Dann in eine bestimmte Richtung deutend, fügte sie liebevoll hinzu:

„Dorthin wand're in die Ferne,
Dorthin wende deinen Blick;
Folge nur dem Lauf der Sterne,
In der Ferne blüht dein Glück."

Nach diesen Worten war sie verschwunden. Wohl rief der noch ganz verwirrte Gottfried herzliche Dankesworte, aber ob seine Wohltäterin sie vernahm, blieb ihm unbekannt. Er hätte glauben können, geträumt zu haben, wenn ihn die Flöte in seiner Hand nicht eines anderen belehrt hätte. Sorgfältig verbarg er die kostbare Gabe in seinem Wämslein und folgte dann rüstig und munter der angedeuteten Richtung, wobei er die schon im Westen stehende Sonne als Merkzeichen nahm. Oft mußte er durch Gestrüpp und unwegsame Stellen dringen; aber der frische Mut, welcher sein ganzes Wesen nun durchdrang, ließ ihn der Beschwerden des Weges nicht achten.

So waren Stunden vergangen. Gottfried hatte inzwischen mit seinem letzten Stückchen Brot sowie den hier und dort wachsenden Erdbeeren seinen Hunger und aus einem Waldquell seinen Durst gestillt. Als es nun völlig Abend geworden und eine große Ermüdung sich einstellte, mußte er nach einem Plätzchen suchen, auf dem er für die Nacht rasten konnte. Eben wollte er sich in das weiche Moos strecken, als er einen Lichtschein erblickte. Demselben nachgehend, erreichte er bald eine Lichtung, auf welcher er die Umrisse eine Häuschens erkannte, dessen helles Fensterchen ihm den Weg gewiesen.

Fast hätte er vor Freude laut aufgejubelt; denn in dieser Einsamkeit Menschen und hoffentlich ein Obdach für die Nacht sowie Speise und Trank zu finden, war wohl der Freude wert, obgleich ihn auch eine gewisse Scheu erfüllte, fremden Menschen etwa lästig zu fallen. Schüchtern pochte er mehrmals an die Tür, bis ein unfreundlich aussehender Mann aus dem Fenster blickte und nach des Knaben Begehr fragte, das dieser darauf bescheidenen Tones vortrug. Aber dem Aussehen des Fragenden entsprach auch die barsche Antwort. „Mein Haus hat für fahrendes Volk und solches Gesindel, das nachts im Walde herumstreift, keinen Platz. Packe dich weiter!"

Auf diese nichts weniger als gastfreundlich klingende Antwort hin wollte Gottfried sich schon bestürzt entfernen, als er drinnen eine weibliche Stimme vernahm und gleich darauf merkte, wie der schwere Holzriegel der Tür bei Seite geschoben und diese geöffnet wurde. Eine robuste, ebenfalls mürrisch dareinschauende Frau leuchtete mit einem brennenden Kienspan in das können, geträumt zu haben, wenn ihn die Flöte in seiner Hand nicht eines anderen belehrt hätte. Sorgfältig verbarg er die kostbare Gabe in seinem Wämslein und folgte dann rüstig und munter der angedeuteten Richtung, wobei er die schon im Westen stehende Sonne als Merkzeichen nahm. Oft mußte er durch Gestrüpp und unwegsame Stellen dringen; aber der frische Mut, welcher sein ganzes Wesen nun durchdrang, ließ ihn der Beschwerden des Weges nicht achten.

So waren Stunden vergangen. Gottfried hatte inzwischen mit seinem letzten Stückchen Brot sowie den hier und dort wachsenden Erdbeeren seinen Hunger und aus einem Waldquell seinen Durst gestillt. Als es nun völlig Abend geworden und eine große Ermüdung sich einstellte, mußte er nach einem Plätzchen suchen, auf dem er für die Nacht rasten konnte. Eben wollte er sich in das weiche Moos strecken, als er einen Lichtschein erblickte. Demselben nachgehend, erreichte er bald eine Lichtung, auf welcher er die Umrisse eine Häuschens erkannte, dessen helles Fensterchen ihm den Weg gewiesen.

Fast hätte er vor Freude laut aufgejubelt; denn in dieser Einsamkeit Menschen und hoffentlich ein Obdach für die Nacht sowie Speise und Trank zu finden, war wohl der Freude wert, obgleich ihn auch eine gewisse Scheu erfüllte, fremden Menschen etwa lästig zu fallen. Schüchtern pochte er mehrmals an die Tür, bis ein unfreundlich aussehender Mann aus dem Fenster blickte und nach des Knaben Begehr fragte, das dieser darauf bescheidenen Tones vortrug. Aber dem Aussehen des Fragenden entsprach auch die barsche Antwort: „Mein Haus hat für fahrendes Volk und solches Gesindel, das nachts im Walde herumstreift, keinen Platz. Packe dich weiter!"

Auf diese nichts weniger als gastfreundlich klingende Antwort hin wollte Gottfried sich schon bestürzt entfernen, als er drinnen eine weibliche Stimme vernahm und gleich darauf merkte, wie der schwere Holzriegel der Tür bei Seite geschoben und diese geöffnet wurde. Eine robuste, ebenfalls mürrisch dareinschauende Frau leuchtete mit einem brennenden Kienspan in das

Gesicht des Knaben. Diese Prüfung fiel offenbar zu dessen Gunsten aus, denn nach kurzem Zwiegespräch mit ihrem Manne hieß sie den kleinen Wanderer eintreten. Sie brachte ihm nach einigen kurzen Fragen Milch und Brot und sagte dann: „Magst im Ziegenstall die Nacht zubringen; findest dort auch ein Lager von frischem Stroh." Schien es auch nicht, als ob man Gottfried Obdach und Zehrung gern gewährte, so war er den Leuten doch herzlich dankbar.

Als er am anderen Morgen nach erquickendem Schlaf erwachte und ihm die Frau mit ebenso unfreundlichem Gesicht wie am Abend ein Schälchen Milch und Brot reichte, dankte er ihr mit warmen Worten. Er fühlte bei seinem Abschied ein solches Verlangen, diese Dankbarkeit zu beweisen, daß er die fast ehrfurchtsvolle Scheu, welche das Vermächtnis seiner holden Gönnerin, der „Fröhlichkeit", ihm noch einflößte, überwand und die Wunderflöte an die Lippen setzte.

Sein Herz pochte, und seine Augen leuchteten vor Entzücken, als er de wundervollen Weisen vernahm, welche dem Instrument entquollen. Seine Überraschung war aber groß, da er merkte, wie die Ziege im Stall anfing, zu hüpfen und zu springen und Mann und Frau mit lachenden Gesichtern angelaufen kamen, ihn umarmten und ihm für die wunderschöne Musik zu danken. Aber nicht genug mit dieser erfreulichen Wandlung: Gottfried traute seinen Augen kaum, denn der Mann holte ihm ein großes Stück Wurst und die Frau so viel Brot, daß sein Mundvorrat vorläufig keine Not aufkommen ließ. Hochbeglückt und mit tiefer Rührung sagte der Knabe seinen Gönnern Lebewohl.

Es war ein köstlicher Morgen, so recht geschaffen für ein junges Menschenkind, das froher Lebenshoffnung voll hinaus wandern will in die frische, grüne Welt. Die Richtung hatte Gottfried sich gut gemerkt; eingedenk der erhaltenen Weisung bemühte er sich gewissenhaft, sie einzuhalten.

Stunden war er so gewandert. Nun sandte die Mittagssonne bereits ihre Strahlen durch das Laubdach der Waldesbäume; er wollte hier eine kleine Rast machen. An einer Stelle, wo dunkle

Gesicht des Knaben. Diese Prüfung fiel offenbar zu dessen Gunsten aus, denn nach kurzem Zwiegespräch mit ihrem Manne hieß sie den kleinen Wanderer eintreten. Sie brachte ihm nach einigen kurzen Fragen Milch und Brot und sagte dann: „Magst im Ziegenstall die Nacht zubringen; findest dort auch ein Lager von frischem Stroh." Schien es auch nicht, als ob man Gottfried Obdach und Zehrung gern gewährte, so war er den Leuten doch herzlich dankbar.

Als er am anderen Morgen nach erquickendem Schlaf erwachte und ihm die Frau mit ebenso unfreundlichem Gesicht wie am Abend ein Schälchen Milch und Brot reichte, dankte er ihr mit warmen Worten. Er fühlte bei seinem Abschied ein solches Verlangen, diese Dankbarkeit zu beweisen, daß er die fast ehrfurchtsvolle Scheu, welche das Vermächtnis seiner holden Gönnerin, der „Fröhlichkeit", ihm noch einflößte, überwand und die Wunderflöte an die Lippen setzte.

Sein Herz pochte, und seine Augen leuchteten vor Entzücken, als er de wundervollen Weisen vernahm, welche dem Instrument entquollen. Seine Überraschung war aber groß, da er merkte, wie die Ziege im Stall anfing, zu hüpfen und zu springen und Mann und Frau mit lachenden Gesichtern angelaufen kamen, ihn umarmten und ihm für die wunderschöne Musik zu danken. Aber nicht genug mit dieser erfreulichen Wandlung: Gottfried traute seinen Augen kaum, denn der Mann holte ihm ein großes Stück Wurst und die Frau so viel Brot, daß sein Mundvorrat vorläufig keine Not aufkommen ließ. Hochbeglückt und mit tiefer Rührung sagte der Knabe seinen Gönnern Lebewohl.

Es war ein köstlicher Morgen, so recht geschaffen für ein junges Menschenkind, das froher Lebenshoffnung voll hinaus wandern will in die frische, grüne Welt. Die Richtung hatte Gottfried sich gut gemerkt; eingedenk der erhaltenen Weisung bemühte er sich gewissenhaft, sie einzuhalten.

Stunden war er so gewandert. Nun sandte die Mittagssonne bereits ihre Strahlen durch das Laubdach der Waldesbäume; er wollte hier eine kleine Rast machen. An einer Stelle, wo dunkle

Tannen ein klares Quellchen überschatteten, so daß es nur in und wieder im Sonnenlicht aufblitzte, fand er ein geeignetes Plätzchen. Der kleine Wanderer zog eben seine Vorräte hervor, als unterdrücktes Schluchzen an sein Ohr drang. Er sprang auf, blickte suchend um sich und stieß dann einen Ruf des Erstaunens aus, denn er hatte in ziemlicher Nähe ein kleines Mädchen entdeckt, das, offenbar von großem Kummer erfüllt, das Nahen Gottfrieds nicht bemerkt hatte. Es war ein rührendes Bild, welches das Kind darbot, das höchst dürftig gekleidet war und unter einem der Bäume dicht am Quellchen auf einem bemoosten Stein saß. Goldig schimmerndes Blondhaar fiel über das gesenkte Antlitz, und die in Verzweiflung gerungenen Hände verbargen dasselbe vollends. Der Körper des Kindes erbebte in lautem Schluchzen. Äußerst saubere, aber aus gröbstem Gewebe bestehende Kleidung bedeckte die kindliche Gestalt, während die bloßen Füße sich zart und weiß vom dunklen Waldboden abhoben.

Gottfrieds Herz war von großem Mitleid zu der kleinen Unbekannten erfüllt. Als er diese nun sanft und teilnehmend anredete, hob sie erschreckt das Köpfchen. Er blickte in ein überaus liebliches Kindergesichtchen und in ein Paar süße blaue Augen, die ihn ganz wunderbar an sein früh verstorbenes Schwesterchen erinnerten. Diese Ähnlichkeit beglückte ihn. Er fühlte sich unwiderstehlich zu der Kleinen hingezogen und gelobte sich, sie zu beschützen, als ob sie wirklich sein Schwesterchen sei. Es mußte ihm gelingen, das Vertrauen des Kindes zu erlangen, es zu trösten.

Da fiel ihm die Wunderflöte ein, deren herrliche Eigenschaften er kennen gelernt. Er setzte sie an die Lippen und entlockte ihr wunderliebliche Weisen, die in besänftigendem Wohllaut erklangen und bald die gewünschte Wirkung an seinem Schützling zeigten. Die Tränen versiegten, das holde Gesichtchen strahlte in Entzücken, und das bekümmerte Herzchen pochte in hoffnungsfrohem Mut. Der Bann war somit gebrochen, und als Gottfried das erschöpfte Mädchen nun mit den besten Bissen aus seinem Vorrat erquickt hatte, da fand dieses, zutraulich wie einem

Tannen ein klares Quellchen überschatteten, so daß es nur in und wieder im Sonnenlicht aufblitzte, fand er ein geeignetes Plätzchen. Der kleine Wanderer zog eben seine Vorräte hervor, als unterdrücktes Schluchzen an sein Ohr drang. Er sprang auf, blickte suchend um sich und stieß dann einen Ruf des Erstaunens aus, denn er hatte in ziemlicher Nähe ein kleines Mädchen entdeckt, das, offenbar von großem Kummer erfüllt, das Nahen Gottfrieds nicht bemerkt hatte. Es war ein rührendes Bild, welches das Kind darbot, das höchst dürftig gekleidet war und unter einem der Bäume dicht am Quellchen auf einem bemoosten Stein saß. Goldig schimmerndes Blondhaar fiel über das gesenkte Antlitz, und die in Verzweiflung gerungenen Hände verbargen dasselbe vollends. Der Körper des Kindes erbebte in lautem Schluchzen. Äußerst saubere, aber aus gröbstem Gewebe bestehende Kleidung bedeckte die kindliche Gestalt, während die bloßen Füße sich zart und weiß vom dunklen Waldboden abhoben.

Gottfrieds Herz war von großem Mitleid zu der kleinen Unbekannten erfüllt. Als er diese nun sanft und teilnehmend anredete, hob sie erschreckt das Köpfchen. Er blickte in ein überaus liebliches Kindergesichtchen und in ein Paar süße blaue Augen, die ihn ganz wunderbar an sein früh verstorbenes Schwesterchen erinnerten. Diese Ähnlichkeit beglückte ihn. Er fühlte sich unwiderstehlich zu der Kleinen hingezogen und gelobte sich, sie zu beschützen, als ob sie wirklich sein Schwesterchen sei. Es mußte ihm gelingen, das Vertrauen des Kindes zu erlangen, es zu trösten.

Da fiel ihm die Wunderflöte ein, deren herrliche Eigenschaften er kennen gelernt. Er setzte sie an die Lippen und entlockte ihr wunderliebliche Weisen, die in besänftigendem Wohllaut erklangen und bald die gewünschte Wirkung an seinem Schützling zeigten. Die Tränen versiegten, das holde Gesichtchen strahlte in Entzücken, und das bekümmerte Herzchen pochte in hoffnungsfrohem Mut. Der Bann war somit gebrochen, und als Gottfried das erschöpfte Mädchen nun mit den besten Bissen aus seinem Vorrat erquickt hatte, da fand dieses, zutraulich wie einem langjährigen Freunde gegenüber, in kindlicher Treuherzigkeit Worte. Es fing an, zu antworten, ja, bald wagte es selbst, einige Fragen zu stellen. So erzählte Gottfried bereitwillig von seinem Schicksal und der Herkunft der Wunderflöte. Ebenso erfuh er von der Kleinen, daß sie auch verwaist, nach dem Tode ihrer Pflegeeltern als Gänsehirtin in einem entfernter liegenden Dorfe der Gemeinde gedient hatte. Da war vor wenig Tagen, als sie ihre Gänse an einsamer Stelle dicht am Walde hütete, ein Fuchs herangeschlichen und hatte zwei ihrer Pflegebefohlenen erwürgt. Dieser Umstand wurde den Dorfleuten zum willkommenen Vorwand, das heimatlose Kind abzuschütteln. Man hatte dem Mägdlein sogleich erklärt, daß es unbrauchbar sei und seines Bleibens im Dorfe nicht länger sein könne; es möge sich nur in der Fremde sein Brot verdienen. So war die Kleine ohne Obdach und Nahrung, verlassen und heimatlos wie Gottfried fortgewandert, um irgendwo einen Dienst als Gänsehirtin oder dergleichen zu suchen. Wie er hatte sie niemanden in der weiten Welt, vor der bangend, sie halb verschmachtet niedergesunken war, als Gottfried ihr rettend nahte. Voll tiefen Mitleids hatte der Knabe nach diesem Bericht die Hand seiner Leidensgefährtin ergriffen und fragte nun, nachdem er ihr tröstlich zugeredet hatte. „Doch jetzt sag, Mägdlein, wie heißt du?“

„Waldlieb heiße ich,“ antwortete das Kind.

„Waldlieb“, wiederholte Gottfried freundlich, „das ist ein schöner Name, der paßt gut für dich, weil“ — weil du so lieb bist, hatte er sagen wollen, aber er hielt plötzlich inne, da er abermals eine Träne in den Augen der Kleinen erblickte. Er fragte nur: „Aber, Waldlieb, willst doch nicht wieder weinen?“

„Ach nein, — es kam mir nur so, weil du so gut mit mir bist, und weil noch niemand meinen Namen so sanft ausgesprochen hat wie du, seit die guten Pflegeeltern tot sind. Den Leuten war oft das „lieb“ zu viel, und sie nannten mich kurzweg Walde.“

„Arme, kleine Waldlieb, erzähl mir doch von deinen Pflegeeltern. Deine richtigen Eltern sind wohl gar früh verstorben?“

„Mag sein, daß auch sie nicht mehr leben; weiß nicht, wo

langjährigen Freunde gegenüber, in kindlicher Treuherzigkeit Worte. Es fing an, zu antworten, ja, bald wagte es selbst, einige Fragen zu stellen. So erzählte Gottfried bereitwillig von seinem Schicksal und der Herkunft der Wunderflöte. Ebenso erfuhr er von der Kleinen, daß sie auch verwaist, nach dem Tode ihrer Pflegeeltern als Gänsehirtin in einem entfernter liegenden Dorfe der Gemeinde gedient hatte. Da war vor wenig Tagen, als sie ihre Gänse an einsamer Stelle dicht am Walde hütete, ein Fuchs herangeschlichen und hatte zwei ihrer Pflegebefohlenen erwürgt. Dieser Umstand wurde den Dorfleuten zum willkommenen Vorwand, das heimatlose Kind abzuschütteln. Man hatte dem Mägdlein sogleich erklärt, daß es unbrauchbar sei und seines Bleibens im Dorfe nicht länger sein könne; es möge sich nur in der Fremde sein Brot verdienen. So war die Kleine ohne Obdach und Nahrung, verlassen und heimatlos wie Gottfried fortgewandert, um irgendwo einen Dienst als Gänsehirtin oder dergleichen zu suchen. Wie er hatte sie niemanden in der weiten Welt, vor der bangend, sie halb verschmachtet niedergesunken war, als Gottfried ihr rettend nahte. Voll tiefen Mitleids hatte der Knabe nach diesem Bericht die Hand seiner Leidensgefährtin ergriffen und fragte nun, nachdem er ihr tröstlich zugeredet hatte: „Doch jetzt sag, Mägdlein, wie heißt du?“

„Waldlieb heiße ich,“ antwortete das Kind.

„Waldlieb“, wiederholte Gottfried freundlich, „das ist ein schöner Name, der paßt gut für dich, weil“ — weil du so lieb bist, hatte er sagen wollen, aber er hielt plötzlich inne, da er abermals eine Träne in den Augen der Kleinen erblickte. Er fragte nur: „Aber, Waldlieb, willst doch nicht wieder weinen?“

„Ach nein, — es kam mir nur so, weil du so gut mit mir bist, und weil noch niemand meinen Namen so sanft ausgesprochen hat wie du, seit die guten Pflegeeltern tot sind. Den Leuten war oft das „lieb“ zu viel, und sie nannten mich kurzweg Walde.“

„Arme, kleine Waldlieb, erzähl mir doch von deinen Pflegeeltern. Deine richtigen Eltern sind wohl gar früh verstorben?“

„Mag sein, daß auch sie nicht mehr leben; weiß nicht, wo

und wer sie sind. Doch wenn du's hören magst, sollst du alles wissen, wie es mir mein Pflegevater vor seinem Ende erzählt hat."

Waldlieb berichtete nun, wie es sich vor etwa neun Jahren sich zugetragen habe, daß der Dorfbader, frühmorgens von einem entfernt wohnenden Kranken zurückkehrend, an einer Waldblöße ein kaum ein Jahr altes Kindlein liegen sah, das er anfänglich für tot hielt. Unter seiner kundigen Hand gab es jedoch bald Lebenszeichen von sich. Als der mitleidige Mann das Kind aufhob, entdeckte er gerade da, wo es gelegen, einen blinkenden Gegenstand. Denselben näher betrachtend, erkannte er, daß es ein abgerissenes Stückchen einer feinen Goldkette war, deren übrige Teile aber nicht zu finden waren. Er bemerkte nun am Halse des Kindes tiefe blutige Striemen und erklärte sich dieselben so, daß das Kettlein ihm von räuberischer Hand gewaltsam abgerissen worden sei und das gefundene Stückchen den Augen des Räubers entgangen sein müsse. Derselbe hatte vielleicht auch die Kleider des Mägdleins mit sich genommen, da es nur in elende Lumpen gehüllt war. Der menschenfreundliche Bader trug den Findling vorsichtig nach Hause, wo er unter seiner und seiner Frau liebevollen Pflege bald frisch und gesund wurde; denn das arme Geschöpfchen war wohl nur verschmachtet gewesen. Die guten Menschen hatten es an ihr Herz und in ihr Haus genommen, und da sie keine Kinder besaßen, zogen sie es in Liebe auf. Die Nachforschungen des Baders nach der Herkunft des Kindes blieben erfolglos; nur so viel erfuhr man, daß Zigeuner die Gegend vorher durchstreift und vermutlich in der Meinung, die Kleine sei tot oder dem Ende nahe, diese dort ausgesetzt hatten, um sich der Last zu entledigen.

„So weiß ich denn nicht," schloß Waldlieb ihren Bericht, „ob ich von fahrendem Volk stamme oder von ihnen geraubt bin. Aber gleichviel, — meine Pflegeeltern hielten mich, als ob ich ihr eigen Kind gewesen wäre, und nannten mich, da sie ja meinen richtigen Namen nicht wußten, „Waldlieb", weil ich im Walde gefunden wurde, und weil sie mich l i e b hatten."

und wer sie sind. Doch wenn du's hören magst, sollst du alles wissen, wie es mir mein Pflegevater vor seinem Ende erzählt hat."

Waldlieb berichtete nun, wie es sich vor etwa neun Jahren sich zugetragen habe, daß der Dorfbader, frühmorgens von einem entfernt wohnenden Kranken zurückkehrend, an einer Waldblöße ein kaum ein Jahr altes Kindlein liegen sah, das er anfänglich für tot hielt. Unter seiner kundigen Hand gab es jedoch bald Lebenszeichen von sich. Als der mitleidige Mann das Kind aufhob, entdeckte er gerade da, wo es gelegen, einen blinkenden Gegenstand. Denselben näher betrachtend, erkannte er, daß es ein abgerissenes Stückchen einer feinen Goldkette war, deren übrige Teile aber nicht zu finden waren. Er bemerkte nun am Halse des Kindes tiefe blutige Striemen und erklärte sich dieselben so, daß das Kettlein ihm von räuberischer Hand gewaltsam abgerissen worden sei und das gefundene Stückchen den Augen des Räubers entgangen sein müsse. Derselbe hatte vielleicht auch die Kleider des Mägdleins mit sich genommen, da es nur in elende Lumpen gehüllt war. Der menschenfreundliche Bader trug den Findling vorsichtig nach Hause, wo er unter seiner und seiner Frau liebevollen Pflege bald frisch und gesund wurde; denn das arme Geschöpfchen war wohl nur verschmachtet gewesen. Die guten Menschen hatten es an ihr Herz und in ihr Haus genommen, und da sie keine Kinder besaßen, zogen sie es in Liebe auf. Die Nachforschungen des Baders nach der Herkunft des Kindes blieben erfolglos; nur so viel erfuhr man, daß Zigeuner die Gegend vorher durchstreift und vermutlich in der Meinung, die Kleine sei tot oder dem Ende nahe, diese dort ausgesetzt hatten, um sich der Last zu entledigen.

„So weiß ich denn nicht," schloß Waldlieb ihren Bericht, „ob ich von fahrendem Volk stamme oder von ihnen geraubt bin. Aber gleichviel, — meine Pflegeeltern hielten mich, als ob ich ihr eigen Kind gewesen wäre, und nannten mich, da sie ja meinen richtigen Namen nicht wußten, „Waldlieb", weil ich im Walde gefunden wurde, und weil sie mich l i e b hatten."

Solche Auffassung des Wörtchens „lieb“, wie sie Gottfried vorhin auf den Lippen geschwebt, kam Waldlieb offenbar nicht in den Sinn. Ihr holdes Gesichtchen nahm einen träumerisch sinnenden Ausdruck an, während sie an einer groben hanfenen Schnur nestelte, die sie verborgen auf der Brust getragen hatte. Ein winziges Päckchen kam zum Vorschein.

„Magst du mein golden Andenken sehen?“ fragte Waldlieb, schüchtern zu Gottfried aufblickend.

„Mein Pflegevater sagte, ich müsse es recht wohl verwahren, denn vielleicht möchte es einst meinen Eltern als Erkennungszeichen dienen.“

Sie hatte das Päckchen entfaltet, aus dem nun ein etwa fingerlanges Stückchen eines wunderfeinen Goldkettleins zum Vorschein kam, dessen Glieder so kunstvoll gefügt waren, daß Gottfried es nicht zu berühren wagte und einen Ruf der Bewunderung nicht unterdrücken konnte. Als Waldlieb ihr Kleinod wieder sorgfältig am alten Platz verborgen hatte, ergriff Gottfried die Hand des Mädchens und sprach in warmem Tone:

„Schau, Waldlieb, wie einst dein Pflegevater dich fand, verlassen und hülfsbedürftig, so fand auch ich dich im Walde, und wie er, so habe auch ich dich lieb, gerade als hätte ich dich schon lange gekannt. Vielleicht ist’s, weil du meinem lieben gestorbenen Schwesterlein so ähnlich bist. Und weil wir nun beide niemanden haben, der uns lieb hat, so sollst du nun mein liebes Schwesterlein sein, wenn du magst, und ich will für dich arbeiten und sorgen, als wäre ich dein Bruder.“

Er stand noch neben ihr und fragte nun: „Ist dir’s recht so, kleine Waldlieb?“

Wie nun statt aller Antwort ein jauchzender Ton von den Lippen des Kindes drang, dieses dann leuchtenden Blickes zu dem Fragenden aufschaute und hierauf das Gesichtchen zutraulich an des Knaben Arm schmiegte, da jubelte Gottfried laut: „Mein Schwesterlein!“

Es schien, als ob die Wunderkraft der Zauberflöte jetzt erst recht zum Ausdruck komme, denn eine liebliche Heiterkeit war

Solche Auffassung des Wörtchens „lieb“, wie sie Gottfried vorhin auf den Lippen geschwebt, kam Waldlieb offenbar nicht in den Sinn. Ihr holdes Gesichtchen nahm einen träumerisch sinnenden Ausdruck an, während sie an einer groben hanfenen Schnur nestelte, die sie verborgen auf der Brust getragen hatte. Ein winziges Päckchen kam zum Vorschein.

„Magst du mein golden Andenken sehen?“ fragte Waldlieb, schüchtern zu Gottfried aufblickend.

„Mein Pflegevater sagte, ich müsse es recht wohl verwahren, denn vielleicht möchte es einst meinen Eltern als Erkennungszeichen dienen.“

Sie hatte das Päckchen entfaltet, aus dem nun ein etwa fingerlanges Stückchen eines wunderfeinen Goldkettleins zum Vorschein kam, dessen Glieder so kunstvoll gefügt waren, daß Gottfried es nicht zu berühren wagte und einen Ruf der Bewunderung nicht unterdrücken konnte. Als Waldlieb ihr Kleinod wieder sorgfältig am alten Platz verborgen hatte, ergriff Gottfried die Hand des Mädchens und sprach in warmem Tone:

„Schau, Waldlieb, wie einst dein Pflegevater dich fand, verlassen und hülfsbedürftig, so fand auch ich dich im Walde, und wie er, so habe auch ich dich lieb, gerade als hätte ich dich schon lange gekannt. Vielleicht ist’s, weil du meinem lieben gestorbenen Schwesterlein so ähnlich bist. Und weil wir nun beide niemanden haben, der uns lieb hat, so sollst du nun mein liebes Schwesterlein sein, wenn du magst, und ich will für dich arbeiten und sorgen, als wäre ich dein Bruder.“

Er stand noch neben ihr und fragte nun: „Ist dir’s recht so, kleine Waldlieb?“

Wie nun statt aller Antwort ein jauchzender Ton von den Lippen des Kindes drang, dieses dann leuchtenden Blickes zu dem Fragenden aufschaute und hierauf das Gesichtchen zutraulich an des Knaben Arm schmiegte, da jubelte Gottfried laut: „Mein Schwesterlein!“

Es schien, als ob die Wunderkraft der Zauberflöte jetzt erst recht zum Ausdruck komme, denn eine liebliche Heiterkeit war nun über Waldliebs ganzes Wesen gebreitet. Sie war ja auch fortan nicht mehr so verlassen! Gottfried hörte ihre mit Vergnügen zu, wie sie dies und das aus ihrem Leben erzählte, auch von den Tieren in Wald und Feld sprach, die sie alle kannte und liebte, mit denen sie gerne Zwiegespräche hielt. Ferner sprach sie auch von den guten Lehren, die ihr die Pflegeeltern eingeprägt hatten.

Dann, plötzlich ein von der Mahlzeit aufgespartes Stückchen Brot hervorziehend, setzte sie hinzu: „Und wenn man glücklich ist oder eine Freude gehabt hat, dann soll man auch andere Wesen, — Menschen und Tiere — erfreuen, sagte mein guter Pflegevater immer, und ich merk's, daß mein Brüderlein auch so denkt. Gelt, ich darf die Vöglein rufen?" fragte sie lächelnd, und als Gottfried sogleich lockend zu pfeifen begann, meinte sie:

„Ach, pfeifen dürfen ja nur die Buben; merk auf, Brüderlein, wie i c h meine Gäste immer lockte." Mit ihrem glockenhellen Stimmchen rief sie, während sie das Brot zerbröckelte und ausstreute:

„Vöglein klein in Baum und Strauch,
Schnell herbei zur Mahlzeit auch!
Dreht die Köpfchen doch, nick, nick,
Braucht die Schnäbelein, pick, pick;
Zwitschert dann für uns zum Dank
Hellen, frohen Vogelsang!"

Da schwirrte und piepste es von allen Ecken und Enden her, und die bunten gefiederten Sängerdes Waldes, von der großen Amsel bis zum kleinen, flinken Zaunkönig, kamen und schmausten, unbekümmert um die zuschauenden Kinder; wußten sie doch, daß ihnen von denen kein Leides geschehen würde.

Waldlieb klatschte vor Vergnügen in die Hände, als jedes Krümchen aufgepickt war. Die Kinder schickten sich nun an, endlich weiter zu wandern, und die Vögel gaben ihnen mit munterem Sang das Geleit, als ob sie den beiden die Richtung zeigen wollten.

nun über Waldliebs ganzes Wesen gebreitet. Sie war ja auch fortan nicht mehr so verlassen! Gottfried hörte ihre mit Vergnügen zu, wie sie dies und das aus ihrem Leben erzählte, auch von den Tieren in Wald und Feld sprach, die sie alle kannte und liebte, mit denen sie gerne Zwiegespräche hielt. Ferner sprach sie auch von den guten Lehren, die ihr die Pflegeeltern eingeprägt hatten.

Dann, plötzlich ein von der Mahlzeit aufgespartes Stückchen Brot hervorziehend, setzte sie hinzu: „Und wenn man glücklich ist oder eine Freude gehabt hat, dann soll man auch andere Wesen, — Menschen und Tiere — erfreuen, sagte mein guter Pflegevater immer, und ich merk's, daß mein Brüderlein auch so denkt. Gelt, ich darf die Vöglein rufen?" fragte sie lächelnd, und als Gottfried sogleich lockend zu pfeifen begann, meinte sie:

„Ach, pfeifen dürfen ja nur die Buben; merk auf, Brüderlein, wie i c h meine Gäste immer lockte." Mit ihrem glockenhellen Stimmchen rief sie, während sie das Brot zerbröckelte und ausstreute:

„Vöglein klein in Baum und Strauch,
Schnell herbei zur Mahlzeit auch!
Dreht die Köpfchen doch, nick, nick,
Braucht die Schnäbelein, pick, pick;
Zwitschert dann für uns zum Dank
Hellen, frohen Vogelsang!"

Da schwirrte und piepste es von allen Ecken und Enden her, und die bunten gefiederten Sängerdes Waldes, von der großen Amsel bis zum kleinen, flinken Zaunkönig, kamen und schmausten, unbekümmert um die zuschauenden Kinder; wußten sie doch, daß ihnen von denen kein Leides geschehen würde.

Waldlieb klatschte vor Vergnügen in die Hände, als jedes Krümchen aufgepickt war. Die Kinder schickten sich nun an, endlich weiter zu wandern, und die Vögel gaben ihnen mit munterem Sang das Geleit, als ob sie den beiden die Richtung zeigen wollten.

Hand in Hand schritten die Geschwister durch den Wald dahin. Die Mühen des Weges wurden von ihnen kaum bemerkt; denn Waldlieb, welche sich nun wieder vollkommen frisch fühlte, verstand so anmutig zu plaudern, daß es eine Lust war, ihr zuzuhören. Dazu kamen sie zuweilen an Stellen, welche rot von Erdbeeren waren und sie labten sich an den saftigen Früchten. Ja, als Waldlieb erzählte, wie die Kinder des Dorfes unter der alten Linde oft den Ringelreih'n getanzt hätten, da probierten die beiden auch dieses, während die Kleine sang:

„Ringelreih'n!
Auch zu zwei'n
Halten wir die Hände,
Tanzen flink, behende!
Rechts herum,
Links herum,
Geht's im Kreise, dideldum!"

Waldliebs bloße Füße schienen den Boden kaum zu berühren, während ihre zarten Wangen sich lieblich röteten, und ihr Gesichtchen in kindlichem Frohsinn strahlte.

Dann wanderten sie weiter, immer durch kühlen Wald, und es ward Abend, ehe sie es dachten. Waldlieb hatte auch den Wald besonders gern. Sie erzählte, wie sie immer glücklich gewesen sei, wenn sie unter den hohen Bäumen das Leben und Treiben der Tiere beobachten konnte, und wie sie dabei aus dem Rauschen der alten Bäume gar köstliche Mären zu erlauschen glaubte. So zeigte sie auch jetzt kaum Furcht, als es allgemach stockfinster geworden war. Sie achtete es nicht, daß das Gestrüpp, in welches die beiden im Dunkeln gerieten, ihre Kleider zerriß, ja, als Gottfried endlich erklärte, sie seien gründlich verirrt, und er wisse nicht aus noch ein, da tröstete sie ihn und fügte hinzu, sie wolle sehen, ob ihre Freunde im Walde ihr nicht helfen würden. Dann rief sie mit ihrem sanften Stimmchen, daß es wie ein Glöcklein durch das Rauschen des nächtlichen Waldes klang:

Hand in Hand schritten die Geschwister durch den Wald dahin. Die Mühen des Weges wurden von ihnen kaum bemerkt; denn Waldlieb, welche sich nun wieder vollkommen frisch fühlte, verstand so anmutig zu plaudern, daß es eine Lust war, ihr zuzuhören. Dazu kamen sie zuweilen an Stellen, welche rot von Erdbeeren waren und sie labten sich an den saftigen Früchten. Ja, als Waldlieb erzählte, wie die Kinder des Dorfes unter der alten Linde oft den Ringelreih'n getanzt hätten, da probierten die beiden auch dieses, während die Kleine sang:

„Ringelreih'n!
Auch zu zwei'n
Halten wir die Hände,
Tanzen flink, behende!
Rechts herum,
Links herum,
Geht's im Kreise, dideldum!"

Waldliebs bloße Füße schienen den Boden kaum zu berühren, während ihre zarten Wangen sich lieblich röteten, und ihr Gesichtchen in kindlichem Frohsinn strahlte.

Dann wanderten sie weiter, immer durch kühlen Wald, und es ward Abend, ehe sie es dachten. Waldlieb hatte auch den Wald besonders gern. Sie erzählte, wie sie immer glücklich gewesen sei, wenn sie unter den hohen Bäumen das Leben und Treiben der Tiere beobachten konnte, und wie sie dabei aus dem Rauschen der alten Bäume gar köstliche Mären zu erlauschen glaubte. So zeigte sie auch jetzt kaum Furcht, als es allgemach stockfinster geworden war. Sie achtete es nicht, daß das Gestrüpp, in welches die beiden im Dunkeln gerieten, ihre Kleider zerriß, ja, als Gottfried endlich erklärte, sie seien gründlich verirrt, und er wisse nicht aus noch ein, da tröstete sie ihn und fügte hinzu, sie wolle sehen, ob ihre Freunde im Walde ihr nicht helfen würden. Dann rief sie mit ihrem sanften Stimmchen, daß es wie ein Glöcklein durch das Rauschen des nächtlichen Waldes klang:

„Glühwürmchen, leuchte mir,
Komm zur Hülfe balde;
Zünde dein Laternchen an, —
Führ mich aus dem Walde!“

Und siehe da, kaum waren die Worte verhallt, so tauchte ein Leuchtkäferchen aus dem Dunkel hervor, dann hier eins, dort eins, bis sie endlich in dichten Scharen um die Verirrten herumschwirrten, daß es Gottfried schien, als ob sie schon des Rufes gewartet hätten. Es wurde heller und heller, je mehr der kleinen leuchtenden Freunde herbeikamen, bis es war, als ob lichter Mondenschein von diesen ausginge. Waldlieb zog den Bruder mit sich, immer den Führern folgend, welche den Kindern den richtigen Weg zeigten, der bald an einen schäumenden Bach führte. Als die Tierchen auch über diesen hinaus geradeaus flogen, trug Gottfried kurz entschlossen sein Schwesterchen durch das Wasser und folgte eilends der leuchtenden Käferschar, bis diese endlich auf einer Lichtung Halt machte. Es war, wie er sah, eine kleine Wiese, auf der sie sich befanden, und auf welcher frisch duftendes Heu Kunde gab, daß fleißige Menschenhände hier geschafft hatten. Freilich, ringsum war keine menschliche Wohnung zu erblicken, in der sie gastliches Obdach für die Nacht erbitten konnten; aber ihre treuen, leichtbeschwingten Freunde hatten die müden Wanderer zu zwei ziemlich großen, nur wenige Schritte von einander entfernten Heuhaufen geleitet, und so fand jedes ein warmes Lager für die Nacht. Die Kinder dankten ihren treuen Helfern, welche nunmehr wieder im Walde nach allen Richtungen verschwanden. Mit den letzten Resten von Gottfrieds Mundvorrat stillten die müden Wanderer ihren Hunger. Dann suchte Gottfried den besten der beiden Heuhaufen für Waldlieb aus, deckte sie noch sorglich mit seinem Jäcklein zu und wünschte ihr gute Nacht. Nachdem beide Kinder, wie es ihre Gewohnheit war, ein Abendgebet gesprochen, das heut ganz besonders innig zum lieben Gott empor drang, schloß bald fester Schlaf die müden Augen.

„Glühwürmchen, leuchte mir,
Komm zur Hülfe balde;
Zünde dein Laternchen an, —
Führ mich aus dem Walde!“

Und siehe da, kaum waren die Worte verhallt, so tauchte ein Leuchtkäferchen aus dem Dunkel hervor, dann hier eins, dort eins, bis sie endlich in dichten Scharen um die Verirrten herumschwirrten, daß es Gottfried schien, als ob sie schon des Rufes gewartet hätten. Es wurde heller und heller, je mehr der kleinen leuchtenden Freunde herbeikamen, bis es war, als ob lichter Mondenschein von diesen ausginge. Waldlieb zog den Bruder mit sich, immer den Führern folgend, welche den Kindern den richtigen Weg zeigten, der bald an einen schäumenden Bach führte. Als die Tierchen auch über diesen hinaus geradeaus flogen, trug Gottfried kurz entschlossen sein Schwesterchen durch das Wasser und folgte eilends der leuchtenden Käferschar, bis diese endlich auf einer Lichtung Halt machte. Es war, wie er sah, eine kleine Wiese, auf der sie sich befanden, und auf welcher frisch duftendes Heu Kunde gab, daß fleißige Menschenhände hier geschafft hatten. Freilich, ringsum war keine menschliche Wohnung zu erblicken, in der sie gastliches Obdach für die Nacht erbitten konnten; aber ihre treuen, leichtbeschwingten Freunde hatten die müden Wanderer zu zwei ziemlich großen, nur wenige Schritte von einander entfernten Heuhaufen geleitet, und so fand jedes ein warmes Lager für die Nacht. Die Kinder dankten ihren treuen Helfern, welche nunmehr wieder im Walde nach allen Richtungen verschwanden. Mit den letzten Resten von Gottfrieds Mundvorrat stillten die müden Wanderer ihren Hunger. Dann suchte Gottfried den besten der beiden Heuhaufen für Waldlieb aus, deckte sie noch sorglich mit seinem Jäcklein zu und wünschte ihr gute Nacht. Nachdem beide Kinder, wie es ihre Gewohnheit war, ein Abendgebet gesprochen, das heut ganz besonders innig zum lieben Gott empor drang, schloß bald fester Schlaf die müden Augen.

Goldne Sonne schien am anderen Morgen, und die Vögel, welche auf der Wiese und im nahen Walde zwitscherten, riefen:

„Tiria,
Wir sind da, –
Langschläfer, auf!
Folgt eurem Lauf;
Müßt Füßlein flink regen, –
Dem Glück lauft entgegen!“

Waldlieb hörte es zuerst. Sie blinzelte ihre kleinen Freunde aus schlaftrunkenen Augen an; dann lief sie eilends zum Waldbach, wusch sich mit dem klaren Wasser und kehrte dann zur Wiese zurück. Vorsichtig dem Lager Gottfrieds nahend, rief sie leise: „Brüderlein, wachst du?“ Und als der Gerufene sich regte, erklang ihr Stimmchen wieder:

„Ei, du lieber Bruder mein,
Öffne schnell die Äugelein!
Vöglein haben uns geweckt –
Wald hat auch den Tisch gedeckt.“

Dann sprang sie fort und holte von den prächtigen Erdbeeren, welche sie vorhin überall am Waldsaum in Menge entdeckt hatte. Gottfried war bald an ihrer Seite, nachdem er ebenfalls am Waldbach sich erfrischt hatte. Beide Kinder pflückten und schmausten sich an den süßen Früchten satt, während ihr fröhliches Geplauder von neuem, frischem Mut zeugte.

Als nun die Vögel nochmals zwitscherten:

„Müßt Füßlein flink regen, –
Dem Glück lauft entgegen!“,

da zog Waldlieb ein vom gestrigen Rest der Abendmahlzeit abermals abgespartes, letztes Stückchen Brot hervor, und es wie

Goldne Sonne schien am anderen Morgen, und die Vögel, welche auf der Wiese und im nahen Walde zwitscherten, riefen:

„Tiria,
Wir sind da, —
Langschläfer, auf!
Folgt eurem Lauf;
Müßt Füßlein flink regen, —
Dem Glück lauft entgegen!“

Waldlieb hörte es zuerst. Sie blinzelte ihre kleinen Freunde aus schlaftrunkenen Augen an; dann lief sie eilends zum Waldbach, wusch sich mit dem klaren Wasser und kehrte dann zur Wiese zurück. Vorsichtig dem Lager Gottfrieds nahend, rief sie leise:

„Brüderlein, wachst du?“ Und als der Gerufene sich regte, erklang ihr Stimmchen wieder:

„Ei, du lieber Bruder mein,
Öffne schnell die Äugelein!
Vöglein haben uns geweckt —
Wald hat auch den Tisch gedeckt.“

Dann sprang sie fort und holte von den prächtigen Erdbeeren, welche sie vorhin überall am Waldsaum in Menge entdeckt hatte. Gottfried war bald an ihrer Seite, nachdem er ebenfalls am Waldbach sich erfrischt hatte. Beide Kinder pflückten und schmausten sich an den süßen Früchten satt, während ihr fröhliches Geplauder von neuem, frischem Mut zeugte.

Als nun die Vögel nochmals zwitscherten:

„Müßt Füßlein flink regen, —
Dem Glück lauft entgegen!“,

da zog Waldlieb ein vom gestrigen Rest der Abendmahlzeit abermals abgespartes, letztes Stückchen Brot hervor, und es wie gestern den Vöglein zerbröckelnd, rief sie den gefiederten Freunden zu:

„Liebe Vögel, habet Dank!
Wollen wandern frisch und frank.“

So schritten die Kinder denn rüstig weiter, wieder in den duftigen grünen Wald hinein. Diese Richtung dünkte Gottfried die richtige, zumal auch der Waldbach sich dorthin weiter schlängelte und die Vögel, dessen Laufe folgend, voranflatterten, während sie dabei ihr Gezwitscher ertönen ließen:

„Tiri, tiri!
Der Weg geht hie!“

Als zur Mittagszeit die Sonne ihre warmen Strahlen herniedersandte, nahm der Wald ein Ende, und die kleinen Wanderer schauten von einem erhöhten Platz in liebliche, gesegnete Fluren und auf grünbewaldet Hügel. Der Waldbach, ihr Begleiter, plätscherte munter zu ihren Füßen einem anmutigen Tal entgegen. Er wand sich um eine Anhöhe, die von einem prächtigen Schloß mit Mauern, Zinnen und Altanen gekrönt war. Wohl sahen die Kinder in der Ferne auch ein Dorf liegen, aber das Gebäude, das sicherlich einem mächtigen Ritter zum Wohnsitz diente, war ihnen am nächsten. Zudem zeigte ihr Waldbach ihnen ja förmlich denn Weg dorthin. Müde und hungrig, wie sie waren, hofften sie daselbst Nahrung und Obdach oder wohl gar Verwendung ihrer Dienste zu finden.

So kletterten sie wieder bergab und schritten ihrem lieben Bach zur Seite, bis es galt, ihm Lebewohl zu sagen und über die herabgelassene Zugbrücke zu wandern, um das offene Burgtor zu erreichen. Hier lud eine Steinbank zum Ruhen ein, doch wagte Waldlieb nicht gleich, sich darauf niederzulassen. Sie zeigte sich nun, dem Ziel so nahe, plötzlich wieder zaghaft und hielt Gottfried am Arme zurück, da sie sich nicht getraute, durch gestern den Vöglein zerbröckelnd, rief sie den gefiederten Freunden zu:

„Liebe Vögel, habet Dank!
Wollen wandern frisch und frank."

So schritten die Kinder denn rüstig weiter, wieder in den duftigen grünen Wald hinein. Diese Richtung dünkte Gottfried die richtige, zumal auch der Waldbach sich dorthin weiter schlängelte und die Vögel, dessen Laufe folgend, voranflatterten, während sie dabei ihr Gezwitscher ertönen ließen:

„Tiri, tiri!
Der Weg geht hie!"

Als zur Mittagszeit die Sonne ihre warmen Strahlen herniedersandte, nahm der Wald ein Ende, und die kleinen Wanderer schauten von einem erhöhten Platz in liebliche, gesegnete Fluren und auf grünbewaldet Hügel. Der Waldbach, ihr Begleiter, plätscherte munter zu ihren Füßen einem anmutigen Tal entgegen. Er wand sich um eine Anhöhe, die von einem prächtigen Schloß mit Mauern, Zinnen und Altanen gekrönt war. Wohl sahen die Kinder in der Ferne auch ein Dorf liegen, aber das Gebäude, das sicherlich einem mächtigen Ritter zum Wohnsitz diente, war ihnen am nächsten. Zudem zeigte ihr Waldbach ihnen ja förmlich denn Weg dorthin. Müde und hungrig, wie sie waren, hofften sie daselbst Nahrung und Obdach oder wohl gar Verwendung ihrer Dienste zu finden.

So kletterten sie wieder bergab und schritten ihrem lieben Bach zur Seite, bis es galt, ihm Lebewohl zu sagen und über die herabgelassene Zugbrücke zu wandern, um das offene Burgtor zu erreichen. Hier lud eine Steinbank zum Ruhen ein, doch wagte Waldlieb nicht gleich, sich darauf niederzulassen. Sie zeigte sich nun, dem Ziel so nahe, plötzlich wieder zaghaft und hielt Gottfried am Arme zurück, da sie sich nicht getraute, durch das Tor zu gehen. Die Befangenheit trat so unverkennbar zutage, daß Gottfried, einer schnellen Eingebung folgend, seine Wunderflöte hervorzog, um mit ihrer Hülfe seiner kleinen Gefährtin Mut zu machen. Als sich die wohltätige Wirkung der herrlichen Töne zeigte, trat der Knabe schnell zu Waldlieb und sagte:

„Schwesterlein, Schwesterlein,
Wir tanzen einen muntren Reih'n."

Wirklich half auch dieses, und die bloßen Füßchen tanzten so behende, daß es schien, als sei alle Müdigkeit aus ihnen geschwunden. Die Kinder bemerkten auch nicht den alten Knecht, der an ihnen vorbei in das Burgtor ging. Der zog sein vorher recht brummiges Gesicht mit verwundertem Kopfschütteln in freundlichere Falten. In der Küche, wo schon das ganze Gesinde zur Mittagskost versammelt war, erblickte Wulf, so hieß der Knecht, ebenfalls lauter verdrießliche Gesichter. Da stieß er mit rauhem Lachen die Worte heraus:

„Sind zwei närrische Kinder vor dem Burgtor; haben bloße Füße und zerrissene Kleider und sind doch sattsam heiter, daß sie singen und springen, und der Bub wußt' vorhin gar fein zu blasen."

Jetzt gewahrte der Sprecher plötzlich den Knaben, wie er mutig den Hof und so zum Eingang des Küchenraumes geschritten kam, während Waldlieb draußen auf der Bank seiner wartete.

Der Knecht löffelte gerade mit mehreren Gefährten Suppe aus einer mächtigen Holzschüssel, während die dicke Köchin mit hochrotem, mürrischem Gesicht große Stücke Fleisch austeilte, und eine derbe Küchenmagd die schweren Humpen füllte. Gottfried stand zögernd in der Tür. Trotzdem der Hunger ihn plagt, sah er weit zufriedener aus als die Schmausenden.

Wulf gewahrte die verlangenden Blicke des Knaben, dem die reichen Vorräte unermeßlich erschienen. Noch eifriger schmatzend und kauend, rief der Alte. „Ei Bürschchen, das Mäuslein riecht den Speck, und das Tanzen macht Hunger, gelt?" — Zu das Tor zu gehen. Die Befangenheit trat so unverkennbar zutage, daß Gottfried, einer schnellen Eingebung folgend, seine Wunderflöte hervorzog, um mit ihrer Hülfe seiner kleinen Gefährtin Mut zu machen. Als sich die wohltätige Wirkung der herrlichen Töne zeigte, trat der Knabe schnell zu Waldlieb und sagte:

„Schwesterlein, Schwesterlein,
Wir tanzen einen muntren Reih'n."

Wirklich half auch dieses, und die bloßen Füßchen tanzten so behende, daß es schien, als sei alle Müdigkeit aus ihnen geschwunden. Die Kinder bemerkten auch nicht den alten Knecht, der an ihnen vorbei in das Burgtor ging. Der zog sein vorher recht brummiges Gesicht mit verwundertem Kopfschütteln in freundlichere Falten. In der Küche, wo schon das ganze Gesinde zur Mittagskost versammelt war, erblickte Wulf, so hieß der Knecht, ebenfalls lauter verdrießliche Gesichter. Da stieß er mit rauhem Lachen die Worte heraus:

„Sind zwei närrische Kinder vor dem Burgtor; haben bloße Füße und zerrissene Kleider und sind doch sattsam heiter, daß sie singen und springen, und der Bub wußt' vorhin gar fein zu blasen."

Jetzt gewahrte der Sprecher plötzlich den Knaben, wie er mutig den Hof und so zum Eingang des Küchenraumes geschritten kam, während Waldlieb draußen auf der Bank seiner wartete.

Der Knecht löffelte gerade mit mehreren Gefährten Suppe aus einer mächtigen Holzschüssel, während die dicke Köchin mit hochrotem, mürrischem Gesicht große Stücke Fleisch austeilte, und eine derbe Küchenmagd die schweren Humpen füllte. Gottfried stand zögernd in der Tür. Trotzdem der Hunger ihn plagt, sah er weit zufriedener aus als die Schmausenden.

Wulf gewahrte die verlangenden Blicke des Knaben, dem die reichen Vorräte unermeßlich erschienen. Noch eifriger schmatzend und kauend, rief der Alte: „Ei Bürschchen, das Mäuslein riecht den Speck, und das Tanzen macht Hunger, gelt?" — Zu seinen Gefährten gewendet, fügte er dann hinzu: „Da seht nur, das ist der Bub, der feiner Musik machen kann, als ihr's je auf dem Tanzboden gehört habt. Gelt, Bub, wirst uns für eine Schüssel Supp' mit Fleisch ein Musiklein machen?" Unerschrocken trat Gottfried näher und antwortete:

„Ei freilich, Leute, gern tu ich's. Doch ich bitt' euch, spendet zuvor meinem Schwesterlein ein weniges vom Essen. Sie ist mit mir ohne Zehrung und Obdach gar weit gelaufen."

„Sagt ich's doch, — daß ich so was Närrisches bald nimmer erlebt hab!" rief Wulf, vor innerem Behagen dröhnend auf den Tisch schlagend. „Bist fürwahr ein seltsam Früchtlein, Bub. — Bittest gar nur fürs Schwesterlein, derweilen du wohl vom Zuschauen satt werden willst? Magst zuvor mit dem Mägdlein essen nach Gefallen; hol's flugs herein!"

Gottfried aber, der wohl wußte, daß Waldlieb unter so vielen neugierigen Augen kaum einen Bissen herunter bringen würde, bat, daß er mit seinem Schwesterlein draußen am Burgtor essen dürfe, was ihm auch bewilligt wurde. So saß er denn nach wenigen Minuten mit Waldlieb auf der bequemen Steinbank am Burgtor. Während beide der kräftigen und reichlich bemessenen Mahlzeit zusprachen, erzählte Gottfried seiner Gefährtin von seinen kleinen Erlebnissen in der Burgküche und dem Begehren des Knechtes, dem zu willfahren er sich nun auch anschickte. Waldlieb blieb auf der Steinbank sitzen, indessen Gottfried mit freundlichem Dank die geleerte Schüssel in der Küche abgab.

Wulf saß wieder mit mißvergnügtem Gesicht da. Er putzte an einem Harnisch, während ein traurig dreinblickender Küchenjunge einen wohl für die Herrschaft bestimmten Braten am Spieß drehte und die brummige Köchin kleine Kuchen in brodelndem Fett buk. Gottfried hatte wiederum eine stille Verwunderung an diesen Mienen. Wie konnte jemand, der sein gutes Brot und gesichertes Obdach hatte, nur so unzufrieden aussehen; hatte der nicht Grund, dankbar und froh zu sein?

Jetzt ließ der Knabe die ersten Töne seiner Wunderflöte erklingen, und es war verwunderlich und zugleich possierlich seinen Gefährten gewendet, fügte er dann hinzu: „Da seht nur, das ist der Bub, der feiner Musik machen kann, als ihr's je auf dem Tanzboden gehört habt. Gelt, Bub, wirst uns für eine Schüssel Supp' mit Fleisch ein Musiklein machen?" Unerschrocken trat Gottfried näher und antwortete:

„Ei freilich, Leute, gern tu ich's. Doch ich bitt' euch, spendet zuvor meinem Schwesterlein ein weniges vom Essen. Sie ist mit mir ohne Zehrung und Obdach gar weit gelaufen."

„Sagt ich's doch, — daß ich so was Närrisches bald nimmer erlebt hab!" rief Wulf, vor innerem Behagen dröhnend auf den Tisch schlagend. „Bist fürwahr ein seltsam Früchtlein, Bub. — Bittest gar nur fürs Schwesterlein, derweilen du wohl vom Zuschauen satt werden willst? Magst zuvor mit dem Mägdlein essen nach Gefallen; hol's flugs herein!"

Gottfried aber, der wohl wußte, daß Waldlieb unter so vielen neugierigen Augen kaum einen Bissen herunter bringen würde, bat, daß er mit seinem Schwesterlein draußen am Burgtor essen dürfe, was ihm auch bewilligt wurde. So saß er denn nach wenigen Minuten mit Waldlieb auf der bequemen Steinbank am Burgtor. Während beide der kräftigen und reichlich bemessenen Mahlzeit zusprachen, erzählte Gottfried seiner Gefährtin von seinen kleinen Erlebnissen in der Burgküche und dem Begehren des Knechtes, dem zu willfahren er sich nun auch anschickte. Waldlieb blieb auf der Steinbank sitzen, indessen Gottfried mit freundlichem Dank die geleerte Schüssel in der Küche abgab.

Wulf saß wieder mit mißvergnügtem Gesicht da. Er putzte an einem Harnisch, während ein traurig dreinblickender Küchenjunge einen wohl für die Herrschaft bestimmten Braten am Spieß drehte und die brummige Köchin kleine Kuchen in brodelndem Fett buk. Gottfried hatte wiederum eine stille Verwunderung an diesen Mienen. Wie konnte jemand, der sein gutes Brot und gesichertes Obdach hatte, nur so unzufrieden aussehen; hatte der nicht Grund, dankbar und froh zu sein?

Jetzt ließ der Knabe die ersten Töne seiner Wunderflöte erklingen, und es war verwunderlich und zugleich possierlich anzuschauen, welche Wirkung dieselben auf die überraschten Zuhörer ausübten. Zusehends erhellten sich die verdrossenen Gesichter. Die noch essenden Knechte vergaßen diese Beschäftigung und sprangen auf. — Wulf warf lachend den Harnisch nebst Putzzeug auf den Tisch und erhob sich ebenfalls. Die Mägde, die soeben mit dem Reinigen des Geschirrs beschäftigt waren, kamen herbeigelaufen, und nicht lange, so sprangen die Knechte mit ihnen in luftigem Tanz in der Küche herum. Ja, als selbst die Köchin in die mehlbestaubten Hände klatschte und endlich trotz ihres Sträubens ebenfalls von Wulf zum Tanz geschleppt wurde, da kannte der Jubel keine Grenzen. Dem so gänzlich verwandelten Völkchen wurde sogar die Küche zu eng, und es tanzte nun auf dem Burghof weiter, der von dem fröhlichen Gelächter widerhallte. Als die Lustigkeit ihren Höhepunkt erreicht hatte, trat der alte Haushofmeister zu den Tanzenden. Er sagte, daß die Herrschaft den Grund dieses ungewohnten Treibens zu erfahren wünsche.

„Glaub's schon", meinte Wulf, noch etwas außer Atem vom Tanzen, „ist lang her, daß es hier lustig zuging, — aber allweil den Kopf hangen lassen und sauertöpfisch dreinschauen, ist nimmer gut und schafft böse Gedanken. Da, schaut, der Bub dort mit seinem wunderguten Musiklein hat's vermocht, uns froh zu machen. Seht kein grämliches Gesicht ringsum, und — meiner Treu — gut wär's, wenn das Mittel auch bei der gnädigen Herrschaft helfen möcht'."

Bedächtigen Schrittes ging der Haushofmeister, um seiner Herrschaft Bericht zu erstatten, indessen im Hof der Lärm allgemach verstummte, da der eine nach dem andern zu seinem verlassenen Tagewerk zurückkehrte. Wulf blieb noch bei Gottfried und erzählte dem Knaben auf seine nunmehrigen Fragen, daß das Schloß und der ganze Gau im weiten Umkreise seinem Herrn, einem reichen Grafen, gehöre, der mit seiner Gattin aber sehr zurückgezogen lebe, seitdem sie ihre beiden Kinder verloren. Vor einer Reihe von Jahren sei ihr Töchterlein im zarten Kindesalter ertrunken und einige Jahre später ihr einziger Sohn, anzuschauen, welche Wirkung dieselben auf die überraschten Zuhörer ausübten. Zusehends erhellten sich die verdrossenen Gesichter. Die noch essenden Knechte vergaßen diese Beschäftigung und sprangen auf. — Wulf warf lachend den Harnisch nebst Putzzeug auf den Tisch und erhob sich ebenfalls. Die Mägde, die soeben mit dem Reinigen des Geschirrs beschäftigt waren, kamen herbeigelaufen, und nicht lange, so sprangen die Knechte mit ihnen in lustigem Tanz in der Küche herum. Ja, als selbst die Köchin in die mehlbestaubten Hände klatschte und endlich trotz ihres Sträubens ebenfalls von Wulf zum Tanz geschleppt wurde, da kannte der Jubel keine Grenzen. Dem so gänzlich verwandelten Völkchen wurde sogar die Küche zu eng, und es tanzte nun auf dem Burghof weiter, der von dem fröhlichen Gelächter widerhallte. Als die Lustigkeit ihren Höhepunkt erreicht hatte, trat der alte Haushofmeister zu den Tanzenden. Er sagte, daß die Herrschaft den Grund dieses ungewohnten Treibens zu erfahren wünsche.

„Glaub's schon", meinte Wulf, noch etwas außer Atem vom Tanzen, „ist lang her, daß es hier lustig zuging, — aber allweil den Kopf hangen lassen und sauertöpfisch dreinschauen, ist nimmer gut und schafft böse Gedanken. Da, schaut, der Bub dort mit seinem wunderguten Musiklein hat's vermocht, uns froh zu machen. Seht kein grämliches Gesicht ringsum, und — meiner Treu — gut wär's, wenn das Mittel auch bei der gnädigen Herrschaft helfen möcht'."

Bedächtigen Schrittes ging der Haushofmeister, um seiner Herrschaft Bericht zu erstatten, indessen im Hof der Lärm allgemach verstummte, da der eine nach dem andern zu seinem verlassenen Tagewerk zurückkehrte. Wulf blieb noch bei Gottfried und erzählte dem Knaben auf seine nunmehrigen Fragen, daß das Schloß und der ganze Gau im weiten Umkreise seinem Herrn, einem reichen Grafen, gehöre, der mit seiner Gattin aber sehr zurückgezogen lebe, seitdem sie ihre beiden Kinder verloren. Vor einer Reihe von Jahren sei ihr Töchterlein im zarten Kindesalter ertrunken und einige Jahre später ihr einziger Sohn, ein hoffnungsvolles Junkerlein, an einem hitzigen Fieber gestorben. Von dieser Zeit ab sei nicht Spiel und Tanz im Schlosse gehört worden und die Gräfin sonderlich in große Schwermut verfallen, aus der sie bisher niemand aufzurütteln vermocht hätte, was den edlen Grafen tief bekümmere. Der Alte wollte noch weiter erzählen, aber plötzlich erschien der Haushofmeister wieder, diesmal eiligen Schrittes, und richtete als Botschaft seines gnädigen Herrn aus, daß dieser den Knaben sehen wolle, der sein Gesinde so erheitert habe. Vielleicht vermöchte seine Musik, auch der Gräfin trübe Mienen aufzuhellen.

Verlegen und doch frohgemut folgte Gottfried dem Alten über Treppen und Gänge bis in einen Saal, wo er zögernd stehen blieb und kaum aufzublicken wagte, als er aus den Worten seines Begleiters vernahm, daß er dem Grafen gegenüber stand. Erst als er die Aufforderung hörte, näher zu kommen, hob er die Augen und blickte — nach respektvollem Gruß — in ein überaus gütiges, aber von tiefen Gramesfurchen durchzogenes Antlitz. Der Knabe hielt den prüfenden Blick der ernsten Augen aus, und indem er es tat, fühlte er eine warme Verehrung für diesen trotz seines hohen Ranges und Reichtumes so wenig glücklichen Mann. Auch der Graf mußte wohl an den offenen frischen Zügen, den klaren, so klug blickenden Augen des Knaben Gefallen gefunden haben, denn er ließ die Hand leise über dessen Haar gleiten und sagte in wohlwollendem Ton:

„Sei willkommen in meiner Burg, liebes Kind. Ich vernahm soeben von deiner Kunstfertigkeit. Kannst du bekümmerte Herzen mit deiner Musik erheitern, so magst du deine Kunst sonderlich an meiner viellieben Gemahlin erweisen, der weder Laute noch Gesang ein Lächeln abzuzwingen vermag. Ja, Knabe, gelänge es dir, einen Schimmer ihres früheren Frohsinns auf ihrem Antlitz hervorzurufen, mein Dank sollte die gewiß sein.“

Gleich darauf erklangen die Töne der Wunderflöte so süß und schmelzend, so herzbewegend und erfrischend, daß der Graf Engelsmusik zu hören glaubte. Er merkte, wie sein Gemüt immer froher und leichter ward, wie der Kummer, welcher einem ein hoffnungsvolles Junkerlein, an einem hitzigen Fieber gestorben. Von dieser Zeit ab sei nicht Spiel und Tanz im Schlosse gehört worden und die Gräfin sonderlich in große Schwermut verfallen, aus der sie bisher niemand aufzurütteln vermocht hätte, was den edlen Grafen tief bekümmere. Der Alte wollte noch weiter erzählen, aber plötzlich erschien der Haushofmeister wieder, diesmal eiligen Schrittes, und richtete als Botschaft seines gnädigen Herrn aus, daß dieser den Knaben sehen wolle, der sein Gesinde so erheitert habe. Vielleicht vermöchte seine Musik, auch der Gräfin trübe Mienen aufzuhellen.

Verlegen und doch frohgemut folgte Gottfried dem Alten über Treppen und Gänge bis in einen Saal, wo er zögernd stehen blieb und kaum aufzublicken wagte, als er aus den Worten seines Begleiters vernahm, daß er dem Grafen gegenüber stand. Erst als er die Aufforderung hörte, näher zu kommen, hob er die Augen und blickte — nach respektvollem Gruß — in ein überaus gütiges, aber von tiefen Gramesfurchen durchzogenes Antlitz. Der Knabe hielt den prüfenden Blick der ernsten Augen aus, und indem er es tat, fühlte er eine warme Verehrung für diesen trotz seines hohen Ranges und Reichtumes so wenig glücklichen Mann. Auch der Graf mußte wohl an den offenen frischen Zügen, den klaren, so klug blickenden Augen des Knaben Gefallen gefunden haben, denn er ließ die Hand leise über dessen Haar gleiten und sagte in wohlwollendem Ton:

„Sei willkommen in meiner Burg, liebes Kind. Ich vernahm soeben von deiner Kunstfertigkeit. Kannst du bekümmerte Herzen mit deiner Musik erheitern, so magst du deine Kunst sonderlich an meiner viellieben Gemahlin erweisen, der weder Laute noch Gesang ein Lächeln abzuzwingen vermag. Ja, Knabe, gelänge es dir, einen Schimmer ihres früheren Frohsinns auf ihrem Antlitz hervorzurufen, mein Dank sollte die gewiß sein."

Gleich darauf erklangen die Töne der Wunderflöte so süß und schmelzend, so herzbewegend und erfrischend, daß der Graf Engelsmusik zu hören glaubte. Er merkte, wie sein Gemüt immer froher und leichter ward, wie der Kummer, welcher einem

Alp gleich sein Herz bedrückte, mehr und mehr zu weichen schien. Aber das fühlte er fast nur unbewußt; denn seine Augen hingen voll unsagbarer Spannung an dem edlen Gesicht seiner Gemahlin. Als nämlich die ersten Töne der wunderherrlichen Musik erklungen waren, hatten sich, wie der Graf gehofft, die schweren Vorhänge, die den Eingang des neben dem Saal belegenen Frauengemachs verbargen, langsam geöffnet. Auf der Schwelle war die Gräfin mit ihren Frauen erschienen. Mit ernsten, bleichen, obwohl noch immer schönen Zügen war sie in den Saal getreten und hatte nicht weit von ihrem Gemahl Platz genommen, indessen ihre Frauen in respektvoller Haltung im Hintergrunde stehen blieben. Starren Auges, wie in weite Fernen verloren, blickte die Gräfin vor sich hin, dann röteten sich die Wangen, und Tränen perlten langsam über dieselben, während tiefe Atemzüge ihre Brust hoben. — Aber das mußten Tränen der Erleichterung, ja, der Freude sein, denn jetzt flog es wie ein Sonnenblick des Entzückens über ihr Antlitz, und dann zeigte sich ein schwaches Lächeln. Noch fast scheu huschte es vorüber; aber dann, dann geschah das Wunderbare: Sie lächelte, bis endlich das Lächeln zum Lachen wurde, zu einem aus innerlicher Heiterkeit hervorquellendem Lachen.

Unsagbar beglückt trat der Graf zu seiner Gemahlin und drückte ihr liebevoll die Hand, während die Frauen leise untereinander ihrer frohen Stimmung Ausdruck gaben. Alle Bewohner des Schlosses atmeten, von schwerem Druck befreit, auf. Niemand achtete auf die lichte Gestalt, die lautlos eingetreten war, als die ersten Töne der Flöte erklangen. Als Gottfried sein geliebtes Instrument mit herzlichen Gedanken an die gütige Spenderin geborgen hatte, erblickte er die holde Erscheinung.

Sie legte den Finger an die Lippen, und er verstand, daß er schweigen solle. En Lächeln noch, und „die Fröhlichkeit“ war seinen Blicken entschwunden. Der überraschte Knabe wäre ihr am liebsten nachgeeilt, um ihr nochmals zu danken.

Er wußte nun, daß er seine Wohltäterin noch wiedersehen würde, wußte, daß sie seine Beschützerin blieb. O, wie fröhlich

Alp gleich sein Herz bedrückte, mehr und mehr zu weichen schien. Aber das fühlte er fast nur unbewußt; denn seine Augen hingen voll unsagbarer Spannung an dem edlen Gesicht seiner Gemahlin. Als nämlich die ersten Töne der wunderherrlichen Musik erklungen waren, hatten sich, wie der Graf gehofft, die schweren Vorhänge, die den Eingang des neben dem Saal belegenen Frauengemachs verbargen, langsam geöffnet. Auf der Schwelle war die Gräfin mit ihren Frauen erschienen. Mit ernsten, bleichen, obwohl noch immer schönen Zügen war sie in den Saal getreten und hatte nicht weit von ihrem Gemahl Platz genommen, indessen ihre Frauen in respektvoller Haltung im Hintergrunde stehen blieben. Starren Auges, wie in weite Fernen verloren, blickte die Gräfin vor sich hin, dann röteten sich die Wangen, und Tränen perlten langsam über dieselben, während tiefe Atemzüge ihre Brust hoben. — Aber das mußten Tränen der Erleichterung, ja, der Freude sein, denn jetzt flog es wie ein Sonnenblick des Entzückens über ihr Antlitz, und dann zeigte sich ein schwaches Lächeln. Noch fast scheu huschte es vorüber; aber dann, dann geschah das Wunderbare: Sie lächelte, bis endlich das Lächeln zum Lachen wurde, zu einem aus innerlicher Heiterkeit hervorquellendem Lachen.

Unsagbar beglückt trat der Graf zu seiner Gemahlin und drückte ihr liebevoll die Hand, während die Frauen leise untereinander ihrer frohen Stimmung Ausdruck gaben. Alle Bewohner des Schlosses atmeten, von schwerem Druck befreit, auf. Niemand achtete auf die lichte Gestalt, die lautlos eingetreten war, als die ersten Töne der Flöte erklangen. Als Gottfried sein geliebtes Instrument mit herzlichen Gedanken an die gütige Spenderin geborgen hatte, erblickte er die holde Erscheinung.

Sie legte den Finger an die Lippen, und er verstand, daß er schweigen solle. Ein Lächeln noch, und „die Fröhlichkeit" war seinen Blicken entschwunden. Der überraschte Knabe wäre ihr am liebsten nachgeeilt, um ihr nochmals zu danken.

Er wußte nun, daß er seine Wohltäterin noch wiedersehen würde, wußte, daß sie seine Beschützerin blieb. O, wie fröhlich fühlte er sich! Doch ihm blieb keine Zeit, darüber nachzudenken, denn der Graf winkte ihn heran. Beide Hände ihm entgegenstreckend, dankte er ihm mit warmen Worten. Dann ließ er sich von dem Knaben erzählen, wer er sei. Auch von seinen Schicksalen wünschte er zu erfahren, und was ihn in die Burg geführt habe. So erzählte den Gottfried frei und offen von allem, was der Graf zu wissen wünschte, auch von der Hoffnung, welche ihn ins Schloß geführt habe.

„Ich habe dir meinen Dank verheißen, und ich pflege mein Wort zu halten," antwortete der Graf. „Da der edle Hirt wohl sein Gnadenbrot verdient hat, magst du an seiner Statt Hirte werden. Dazu soll dir ein reichliches Auskommen und meines Hauses Schutz und Obdach gewährt sein."

Gottfried war einen Augenblick ganz sprachlos vor Entzücken. Dann aber dankte er dem edlen Grafen aus vollem Herzen. Doch dann fragte er plötzlich. „Aber, edler Herr, darf auch mein Schwesterlein mit mir im Schloß bleiben? Sie würde Euch gar gern als Gänsemagd dienen; ich könnte mich gar nimmer von ihr trennen, hab's ihr gelobt, für sie zu arbeiten."

Und als der Graf nun, gerührt durch die treue Bruderliebe, ihn hieß, zuvor das Kind herbeizuholen, da flog Gottfried eilenden Fußes hinab zum Burgtor, wo Waldlieb auf ihn gewartet hatte.

„Brüderlein, bliebst lange aus!" rief sie ihm mit einem Seufzer der Erleichterung entgegen, berichtete ihm auch, wie sie sich die Zeit vertrieben.

Sie hatte sich, durch den Lärm im Hofe eingeschüchtert, ein Stückchen von der Bank entfernt, hatte vom Zubrot der Mittagskost den Vögeln gestreut. Auch Liedlein hatte sie gesungen und endlich zwei Kränzlein gewunden, einen für Gottfried und einen für sich, den sie sich aufgesetzt. Nun in der Überraschung, als der Bruder ihr in fliegender Eile von seinen Erlebnissen berichtete, hatte sie dieses Schmucks ganz vergessen. So kam es, daß sie, mit demselben angetan, ahnungslos, wie reizend es gerade zu ihrer ganzen Erscheinung paßte, vor dem gräflichen Paar erschien.

fühlte er sich! Doch ihm blieb keine Zeit, darüber nachzudenken, denn der Graf winkte ihn heran. Beide Hände ihm entgegenstreckend, dankte er ihm mit warmen Worten. Dann ließ er sich von dem Knaben erzählen, wer er sei. Auch von seinen Schicksalen wünschte er zu erfahren, und was ihn in die Burg geführt habe. So erzählte den Gottfried frei und offen von allem, was der Graf zu wissen wünschte, auch von der Hoffnung, welche ihn ins Schloß geführt habe.

„Ich habe dir meinen Dank verheißen, und ich pflege mein Wort zu halten," antwortete der Graf. „Da der edle Hirt wohl sein Gnadenbrot verdient hat, magst du an seiner Statt Hirte werden. Dazu soll dir ein reichliches Auskommen und meines Hauses Schutz und Obdach gewährt sein."

Gottfried war einen Augenblick ganz sprachlos vor Entzücken. Dann aber dankte er dem edlen Grafen aus vollem Herzen. Doch dann fragte er plötzlich: „Aber, edler Herr, darf auch mein Schwesterlein mit mir im Schloß bleiben? Sie würde Euch gar gern als Gänsemagd dienen; ich könnte mich gar nimmer von ihr trennen, hab's ihr gelobt, für sie zu arbeiten."

Und als der Graf nun, gerührt durch die treue Bruderliebe, ihn hieß, zuvor das Kind herbeizuholen, da flog Gottfried eilenden Fußes hinab zum Burgtor, wo Waldlieb auf ihn gewartet hatte.

„Brüderlein, bliebst lange aus!" rief sie ihm mit einem Seufzer der Erleichterung entgegen, berichtete ihm auch, wie sie sich die Zeit vertrieben.

Sie hatte sich, durch den Lärm im Hofe eingeschüchtert, ein Stückchen von der Bank entfernt, hatte vom Zubrot der Mittagskost den Vögeln gestreut. Auch Liedlein hatte sie gesungen und endlich zwei Kränzlein gewunden, einen für Gottfried und einen für sich, den sie sich aufgesetzt. Nun in der Überraschung, als der Bruder ihr in fliegender Eile von seinen Erlebnissen berichtete, hatte sie dieses Schmucks ganz vergessen. So kam es, daß sie, mit demselben angetan, ahnungslos, wie reizend es gerade zu ihrer ganzen Erscheinung paßte, vor dem gräflichen Paar erschien.

Wie Gottfried bei seinem ersten Eintritt, so wagte es auch Waldlieb kaum aufzublicken. Erst eine freundliche Anrede des Grafen, der auch die Gräfin einige Worte beifügte, bewirkte, daß sie den Blick erhob. Als die tiefblauen Augensterne mit ihrem unschuldigen Ausdruck einige Sekunden lang bittend den Augen der Gräfin begegneten, fühlte sich diese wundersam ergriffen. Eben richtete sie einige liebevolle Worte an die Kleine, als ihr Gemahl den Knaben fragte: „Du hast dein Schwesterlein wohl sehr lieb?"

„Ja, Herr; — haben wir beide außer uns doch auch niemand. Ohne sie wäre ich freilich noch lange im Walde herumgeirrt, da ich im Dunkeln den Weg verlor und —"

Als Waldlieb diese Worte hörte, besiegte die Dankbarkeit ihre Schüchternheit. Sie setzte daher, Gottfrieds Rede unterbrechend, eifrig hinzu. „Und ich wär' ohne ihn verschmachtet; wär' auch nimmer über den Bach gekommen, hätt' er mich nicht getragen. — Und mit seinem Jäcklein hat er mich zugedeckt, daß ich in der Nacht nicht frieren möcht', — O, er ist so gut!"

Mit Wohlgefallen hörte das gräfliche Paar diese aus aufrichtigem Herzen kommenden Worte geschwisterlicher Liebe, daher es versprach, daß auch Waldliebs Wunsch erfüllt werden und sie einen Teil der Gänse und Enten hüten solle.

Glücklich und voll tiefer Dankbarkeit versprachen beide Kinder, nach bestem Können ihre Pflichten zu erfüllen, worauf der Graf den Haushofmeister beauftragte, Sorge zu tragen, daß die neuen Hausgenossen gute Kleidung und jedes auch ein Kämmerlein erhielten. Es solle ihnen überhaupt an nichts mangeln. Die Kinder waren überglücklich.

Hand in Hand schritten sie zur Steinbank; es zog sie nochmals dorthin. Gottfried wollte dort ausführlich erzählen, wie ihm die „Fröhlichkeit" droben im Saale erschienen sei.

Doch was war das? Auf der Steinbank saß sie ja, — licht und hold wie damals, und mit unbeschreiblich wohllautender Stimme singend:

Wie Gottfried bei seinem ersten Eintritt, so wagte es auch Waldlieb kaum aufzublicken. Erst eine freundliche Anrede des Grafen, der auch die Gräfin einige Worte beifügte, bewirkte, daß sie den Blick erhob. Als die tiefblauen Augensterne mit ihrem unschuldigen Ausdruck einige Sekunden lang bittend den Augen der Gräfin begegneten, fühlte sich diese wundersam ergriffen. Eben richtete sie einige liebevolle Worte an die Kleine, als ihr Gemahl den Knaben fragte: „Du hast dein Schwesterlein wohl sehr lieb?"

„Ja, Herr; — haben wir beide außer uns doch auch niemand. Ohne sie wäre ich freilich noch lange im Walde herumgeirrt, da ich im Dunkeln den Weg verlor und —"

Als Waldlieb diese Worte hörte, besiegte die Dankbarkeit ihre Schüchternheit. Sie setzte daher, Gottfrieds Rede unterbrechend, eifrig hinzu: „Und ich wär' ohne ihn verschmachtet; wär' auch nimmer über den Bach gekommen, hätt' er mich nicht getragen. — Und mit seinem Jäcklein hat er mich zugedeckt, daß ich in der Nacht nicht frieren möcht', — O, er ist so gut!"

Mit Wohlgefallen hörte das gräfliche Paar diese aus aufrichtigem Herzen kommenden Worte geschwisterlicher Liebe, daher es versprach, daß auch Waldliebs Wunsch erfüllt werden und sie einen Teil der Gänse und Enten hüten solle.

Glücklich und voll tiefer Dankbarkeit versprachen beide Kinder, nach bestem Können ihre Pflichten zu erfüllen, worauf der Graf den Haushofmeister beauftragte, Sorge zu tragen, daß die neuen Hausgenossen gute Kleidung und jedes auch ein Kämmerlein erhielten. Es solle ihnen überhaupt an nichts mangeln. Die Kinder waren überglücklich.

Hand in Hand schritten sie zur Steinbank; es zog sie nochmals dorthin. Gottfried wollte dort ausführlich erzählen, wie ihm die „Fröhlichkeit" droben im Saale erschienen sei.

Doch was war das? Auf der Steinbank saß sie ja, — licht und hold wie damals, und mit unbeschreiblich wohllautender Stimme singend:

„Hochgewölbt mit Turm und Zinnen –
Und doch tiefer Gram da drinnen!
Ziehet ein in diesen Bau –
Bringet Glück der edlen Frau.
Findet Eure Heimat hier!
Weht ein treu Gedenken mir!“

Wie gebannt lauschten die Kinder dem Sang; kaum wagten sie, sich zu regen. Dann wollte Gottfried zu seinem Schutzgeist hineilen; doch abermals hielt ihn ein abwehrendes Winken zurück. Im gleichen Augenblick stand neben der Fröhlichkeit noch eine Lichtgestalt, ebenso hold anzusehen wir ihre Gefährtin. In der Hand hielt sie ein schlichtes Blümchen. Auch ihre Stimme klang bezaubernd, als sie sprach:

„Ich bin die Zufriedenheit. Meine Schwester und ich gaben euch unsichtbar das Geleit bis hierher. Vergeßt uns niemals! Ein fröhliches und zufriedenes Herz ist besser als alle Erdenschätze. Bleibt darum treu und brav.“

Sie winkte dann die ganz verwirrte Waldlieb heran, reichte ihr das Blümchen und fügte hinzu:

„Bleib stets von Herzen so zufrieden,
Dann ist dir hohes Glück beschieden!“

Ehe Waldlieb noch ihren Dank gestammelt hatte, waren beide Erscheinungen verschwunden. Nur das Blümlein in Waldliebs Hand und die Fröhlichkeit in ihren Herzen bewies den Kindern, daß sie alles wirklich erlebt hatten.

Für die beiden Kinder kam nun eine Zeit des Glücks, wie sie dieselbe in ihren kühnsten Träumen nicht zu erhoffen gewagt hatten. Fühlten sie sich doch in ihrem neuen, schönen Heim unter dem Schutz einer so gütigen Herrschaft gar wohl geborgen.

„Hochgewölbt mit Turm und Zinnen —
Und doch tiefer Gram da drinnen!
Ziehet ein in diesen Bau —
Bringet Glück der edlen Frau.
Findet Eure Heimat hier!
Weht ein treu Gedenken mir!“

Wie gebannt lauschten die Kinder dem Sang; kaum wagten sie, sich zu regen. Dann wollte Gottfried zu seinem Schutzgeist hineilen; doch abermals hielt ihn ein abwehrendes Winken zurück. Im gleichen Augenblick stand neben der Fröhlichkeit noch eine Lichtgestalt, ebenso hold anzusehen wir ihre Gefährtin. In der Hand hielt sie ein schlichtes Blümchen. Auch ihre Stimme klang bezaubernd, als sie sprach:

„Ich bin die Zufriedenheit. Meine Schwester und ich gaben euch unsichtbar das Geleit bis hierher. Vergeßt uns niemals! Ein fröhliches und zufriedenes Herz ist besser als alle Erdenschätze. Bleibt darum treu und brav.“

Sie winkte dann die ganz verwirrte Waldlieb heran, reichte ihr das Blümchen und fügte hinzu:

„Bleib stets von Herzen so zufrieden,
Dann ist dir hohes Glück beschieden!“

Ehe Waldlieb noch ihren Dank gestammelt hatte, waren beide Erscheinungen verschwunden. Nur das Blümlein in Waldliebs Hand und die Fröhlichkeit in ihren Herzen bewies den Kindern, daß sie alles wirklich erlebt hatten.

Für die beiden Kinder kam nun eine Zeit des Glücks, wie sie dieselbe in ihren kühnsten Träumen nicht zu erhoffen gewagt hatten. Fühlten sie sich doch in ihrem neuen, schönen Heim unter dem Schutz einer so gütigen Herrschaft gar wohl geborgen.

Freilich, tagsüber konnten sie sich nur selten sehen; denn der Graf hatte viele Weiden, und Waldlieb erhielt ihr Gebiet nahe dem Schloß zugewiesen, während Gottfried seine Herde oft weit draußen hüten, ja manchmal sogar mit einem Knecht die Nächte in der Hürde zubringen mußte.

Konnten sie aber während des Feierabends zusammen sein, gab es allmal große Freude, und gar viel fand sich dann zu erzählen; denn auch das unbedeutendste Ereignis schien ihnen berichtenswert. Freud' und Leid tauschten sie dann miteinander. Wie Gottfried öfter allerlei Beeren, Blumen und selbstgefertigte Körbchen oder ähnliche Kleinigkeiten für Waldlieb mitbrachte, so hob diese ihm manchen Leckerbissen auf, den sie von der Köchin als Überbleibsel von der Herrschaftstafel zugesteckt erhielt. Zuweilen, wenn bei der Gräfin die Schwermut, welche seit jenem Tage gemildert schien, wieder die Oberhand gewinnen wollte, mußte Gottfried mit seiner Flöte dieselbe verscheuchen. Es war alsdann ein Freudentag für die Kinder; denn ihrer Herrschaft, der sie mit Verehrung ergeben waren, etwas Liebes erweisen zu können, war beider größtes Streben.

Der Graf und die Gräfin priesen oft im stillen die glückliche Fügung, welche die verwaisten Kinder in ihr Haus geführt hatte. Letztere erwarben sich außer der Zufriedenheit ihrer Herrschaft auch die Zuneigung des Gesindes durch ihre Bescheidenheit und Freundlichkeit, so daß sich ihnen gegenüber kein roher Spaß hervorwagte. Dadurch verlor selbst Waldlieb die Scheu vor den rauhen Knechten mehr und mehr.

So verging Jahr und Tag, in welcher Zeit beide Kinder sich geistig und körperlich immer erfreulicher entwickelten. Nicht nur ihre geschwisterliche Liebe blieb dieselbe, auch im Schloß waren sie nach wie vor wohlgelitten. Gar hold erblühte Waldlieb unter so freundlicher Umgebung. Weit und breit mochte man wohl keine so anmutige Gänsehirtin finden, als sie es war.

Freilich, tagsüber konnten sie sich nur selten sehen; denn der Graf hatte viele Weiden, und Waldlieb erhielt ihr Gebiet nahe dem Schloß zugewiesen, während Gottfried seine Herde oft weit draußen hüten, ja manchmal sogar mit einem Knecht die Nächte in der Hürde zubringen mußte.

Konnten sie aber während des Feierabends zusammen sein, gab es allmal große Freude, und gar viel fand sich dann zu erzählen; denn auch das unbedeutendste Ereignis schien ihnen berichtenswert. Freud' und Leid tauschten sie dann miteinander. Wie Gottfried öfter allerlei Beeren, Blumen und selbstgefertigte Körbchen oder ähnliche Kleinigkeiten für Waldlieb mitbrachte, so hob diese ihm manchen Leckerbissen auf, den sie von der Köchin als Überbleibsel von der Herrschaftstafel zugesteckt erhielt. Zuweilen, wenn bei der Gräfin die Schwermut, welche seit jenem Tage gemildert schien, wieder die Oberhand gewinnen wollte, mußte Gottfried mit seiner Flöte dieselbe verscheuchen. Es war alsdann ein Freudentag für die Kinder; denn ihrer Herrschaft, der sie mit Verehrung ergeben waren, etwas Liebes erweisen zu können, war beider größtes Streben.

Der Graf und die Gräfin priesen oft im stillen die glückliche Fügung, welche die verwaisten Kinder in ihr Haus geführt hatte. Letztere erwarben sich außer der Zufriedenheit ihrer Herrschaft auch die Zuneigung des Gesindes durch ihre Bescheidenheit und Freundlichkeit, so daß sich ihnen gegenüber kein roher Spaß hervorwagte. Dadurch verlor selbst Waldlieb die Scheu vor den rauhen Knechten mehr und mehr.

So verging Jahr und Tag, in welcher Zeit beide Kinder sich geistig und körperlich immer erfreulicher entwickelten. Nicht nur ihre geschwisterliche Liebe blieb dieselbe, auch im Schloß waren sie nach wie vor wohlgelitten. Gar hold erblühte Waldlieb unter so freundlicher Umgebung. Weit und breit mochte man wohl keine so anmutige Gänsehirtin finden, als sie es war.

Der liebste Ort, an dem Waldlieb ihr Federvölkchen hütete, war eine seichte, buchtartige Stelle des Baches, wo derselbe kristallklar über allerlei Gestein plätscherte und sie von einem erhöhten Platz aus ihre Pflegebefohlenen überwachen konnte. Rings herum war der Ort von dichtem Erlengebüsch umsäumt, so daß sie in dieser grünen Ecke, sich ganz unbeachtet fühlend, wie in einer eigenen kleinen Welt lebte, mit den Vögeln, den Blumen, sowie ihren schnatternden Schützlingen Zwiesprache hielt und anmutige Liedlein sang.

Das Schönste aber an dem Plätzchen dünkte sie, daß sie, wenn sie vorsichtig durch das dichte Grün spähte, seitwärts in mäßiger Höhe einen zum Burggarten führenden Altan sehen konnte. Auf diesem hielt sich die Gräfin mit ihren Frauen oftmals auf. Auch Gesang und Lautenspiel, mit welchem die Gesellschafterinnen ihre Herrin aufzuheitern strebten, tönte dann wohl zu dem lauschenden Kinde hernieder. Ach, hätte sie nur einmal dort oben mit weilen, einmal die Pracht der Gemächer sehen dürfen! Dieser Wunsch erfüllte sie öfter; aber sie schalt sich selbst dann jedes Mal. „Schäm dich, Waldlieb, willst wohl gar unbescheiden und hoffärtig werden!“

Das Gänsemägdlein ahnte nicht, daß die Gräfin oftmals ebenso aufmerksam seinem glockenreinen Gesang lauschte.

Ein heißer Spätsommertag war herangekommen, an dem sich die Gräfin besonders traurig fühlte; denn es war wieder der Jahrestag des schrecklichen Ereignisses, das sie ihres Töchterchens beraubt hatte. An solchem Tage fühlte sich die betrübte Mutter besonders zu dem Wasser hingezogen, das ihr einst den Liebling entrissen hatte.

Die Frauen zurücklassend, trat sie aus dem Gartenpförtlein, und am Bach entlang wandelnd, gelangte sie bald in die Nähe von Waldliebs Lieblingsplätzchen.

Auch heut’ klang das klare Stimmchen an ihr Ohr; Waldlieb sprach mit den Enten, die sie zum Wasser getrieben hatte. Eben sang sie:

Der liebste Ort, an dem Waldlieb ihr Federvölkchen hütete, war eine seichte, buchtartige Stelle des Baches, wo derselbe kristallklar über allerlei Gestein plätscherte und sie von einem erhöhten Platz aus ihre Pflegebefohlenen überwachen konnte. Rings herum war der Ort von dichtem Erlengebüsch umsäumt, so daß sie in dieser grünen Ecke, sich ganz unbeachtet fühlend, wie in einer eigenen kleinen Welt lebte, mit den Vögeln, den Blumen, sowie ihren schnatternden Schützlingen Zwiesprache hielt und anmutige Liedlein sang.

Das Schönste aber an dem Plätzchen dünkte sie, daß sie, wenn sie vorsichtig durch das dichte Grün spähte, seitwärts in mäßiger Höhe einen zum Burggarten führenden Altan sehen konnte. Auf diesem hielt sich die Gräfin mit ihren Frauen oftmals auf. Auch Gesang und Lautenspiel, mit welchem die Gesellschafterinnen ihre Herrin aufzuheitern strebten, tönte dann wohl zu dem lauschenden Kinde hernieder. Ach, hätte sie nur einmal dort oben mit weilen, einmal die Pracht der Gemächer sehen dürfen! Dieser Wunsch erfüllte sie öfter; aber sie schalt sich selbst dann jedes Mal: „Schäm dich, Waldlieb, willst wohl gar unbescheiden und hoffärtig werden!"

Das Gänsemägdlein ahnte nicht, daß die Gräfin oftmals ebenso aufmerksam seinem glockenreinen Gesang lauschte.

Ein heißer Spätsommertag war herangekommen, an dem sich die Gräfin besonders traurig fühlte; denn es war wieder der Jahrestag des schrecklichen Ereignisses, das sie ihres Töchterchens beraubt hatte. An solchem Tage fühlte sich die betrübte Mutter besonders zu dem Wasser hingezogen, das ihr einst den Liebling entrissen hatte.

Die Frauen zurücklassend, trat sie aus dem Gartenpförtlein, und am Bach entlang wandelnd, gelangte sie bald in die Nähe von Waldliebs Lieblingsplätzchen.

Auch heut' klang das klare Stimmchen an ihr Ohr; Waldlieb sprach mit den Enten, die sie zum Wasser getrieben hatte. Eben sang sie:

„Welle, Welle, riesel, riesel,
Plätscher über Sand und Kiesel! –
Enten tummeln sich darin;
D'rum auch mir kommt in den Sinn:
Mach's euch nach, ihr Entelein,
Ihr nun seht's und Sonnenschein. –
Rein und weiß komm ich nach Haus;
Bitte, plaudert es nicht aus!"

Die Gräfin blieb unwillkürlich lächelnd stehen. Als sie nun vorsichtig durch das dichte Gebüsch blickte, sah sie, wie die Kleine, die ihr den Rücken zugewandt hatte, soeben ihr Gewand wieder anlegte. Noch waren die weißen Schultern entblößt. – Da fiel der Blick der Lauschenden auf ein großes rotes Muttermal, das sich dort zeigte. Erbleichend mußte die Gräfin sich einen Augenblick an dem nächsten Erlenstamm halten. Sie fühlte, wie ihr ganzer Körper bebte. – Dann, sich gewaltsam beherrschend, bahnte sie sich einen Weg durch das Gebüsch und stand jetzt plötzlich vor dem erschrockenen Kinde, das gerade im Begriff war, sein „goldenes Angedenken" festzunesteln. Die Gräfin sprach, ihre Erregung bemeisternd, beruhigende Worte zu der Überraschten. Dann fragte sie, was Waldlieb an der Schnur trage? Waldlieb erzählte es. Als die Gräfin auf ihre hastigen Fragen alles erfahren hatte, was das Kind von seiner Herkunft, seiner Auffindung im Walde u. s. w. mitzuteilen wußte, drängte sie ungestüm, ihr nun auch ihr „Angedenken" zu zeigen. Waldlieb tat, wie ihr geheißen.

Nach flüchtigem Blick auf den Rest des Kettleins sinkt plötzlich die Gräfin vor dem verwirrten Kinde nieder. Laut aufschluchzend, es umarmend, ruft sie, es fest an sich pressend: „Mein Kind, mein geliebtes Kind! – Nicht vom Wasser verschlungen, sondern durch ein Wunder mir wiedergeschenkt!"

Dann betrachtete sie Waldlieb wieder und wieder, als könne sie sich an den holden, ihr plötzlich so vertrauten Zügen nicht satt sehen, während das Kind die überwältigende Wahrheit erst

„Welle, Welle, riesel, riesel,
Plätscher über Sand und Kiesel! —
Enten tummeln sich darin;
D'rum auch mir kommt in den Sinn:
Mach's euch nach, ihr Entelein,
Ihr nun seht's und Sonnenschein. —
Rein und weiß komm ich nach Haus;
Bitte, plaudert es nicht aus!"

Die Gräfin blieb unwillkürlich lächelnd stehen. Als sie nun vorsichtig durch das dichte Gebüsch blickte, sah sie, wie die Kleine, die ihr den Rücken zugewandt hatte, soeben ihr Gewand wieder anlegte. Noch waren die weißen Schultern entblößt. — Da fiel der Blick der Lauschenden auf ein großes rotes Muttermal, das sich dort zeigte. Erbleichend mußte die Gräfin sich einen Augenblick an dem nächsten Erlenstamm halten. Sie fühlte, wie ihr ganzer Körper bebte. — Dann, sich gewaltsam beherrschend, bahnte sie sich einen Weg durch das Gebüsch und stand jetzt plötzlich vor dem erschrockenen Kinde, das gerade im Begriff war, sein „goldenes Angedenken" festzunesteln. Die Gräfin sprach, ihre Erregung bemeisternd, beruhigende Worte zu der Überraschten. Dann fragte sie, was Waldlieb an der Schnur trage? Waldlieb erzählte es. Als die Gräfin auf ihre hastigen Fragen alles erfahren hatte, was das Kind von seiner Herkunft, seiner Auffindung im Walde u. s. w. mitzuteilen wußte, drängte sie ungestüm, ihr nun auch ihr „Angedenken" zu zeigen. Waldlieb tat, wie ihr geheißen.

Nach flüchtigem Blick auf den Rest des Kettleins sinkt plötzlich die Gräfin vor dem verwirrten Kinde nieder. Laut aufschluchzend, es umarmend, ruft sie, es fest an sich pressend: „Mein Kind, mein geliebtes Kind! — Nicht vom Wasser verschlungen, sondern durch ein Wunder mir wiedergeschenkt!"

Dann betrachtete sie Waldlieb wieder und wieder, als könne sie sich an den holden, ihr plötzlich so vertrauten Zügen nicht satt sehen, während das Kind die überwältigende Wahrheit erst nach und nach zu verstehen beginnt. Mit scheuer Zärtlichkeit schlingt es seine weichen Arme um den Nacken der im Grase Knieenden.

Indessen hatte die vertraute Kammerfrau der Gräfin mehrmals nach ihrer geliebten Herrin ausgeschaut, deren Schwermut ihr gerade heut' wieder besondere Sorge machte. So ging sie denn, trotzdem die Gräfin erklärt hatte, ganz allein sein zu wollen, von Unruhe erfaßt, dem Wasser zu und hörte bald die Stimme der Schloßfrau im Erlengebüsch.

Wie vordem die Gräfin, so lugte auch jetzt die treue Dienerin vorsichtig durch das Blattwerk, und auch sie fühlte ihre Knie wanken. — Was war über ihre Herrin gekommen? — Dort kniete sie in ihrem kostbaren Gewande im feuchten Rasen am Wasser und hielt die arme kleine Gänsemagd umschlungen, mit ihr flüsternd und kosend. Entsetzt griff sie in ihr graues Haar und murmelte verstört: „Ach du gütiger Himmel, — hab's immer gefürchtet, daß der Gram die geliebte Herrin von Sinnen bringen könnt', und nun ist's eingetroffen! — Ach, was wird der arme Graf sagen!" — —

Jetzt erscholl in der Ferne der Klang eines Hifthorns, das den von der Jagd heimkehrenden Grafen ankündigte. Frau Brigitte suchte ihrer Stimme einen möglichst ruhigen Klang zu geben, und durch das Gebüsch dringend, rief sie leise: „Frau Gräfin, Euer Gemahl ist nicht mehr fern; sein Hifthorn grüßt Euch schon. — — Aber was ist Euch geschehen!"

Als die Gräfin in größter Bewegung der treu bewährten Dienerin die wunderbare Entdeckung mitteilte, wollte die alte Frau ihren Ohren nicht trauen. Aber als die Gräfin ihr das Mal und das Stück vom Kettlein gezeigt und in flüchtiger Hast das Wichtigste aus des Kindes Mitteilungen wiederholt hatte, da konnte auch für sie kein Zweifel mehr bestehen.

Ihr Herz wallte über vor Freude und Dankgefühl; war doch plötzlich so großes Glück über ihre Herrschaft gekommen und ihr selbst es nun vergönnt, das Töchterlein Hildegard, welches sie im ersten Jahre seines Lebens so treu gehegt und gepflegt nach und nach zu verstehen beginnt. Mit scheuer Zärtlichkeit schlingt es seine weichen Arme um den Nacken der im Grase Knieenden.

Indessen hatte die vertraute Kammerfrau der Gräfin mehrmals nach ihrer geliebten Herrin ausgeschaut, deren Schwermut ihr gerade heut' wieder besondere Sorge machte. So ging sie denn, trotzdem die Gräfin erklärt hatte, ganz allein sein zu wollen, von Unruhe erfaßt, dem Wasser zu und hörte bald die Stimme der Schloßfrau im Erlengebüsch.

Wie vordem die Gräfin, so lugte auch jetzt die treue Dienerin vorsichtig durch das Blattwerk, und auch sie fühlte ihre Knie wanken. — Was war über ihre Herrin gekommen? — Dort kniete sie in ihrem kostbaren Gewande im feuchten Rasen am Wasser und hielt die arme kleine Gänsemagd umschlungen, mit ihr flüsternd und kosend. Entsetzt griff sie in ihr graues Haar und murmelte verstört: „Ach du gütiger Himmel, — hab's immer gefürchtet, daß der Gram die geliebte Herrin von Sinnen bringen könnt', und nun ist's eingetroffen! — Ach, was wird der arme Graf sagen!" — —

Jetzt erscholl in der Ferne der Klang eines Hifthorns, das den von der Jagd heimkehrenden Grafen ankündigte. Frau Brigitte suchte ihrer Stimme einen möglichst ruhigen Klang zu geben, und durch das Gebüsch dringend, rief sie leise: „Frau Gräfin, Euer Gemahl ist nicht mehr fern; sein Hifthorn grüßt Euch schon. — — Aber was ist Euch geschehen!"

Als die Gräfin in größter Bewegung der treu bewährten Dienerin die wunderbare Entdeckung mitteilte, wollte die alte Frau ihren Ohren nicht trauen. Aber als die Gräfin ihr das Mal und das Stück vom Kettlein gezeigt und in flüchtiger Hast das Wichtigste aus des Kindes Mitteilungen wiederholt hatte, da konnte auch für sie kein Zweifel mehr bestehen.

Ihr Herz wallte über vor Freude und Dankgefühl; war doch plötzlich so großes Glück über ihre Herrschaft gekommen und ihr selbst es nun vergönnt, das Töchterlein Hildegard, welches sie im ersten Jahre seines Lebens so treu gehegt und gepflegt und ebenfalls so innig betrauert hatte, wieder zu umarmen.

Ach ja, es war ein unheilvoller Tag gewesen, der der treuen Seele all die Jahre lebhaft im Gedächtnis geblieben war: Graf und Gräfin waren für mehrere Stunden zum Besuch auf einer benachbarten Burg abwesend. Frau Brigitte und das Ingesinde waren mit Vorbereitungen zu einer Festlichkeit beschäftigt, so daß niemand darauf achtete, daß die bisher zuverlässige Wärterin der kleinen, damals kaum ein Jahr zählenden Hildegard sich mit ihrem Pflegling drunten am Bach aufhielt.

Da kam plötzlich die Wärterin ohne das Kind in das Schloß gestürzt, geisterbleich, mit allen Zeichen der Verzweiflung. Frau Brigitte erfuhr auf ihre angstvollen Fragen aus den verworrenen Antworten der Wärterin folgendes:

Drunten am Wasser war, wie aus dem Boden gewachsen, eine alte Zigeunerin zu der erschrockenen Wärterin getreten, um sie anzubetteln.

Die Wärterin wies sie nach der Burg; doch mit geballter Faust und drohenden Gebärden hatte das Weib da nach dem Schloß gezeigt und unverständliche Worte gemurmelt. Sie war kurz vorher von einem Knechte mit groben Worten von dort verjagt worden, wie man später erfuhr. Plötzlich griff die Zigeunerin nach dem Goldkettlein an des Kindes Hals. Da hatte die Wärterin das Weib von sich gestoßen und sich hülferufend mit dem Kinde ins Schloß flüchten wollen. Sie sah noch, wie die Alte nach einer anderen Richtung davonlief. Dann hatte ein plötzlicher Schwindel die Erregte befallen, und sie war mit dem Kinde auf dem Arm ohnmächtig hart am Wasser niedergesunken. Beim Erwachen fand sie sich, ganz durchnäßt, in Gefahr zu ertrinken, doch von dem Kinde keine Spur; es mußte während ihrer Ohnmacht von der Strömung fortgerissen worden sein.

Das hatte Birgitte und das bestürzte Gesinde mit Mühe damals aus den Schilderungen der Unglücklichen entnommen; dann war letztere in heftiges Fieber verfallen und nichts Verständliches mehr aus ihr herauszubringen gewesen.

Brigitte, die Frauen und der größte Teil des Gesindes suchten und ebenfalls so innig betrauert hatte, wieder zu umarmen.

Ach ja, es war ein unheilvoller Tag gewesen, der der treuen Seele all die Jahre lebhaft im Gedächtnis geblieben war: Graf und Gräfin waren für mehrere Stunden zum Besuch auf einer benachbarten Burg abwesend. Frau Brigitte und das Ingesinde waren mit Vorbereitungen zu einer Festlichkeit beschäftigt, so daß niemand darauf achtete, daß die bisher zuverlässige Wärterin der kleinen, damals kaum ein Jahr zählenden Hildegard sich mit ihrem Pflegling drunten am Bach aufhielt.

Da kam plötzlich die Wärterin ohne das Kind in das Schloß gestürzt, geisterbleich, mit allen Zeichen der Verzweiflung. Frau Brigitte erfuhr auf ihre angstvollen Fragen aus den verworrenen Antworten der Wärterin folgendes:

Drunten am Wasser war, wie aus dem Boden gewachsen, eine alte Zigeunerin zu der erschrockenen Wärterin getreten, um sie anzubetteln.

Die Wärterin wies sie nach der Burg; doch mit geballter Faust und drohenden Gebärden hatte das Weib da nach dem Schloß gezeigt und unverständliche Worte gemurmelt. Sie war kurz vorher von einem Knechte mit groben Worten von dort verjagt worden, wie man später erfuhr. Plötzlich griff die Zigeunerin nach dem Goldkettlein an des Kindes Hals. Da hatte die Wärterin das Weib von sich gestoßen und sich hülferufend mit dem Kinde ins Schloß flüchten wollen. Sie sah noch, wie die Alte nach einer anderen Richtung davonlief. Dann hatte ein plötzlicher Schwindel die Erregte befallen, und sie war mit dem Kinde auf dem Arm ohnmächtig hart am Wasser niedergesunken. Beim Erwachen fand sie sich, ganz durchnäßt, in Gefahr zu ertrinken, doch von dem Kinde keine Spur; es mußte während ihrer Ohnmacht von der Strömung fortgerissen worden sein.

Das hatte Birgitte und das bestürzte Gesinde mit Mühe damals aus den Schilderungen der Unglücklichen entnommen; dann war letztere in heftiges Fieber verfallen und nichts Verständliches mehr aus ihr herauszubringen gewesen.

Brigitte, die Frauen und der größte Teil des Gesindes suchten angstvoll überall nach dem verschwundenen Kinde. Berittene Knechte durchstreiften die Gegend nach allen Richtungen, um eine Spur des Kindes oder der Zigeunerin aufzufinden, aber alles vergebens. Der Strömung folgend, durchsuchte man den schäumenden Bach mit Stangen und dergleichen auf weite Strecken; doch das schmerzlich gesuchte Kind war nicht zu entdecken. Wohl machte die Tatsache, daß des Kindes Schühchen und seidenes Tüchlein ans Ufer geschwemmt wurde, es damals zur Gewißheit, daß die Vermißte ertrunken sei. Man nahm an, daß die kleine Leiche vom Bach schon weit fort bis in den großen Fluß getrieben sei, in welchen das muntere Bergwasser mündete. Außerdem hatte die eingetretene Dunkelheit allen weiteren Nachforschungen ein Ziel gesetzt. –

Die Verzweiflung und der Schmerz der unglücklichen Eltern war grenzenlos, als sie das Entsetzliche erfuhren. Alle weiteren Nachforschungen blieben erfolglos, und so wurde das vermißte Kind denn als ertrunken betrauert, obwohl man seine Leiche nicht gefunden hatte. Als nach Verlauf einiger Jahre dann auch das ältere Söhnchen starb, da war das unglückliche Elternpaar vollends gebeugt. Hatte schon nach dem ersten Unglück der Kummer nicht weichen wollen, so verstummte nun gänzlich jeglicher Freudenton, und erst Gottfrieds Wunderleistung im Flötenspiel war es gelungen, die schwarzen Schatten etwas zu bannen.

Noch einmal waren diese Bilder der Vergangenheit an Frau Brigittens Geist vorübergezogen. Dann atmete sie, wie von Bergeslast befreit, tief auf; denn nun waren die dunklen Wolken zerrissen, und die Sonne der Freude konnte wieder scheinen.

Die Gräfin hatte sich mt Waldlieb, die erst nicht verstehen konnte, daß sie nun die Gänse nicht mehr hüten dürfe, durch ein Hinterpförtlein in ihre Gemächer begeben, während Brigitte die Frauen fern halten und in aller Stille andere Gewänder für das Kind beschaffen mußte. Die Gräfin wünschte, daß vorerst noch niemand von dem Ereignis erführe, da es sich gezieme, daß zuvor ihr Gemahl die Kunde davon durch sie selbst erhalte und auch erst anerkennen müsse, daß Waldlieb sein Töchterchen Hildegard sei.

angstvoll überall nach dem verschwundenen Kinde. Berittene Knechte durchstreiften die Gegend nach allen Richtungen, um eine Spur des Kindes oder der Zigeunerin aufzufinden, aber alles vergebens. Der Strömung folgend, durchsuchte man den schäumenden Bach mit Stangen und dergleichen auf weite Strecken; doch das schmerzlich gesuchte Kind war nicht zu entdecken. Wohl machte die Tatsache, daß des Kindes Schühchen und seidenes Tüchlein ans Ufer geschwemmt wurde, es damals zur Gewißheit, daß die Vermißte ertrunken sei. Man nahm an, daß die kleine Leiche vom Bach schon weit fort bis in den großen Fluß getrieben sei, in welchen das muntere Bergwasser mündete. Außerdem hatte die eingetretene Dunkelheit allen weiteren Nachforschungen ein Ziel gesetzt. —

Die Verzweiflung und der Schmerz der unglücklichen Eltern war grenzenlos, als sie das Entsetzliche erfuhren. Alle weiteren Nachforschungen blieben erfolglos, und so wurde das vermißte Kind denn als ertrunken betrauert, obwohl man seine Leiche nicht gefunden hatte. Als nach Verlauf einiger Jahre dann auch das ältere Söhnchen starb, da war das unglückliche Elternpaar vollends gebeugt. Hatte schon nach dem ersten Unglück der Kummer nicht weichen wollen, so verstummte nun gänzlich jeglicher Freudenton, und erst Gottfrieds Wunderleistung im Flötenspiel war es gelungen, die schwarzen Schatten etwas zu bannen.

Noch einmal waren diese Bilder der Vergangenheit an Frau Brigittens Geist vorübergezogen. Dann atmete sie, wie von Bergeslast befreit, tief auf; denn nun waren die dunklen Wolken zerrissen, und die Sonne der Freude konnte wieder scheinen.

Die Gräfin hatte sich mt Waldlieb, die erst nicht verstehen konnte, daß sie nun die Gänse nicht mehr hüten dürfe, durch ein Hinterpförtlein in ihre Gemächer begeben, während Brigitte die Frauen fern halten und in aller Stille andere Gewänder für das Kind beschaffen mußte. Die Gräfin wünschte, daß vorerst noch niemand von dem Ereignis erführe, da es sich gezieme, daß zuvor ihr Gemahl die Kunde davon durch sie selbst erhalte und auch erst anerkennen müsse, daß Waldlieb sein Töchterchen Hildegard sei.

Mittlerweile war der Graf im Burghof angelangt. Als Frau Brigitte ihn zu seiner Gemahlin geführt und er dort das wunderbare Ereignis erfahren hatte, konnte auch bei ihm kein Zweifel mehr bestehen, daß die Kleine sein schmerzlich betrauertes Kind sei. Nun wurde es beiden klar, daß die Zigeunerin das Kind damals aus den Armen der ohnmächtigen Wärterin geraubt hatte.

Als die Erregung der drei glücklichen Menschen sich etwas beruhigt hatte, genoß Waldlieb mit scheuer Verwunderung auch die Pracht der übrigen Gemächer. Da faßte sie leise die Hand der Mutter und sprach die Bitte aus, nun aber erst schnell hinaus zu Gottfried eilen und ihrem Brüderlein die frohe Kunde bringen zu dürfen. Sie fühlte ihr Herz mit mächtiger Kindesliebe den schmerzvoll entbehrten und nun so wunderbar wiedergeschenkten Eltern zufliegen; aber der Bruder konnte aus demselben darum nicht verdrängt werden. Es trieb sie nun, ihn an ihrer Freude teilnehmen zu lassen.

Aber befremdet hörte sie die Antwort der Eltern, welche liebevoll und sanft, jedoch ziemlich bestimmt, ihr bedeuteten, daß das nicht angehe. Gottfried sei ja nicht ihr richtiger Bruder, und wenn sie ihn ihretwegen auch noch besser halten wollten als bisher, ihn auch wirklich gern hätten, so sei er doch nur ein armer Hirtenknabe. Da schicke es sich für die Tochter eines Grafen nicht mehr, so vertraulich mit ihm zu verkehren wie bisher.

Doch schwere Tränen in den Augen, antwortete Waldlieb: „Und war ich nicht bisher auch nur eine Gänsehirtin? Hat Gottfried sich nicht trotz seiner Armut meiner erbarmt, als ich verschmachtet und verlassen im Walde von ihm gefunden wurde? Ohne ihn wäre ich wohl nimmer hierher gekommen; denn er führte mich und kam ins Schloß, um für mich zu arbeiten, und ich sollte seiner vergessen? Ach, vielliebe Eltern, wenn ich nicht mit ihm sprechen soll, wie vordem, weil ich nun eine Grafentochter bin, – nicht wie sonst ihn mein Brüderlein nennen darf, – dann – ach fürwahr, möcht' ich euch lieber wieder als Gänsemagd dienen, als so undankbar an meinem Brüderlein zu handeln."

Mittlerweile war der Graf im Burghof angelangt. Als Frau Brigitto ihn zu seiner Gemahlin geführt und er dort das wunderbare Ereignis erfahren hatte, konnte auch bei ihm kein Zweifel mehr bestehen, daß die Kleine sein schmerzlich betrauertes Kind sei. Nun wurde es beiden klar, daß die Zigeunerin das Kind damals aus den Armen der ohnmächtigen Wärterin geraubt hatte.

Als die Erregung der drei glücklichen Menschen sich etwas beruhigt hatte, genoß Waldlieb mit scheuer Verwunderung auch die Pracht der übrigen Gemächer. Da faßte sie leise die Hand der Mutter und sprach die Bitte aus, nun aber erst schnell hinaus zu Gottfried eilen und ihrem Brüderlein die frohe Kunde bringen zu dürfen. Sie fühlte ihr Herz mit mächtiger Kindesliebe den schmerzvoll entbehrten und nun so wunderbar wiedergeschenkten Eltern zufliegen; aber der Bruder konnte aus demselben darum nicht verdrängt werden. Es trieb sie nun, ihn an ihrer Freude teilnehmen zu lassen.

Aber befremdet hörte sie die Antwort der Eltern, welche liebevoll und sanft, jedoch ziemlich bestimmt, ihr bedeuteten, daß das nicht angehe. Gottfried sei ja nicht ihr richtiger Bruder, und wenn sie ihn ihretwegen auch noch besser halten wollten als bisher, ihn auch wirklich gern hätten, so sei er doch nur ein armer Hirtenknabe. Da schicke es sich für die Tochter eines Grafen nicht mehr, so vertraulich mit ihm zu verkehren wie bisher.

Doch schwere Tränen in den Augen, antwortete Waldlieb: „Und war ich nicht bisher auch nur eine Gänsehirtin? Hat Gottfried sich nicht trotz seiner Armut meiner erbarmt, als ich verschmachtet und verlassen im Walde von ihm gefunden wurde? Ohne ihn wäre ich wohl nimmer hierher gekommen; denn er führte mich und kam ins Schloß, um für mich zu arbeiten, und ich sollte seiner vergessen? Ach, vielliebe Eltern, wenn ich nicht mit ihm sprechen soll, wie vordem, weil ich nun eine Grafentochter bin, — nicht wie sonst ihn mein Brüderlein nennen darf, — dann — ach fürwahr, möcht' ich euch lieber wieder als Gänsemagd dienen, als so undankbar an meinem Brüderlein zu handeln."

Schluchzend hielt sie inne, indessen Graf und Gräfin sich gerührt anblickten und dann leise miteinander flüsterten. Der Graf ging nachdenklich im Gemach auf und ab; – es mußten aber keine trüben Gedanken sein, welche ihn beschäftigten; denn er lächelte öfter. Dann rief er seinen Haushofmeister und sprach zu dem treuen Diener:

„Mir und meiner viellieben Gemahlin ist eine gar große Freude zuteil geworden; daher drängt es mich, auch mein Ingesinde zu erfreuen. Laß ein fröhlich und festlich Mahl für alle Bewohner der Burg herrichten! Doch schweige noch über den Grund, welcher mich dazu treibt; denn ich selbst will ihn im geeigneten Zeitpunkt dem Gesinde kund tun. Du, mein erprobter, treuer Gesell, der du schon meinem Vater in Ehrsamkeit dientest, sollst aber im Vertrauen erfahren, daß unsre kleine Hildegard, unser lang betrauerter Liebling, nicht tot, sondern wiedergefunden ist. Es ist die kleine Waldlieb, unsre Gänsehirtin. Untrügliche Merkmale enthüllten es heut' meiner Gemahlin, daß es unser geliebtes Kind war, das wir ahnungslos in so niederen Dienst nahmen. – Der Knabe Gottfried, der treue Pflegebruder unseres Kindes, ahnt noch nichts und soll es auch erst durch m e i n e n Mund erfahren. Er hat sich treu bewährt, und ich höre nur Lob über ihn. Erst gestern sprach mir Wulf von ihm, wie er trotz seiner Jugend mit großem Mut sich gegen zwei fahrende Gesellen, die ein Schaf fortführen wollten, zur Wehr gesetzt und mein Eigentum gerettet habe. Als Wulf ihm zu Hülfe kommen konnte, hatte er die frechen Räuber längst verjagt. – Auch heute weilt er noch fern von der Burg, und deine Sorge soll es sein, bei seiner Heimkehr ihn zu empfangen und zu mir zu führen. Magst ihm sagen, ich wolle ihm für seine gestrige Tat danken."

Es war bereits etwas dunkel geworden, als Gottfried, mit seiner Herde heimkehrend, die freundlich zu ihm herniedergrüßende Burg erreicht hatte. Er spähte suchend nach der Steinbank am Burgtor, wo Waldlieb öfter seines Kommens zu warten pflegte; doch heute erblickte er ihr lachendes Gesichtchen nirgends. Ein seltsam beklemmendes Gefühl beschlich ihn.

Schluchzend hielt sie inne, indessen Graf und Gräfin sich gerührt anblickten und dann leise miteinander flüsterten. Der Graf ging nachdenklich im Gemach auf und ab; — es mußten aber keine trüben Gedanken sein, welche ihn beschäftigten; denn er lächelte öfter. Dann rief er seinen Haushofmeister und sprach zu dem treuen Diener:

„Mir und meiner viellieben Gemahlin ist eine gar große Freude zuteil geworden; daher drängt es mich, auch mein Ingesinde zu erfreuen. Laß ein fröhlich und festlich Mahl für alle Bewohner der Burg herrichten! Doch schweige noch über den Grund, welcher mich dazu treibt; denn ich selbst will ihn im geeigneten Zeitpunkt dem Gesinde kund tun. Du, mein erprobter, treuer Gesell, der du schon meinem Vater in Ehrsamkeit dientest, sollst aber im Vertrauen erfahren, daß unsre kleine Hildegard, unser lang betrauerter Liebling, nicht tot, sondern wiedergefunden ist. Es ist die kleine Waldlieb, unsre Gänsehirtin. Untrügliche Merkmale enthüllten es heut' meiner Gemahlin, daß es unser geliebtes Kind war, das wir ahnungslos in so niederen Dienst nahmen. —Der Knabe Gottfried, der treue Pflegebruder unseres Kindes, ahnt noch nichts und soll es auch erst durch *meinen* Mund erfahren. Er hat sich treu bewährt, und ich höre nur Lob über ihn. Erst gestern sprach mir Wulf von ihm, wie er trotz seiner Jugend mit großem Mut sich gegen zwei fahrende Gesellen, die ein Schaf fortführen wollten, zur Wehr gesetzt und mein Eigentum gerettet habe. Als Wulf ihm zu Hülfe kommen konnte, hatte er die frechen Räuber längst verjagt. — Auch heute weilt er noch fern von der Burg, und deine Sorge soll es sein, bei seiner Heimkehr ihn zu empfangen und zu mir zu führen. Magst ihm sagen, ich wolle ihm für seine gestrige Tat danken."

Es war bereits etwas dunkel geworden, als Gottfried, mit seiner Herde heimkehrend, die freundlich zu ihm herniedergrüßende Burg erreicht hatte. Er spähte suchend nach der Steinbank am Burgtor, wo Waldlieb öfter seines Kommens zu warten pflegte; doch heute erblickte er ihr lachendes Gesichtchen nirgends. Ein seltsam beklemmendes Gefühl beschlich ihn.

Er zog, um dieses Gefühl zu bannen und zugleich in der Hoffnung, sein Schwesterchen dadurch herbei zu rufen, seine Flöte hervor, und leise und zart entlockte er derselben die wunderbaren Töne, welche grüßend ihm vorauf eilen sollten. Er fühlte sich nun wieder froh wie sonst. Erstaunt gewahrte er den alten Haushofmeister am Burgtor seiner wartend, der ihn auch gleich zum Grafen führte. Wulf kam herbei, um weiter für die Herde zu sorgen. Von der Burg her drang frohe Lachen und Becherklang, und Wulfs gutmütiges Antlitz leuchtete in schier ungewohnter Glut. „Mach, Büblein, daß du bald wieder zu uns herab kommst! Ist seltsames Fest heut; soll aus einem armseligen Entlein ein fürnehmer Schwan geworden sein. — Vernahmst solche Mär wohl nimmer?"

Gottfried schüttelte verständnislos den Kopf, und während der alte Haushofmeister mit unwillgem Stirnrunzeln dem weinfrohen Knecht nachblickte, zog er den Knaben eilig mit sich, der kopfschüttelnd sagte: „Verstandet Ihr die verworrenen Reden des guten Wulf? — Seid ihm nicht gram, daß er trunken ist! — Vielleicht geschah ihm gute Mär, die seine Gedanken wirrte!"

„Vermag's nicht zu sagen, ist auch ungünstige Zeit, und trunken Hirn schafft dem Munde verwunderliche Reden," antwortete der Alte, bemüht, seinem etwas verlegenen Gesicht einen möglichst harmlosen Ausdruck zu geben. Es war ihm klar, daß Wulf trotz aller Verschwiegenheit irgend etwas vom heutigen Ereignis erraten oder erlauscht hatte. Gut, daß der Knabe nichts ahnte.

Der Graf trat den Ankommenden mit freundlichem Antlitz entgegen, und nachdem der alte Diener das Gemach verlassen, wandte er sich mit folgenden Worten zu Gottfried:

„Ich wollte dir nicht verhehlen, daß ich mit dir bisher zufrieden gewesen bin. Erfreut über dein mutiges Verteidigen meines Eigentums, möchte ich dir meinen Dank beweisen. Du sollst eine bessere Stellung erlangen, sollst bessere Kleidung tragen. Weil ich bisher nur Lob über dein Gebaren vernahm, sollst du zum Beweise meines Wohlgefallens an dir öfter abends mit am Herrentische essen!"

Er zog, um dieses Gefühl zu bannen und zugleich in der Hoffnung, sein Schwesterchen dadurch herbei zu rufen, seine Flöte hervor, und leise und zart entlockte er derselben die wunderbaren Töne, welche grüßend ihm vorauf eilen sollten. Er fühlte sich nun wieder froh wie sonst. Erstaunt gewahrte er den alten Haushofmeister am Burgtor seiner wartend, der ihn auch gleich zum Grafen führte. Wulf kam herbei, um weiter für die Herde zu sorgen. Von der Burg her drang frohe Lachen und Becherklang, und Wulfs gutmütiges Antlitz leuchtete in schier ungewohnter Glut. „Mach, Büblein, daß du bald wieder zu uns herab kommst! Ist seltsames Fest heut; soll aus einem armseligen Entlein ein fürnehmer Schwan geworden sein. — Vernahmst solche Mär wohl nimmer?"

Gottfried schüttelte verständnislos den Kopf, und während der alte Haushofmeister mit unwillgem Stirnrunzeln dem weinfrohen Knecht nachblickte, zog er den Knaben eilig mit sich, der kopfschüttelnd sagte: „Verstandet Ihr die verworrenen Reden des guten Wulf? — Seid ihm nicht gram, daß er trunken ist! — Vielleicht geschah ihm gute Mär, die seine Gedanken wirrte!"

„Vermag's nicht zu sagen, ist auch ungünstige Zeit, und trunken Hirn schafft dem Munde verwunderliche Reden," antwortete der Alte, bemüht, seinem etwas verlegenen Gesicht einen möglichst harmlosen Ausdruck zu geben. Es war ihm klar, daß Wulf trotz aller Verschwiegenheit irgend etwas vom heutigen Ereignis erraten oder erlauscht hatte. Gut, daß der Knabe nichts ahnte.

Der Graf trat den Ankommenden mit freundlichem Antlitz entgegen, und nachdem der alte Diener das Gemach verlassen, wandte er sich mit folgenden Worten zu Gottfried:

„Ich wollte dir nicht verhehlen, daß ich mit dir bisher zufrieden gewesen bin. Erfreut über dein mutiges Verteidigen meines Eigentums, möchte ich dir meinen Dank beweisen. Du sollst eine bessere Stellung erlangen, sollst bessere Kleidung tragen. Weil ich bisher nur Lob über dein Gebaren vernahm, sollst du zum Beweise meines Wohlgefallens an dir öfter abends mit am Herrentische essen!"

Gottfried küßte des Grafen Hand. Dann antwortete er: „Wie soll ich Euch ob Eurer Guttat danken, vieledler Herr Graf, zumal ich nur tat, was meine Pflicht war! Aber um meines Schwesterleins willen dank ich Euch von Herzen; vermag ich doch nun noch besser für sie zu sorgen. Auch am Herrentisch essen soll ich zuweilen? Herr Graf, verstand ich Euch recht? O, zu große Güte schenkt Ihr dem geringen Hirten. Ich dank Euch tausendmal. – Aber würde das mein Schwesterlein nicht kränken, das den Abend freudig grüßt, weil ich dann heimkehre, und es die Abendkost mir mir teilen darf? Müßt ich auch dann abends Waldlieb fern sein, es würde uns führwahr beiden Leid schaffen."

Seine Rührung verbergend, entgegnete der Graf: „Magst recht haben, mein Kind, daß Waldlieb ohne dich nicht froh sein kann. Doch wie nun, wenn ich dir sage, daß ich glaube, sie tauge mir nicht mehr zur Gänsehirtin?"

Erschrocken blickte Gottfried in das wohlwollende Gesicht des Grafen und entgegnete dann wieder lächelnd: „Eure Güte, Herr Graf, wehrt mir, Eurer Worte Sinn übel zu deuten; – so wollt Ihr also auch meinem Schwesterlein gar einen besseren Dienst anweisen?"

Der Graf hatte Mühe, ruhig zu sprechen, indem er sagte: „Du rietest dennoch nicht recht, lieber Knabe, ich darf es dir nicht hehlen, daß ich Waldlieb nicht mehr in meinen Diensten zu halten vermag."

Verständnislos starrte Gottfried den Grafen an; dann rief er, flehend dessen Hände ergreifend: „O, Herr Graf, was tat sie Euch zu leide? Ist sie zu zart und schwach, so habt Geduld mit ihr; aber ich bitte Euch, schickt sie nicht fort, denn nimmer ließe ich sie allein ziehen. Ich müßte dann mit ihr gehen; sie hat ja nur m i c h, und seit ich sie kenne, haben wir Leid und Freud' mit einander geteilt. –

Da breitete plötzlich der Graf beide Arme weit aus, und, den Knaben fest an seine Brust drückend, rief er mit vor Bewegung verschleierter Stimme: „Nun denn, mein Sohn, so teile fortan auch die F r e u d e mit ihr!"

Gottfried küßte des Grafen Hand. Dann antwortete er: „Wie soll ich Euch ob Eurer Guttat danken, vieledler Herr Graf, zumal ich nur tat, was meine Pflicht war! Aber um meines Schwesterleins willen dank ich Euch von Herzen; vermag ich doch nun noch besser für sie zu sorgen. Auch am Herrentisch essen soll ich zuweilen? Herr Graf, verstand ich Euch recht? O, zu große Güte schenkt Ihr dem geringen Hirten. Ich dank Euch tausendmal. — Aber würde das mein Schwesterlein nicht kränken, das den Abend freudig grüßt, weil ich dann heimkehre, und es die Abendkost mir mir teilen darf? Müßt ich auch dann abends Waldlieb fern sein, es würde uns führwahr beiden Leid schaffen."

Seine Rührung verbergend, entgegnete der Graf: „Magst recht haben, mein Kind, daß Waldlieb ohne dich nicht froh sein kann. Doch wie nun, wenn ich dir sage, daß ich glaube, sie tauge mir nicht mehr zur Gänsehirtin?"

Erschrocken blickte Gottfried in das wohlwollende Gesicht des Grafen und entgegnete dann wieder lächelnd: „Eure Güte, Herr Graf, wehrt mir, Eurer Worte Sinn übel zu deuten; — so wollt Ihr also auch meinem Schwesterlein gar einen besseren Dienst anweisen?"

Der Graf hatte Mühe, ruhig zu sprechen, indem er sagte: „Du rietest dennoch nicht recht, lieber Knabe, ich darf es dir nicht hehlen, daß ich Waldlieb nicht mehr in meinen Diensten zu halten vermag."

Verständnislos starrte Gottfried den Grafen an; dann rief er, flehend dessen Hände ergreifend: „O, Herr Graf, was tat sie Euch zu leide? Ist sie zu zart und schwach, so habt Geduld mit ihr; aber ich bitte Euch, schickt sie nicht fort, denn nimmer ließe ich sie allein ziehen. Ich müßte dann mit ihr gehen; sie hat ja nur m i c h, und seit ich sie kenne, haben wir Leid und Freud' mit einander geteilt. —

Da breitete plötzlich der Graf beide Arme weit aus, und, den Knaben fest an seine Brust drückend, rief er mit vor Bewegung verschleierter Stimme: „Nun denn, mein Sohn, so teile fortan auch die F r e u d e mit ihr!"

Während dieser Worte hatte sich die angelehnte Tür zum Nebengemach, wo man jedes Wort der Unterhaltung vernommen, leise geöffnet, und jetzt stürmte Waldlieb herein und warf sich lachend und weinend zugleich Gottfried in die Arme, indem sie rief:

„Mein herzliebes Brüderlein,
Sollst mir nimmer ferne sein!“

Gottfried gewahrte bald die schönen Kleider, welche Waldlieb jetzt schmückten, während er seinen Hirtenanzug noch trug, und er wich unbewußt scheu, verwundert zurück. Jetzt glaubte er den Sinn von Wulfs Worten zu verstehen, wenn er auch natürlich nicht alles begriff. Doch nun trat auch die Gräfin zu ihm; sie zog den vor überstürzenden Empfindungen sprachlosen Knaben ungeachtet seines bestaubten Hirtenkleides in mütterlicher Zärtlichkeit ebenfalls in ihre Arme. Es waren weihevolle Augenblicke, welche die vier glücklichen Menschen nunmehr vereinten.

Da nahm der Graf das Wort: „Sieh hier in Waldlieb, deinem Schwesterlein, unser wiedergefundenes, seit elf Jahren als ertrunken betrauertes Töchterlein Hildegard, das heut' von meiner Gemahlin und mir erkannt ward! Nächst einer höheren Fügung, welche dich zum Werkzeug erkor, danken wir es deiner Fürsorge, die sie uns zuführte. So wollen wir denn die erste Bitte unseres Kindes, dein Schwesterlein bleiben zu dürfen, gern erfüllen, zumal wir erkennen, daß du dieser Erfüllung würdig bist. Du hast vorhin die nochmalige Prüfung glänzend bestanden, und du sollst fortan ebenfalls unser Kind mit allen Rechten eines solchen sein, sollst wieder Elternliebe kennen lernen und mit unserer Hildegard, genannt „Waldlieb“, die Freude und Stütze unseres Alters werden. So hat der heutige Tag, der uns einst so viel genommen, uns unsere b e i d e n Kinder wieder geschenkt!“

Unbeschreiblich war der Jubel, als die Eltern mit ihren nunmehrigen Kindern an der Hand zu den im Nebensaal versammelten Frauen traten, die erst soeben die ganze Wahrheit erfahren hatten. Derselbe Saal, in dem die Kinder einst dem

Während dieser Worte hatte sich die angelehnte Tür zum Nebengemach, wo man jedes Wort der Unterhaltung vernommen, leise geöffnet, und jetzt stürmte Waldlieb herein und warf sich lachend und weinend zugleich Gottfried in die Arme, indem sie rief:

„Mein herzliebes Brüderlein,
Sollst mir nimmer ferne sein!“

Gottfried gewahrte bald die schönen Kleider, welche Waldlieb jetzt schmückten, während er seinen Hirtenanzug noch trug, und er wich unbewußt scheu, verwundert zurück. Jetzt glaubte er den Sinn von Wulfs Worten zu verstehen, wenn er auch natürlich nicht alles begriff. Doch nun trat auch die Gräfin zu ihm; sie zog den vor überstürzenden Empfindungen sprachlosen Knaben ungeachtet seines bestaubten Hirtenkleides in mütterlicher Zärtlichkeit ebenfalls in ihre Arme. Es waren weihevolle Augenblicke, welche die vier glücklichen Menschen nunmehr vereinten.

Da nahm der Graf das Wort: „Sieh hier in Waldlieb, deinem Schwesterlein, unser wiedergefundenes, seit elf Jahren als ertrunken betrauertes Töchterlein Hildegard, das heut' von meiner Gemahlin und mir erkannt ward! Nächst einer höheren Fügung, welche dich zum Werkzeug erkor, danken wir es deiner Fürsorge, die sie uns zuführte. So wollen wir denn die erste Bitte unseres Kindes, dein Schwesterlein bleiben zu dürfen, gern erfüllen, zumal wir erkennen, daß du dieser Erfüllung würdig bist. Du hast vorhin die nochmalige Prüfung glänzend bestanden, und du sollst fortan ebenfalls unser Kind mit allen Rechten eines solchen sein, sollst wieder Elternliebe kennen lernen und mit unserer Hildegard, genannt „Waldlieb“, die Freude und Stütze unseres Alters werden. So hat der heutige Tag, der uns einst so viel genommen, uns unsere b e i d e n Kinder wieder geschenkt!“

Unbeschreiblich war der Jubel, als die Eltern mit ihren nunmehrigen Kindern an der Hand zu den im Nebensaal versammelten Frauen traten, die erst soeben die ganze Wahrheit erfahren hatten. Derselbe Saal, in dem die Kinder einst dem gräflichen Paar vorgeführt worden, wurde nun im vollsten und schönsten Sinne ein Ort der Freude; denn jetzt führte der Haushofmeister auch das Gesinde des Schlosses herbei.

Der Graf verkündete mit bewegter Stimme die wichtigen Ereignisse des Tages. Über manches rauhe, wettergebräunte Gesicht war es bei dieser Anrede wie verhaltene Rührung gezogen, und als der Graf geendet, brauste ein Jubel durch die Schar. Es war allerlei im Schlosse heute gemunkelt worden; aber so recht hatte doch niemand gewußt, was vorgegangen. Nun streckte sich manche schwielige Faust den Kindern entgegen, und Wulf meinte mit seinem dröhnenden Lachen und lustig zwinkernden Augen: „Ei, Junker Gottfried, nun sind's gar z w e i Schwänlein worden!"

Mochte der eine oder andere auch noch scheel sehen, daß ein Hirtenknabe nun als ihr Herrlein geachtet werden sollte, der größte Teil des Gesindes zeigte sich dem allzeit freundlichen und hübschen Knaben, dessen Herzensadel sie anerkennen mußten, wohlgesinnt. Gottfried, noch völlig verwirrt von dem unfaßbaren Glück und den ihm heut erwiesenen, ganz ungewohnten Ehren, wagte jetzt kaum aufzublicken. Ihm fiel ein, wie arm und verlassen er damals diesen Saal betreten hatte, und er drückte die in seinem Hirtenrock verborgene Wunderflöte liebkosend an die Brust, dabei der gütigen Spenderin dankbar gedenkend.

Da konnte er den Verlangen nicht mehr widerstehen, das geliebte Instrument verstohlen an die Lippen zu setzen.

Diesmal sollte es die sein junges Herz mächtig bewegende Freude ausströmen. Nur ganz leise wagte er zuerst die süßen Töne zu wecken, aber bald quollen sie mächtiger, süßer denn je hervor, daß alle Anwesenden mit angehaltenem Atem lauschten, während Waldlieb glückselig bald ihn, bald die Eltern anblickte. Auch sie zog das nie welkende Blümlein hervor, das sie sorgsam gehütet hatte, und das nun den weiten Raum mit süßem Duft erfüllte. –

Da fühlte Gottfried plötzlich seine Schultern berührt. Er blickte auf, und fast wäre ihm vor froher Überraschung die Flöte gräflichen Paar vorgeführt worden, wurde nun im vollsten und schönsten Sinne ein Ort der Freude; denn jetzt führte der Haushofmeister auch das Gesinde des Schlosses herbei.

Der Graf verkündete mit bewegter Stimme die wichtigen Ereignisse des Tages. Über manches rauhe, wettergebräunte Gesicht war es bei dieser Anrede wie verhaltene Rührung gezogen, und als der Graf geendet, brauste ein Jubel durch die Schar. Es war allerlei im Schlosse heute gemunkelt worden; aber so recht hatte doch niemand gewußt, was vorgegangen. Nun streckte sich manche schwielige Faust den Kindern entgegen, und Wulf meinte mit seinem dröhnenden Lachen und lustig zwinkernden Augen: „Ei, Junker Gottfried, nun sind's gar zwei Schwänlein worden!"

Mochte der eine oder andere auch noch scheel sehen, daß ein Hirtenknabe nun als ihr Herrlein geachtet werden sollte, der größte Teil des Gesindes zeigte sich dem allzeit freundlichen und hübschen Knaben, dessen Herzensadel sie anerkennen mußten, wohlgesinnt. Gottfried, noch völlig verwirrt von dem unfaßbaren Glück und den ihm heut erwiesenen, ganz ungewohnten Ehren, wagte jetzt kaum aufzublicken. Ihm fiel ein, wie arm und verlassen er damals diesen Saal betreten hatte, und er drückte die in seinem Hirtenrock verborgene Wunderflöte liebkosend an die Brust, dabei der gütigen Spenderin dankbar gedenkend.

Da konnte er den Verlangen nicht mehr widerstehen, das geliebte Instrument verstohlen an die Lippen zu setzen.

Diesmal sollte es die sein junges Herz mächtig bewegende Freude ausströmen. Nur ganz leise wagte er zuerst die süßen Töne zu wecken, aber bald quollen sie mächtiger, süßer denn je hervor, daß alle Anwesenden mit angehaltenem Atem lauschten, während Waldlieb glückselig bald ihn, bald die Eltern anblickte. Auch sie zog das nie welkende Blümlein hervor, das sie sorgsam gehütet hatte, und das nun den weiten Raum mit süßem Duft erfüllte. —

Da fühlte Gottfried plötzlich seine Schultern berührt. Er blickte auf, und fast wäre ihm vor froher Überraschung die Flöte entglitten; denn er sah in das lächelnde Antlitz der „Fröhlichkeit“, hinter dem im gleichen Augenblick auch die „Zufriedenheit“ auftauchte.

Aber diesmal sah nicht nur Gottfried die Lichtgestalten, sondern alle Anwesenden erblickten sie und wichen in scheuer Ehrfurcht zur Seite. Die „Fröhlichkeit“ ergriff Gottfrieds Hand und führte ihn dicht zum gräflichen Paar, während die „Zufriedenheit“ Waldlieb zu sich winkte. Dann, während die Schwestern segnend ihre Hände gegen die vier glücklichen Menschen erhoben, vernahmen alle zauberhaften Gesang der beiden, dessen Worte lauteten:

„Fröhlichkeit, Zufriedenheit,
Kommen heute her von weit
Durch den Wald und grüne Auen,
Um das Glück hier anzuschauen,
Das nach schweren Leides Wogen
In das Schloß ist eingezogen.
Sei gesegnet, edles Paar,
Glück erblüh euch immerdar,
Das sich niemals möge mindern,
Euch zu teil werd’ in den Kindern,
Die ihr heute habt gefunden!
Segen diesen Weihestunden!“

Dann berührten beide nochmals segnend die Häupter der Kinder, und die Stimme der Zufriedenheit erklang wieder:

„Zufriedenheit ist hohes Gut;
Bewahret sie euch immer;
Sie schafft euch Glück und frohen Mut –
Vergeßt die Stunde nimmer!“

Die Fröhlichkeit aber schloß:

entglitten; denn er sah in das lächelnde Antlitz der „Fröhlichkeit", hinter dem im gleichen Augenblick auch die „Zufriedenheit" auftauchte.

Aber diesmal sah nicht nur Gottfried die Lichtgestalten, sondern alle Anwesenden erblickten sie und wichen in scheuer Ehrfurcht zur Seite. Die „Fröhlichkeit" ergriff Gottfrieds Hand und führte ihn dicht zum gräflichen Paar, während die „Zufriedenheit" Waldlieb zu sich winkte. Dann, während die Schwestern segnend ihre Hände gegen die vier glücklichen Menschen erhoben, vernahmen alle zauberhaften Gesang der beiden, dessen Worte lauteten:

„Fröhlichkeit, Zufriedenheit,
Kommen heute her von weit
Durch den Wald und grüne Auen,
Um das Glück hier anzuschauen,
Das nach schweren Leides Wogen
In das Schloß ist eingezogen.
Sei gesegnet, edles Paar,
Glück erblüh euch immerdar,
Das sich niemals möge mindern,
Euch zu teil werd' in den Kindern,
Die ihr heute habt gefunden!
Segen diesen Weihestunden!"

Dann berührten beide nochmals segnend die Häupter der Kinder, und die Stimme der Zufriedenheit erklang wieder:

„Zufriedenheit ist hohes Gut;
Bewahret sie euch immer;
Sie schafft euch Glück und frohen Mut —
Vergeßt die Stunde nimmer!"

Die Fröhlichkeit aber schloß:

„Auch m i r bleib' euer Herz geweiht!
Ich bring euch allen Segen
Bis in des Alters ferne Zeit
Auf Euren Lebens Wegen."

Die Kinder waren, fast ohne es zu wissen, vor den Lichtgestalten niedergekniet, und ihre Blicke sprachen von ihrem Glück und ihrem Dankgefühl. Kein Laut war im Saale hörbar. Mit Staunen, ehrfurchtsvoller Scheu und Andacht hatten alle Anwesenden die Szene mit durchlebt.

Sie ahnten es alle, daß die Erscheinung mit Gottfried und seiner Wunderflöte zusammenhing, und sein Ansehen wuchs bei allen dadurch noch mehr.

Jetzt waren die Lichtgestalten verschwunden. Aber ihre Worte hafteten in aller Gedächtnis. Sie erfüllten sich im Laufe der Jahre fort und fort. Fröhlichkeit und Zufriedenheit, vereint mit Glück und Segen, wohnten fortan in der Burg und bei ihren Bewohnern.

„Auch m i r bleib' euer Herz geweiht!
Ich bring euch allen Segen
Bis in des Alters ferne Zeit
Auf Euren Lebens Wegen."

Die Kinder waren, fast ohne es zu wissen, vor den Lichtgestalten niedergekniet, und ihre Blicke sprachen von ihrem Glück und ihrem Dankgefühl. Kein Laut war im Saale hörbar. Mit Staunen, ehrfurchtsvoller Scheu und Andacht hatten alle Anwesenden die Szene mit durchlebt.

Sie ahnten es alle, daß die Erscheinung mit Gottfried und seiner Wunderflöte zusammenhing, und sein Ansehen wuchs bei allen dadurch noch mehr.

Jetzt waren die Lichtgestalten verschwunden. Aber ihre Worte hafteten in aller Gedächtnis. Sie erfüllten sich im Laufe der Jahre fort und fort. Fröhlichkeit und Zufriedenheit, vereint mit Glück und Segen, wohnten fortan in der Burg und bei ihren Bewohnern.

Der wanderlustige Sonnenstrahl

Die liebe Sonne hat viele, viele Kinder, nämlich die Sonnenstrahlen, die sie täglich auf die Erde herniedersendet, damit sie dort segenspendend wirken. Diese Sonnenstrahlen gehen immer dorthin, wohin ihre Mutter sie schickt. Eines von diesen „Sonnenkindern" war nun, da es das Nesthäkchen war, immer bei der Mutter geblieben, obwohl es ganz gern auch einmal auf die Erde gewandert wäre und dort etwas erlebt hätte. Aber es wußte, daß seine strahlende Mutter es lieber um sich behielt, und so äußerte Nesthäkchen nichts von seinen Wünschen. Es hörte aber stets sehr aufmerksam zu, wenn die Sonne ihm erzählte, was seine Brüder, die Sonnenstrahlen, auf ihrer Wanderung erlebten.

Eines Tages aber beschloß die Sonne, den kleinen Sonnenstrahl, dessen Wünsche und Gedanken ihr natürlich nicht verborgen bleiben konnten, zu belohnen, weil er bislang so treu und bescheiden bei ihr ausgehalten hatte. Sie verlieh ihm ein besonders leuchtendes Gewand, sowie die Fähigkeit, sich den Menschen verständlich zu machen, und erlaubte ihm, ganz nach Gefallen für sich allein auf die Erde zu wandern, dort Umschau zu halten, Gutes zu wirken und den Menschen zu leuchten. Liebevoll blickte die Sonne dem Lieblingskinde nach, das bald auf der Erde anlangte.

Eine große Wiese, durch die sich ein klarer Bach schlängelte, breitete sich vor ihm aus. Lustig wie ein mutwilliges Kind hüpfte der kleine Sonnenstrahl dahin. Die Blumen lachten ihn freundlich an, die Bienen summten gar vergnüglich, und die Falter wiegten sich sorglos in der Luft. Der muntere Sonnenstrahl sprang nun direkt in das kleine Bächlein, daß die Wellchen vor Freude hüpften und glitzerten, wobei sie plätscherten:

Der wanderlustige Sonnenstrahl

Die liebe Sonne hat viele, viele Kinder, nämlich die Sonnenstrahlen, die sie täglich auf die Erde herniedersendet, damit sie dort segenspendend wirken. Diese Sonnenstrahlen gehen immer dorthin, wohin ihre Mutter sie schickt. Eines von diesen „Sonnenkindern" war nun, da es das Nesthäkchen war, immer bei der Mutter geblieben, obwohl es ganz gern auch einmal auf die Erde gewandert wäre und dort etwas erlebt hätte. Aber es wußte, daß seine strahlende Mutter es lieber um sich behielt, und so äußerte Nesthäkchen nichts von seinen Wünschen. Es hörte aber stets sehr aufmerksam zu, wenn die Sonne ihm erzählte, was seine Brüder, die Sonnenstrahlen, auf ihrer Wanderung erlebten.

Eines Tages aber beschloß die Sonne, den kleinen Sonnenstrahl, dessen Wünsche und Gedanken ihr natürlich nicht verborgen bleiben konnten, zu belohnen, weil er bislang so treu und bescheiden bei ihr ausgehalten hatte. Sie verlieh ihm ein besonders leuchtendes Gewand, sowie die Fähigkeit, sich den Menschen verständlich zu machen, und erlaubte ihm, ganz nach Gefallen für sich allein auf die Erde zu wandern, dort Umschau zu halten, Gutes zu wirken und den Menschen zu leuchten. Liebevoll blickte die Sonne dem Lieblingskinde nach, das bald auf der Erde anlangte.

Eine große Wiese, durch die sich ein klarer Bach schlängelte, breitete sich vor ihm aus. Lustig wie ein mutwilliges Kind hüpfte der kleine Sonnenstrahl dahin. Die Blumen lachten ihn freundlich an, die Bienen summten gar vergnüglich, und die Falter wiegten sich sorglos in der Luft. Der muntere Sonnenstrahl sprang nun direkt in das kleine Bächlein, daß die Wellchen vor Freude hüpften und glitzerten, wobei sie plätscherten:

„Bleib bei uns, lieber Sonnenstrahl,
Zu Spiel und frohem Tanze;
Gar schön ist's hier im Wiesental;
Bleib hier mit deinem Glanze!"

Doch dem Sonnenstrahl gefiel es im Wasser nicht; er schwang sich behende heraus und antwortete:

„Tanzt ohne mich und seid recht heiter!
Gehabt euch wohl, ich muß jetzt weiter."

Ein Dorf blickte durch das Grün; dahin eilte nun der Strahl. Es war Sonntag.

Das Kirchlein zeigte sich festlich geschmückt. Sonnenstrahl blinzelte durch die bunten Kirchenfenster, und da war er auch schon mitten auf dem Altar. Dort am Taufstein stand der ehrwürdige Geistliche und um ihn herum eine Gruppe festlich gekleideter Menschen.

Einer derselben hielt ein rosiges Kindlein im Arm, das soeben die heilige Taufe empfing.

Da sprang der Sonnenstrahl gerade auf dessen Gesichtchen, um es zu küssen. – Ein Paar große Blauaugen blickten ihn an, daß er einen Augenblick glaubte, er sähe dort ein Stückchen Himmel. Er küßte noch schnell die winzigen Kinderhärchen und wanderte weiter.

Nicht weit von der Kirche stand ein schmuckes Häuschen, an dem ein Fenster geöffnet war.

Kaum hatte Sonnenstrahl es erblickt, als er sich auch schon in der Stube befand. Dort lag in einem weißen Bettchen ein blasses Mädchen, das mit großen Augen den Eindringling anblickte; doch der las in diesem Blick große Freude über seinen Besuch. Die blauen Augensterne glichen denen des Täuflings; doch es lag ein gar verständlicher Ausdruck in ihnen, der den Sonnenstrahl fesselte.

„Bleib bei mir, lieber Sonnenstrahl!" flüsterten die blassen

„Bleib bei uns, lieber Sonnenstrahl,
Zu Spiel und frohem Tanze;
Gar schön ist's hier im Wiesental;
Bleib hier mit deinem Glanze!"

Doch dem Sonnenstrahl gefiel es im Wasser nicht; er schwang sich behende heraus und antwortete:

„Tanzt ohne mich und seid recht heiter!
Gehabt euch wohl, ich muß jetzt weiter."

Ein Dorf blickte durch das Grün; dahin eilte nun der Strahl. Es war Sonntag.

Das Kirchlein zeigte sich festlich geschmückt. Sonnenstrahl blinzelte durch die bunten Kirchenfenster, und da war er auch schon mitten auf dem Altar. Dort am Taufstein stand der ehrwürdige Geistliche und um ihn herum eine Gruppe festlich gekleideter Menschen.

Einer derselben hielt ein rosiges Kindlein im Arm, das soeben die heilige Taufe empfing.

Da sprang der Sonnenstrahl gerade auf dessen Gesichtchen, um es zu küssen. — Ein Paar große Blauaugen blickten ihn an, daß er einen Augenblick glaubte, er sähe dort ein Stückchen Himmel. Er küßte noch schnell die winzigen Kinderhärchen und wanderte weiter.

Nicht weit von der Kirche stand ein schmuckes Häuschen, an dem ein Fenster geöffnet war.

Kaum hatte Sonnenstrahl es erblickt, als er sich auch schon in der Stube befand. Dort lag in einem weißen Bettchen ein blasses Mädchen, das mit großen Augen den Eindringling anblickte; doch der las in diesem Blick große Freude über seinen Besuch. Die blauen Augensterne glichen denen des Täuflings; doch es lag ein gar verständlicher Ausdruck in ihnen, der den Sonnenstrahl fesselte.

„Bleib bei mir, lieber Sonnenstrahl!" flüsterten die blassen

Lippen, und die Händchen streckten sich dem blinkenden Himmelsgast entgegen. Den Wellchen draußen im Bach hatte er ihre Bitte abgeschlagen, doch dieser Aufforderung konnte er nicht widerstehen.

Sonnenstrahl hüpfte also auf das Bett und ließ sich von den mageren Händchen streicheln. Er erfuhr nun, daß die Kleine Mariechen hieß, daß sie viele Wochen krank gewesen, und daß heute die Taufe ihres jüngsten Brüderchens sei. – Da erzählte Sonnenstrahl ihr, daß er vorhin in der Kirche Taufzeuge gewesen sei, und Mariechen klatschte vor Freude in die Händchen. Weiter fuhr der Sonnenstrahl fort:

„Du mußt wissen, ich habe viele Millionen Brüder. Die werden von unserer Mutter Sonne alle Tage hinab auf die Erde gesandt. Zuweilen, wenn es trübe ist, sagen die Menschen: ‚Die liebe Sonne hat sich versteckt.' Nun ja, die Wolken versperren den Sonnenstrahlen oft feindlich den Weg auf die Erde. Nur wenigen meiner Brüder gelingt es dann, hindurch zu kommen, damit es auf der Erde Tag ist. Oft verschlingen die Wolken auch manche von meinen Brüdern, und wenn diese darob bitterlich weinen, dann sagen die Menschen: ‚Es regnet.' So viele Sonnenstrahlen aber auch die Wolken verschlingen wollen, es werden ihrer doch nicht weniger. Unsere Mutter Sonne sendet immer wieder neue Strahlen hinab.

Wenn die Wolken sich aber trotzig zusammenballen, dann tanzen die Sonnenstrahlen da oben auf der Wolkendecke oft fröhlich, um doch Zeitvertreib zu haben. Du mußt nämlich wissen, daß jeder Sonnenstrahl auf dem weiten Erdenrund vom Süden bis zum Norden seine Arbeit bekommt.

Viele von meinen Brüdern müssen die Blumen hervorlocken, andere das Getreide reifen. Die einen wiederum müssen die Früchte schön goldig und rot färben, andere den Saft in den Trauben gar kochen.

Wieder andere müssen die Gegenden in goldiges Licht tauchen, damit die Menschen ihre Freude haben, oder sie müssen zu den Armen und Kranken schlüpfen und diesen einen Gruß

Lippen, und die Händchen streckten sich dem blinkenden Himmelsgast entgegen. Den Wellchen draußen im Bach hatte er ihre Bitte abgeschlagen, doch dieser Aufforderung konnte er nicht widerstehen.

Sonnenstrahl hüpfte also auf das Bett und ließ sich von den mageren Händchen streicheln. Er erfuhr nun, daß die Kleine Mariechen hieß, daß sie viele Wochen krank gewesen, und daß heute die Taufe ihres jüngsten Brüderchens sei. — Da erzählte Sonnenstrahl ihr, daß er vorhin in der Kirche Taufzeuge gewesen sei, und Mariechen klatschte vor Freude in die Händchen. Weiter fuhr der Sonnenstrahl fort:

„Du mußt wissen, ich habe viele Millionen Brüder. Die werden von unserer Mutter Sonne alle Tage hinab auf die Erde gesandt. Zuweilen, wenn es trübe ist, sagen die Menschen: ‚Die liebe Sonne hat sich versteckt.' Nun ja, die Wolken versperren den Sonnenstrahlen oft feindlich den Weg auf die Erde. Nur wenigen meiner Brüder gelingt es dann, hindurch zu kommen, damit es auf der Erde Tag ist. Oft verschlingen die Wolken auch manche von meinen Brüdern, und wenn diese darob bitterlich weinen, dann sagen die Menschen: ‚Es regnet.' So viele Sonnenstrahlen aber auch die Wolken verschlingen wollen, es werden ihrer doch nicht weniger. Unsere Mutter Sonne sendet immer wieder neue Strahlen hinab.

Wenn die Wolken sich aber trotzig zusammenballen, dann tanzen die Sonnenstrahlen da oben auf der Wolkendecke oft fröhlich, um doch Zeitvertreib zu haben. Du mußt nämlich wissen, daß jeder Sonnenstrahl auf dem weiten Erdenrund vom Süden bis zum Norden seine Arbeit bekommt.

Viele von meinen Brüdern müssen die Blumen hervorlocken, andere das Getreide reifen. Die einen wiederum müssen die Früchte schön goldig und rot färben, andere den Saft in den Trauben gar kochen.

Wieder andere müssen die Gegenden in goldiges Licht tauchen, damit die Menschen ihre Freude haben, oder sie müssen zu den Armen und Kranken schlüpfen und diesen einen Gruß vom lieben Gott bringen. Und so könnte ich dir noch hunderterlei aufzählen." Mariechen hatte mit glänzenden Augen zugehört.

„Da habt ihr Brüder alle viel zu tun," erwiderte sie; „aber weißt du, lieber Sonnenstrahl, wenn du gar gekommen bist, auch mir einen Gruß vom lieben Gott zu bringen, weil ich krank bin, so habe ich dich von all deinen Brüdern am liebsten."

„Nein", sagte der Angeredete etwas kleinlaut, „beim lieben Gott bin ich heute nicht gewesen; aber meine Mutter, die liebe Sonne, hat mir Grüße an alle Kranken, die ich besuchen würde, aufgetragen. Mein Bruder, den der liebe Gott als Überbringer seines Grußes dir sendet, kommt gewiß auch heut noch zu dir. Ich will nun weiter wandern."

„Ach, bitte lieber Sonnenstrahl, bleibe doch noch ein wenig bei mir; sieh, ich bin so allein, und noch keiner deiner Brüder hat mir so schön erzählt wie du." „Ja, liebes Kind, meine Brüder können nicht alle sprechen," lautete die Antwort. „Was möchtest du denn noch erfahren?" „Sage mir doch noch etwas, das ihr tun müßt!"

Sonnenstrahl sah in die bittenden Kinderaugen, bei deren Himmelsblau ihm gleich etwas einfiel, das er der Kleinen schon vorher hatte erzählen wollen; so begann er denn wieder:

„Außer vielem andern, das wir tun müssen, sollen wir auch aufpassen, ob ein Kind brav ist, damit wir es dem lieben Gott wieder erzählen können. Und dann, denk einmal, wenn so ein braves Kindlein stirbt, stellen sich etliche meiner Brüder dicht nebeneinander, als ob sie goldene Seile wären, damit sie einen für die Menschen meist unsichtbaren Weg von der Erde zum Himmel bilden, auf dem dann die Englein die Seele dieses Kindes zum lieben Gott empor ziehen können."

Die kleine Zuhörerin hatte die Hände gefaltet. Mit großen Augen flüsterte sie nun: „O, das möchte ich einmal sehen. — Gelt, lieber Sonnenstrahl, da haben deine Brüder auch den Engeln geholfen, Nachbars Klärchen zum lieben Gott zu bringen? Klärchen hatte Lungenentzündung wie ich. Nun kann vom lieben Gott bringen. Und so könnte ich dir noch hunderterlei aufzählen." Mariechen hatte mit glänzenden Augen zugehört.

„Da habt ihr Brüder alle viel zu tun," erwiderte sie; „aber weißt du, lieber Sonnenstrahl, wenn du gar gekommen bist, auch mir einen Gruß vom lieben Gott zu bringen, weil ich krank bin, so habe ich dich von all deinen Brüdern am liebsten."

„Nein", sagte der Angeredete etwas kleinlaut, „beim lieben Gott bin ich heute nicht gewesen; aber meine Mutter, die liebe Sonne, hat mir Grüße an alle Kranken, die ich besuchen würde, aufgetragen. Mein Bruder, den der liebe Gott als Überbringer seines Grußes dir sendet, kommt gewiß auch heut noch zu dir. Ich will nun weiter wandern."

„Ach, bitte lieber Sonnenstrahl, bleibe doch noch ein wenig bei mir; sieh, ich bin so allein, und noch keiner deiner Brüder hat mir so schön erzählt wie du." „Ja, liebes Kind, meine Brüder können nicht alle sprechen," lautete die Antwort. „Was möchtest du denn noch erfahren?" „Sage mir doch noch etwas, das ihr tun müßt!"

Sonnenstrahl sah in die bittenden Kinderaugen, bei deren Himmelsblau ihm gleich etwas einfiel, das er der Kleinen schon vorher hatte erzählen wollen; so begann er denn wieder:

„Außer vielem andern, das wir tun müssen, sollen wir auch aufpassen, ob ein Kind brav ist, damit wir es dem lieben Gott wieder erzählen können. Und dann, denk einmal, wenn so ein braves Kindlein stirbt, stellen sich etliche meiner Brüder dicht nebeneinander, als ob sie goldene Seile wären, damit sie einen für die Menschen meist unsichtbaren Weg von der Erde zum Himmel bilden, auf dem dann die Englein die Seele dieses Kindes zum lieben Gott empor ziehen können."

Die kleine Zuhörerin hatte die Hände gefaltet. Mit großen Augen flüsterte sie nun: „O, das möchte ich einmal sehen. — Gelt, lieber Sonnenstrahl, da haben deine Brüder auch den Engeln geholfen, Nachbars Klärchen zum lieben Gott zu bringen? Klärchen hatte Lungenentzündung wie ich. Nun kann ich nicht mehr mit ihr spielen." — Die letzten Worte klangen ganz traurig. Sonnenstrahl tröstete indessen:

„Klärchen spielt nun droben mit den Englein; doch dir schenkte der liebe Gott dafür das kleine Brüderchen, mit dem du spielen sollst. Vielleicht besuche ich dich später wieder, wenn du ganz gesund bist. Jetzt muß ich fort; sieh, dort kommen die Taufpaten aus der Kirche."

Sonnenstrahl entglitt schnell den Kinderhänden, die ihn noch fest halten wollten, und hüpfte vom Bettchen fort geradewegs über die Köpfe der eben in das Haus Eintretenden. — Draußen überlegte er einen Augenblick, wohin er sich wenden sollte.

Da sah er einen pausbäckigen Jungen, offenbar auch einen Bruder Mariechens, aus dem Hause treten und die Stufen zum Vorratskeller hinab schleichen. Neugierig folgte der schon ziemlich kühn gewordene Sonnenstrahl. — Hu, da drunten war es ganz dunkel; nur durch die Tür fiel ein schmaler Lichtstreif. — Sonnenstrahl wollte dem düsteren Raum schon wieder entfliehen; doch im Beobachten des Knaben vergaß er das.

Dieser nahm ein mächtiges, gewiß für die Gäste bestimmtes Stück Kuchen von einem Regal. Doch offenbar war er mit der Absicht, zu naschen, in den Keller geschlichen; denn ehe er den Kuchen forttrug, versuchte er, vom Zucker und den Mandeln, mit denen dieser bestreut war, zu naschen. Das betrübte den Sonnenstrahl, so daß er unwillig aufblitzte und behende auf des Knaben Hand sprang.

Da zuckte der Näscher zusammen und zog die Hand zurück. Der Sonnenstrahl hatte sich wieder zurückgezogen. Aber der Junge, sich wieder sicher glaubend, konnte, da da Gebäck so appetitlich duftete, der Versuchung nicht widerstehen. Er versuchte es jetzt sogar, die Rosinen aus dem Teig zu bohren. Aber jetzt war der Sonnenstrahl noch unwilliger. Erzürnt sprang er auf das gefährdete Gebäck, und leuchtete fast grell vor dem Missetäter auf, daß dieser ganz rot wurde. Aber was ich nicht mehr mit ihr spielen." — Die letzten Worte klangen ganz traurig. Sonnenstrahl tröstete indessen:

„Klärchen spielt nun droben mit den Englein; doch dir schenkte der liebe Gott dafür das kleine Brüderchen, mit dem du spielen sollst. Vielleicht besuche ich dich später wieder, wenn du ganz gesund bist. Jetzt muß ich fort; sieh, dort kommen die Taufpaten aus der Kirche."

Sonnenstrahl entglitt schnell den Kinderhänden, die ihn noch fest halten wollten, und hüpfte vom Bettchen fort geradewegs über die Köpfe der eben in das Haus Eintretenden. — Draußen überlegte er einen Augenblick, wohin er sich wenden sollte.

Da sah er einen pausbäckigen Jungen, offenbar auch einen Bruder Mariechens, aus dem Hause treten und die Stufen zum Vorratskeller hinab schleichen. Neugierig folgte der schon ziemlich kühn gewordene Sonnenstrahl. — Hu, da drunten war es ganz dunkel; nur durch die Tür fiel ein schmaler Lichtstreif. — Sonnenstrahl wollte dem düsteren Raum schon wieder entfliehen; doch im Beobachten des Knaben vergaß er das.

Dieser nahm ein mächtiges, gewiß für die Gäste bestimmtes Stück Kuchen von einem Regal. Doch offenbar war er mit der Absicht, zu naschen, in den Keller geschlichen; denn ehe er den Kuchen forttrug, versuchte er, vom Zucker und den Mandeln, mit denen dieser bestreut war, zu naschen. Das betrübte den Sonnenstrahl, so daß er unwillig aufblitzte und behende auf des Knaben Hand sprang.

Da zuckte der Näscher zusammen und zog die Hand zurück. Der Sonnenstrahl hatte sich wieder zurückgezogen. Aber der Junge, sich wieder sicher glaubend, konnte, da da Gebäck so appetitlich duftete, der Versuchung nicht widerstehen. Er versuchte es jetzt sogar, die Rosinen aus dem Teig zu bohren. Aber jetzt war der Sonnenstrahl noch unwilliger. Erzürnt sprang er auf das gefährdete Gebäck, und leuchtete fast grell vor dem Missetäter auf, daß dieser ganz rot wurde. Aber was war das? Erschrocken vernahm der Näscher zugleich deutlich die Mahnung des Sonnenstrahls:

„Es wird nichts so fein gesponnen —
Endlich d o c h kommt's an die Sonnen!"

Da entfloh der Knabe in höchster Seelenangst, die Kellertür blitzschnell hinter sich zuschlagend.

Das war dem Sonnenstrahl so unerwartet gekommen, daß er gar nicht daran gedacht hatte, mit dem Knaben hinaus zu schlüpfen. Da saß er nun gefangen im dunklen Keller. Hier wollte er um keinen Preis bleiben; so suchte er einen Ausweg. Er zwängte sich durch einen schmalen Spalt der Kellertür und war froh, als er sich diesem Gefängnis entronnen fühlte.

Im Hause saßen jetzt die Taufgäste und taten sich an Speis und Trank gütlich. Sonnenstrahl blitzte freundlich auf, als er, durch die Stube hüpfend, lauter zufriedene Gesichter gewahrte. Ein Gast bemerkte dieses Aufblitzen, dessen Bedeutung er natürlich nicht ahnte. „Ei, sieh da, wieder ein Sonnenstrahl!" rief er. „Glück für unseren Täufling soll das bedeuten!" Auch die anderen sprachen hin und her, wie schön das während der Taufe in der Kirche war, als da auch plötzlich so ein Sonnenleuchten auf des Kindleins Köpfchen gefallen sei; ein Leuchten, als wäre es ein Lächeln vom lieben Gott gewesen.

Sonnenstrahl blitzte nochmals in Zufriedenheit auf. Er hatte nämlich nicht nur die Worte der Menschen vernommen, sondern auch bemerkt, daß der Näscher nirgends zu sehen war. — Wohin mochte er gegangen sein? — Sonnenstrahl mußte aber nun weiter.

Doch es trieb ihn vorher noch einmal zu dem kleinen Mariechen ans Fenster. Was aber erblickte er dort? An Mariechens Lager kauert eben der Näscher, welcher mit dem Rücken seiner Handfläche verstohlen über die Augen fährt. Er bekennt eben seinem kranken Schwesterchen alles. Die Kleine antwortet sanft:

war das? Erschrocken vernahm der Näscher zugleich deutlich die Mahnung des Sonnenstrahls:

„Es wird nichts so fein gesponnen —
Endlich d o c h kommt's an die Sonnen!“

Da entfloh der Knabe in höchster Seelenangst, die Kellertür blitzschnell hinter sich zuschlagend.

Das war dem Sonnenstrahl so unerwartet gekommen, daß er gar nicht daran gedacht hatte, mit dem Knaben hinaus zu schlüpfen. Da saß er nun gefangen im dunklen Keller. Hier wollte er um keinen Preis bleiben; so suchte er einen Ausweg. Er zwängte sich durch einen schmalen Spalt der Kellertür und war froh, als er sich diesem Gefängnis entronnen fühlte.

Im Hause saßen jetzt die Taufgäste und taten sich an Speis und Trank gütlich. Sonnenstrahl blitzte freundlich auf, als er, durch die Stube hüpfend, lauter zufriedene Gesichter gewahrte. Ein Gast bemerkte dieses Aufblitzen, dessen Bedeutung er natürlich nicht ahnte. „Ei, sieh da, wieder ein Sonnenstrahl!“ rief er. „Glück für unseren Täufling soll das bedeuten!“ Auch die anderen sprachen hin und her, wie schön das während der Taufe in der Kirche war, als da auch plötzlich so ein Sonnenleuchten auf des Kindleins Köpfchen gefallen sei; ein Leuchten, als wäre es ein Lächeln vom lieben Gott gewesen.

Sonnenstrahl blitzte nochmals in Zufriedenheit auf. Er hatte nämlich nicht nur die Worte der Menschen vernommen, sondern auch bemerkt, daß der Näscher nirgends zu sehen war. — Wohin mochte er gegangen sein? — Sonnenstrahl mußte aber nun weiter.

Doch es trieb ihn vorher noch einmal zu dem kleinen Mariechen ans Fenster. Was aber erblickte er dort? An Mariechens Lager kauert eben der Näscher, welcher mit dem Rücken seiner Handfläche verstohlen über die Augen fährt. Er bekennt eben seinem kranken Schwesterchen alles. Die Kleine antwortet sanft:

„Der Sonnenstrahl hat dich warnen wollen, denn er muß alles, was er sieht, dem lieben Gott erzählen. Darum tu es nimmer wieder; denn Naschen ist auch Sünde!"

Reuig verspricht der Knabe, nie wieder die Hand nach Verbotenem auszustrecken. Der Sonnenstrahl lauscht am Fenster hinter dem Grün versteckt, und freut sich, daß er den Knaben nicht allein von der Sünde zurückgeschreckt hat, sondern daß dieser auch seine dunkle Tat in aufrichtiger Reue bekennt und seinem kranken Schwesterchen Besserung gelobt.

Sonnenstrahl hörte eben noch, wie Mariechen sprach: „Komm, Bruder, setz dich hier auf den Schemel! Dann will ich dir etwas vom lieben Sonnenstrahl anvertrauen."

Noch einmal lugte Sonnenstrahl vorsichtig um die Ecke und warf, hell aufleuchtend, einen freundlichen Blick in das Gemach.

Dann huschte er weiter. Er war in seinem freudigen Flimmern und Leuchten fast noch lieblicher anzuschauen als vordem, denn er wußte ja nun, daß seine Wanderung Gutes bewirkt hatte.

„Der Sonnenstrahl hat dich warnen wollen, denn er muß alles, was er sieht, dem lieben Gott erzählen. Darum tu es nimmer wieder; denn Naschen ist auch Sünde!"

Reuig verspricht der Knabe, nie wieder die Hand nach Verbotenem auszustrecken. Der Sonnenstrahl lauscht am Fenster hinter dem Grün versteckt, und freut sich, daß er den Knaben nicht allein von der Sünde zurückgeschreckt hat, sondern daß dieser auch seine dunkle Tat in aufrichtiger Reue bekennt und seinem kranken Schwesterchen Besserung gelobt.

Sonnenstrahl hörte eben noch, wie Mariechen sprach: „Komm, Bruder, setz dich hier auf den Schemel! Dann will ich dir etwas vom lieben Sonnenstrahl anvertrauen."

Noch einmal lugte Sonnenstrahl vorsichtig um die Ecke und warf, hell aufleuchtend, einen freundlichen Blick in das Gemach.

Dann huschte er weiter. Er war in seinem freudigen Flimmern und Leuchten fast noch lieblicher anzuschauen als vordem, denn er wußte ja nun, daß seine Wanderung Gutes bewirkt hatte.

Strampelmäuschen

Es war einmal eine Maus, die hatte fünf kleine Mäusekinder, welche sie, warm gebettet, treulich hegte und pflegte. Ihre Wohnung lag hart am Waldesrand und zog sich unter alten Baumwurzeln am Feldrain hin. Für Mäusebegriffe war sie äußerst behaglich, was die vier ältesten Mäuschen auch anerkannten; nur das jüngste tat dies nicht. Es war zwar anfangs, solange es noch nackt und bloß gewesen, so ziemlich verträglich geblieben; doch sobald sein Haarkleidchen wuchs, begann das Mäuschen sich zu dehnen und zu strecken. Es beanspruchte immer den besten Platz im Nest, stieß die anderen oft und strampelte zuletzt so viel, daß Mutter und Geschwister unwillig wurden und es nur noch „Strampelmäuschen" nannten.

Als die Mutter ihre Kinder eines Tages nun einmal mit hinaus nahm und Strampelmäuschen fand, daß es oben im hellen Sonnenschein, so nahe dem Kornfeld und dem grünen Walde, doch weit schöner war, als unten im dunklen engen Nest, da erklärte es rund heraus, nicht wieder mit hinunter zu wollen.

Die Mutter stellte dem eigensinnigen Mäuschen vor, welchen Gefahren es hier oben schutzlos preisgegeben sei, doch Strampelmäuschen hörte kaum darauf, sondern ließ seine runden Äuglein herumschweifen, um ein geeignetes Obdach zu entdecken. Da stieß es plötzlich mit seinem hohen, piepsigen Stimmchen einen Ton freudigster Überraschung aus; denn ganz in der Nähe des Einganges zur mütterlichen Wohnung gewahrte es ein größeres, leeres, in Gras und Steinchen halb verstecktes Schneckenhaus. Strampelmäuschen glitt hinein, und weil es auffallend klein und zierlich war, so fand es wirklich Platz im Häuschen. Wenn dieses auch einige Risse und Spältchen zeigte, so genierte das Strampelmäuschen weiter nicht. Das Mäuschen trug einige weiche Hälmchen hinein und fühlte sich nun eben so stolz in seinem Häuschen wie manche Prinzessin in ihrem Palast.

So war es einige Tage ganz gut gegangen. Strampelmäuschen wohnte und schlief im Schneckenhäuschen und kam nur zuweilen auf Besuch

Strampelmäuschen

Es war einmal eine Maus, die hatte fünf kleine Mäusekinder, welche sie, warm gebettet, treulich hegte und pflegte. Ihre Wohnung lag hart am Waldesrand und zog sich unter alten Baumwurzeln am Feldrain hin. Für Mäusebegriffe war sie äußerst behaglich, was die vier ältesten Mäuschen auch anerkannten; nur das jüngste tat dies nicht. Es war zwar anfangs, solange es noch nackt und bloß gewesen, so ziemlich verträglich geblieben; doch sobald sein Haarkleidchen wuchs, begann das Mäuschen sich zu dehnen und zu strecken. Es beanspruchte immer den besten Platz im Nest, stieß die anderen oft und strampelte zuletzt so viel, daß Mutter und Geschwister unwillig wurden und es nur noch „Strampelmäuschen“ nannten.

Als die Mutter ihre Kinder eines Tages nun einmal mit hinaus nahm und Strampelmäuschen fand, daß es oben im hellen Sonnenschein, so nahe dem Kornfeld und dem grünen Walde, doch weit schöner war, als unten im dunklen engen Nest, da erklärte es rund heraus, nicht wieder mit hinunter zu wollen.

Die Mutter stellte dem eigensinnigen Mäuschen vor, welchen Gefahren es hier oben schutzlos preisgegeben sei, doch Strampelmäuschen hörte kaum darauf, sondern ließ seine runden Äuglein herumschweifen, um ein geeignetes Obdach zu entdecken. Da stieß es plötzlich mit seinem hohen, piepsigen Stimmchen einen Ton freudigster Überraschung aus; denn ganz in der Nähe des Einganges zur mütterlichen Wohnung gewahrte es ein größeres, leeres, in Gras und Steinchen halb verstecktes Schneckenhaus. Strampelmäuschen glitt hinein, und weil es auffallend klein und zierlich war, so fand es wirklich Platz im Häuschen. Wenn dieses auch einige Risse und Spältchen zeigte, so genierte das Strampelmäuschen weiter nicht. Das Mäuschen trug einige weiche Hälmchen hinein und fühlte sich nun eben so stolz in seinem Häuschen wie manche Prinzessin in ihrem Palast.

So war es einige Tage ganz gut gegangen. Strampelmäuschen wohnte und schlief im Schneckenhäuschen und kam nur zuweilen auf Besuch zu Mutter und Geschwistern. Hier hatte es aber an allem etwas auszusetzen, prahlte dagegen weidlich, wie viel besser es doch oben im Schneckenhäuschen sei.

Die in der Nähe wohnenden Muhmen und Basen aus der Verwandtschaft Strampelmäuschens waren sehr ungehalten über das Gebaren dieses jüngsten Familienmitgliedes, und von ihnen erfuhren es die Mükken und Käfer. Diese schüttelten mißbilligend die Köpfe und summten und brummten untereinander:

„Summ, summ,
Brumm, brumm,
Tut ganz apart,
Schlug aus der Art
Das Strampelmäuschen
Im Schneckenhäuschen."

So konnte es nicht ausbleiben, daß auch der Zwerg Goldmännchen Kunde davon erhielt, da er natürlich auch die Sprache der Tiere verstand.

Er arbeitete meist im Felsenschacht, wo er Gold schmiedete. Zuweilen, wenn die Sonne über Wald und Feld brütete, schlich er aber gern hinauf ans Tageslicht und spielte den schlafenden Tieren dann oftmals einen kleinen Schabernack. Er warf schlaftrunkene Käfer auf den Rücken, daß sie zappeln mußten, um wieder auf die Beine zu kommen; er streute Brotstückchen auf den Weg, und wenn dann die Spatzen sich darum stritten, sprang er plötzlich hervor, daß sie erschreckt davonflogen. Solche und ähnliche Streiche vollführte er gern. So stand es auch bei Goldmännchen fest, daß er Strampelmäuschen, „dem kleinen Nichtsnutz" wie er es nannte, einen kleinen Denkzettel geben müsse, wenn er nur erst die Stelle wußte, wo er es finden könne. So ging er denn auf leisen Sohlen wieder am Waldesrand dahin, als er ein größeres Schneckenhaus zu Gesicht bekam. Er trat näher hinzu und machte einen langen Hals, um zu sehen, ob sich eine Schnecke im Häuschen befände. Da gewahrte er, daß ein dünnes, langes Schwänzchen teilweise hervorragte. Goldmännchen hielt den Atem an und tappte vorsichtig näher, indem er mit leisem Kichern in seinen grauen Bart hineinmurmelte:

zu Mutter und Geschwistern. Hier hatte es aber an allem etwas auszusetzen, prahlte dagegen weidlich, wie viel besser es doch oben im Schneckenhäuschen sei.

Die in der Nähe wohnenden Muhmen und Basen aus der Verwandtschaft Strampelmäuschens waren sehr ungehalten über das Gebaren dieses jüngsten Familienmitgliedes, und von ihnen erfuhren es die Mücken und Käfer. Diese schüttelten mißbilligend die Köpfe und summten und brummten untereinander:

„Summ, summ,
Brumm, brumm,
Tut ganz apart,
Schlug aus der Art
Das Strampelmäuschen
Im Schneckenhäuschen."

So konnte es nicht ausbleiben, daß auch der Zwerg Goldmännchen Kunde davon erhielt, da er natürlich auch die Sprache der Tiere verstand.

Er arbeitete meist im Felsenschacht, wo er Gold schmiedete. Zuweilen, wenn die Sonne über Wald und Feld brütete, schlich er aber gern hinauf ans Tageslicht und spielte den schlafenden Tieren dann oftmals einen kleinen Schabernack. Er warf schlaftrunkene Käfer auf den Rücken, daß sie zappeln mußten, um wieder auf die Beine zu kommen; er streute Brotstückchen auf den Weg, und wenn dann die Spatzen sich darum stritten, sprang er plötzlich hervor, daß sie erschreckt davonflogen. Solche und ähnliche Streiche vollführte er gern. So stand es auch bei Goldmännchen fest, daß er Strampelmäuschen, „dem kleinen Nichtsnutz" wie er es nannte, einen kleinen Denkzettel geben müsse, wenn er nur erst die Stelle wußte, wo er es finden könne. So ging er denn auf leisen Sohlen wieder am Waldesrand dahin, als er ein größeres Schnekkenhaus zu Gesicht bekam. Er trat näher hinzu und machte einen langen Hals, um zu sehen, ob sich eine Schnecke im Häuschen befände. Da gewahrte er, daß ein dünnes, langes Schwänzchen teilweise hervorragte. Goldmännchen hielt den Atem an und tappte vorsichtig näher, indem er mit leisem Kichern in seinen grauen Bart hineinmurmelte:

„Was ist's mit diesem Schneckenhaus?
Da ragt ein Schwänzchen gar heraus –
Noch nie, das weiß ich sicher ganz,
sah **ich** ein Schnecklein mit 'nem Schwanz.
Potz Fels und Blitz!
Ist das ein Witz:
    In diesem Häuschen
    Wohnt's „Strampelmäuschen" –
    Seh' durch 'nen Ritz
    Das Schnäuzlein spitz."

Dann bückte er sich flugs, hob das Schneckenhaus samt seiner Bewohnerin auf und enteilte mit seiner Beute, ehe das schlaftrunkene Strampelmäuschen sich ermannen und fliehen konnte. Es wußte erst gar nicht, wie ihm geschah, bis es sich fortgetragen fühlte und Goldmännchens listig funkelnde Augen erblickte. Strampelmäuschen rief in seiner Angst, so laut es konnte:

„Mütterlein, Mütterlein, komm doch geschwind,
Goldmännchen holet dein kleines Kind!
Will auch fürderhin folgsam sein,
O rette nur, rette dein Kindchen klein!"

Der Mäusemutter feines Ohr hatte zwar die Klagetöne vernommen; doch als sie voll Schrecken oben anlangte, sah sie nur noch Goldmännchen enteilen. Flinke Beinchen hatte sie wohl, aber was konnte sie trotzdem gegen einen solchen Gegner ausrichten? So lief sie nur hinterdrein, um zu sehen, wohin Strampelmäuschen entführt wurde. Sie brauchte auch nicht weit zu folgen; denn beim nahen Felsen verschwand der Zwerg plötzlich in einer Felsenspalte. Ihm weiter zu folgen, war unmöglich, denn die Mutter konnte an der Stelle keinen Eingang entdecken. So lief sie denn betrübt zurück, um ihren Kindern sowie den Muhmen und Basen ihr Leid zu klagen.
Strampelmäuschen sah sich nun rettungslos der Willkür Goldmännchens preisgegeben; es rang die Pfötchen und ließ betrübt das Schwänzchen

„Was ist's mit diesem Schneckenhaus?
Da ragt ein Schwänzchen gar heraus –
Noch nie, das weiß ich sicher ganz,
sah **ich** ein Schnecklein mit 'nem Schwanz.
Potz Fels und Blitz!
Ist das ein Witz:
In diesem Häuschen
Wohnt's „Strampelmäuschen" –
Seh' durch 'nen Ritz
Das Schnäuzlein spitz."

Dann bückte er sich flugs, hob das Schneckenhaus samt seiner Bewohnerin auf und enteilte mit seiner Beute, ehe das schlaftrunkene Strampelmäuschen sich ermannen und fliehen konnte. Es wußte erst gar nicht, wie ihm geschah, bis es sich fortgetragen fühlte und Goldmännchens listig funkelnde Augen erblickte. Strampelmäuschen rief in seiner Angst, so laut es konnte:

„Mütterlein, Mütterlein, komm doch geschwind,
Goldmännchen holet dein kleines Kind!
Will auch fürderhin folgsam sein,
O rette nur, rette dein Kindchen klein!"

Der Mäusemutter feines Ohr hatte zwar die Klagetöne vernommen; doch als sie voll Schrecken oben anlangte, sah sie nur noch Goldmännchen enteilen. Flinke Beinchen hatte sie wohl, aber was konnte sie trotzdem gegen einen solchen Gegner ausrichten? So lief sie nur hinterdrein, um zu sehen, wohin Strampelmäuschen entführt wurde. Sie brauchte auch nicht weit zu folgen; denn beim nahen Felsen verschwand der Zwerg plötzlich in einer Felsenspalte. Ihm weiter zu folgen, war unmöglich, denn die Mutter konnte an der Stelle keinen Eingang entdecken. So lief sie denn betrübt zurück, um ihren Kindern sowie den Muhmen und Basen ihr Leid zu klagen.
Strampelmäuschen sah sich nun rettungslos der Willkür Goldmännchens preisgegeben; es rang die Pfötchen und ließ betrübt das Schwänzchen

hängen; — ja, es bat den Zwerg in den flehendsten Tönen, es doch nicht in den dunklen Felsen mitzunehmen. Alles vergeblich.

Als es nun ganz verschüchtert aufzublicken wagte, sah das Mäuschen sich in einem Felsensaal, der von Fackeln fast taghell erleuchtet war. Goldene Geräte und Edelsteine blitzten überall in großer Menge. Auf einem Ruhebett von weichstem Moos aber lag ein winziges Zwergenkind, anscheinend in tiefem Schlaf.

Ehe Strampelmäuschen aber noch recht darüber nachdenken konnte, griff Goldmännchen in eine Felsspalte und zog ein langes feines Goldkettchen daraus hervor, das er, es blitzschnell in Schlingen knüpfend, der Gefangenen anlegte, während er sich das Ende um den Arm schlang.

Nun war Strampelmäuschen doppelt gefangen und mußte Goldmännchen überall hin folgen. Dieser zog es nun mit sich in einen noch größeren Raum, wo mehrere Zwerge und Zwergenkinder an einem silbernen Tische saßen und aus goldenen Geschirren aßen und tranken. Auch hier glänzte alles von Edelsteinen.

Ein Kichern erhob sich, als die anderen den Zwerg mit dem Mäuschen erblickten, das zitternd, in Angstschweiß gebadet, auf dem kalten Fußboden kauerte.

„Hier bringe ich euch Kindern ein Spielzeug," sagte Goldmännchen nun triumphierend; — „es ist das Strampelmäuschen. Das wollte etwas **Besseres** sein und **Besseres** haben als seine Mutter und Geschwister, aber solches Gebaren tut nicht gut. Nun hat es seinen Willen, wenn auch anders, als es gedacht. Heute nacht schmiede ich ein gülden Wäglein; da hinein setzen wir das jüngste Zwergenkind, und Strampelmäuschen wird als „Pferdchen" davor angespannt."

Jubelndes Geschrei erhob sich nach diesen Worten Goldmännchens, und während dieser nun weiteren Bericht erstattete, kam ein Zwergenkind herbeigehüpft, das dem betrübten Mäuschen Honigteig und Speck bot. Doch was dieses sonst als größten, ungewohnten Leckerbissen betrachtet hätte, das wollte nun nicht munden.

Obwohl die Zwergenkinder das Schneckenhäuschen, nun mit weichstem Moos ausgepolstert, dem Mäuschen zur Ruhestatt boten, schlief es in dieser Nacht fast gar nicht; es war zu betrübt. Zudem drückte auch das Kettchen ein wenig und erinnerte es immer von neuem hängen; – ja, es bat den Zwerg in den flehendsten Tönen, es doch nicht in den dunklen Felsen mitzunehmen. Alles vergeblich.

Als es nun ganz verschüchtert aufzublicken wagte, sah das Mäuschen sich in einem Felsensaal, der von Fackeln fast taghell erleuchtet war. Goldene Geräte und Edelsteine blitzten überall in großer Menge. Auf einem Ruhebett von weichstem Moos aber lag ein winziges Zwergenkind, anscheinend in tiefem Schlaf.

Ehe Strampelmäuschen aber noch recht darüber nachdenken konnte, griff Goldmännchen in eine Felsspalte und zog ein langes feines Goldkettchen daraus hervor, das er, es blitzschnell in Schlingen knüpfend, der Gefangenen anlegte, während er sich das Ende um den Arm schlang.

Nun war Strampelmäuschen doppelt gefangen und mußte Goldmännchen überall hin folgen. Dieser zog es nun mit sich in einen noch größeren Raum, wo mehrere Zwerge und Zwergenkinder an einem silbernen Tische saßen und aus goldenen Geschirren aßen und tranken. Auch hier glänzte alles von Edelsteinen.

Ein Kichern erhob sich, als die anderen den Zwerg mit dem Mäuschen erblickten, das zitternd, in Angstschweiß gebadet, auf dem kalten Fußboden kauerte.

„Hier bringe ich euch Kindern ein Spielzeug," sagte Goldmännchen nun triumphierend; – „es ist das Strampelmäuschen. Das wollte etwas **Besseres** sein und **Besseres** haben als seine Mutter und Geschwister, aber solches Gebaren tut nicht gut. Nun hat es seinen Willen, wenn auch anders, als es gedacht. Heute nacht schmiede ich ein gülden Wäglein; da hinein setzen wir das jüngste Zwergenkind, und Strampelmäuschen wird als „Pferdchen" davor angespannt."

Jubelndes Geschrei erhob sich nach diesen Worten Goldmännchens, und während dieser nun weiteren Bericht erstattete, kam ein Zwergenkind herbeigehüpft, das dem betrübten Mäuschen Honigteig und Speck bot. Doch was dieses sonst als größten, ungewohnten Leckerbissen betrachtet hätte, das wollte nun nicht munden.

Obwohl die Zwergenkinder das Schneckenhäuschen, nun mit weichstem Moos ausgepolstert, dem Mäuschen zur Ruhestatt boten, schlief es in dieser Nacht fast gar nicht; es war zu betrübt. Zudem drückte auch das Kettchen ein wenig und erinnerte es immer von neuem an die Gefangenschaft. „Ach“, seufzte es, „wäre ich doch im Nest geblieben! Da war es weit schöner. Es lag mir zu tief unter der Erde; nun bin ich viel, viel tiefer, sehe nicht Sonne noch Mond und bin weit, weit von meinem Mütterlein.“

Niemand hörte aber auf Strampelmäuschens Jammern; es mußte nun sein selbst verschuldetes Ungemach tragen.

Am andern Morgen brachte Goldmännchen wirklich ein überaus zierliches Wägelchen von Gold. Strampelmäuschen wurde davor gespannt, dann das kleinste Zwergenkind hineingesetzt, während die anderen Kinder schieben halfen. Nun ging es durch Felsensäle und Gänge immer im Trab, daß dem armen Strampelmäuschen schier der Atem ausging und es inständig bat, ihm Ruhe zu gönnen. Auch Kunststücke mußte es lernen: klettern, springen und Pfötchen geben, was ihm indessen, da es von Natur Anlage dazu hatte, nicht schwer fiel.

So war Strampelmäuschen denn einige Zeit im Zwergenreich gewesen.

Täglich wurde es vor das Wägelchen gespannt und sehnte sich, obwohl es sonst gut gehalten wurde, oft nach seinem Mütterchen und seinen Geschwistern. Mit den Zwergenkindern stand es aber auf ganz gutem Fuß, ja, es erzählte ihnen sogar öfter, wie schön es oben am Walde und am Feldrain sei, und die Kinder wünschten sehnlich, das auch einmal zu sehen, da sie noch nie an die Oberwelt gekommen waren.

Eines Tages, als alle größeren Zwerge emsiger Arbeit in entfernteren Felshöhlen oblagen, beschlossen die Zwergenkinder, obwohl es ihnen verboten war, nun doch einmal zu sehen, wie es oben in Wald und Feld aussah. Strampelmäuschen frohlockte innerlich, als es ihren Entschluß vernahm, und ließ sich geduldig vor das Wägelchen spannen; denn dieses mit dem kleinsten Zwergenkinde darin mußte natürlich mitgenommen werden.

Etwas mühsam war der Weg bergauf durch eng gewundene Höhlengänge; aber die Kleinen halfen fleißig den Wagen schieben, und Strampelmäuschen sah endlich wieder den im Sonnenlicht daliegenden Wald.

Die Zwergenkinder blinzelten erst, bevor sie sich an das ihnen ungewohnte Tageslicht gewöhnten; aber dann liefen sie mit lustigem Lachen neben dem Wägelchen her.

an die Gefangenschaft. „Ach", seufzte es, „wäre ich doch im Nest geblieben! Da war es weit schöner. Es lag mir zu tief unter der Erde; nun bin ich viel, viel tiefer, sehe nicht Sonne noch Mond und bin weit, weit von meinem Mütterlein."

Niemand hörte aber auf Strampelmäuschens Jammern; es mußte nun sein selbst verschuldetes Ungemach tragen.

Am andern Morgen brachte Goldmännchen wirklich ein überaus zierliches Wägelchen von Gold. Strampelmäuschen wurde davor gespannt, dann das kleinste Zwergenkind hineingesetzt, während die anderen Kinder schieben halfen. Nun ging es durch Felsensäle und Gänge immer im Trab, daß dem armen Strampelmäuschen schier der Atem ausging und es inständig bat, ihm Ruhe zu gönnen. Auch Kunststücke mußte es lernen: klettern, springen und Pfötchen geben, was ihm indessen, da es von Natur Anlage dazu hatte, nicht schwer fiel.

So war Strampelmäuschen denn einige Zeit im Zwergenreich gewesen.

Täglich wurde es vor das Wägelchen gespannt und sehnte sich, obwohl es sonst gut gehalten wurde, oft nach seinem Mütterchen und seinen Geschwistern. Mit den Zwergenkindern stand es aber auf ganz gutem Fuß, ja, es erzählte ihnen sogar öfter, wie schön es oben am Walde und am Feldrain sei, und die Kinder wünschten sehnlich, das auch einmal zu sehen, da sie noch nie an die Oberwelt gekommen waren.

Eines Tages, als alle größeren Zwerge emsiger Arbeit in entfernteren Felshöhlen oblagen, beschlossen die Zwergenkinder, obwohl es ihnen verboten war, nun doch einmal zu sehen, wie es oben in Wald und Feld aussah. Strampelmäuschen frohlockte innerlich, als es ihren Entschluß vernahm, und ließ sich geduldig vor das Wägelchen spannen; denn dieses mit dem kleinsten Zwergenkinde darin mußte natürlich mitgenommen werden.

Etwas mühsam war der Weg bergauf durch eng gewundene Höhlengänge; aber die Kleinen halfen fleißig den Wagen schieben, und Strampelmäuschen sah endlich wieder den im Sonnenlicht daliegenden Wald.

Die Zwergenkinder blinzelten erst, bevor sie sich an das ihnen ungewohnte Tageslicht gewöhnten; aber dann liefen sie mit lustigem Lachen neben dem Wägelchen her.

Strampelmäuschen hatte sich die Richtung, in der die mütterliche Wohnung lag, wohl gemerkt; es suchte nun nach dorthin zu kommen. Die Zwergenkinder konnten sich nicht satt sehen an all dem Schönen, Ungekannten, an den grünen Bäumen, den bunten Blumen, und Strampelmäuschen kam sich sehr wichtig vor, ihnen das alles erklären zu können.

Jetzt gaukelten bunte Schmetterlinge vor ihnen her und umflatterten verwundert die kleine Gruppe. Nur wenige Tage war es ihnen vergönnt, sich ihres Lebens zu freuen, und da sie kaum einen Tag alt waren, so wußten sie auch noch nichts von Strampelmäuschen und seinem Schicksal. Aber es war, als hätten sie dieses geahnt, als wollten sie Strampelmäuschen zu Hülfe kommen. Sie führten nämlich einen immer munterer werdenden Reigen in der Luft auf, und die Zwergenkinder hörten, wie die bunten Tierchen mit ihren feinen Stimmchen riefen:

„Bunt erglänzen uns're Flügel,
Tragen leicht uns über Hügel,
Über Wälder und auch Berge;
Lauft uns nach, ihr kleinen Zwerge!
Blumenduft
Und Morgentau
Ist uns're Speise,
Merkt's genau!
Kommt und seht,
Wie wir jetzt naschen;
Ha, ha, ha,
Könnt uns nicht haschen!"

Nach allen Seiten waren die Zwergenkinder nun dahingestürmt, um die kleinen, bunten Spötter zu fangen; doch ihr Trachten war vergeblich. Sie hatten Strampelmäuschen ganz vergessen und jagten nun, hier über ein Steinchen stolpernd, dort sich in einen Grashalm verwickelnd, schreiend weiter.

Strampelmäuschen hatte unterdessen mit Anstrengung das Wägelchen samt dem Zwergenkinde immer weiter nach dort gezogen,

Strampelmäuschen hatte sich die Richtung, in der die mütterliche Wohnung lag, wohl gemerkt; es suchte nun nach dorthin zu kommen. Die Zwergenkinder konnten sich nicht satt sehen an all dem Schönen, Ungekannten, an den grünen Bäumen, den bunten Blumen, und Strampelmäuschen kam sich sehr wichtig vor, ihnen das alles erklären zu können.

Jetzt gaukelten bunte Schmetterlinge vor ihnen her und umflatterten verwundert die kleine Gruppe. Nur wenige Tage war es ihnen vergönnt, sich ihres Lebens zu freuen, und da sie kaum einen Tag alt waren, so wußten sie auch noch nichts von Strampelmäuschen und seinem Schicksal. Aber es war, als hätten sie dieses geahnt, als wollten sie Strampelmäuschen zu Hülfe kommen. Sie führten nämlich einen immer munterer werdenden Reigen in der Luft auf, und die Zwergenkinder hörten, wie die bunten Tierchen mit ihren feinen Stimmchen riefen:

„Bunt erglänzen uns're Flügel,
Tragen leicht uns über Hügel,
Über Wälder und auch Berge;
Lauft uns nach, ihr kleinen Zwerge!
Blumenduft
Und Morgentau
Ist uns're Speise,
Merkt's genau!
Kommt und seht,
Wie wir jetzt naschen;
Ha, ha, ha,
Könnt uns nicht haschen!"

Nach allen Seiten waren die Zwergenkinder nun dahingestürmt, um die kleinen, bunten Spötter zu fangen; doch ihr Trachten war vergeblich. Sie hatten Strampelmäuschen ganz vergessen und jagten nun, hier über ein Steinchen stolpernd, dort sich in einen Grashalm verwickelnd, schreiend weiter.

Strampelmäuschen hatte unterdessen mit Anstrengung das Wägelchen samt dem Zwergenkinde immer weiter nach dort gezogen, wohin seine ganze Sehnsucht ging, und endlich erreichte es den Feldrain und die Baumwurzeln. Alles war noch wie sonst; nur das Gras war höher geworden, und das Kornfeld hatte begonnen, sich gelb zu färben. Und da war der Eingang zur mütterlichen Wohnung.

Strampelmäuschens kleines Herz pochte vor Erwartung. Richtig, da saß die Mutter mit den vier Geschwistern und schaute heraus, als ob sie es geahnt, daß das verlorene Kind heute zu ihr käme.

Obwohl ganz ermattet, nahm Strampelmäuschen alle Kräfte zusammen, um dorthin zu gelangen. Das Wägelchen schwankte bedenklich, und das Zwergenkind schrie; aber das Mäuschen hastete unbeirrt vorwärts.

Durch das Geschrei wurde die Mäusefamilie, sowie noch mehrere in der Nähe ansässige Basen und Muhmen aufmerksam, worauf alle herbeieilten.

„Ach", seufzte Strampelmäuschen, „**liebe** Mutter, ich war unzufrieden und ungehorsam; aber ich habe meinen Eigensinn hart gebüßt. Tief im Felsen war ich gefangen, und das Goldkettchen schneidet in meine Haut. Ach, könnte ich wieder bei euch wohnen; ich wäre mit dem kleinsten, dunkelsten Winkelchen zufrieden und wollte euch in allen Stücken gehorsam sein!"

Wenn jemand unrecht tut und bereut es hinterher, so ist das schon gut; aber erst, wenn er sein Fehlen offen bekennt und Besserung gelobt, hat die Reue richtigen Wert. So waren denn nach diesen Worten alle Angehörigen voll Vergebung und Mitleid für das unglückliche Strampelmäuschen, das in fliegender Hast die weiteren Erklärungen seiner Lage gab. Ohne Besinnen faßten alle die Mäuschen mit ihren scharfen Zähnchen in die goldenen Fesseln der kleinen Gefangenen. Den vereinten Mühen gelang es endlich, die Goldkettchen zu zerbeißen und Strampelmäuschen zu befreien. Alsdann wollten sie voll Ingrimm sich auch auf das Zwergenkind stürzen, aber Strampelmäuschen bat sie dringend, diesem, wie auich den anderen Zwergenkindern nichts zu tun, da sie ihm alle immer gut gewesen seien.

Es dauerte nicht lange, so kamen die Zwergengeschwister auf ihrer Suche nach dem Wägelchen an den Feldrain und sahen voll Schrecken, daß Strampelmäuschen entflohen war. Der kleine Bruder berichtete, wohin seine ganze Sehnsucht ging, und endlich erreichte es den Feldrain und die Baumwurzeln. Alles war noch wie sonst; nur das Gras war höher geworden, und das Kornfeld hatte begonnen, sich gelb zu färben. Und da war der Eingang zur mütterlichen Wohnung.

Strampelmäuschens kleines Herz pochte vor Erwartung. Richtig, da saß die Mutter mit den vier Geschwistern und schaute heraus, als ob sie es geahnt, daß das verlorene Kind heute zu ihr käme.

Obwohl ganz ermattet, nahm Strampelmäuschen alle Kräfte zusammen, um dorthin zu gelangen. Das Wägelchen schwankte bedenklich, und das Zwergenkind schrie; aber das Mäuschen hastete unbeirrt vorwärts.

Durch das Geschrei wurde die Mäusefamilie, sowie noch mehrere in der Nähe ansässige Basen und Muhmen aufmerksam, worauf alle herbeieilten.

„Ach", seufzte Strampelmäuschen, „**liebe** Mutter, ich war unzufrieden und ungehorsam; aber ich habe meinen Eigensinn hart gebüßt. Tief im Felsen war ich gefangen, und das Goldkettchen schneidet in meine Haut. Ach, könnte ich wieder bei euch wohnen; ich wäre mit dem kleinsten, dunkelsten Winkelchen zufrieden und wollte euch in allen Stücken gehorsam sein!"

Wenn jemand unrecht tut und bereut es hinterher, so ist das schon gut; aber erst, wenn er sein Fehlen offen bekennt und Besserung gelobt, hat die Reue richtigen Wert. So waren denn nach diesen Worten alle Angehörigen voll Vergebung und Mitleid für das unglückliche Strampelmäuschen, das in fliegender Hast die weiteren Erklärungen seiner Lage gab. Ohne Besinnen faßten alle die Mäuschen mit ihren scharfen Zähnchen in die goldenen Fesseln der kleinen Gefangenen. Den vereinten Mühen gelang es endlich, die Goldkettchen zu zerbeißen und Strampelmäuschen zu befreien. Alsdann wollten sie voll Ingrimm sich auch auf das Zwergenkind stürzen, aber Strampelmäuschen bat sie dringend, diesem, wie auich den anderen Zwergenkindern nichts zu tun, da sie ihm alle immer gut gewesen seien.

Es dauerte nicht lange, so kamen die Zwergengeschwister auf ihrer Suche nach dem Wägelchen an den Feldrain und sahen voll Schrecken, daß Strampelmäuschen entflohen war. Der kleine Bruder berichtete, wie Strampelmäuschen befreit worden, und wie er selbst in Gefahr gewesen wäre, wenn das brave Mäuschen nicht für ihn gebeten hätte. Die kleine Schar wagte daher nicht, die Entflohene zu suchen, und da die Sonne sich schon zum Untergange neigte, machten sie sich mit ihrem Wägelchen eilends auf den Heimweg zur Zwergenhöhle. Hier wurde ihnen bei ihrer Ankunft eine angemessene Strafe für ihren eigenmächtigen Ausflug zuerteilt. Das Strampelmäuschen waren sie obendrein los.

Dieses war nun überglücklich über seine Befreiung und seine Wiedervereinigung mit Mutter und Geschwistern.

Es war wie umgewandelt, bescheiden und gehorsam und verlangte nie mehr, etwas Besseres zu haben als die anderen.

Von den Zwergen hat es nichts wieder zu sehen bekommen; aber wo es einen Schmetterling erblickte, nickte es diesem allemal einen dankbaren Gruß zu.

wie Strampelmäuschen befreit worden, und wie er selbst in Gefahr gewesen wäre, wenn das brave Mäuschen nicht für ihn gebeten hätte. Die kleine Schar wagte daher nicht, die Entflohene zu suchen, und da die Sonne sich schon zum Untergange neigte, machten sie sich mit ihrem Wägelchen eilends auf den Heimweg zur Zwergenhöhle. Hier wurde ihnen bei ihrer Ankunft eine angemessene Strafe für ihren eigenmächtigen Ausflug zuerteilt. Das Strampelmäuschen waren sie obendrein los.

Dieses war nun überglücklich über seine Befreiung und seine Wiedervereinigung mit Mutter und Geschwistern.

Es war wie umgewandelt, bescheiden und gehorsam und verlangte nie mehr, etwas Besseres zu haben als die anderen.

Von den Zwergen hat es nichts wieder zu sehen bekommen; aber wo es einen Schmetterling erblickte, nickte es diesem allemal einen dankbaren Gruß zu.

Vorwort zum Märchenbuch von 1923

Märchen sind Spiegelbilder der Seele. Und gerade uns Deutschen gelten all die lieben Gestalten der sagenhaften Geister, wie Heinzelmännchen und gütige Feen, als Symbole der edlen Gerechtigkeit, die das Gute belohnt, das Böse aber nach Gebühr bestraft.

So wandern wir auch diesmal mit der Dichterin dieser neuen deutschen Märchen hinein in ein Zaubergefilde, freuen uns mit ihr an den edlen Taten eines gütigen Königs, der seiner Gemahlin aus unbekannten Landen die Zauberharfe und mit dieser die trauernde Mutter wiederbringt, ergötzen uns an der Hilfe des winzigen Erdbeerkönigs, nehmen teil an kühnem Wagemut der beiden Helden, die zur Erlösung der gefangenen Königstöchter ausziehen und den schlimmen Zauberer endlich überlisten. Ein eigener Reiz geht bei all diesen hauchzarten Erzählungen von der poetischen Sprache dieser Wundergeister und -tiere aus, ergreifend ist auch die Symbolik in dem Märchen vom Stiefmütterchen, das uns von Mutterliebe und -sorge der zweiten Frau singt und geradezu rührend wirkt.

Kinderaugen werden strahlen, wenn sie von dem dankbaren Heinzelmännchen lesen, das einem armen Goldschmiedegesellen zu Ruhm und Ehren verhilft, weil der Biedere gar so barmherzig war und mit einem Trunk Wein den Heinzelkönig vom Krankenbett errettete. Das deutsche Märcen ist ein unversiegbarer Quell reiner Freude, und wohl den Erdenkindern — ob klein, ob groß, — die den Weg ins Reich der Fabel mit frohem Herzen beschreiten. Möge uns in all den Zeiten, wo der goldene Frohsinn oft so jäh zu verblassen droht, die Märchenpoesie nie ganz verblassen; dann sind wir auch noch glücklich zu preisen!

Vorwort zum Märchenbuch von 1923

Märchen sind Spiegelbilder der Seele. Und gerade uns Deutschen gelten all die lieben Gestalten der sagenhaften Geister, wie Heinzelmännchen und gütige Feen, als Symbole der edlen Gerechtigkeit, die das Gute belohnt, das Böse aber nach Gebühr bestraft.

So wandern wir auch diesmal mit der Dichterin dieser neuen deutschen Märchen hinein in ein Zaubergefilde, freuen uns mit ihr an den edlen Taten eines gütigen Königs, der seiner Gemahlin aus unbekannten Landen die Zauberharfe und mit dieser die trauernde Mutter wiederbringt, ergötzen uns an der Hilfe des winzigen Erdbeerkönigs, nehmen teil an kühnem Wagemut der beiden Helden, die zur Erlösung der gefangenen Königstöchter ausziehen und den schlimmen Zauberer endlich überlisten. Ein eigener Reiz geht bei all diesen hauchzarten Erzählungen von der poetischen Sprache dieser Wundergeister und -tiere aus, ergreifend ist auch die Symbolik in dem Märchen vom Stiefmütterchen, das uns von Mutterliebe und -sorge der zweiten Frau singt und geradezu rührend wirkt.

Kinderaugen werden strahlen, wenn sie von dem dankbaren Heinzelmännchen lesen, das einem armen Goldschmiedegesellen zu Ruhm und Ehren verhilft, weil der Biedere gar so barmherzig war und mit einem Trunk Wein den Heinzelkönig vom Krankenbett errettete. Das deutsche Märcen ist ein unversiegbarer Quell reiner Freude, und wohl den Erdenkindern – ob klein, ob groß, – die den Weg ins Reich der Fabel mit frohem Herzen beschreiten. Möge uns in all den Zeiten, wo der goldene Frohsinn oft so jäh zu verblassen droht, die Märchenpoesie nie ganz verblassen; dann sind wir auch noch glücklich zu preisen!

Das dankbare Heinzelmännchen

Zu jener Zeit, als es noch Heinzelmännchen gab, da lebte in Köln am Rhein ein Goldschmied namens Anselm Schmitz, der sich bei seinen Mitbürgern eines großen Ansehens erfreute, denn er galt als streng rechtlicher Mann, der überdies in seinem Handwerk der geschickteste Meister weit und breit war. Er wohnte auf altererbtem Grund und Boden, und sein Haus mit den spitzen Giebeln und bleigefaßten Fenstern, hinter denen Lavendel und Rosmarin dufteten, blitzte von oben bis unten vor Sauberkeit. Das machte, weil dort Regina, des Meisters einziges Töchterlein, schaltete und waltete, daß sie trotz ihrer Jugend — sie zählte kaum 18 Jahre — mit Hilfe der alten, treuen Brigitte alles so hielt, wie es die verstorbene Mutter bei Lebzeiten getan. Was Wunder, daß das Mägdlein des Vaters Augapfel war und alles Gold und Edelgestein, das Meister Anselm zu verarbeiten hatte, ihm nicht so kostbar dünkte als sein einziges Kind, zumal dies außerdem nicht nur hübsch, sondern vor allem sittsam und bescheiden war.

Eines Tages gab es einige Aufregung in Meister Anselms Hause, denn der Stadtbüttel war gekommen, um ihm im Namen des hohen Rates der guten Stadt Köln sogleich auf das Rathaus zu entbieten.

In der Werkstatt schüttelten beide Gesellen verwundert die Köpfe. Konrad, der kürzlich erst zugewanderte älteste Geselle, lachte hämisch: „Wer weiß, vielleicht wollen sie dem Meister gar an den Kragen; wird auch kein Engel sein.“ „Schäm' dich, Konrad,“ fiel Wendelin, der Jüngere ihm ins Wort, „wüßt' nicht, aus welcher Ursach' du von unserem ehrenwerten Meister also reden dürftest; magst vielleicht von dir auf andere schließen.“ Wendelin, der sich nach dieser Antwort eben bückte, um des Meisters Schemel aufzuheben, sah Konrads giftigen Blick nicht; er ging fleißig und geschickt wieder an seine Arbeit, ohne sich weiter um den anderen zu kümmern, der mürrisch dreinschaute und sich nicht beeilte, in seinem Tagwerk weiterzukommen.

Das dankbare Heinzelmännchen

Zu jener Zeit, als es noch Heinzelmännchen gab, da lebte in Köln am Rhein ein Goldschmied namens Anselm Schmitz, der sich bei seinen Mitbürgern eines großen Ansehens erfreute, denn er galt als streng rechtlicher Mann, der überdies in seinem Handwerk der geschickteste Meister weit und breit war. Er wohnte auf altererbtem Grund und Boden, und sein Haus mit den spitzen Giebeln und bleigefaßten Fenstern, hinter denen Lavendel und Rosmarin dufteten, blitzte von oben bis unten vor Sauberkeit. Das machte, weil dort Regina, des Meisters einziges Töchterlein, schaltete und waltete, daß sie trotz ihrer Jugend — sie zählte kaum 18 Jahre — mit Hilfe der alten, treuen Brigitte alles so hielt, wie es die verstorbene Mutter bei Lebzeiten getan. Was Wunder, daß das Mägdlein des Vaters Augapfel war und alles Gold und Edelgestein, das Meister Anselm zu verarbeiten hatte, ihm nicht so kostbar dünkte als sein einziges Kind, zumal dies außerdem nicht nur hübsch, sondern vor allem sittsam und bescheiden war.

Eines Tages gab es einige Aufregung in Meister Anselms Hause, denn der Stadtbüttel war gekommen, um ihm im Namen des hohen Rates der guten Stadt Köln sogleich auf das Rathaus zu entbieten.

In der Werkstatt schüttelten beide Gesellen verwundert die Köpfe. Konrad, der kürzlich erst zugewanderte älteste Geselle, lachte hämisch: „Wer weiß, vielleicht wollen sie dem Meister gar an den Kragen; wird auch kein Engel sein.“ „Schäm' dich, Konrad,“ fiel Wendelin, der Jüngere ihm ins Wort, „wüßt' nicht, aus welcher Ursach' du von unserem ehrenwerten Meister also reden dürftest; magst vielleicht von dir auf andere schließen.“ Wendelin, der sich nach dieser Antwort eben bückte, um des Meisters Schemel aufzuheben, sah Konrads giftigen Blick nicht; er ging fleißig und geschickt wieder an seine Arbeit, ohne sich weiter um den anderen zu kümmern, der mürrisch dreinschaute und sich nicht beeilte, in seinem Tagwerk weiterzukommen.

Regina dachte natürlich, während sie das Mittagsmahl bereitete, auch immer wieder nach, was man wohl auf dem Rathause so eilig von dem Vater begehren möchte. Endlich hörte sie des Vaters Schritte. Sie eilte aus der Küche und stand bald, das rosige Ohr dicht an die Tür der Werkstatt gelegt, und — horchte. Da fühlte sie sich im Augenblick am Kleide gezupft, daß sie sich erschrocken umwandte. Nichts war zu sehen; sie mußte sich geirrt haben. Doch da wisperte es vom dunklen Treppenwinkel her ganz deutlich:

„Aber Reginchen,
Neugierig Trinchen, —
Horchst an der Tür? —
Dacht's nicht von dir!" —

und dann war's, als ob ein kleines Etwas wie ein Wirbelwind auf winzigen Holzpantöffelchen, klick-klack, klick-klack, die Treppe hinab über den Flur bis in den Keller hinuntersauste. Sie eilte hinab.

An der Kellertür rüttelte sie beherzt; die war ordnungsgemäß verschlossen. „Ich muß mir das eingebildet haben; vielleicht war's auch das böse Gewissen," suchte Regina sich das Unbegreifliche zu erklären und begab sich wieder hinauf in die Wohnung, um das Essen anzurichten.

Als Vater und Tochter nach dem Mahle allein waren, erzählte Meister Anselm sogleich, daß man ihn so eilig aufs Rathaus berufen habe, um ihm mitzuteilen, daß der hohe Rat ihm eine große Ehre zugedacht habe. Ein benachbarter kunstsinniger Reichsfürst habe den hohen Rat ersucht, von dem geschicktesten Goldschmied der guten Stadt Köln ihm eine kostbare güldene Kette fertigen zu lassen.

Der hohe Rat habe nun einstimmig *ihn*, den Meister Anselm Schmitz, als den dieser Ehre Würdigsten befunden und ihm heute in aller Form den Wunsch des Fürsten in allen Einzelheiten eröffnet. Natürlich habe er, Meister Anselm, sich hocherfreut bereit erklärt, sein bestes Können daranzusetzen, um seinen fürstlichen Auftraggeber sowohl als auch den hohen Rat zufriedenzustellen. Letzterer, so berichtete der Goldschmied weiter, wolle dem Fürsten ein Ehrengeschenk

Regina dachte natürlich, während sie das Mittagsmahl bereitete, auch immer wieder nach, was man wohl auf dem Rathause so eilig von dem Vater begehren möchte. Endlich hörte sie des Vaters Schritte. Sie eilte aus der Küche und stand bald, das rosige Ohr dicht an die Tür der Werkstatt gelegt, und — horchte. Da fühlte sie sich im Augenblick am Kleide gezupft, daß sie sich erschrocken umwandte. Nichts war zu sehen; sie mußte sich geirrt haben. Doch da wisperte es vom dunklen Treppenwinkel her ganz deutlich:

„Aber Reginchen,
Neugierig Trinchen, —
Horchst an der Tür? —
Dacht's nicht von dir!" —

und dann war's, als ob ein kleines Etwas wie ein Wirbelwind auf winzigen Holzpantöffelchen, klick-klack, klick-klack, die Treppe hinab über den Flur bis in den Keller hinuntersauste. Sie eilte hinab.

An der Kellertür rüttelte sie beherzt; die war ordnungsgemäß verschlossen. „Ich muß mir das eingebildet haben; vielleicht war's auch das böse Gewissen," suchte Regina sich das Unbegreifliche zu erklären und begab sich wieder hinauf in die Wohnung, um das Essen anzurichten.

Als Vater und Tochter nach dem Mahle allein waren, erzählte Meister Anselm sogleich, daß man ihn so eilig aufs Rathaus berufen habe, um ihm mitzuteilen, daß der hohe Rat ihm eine große Ehre zugedacht habe. Ein benachbarter kunstsinniger Reichsfürst habe den hohen Rat ersucht, von dem geschicktesten Goldschmied der guten Stadt Köln ihm eine kostbare güldene Kette fertigen zu lassen.

Der hohe Rat habe nun einstimmig *ihn*, den Meister Anselm Schmitz, als den dieser Ehre Würdigsten befunden und ihm heute in aller Form den Wunsch des Fürsten in allen Einzelheiten eröffnet. Natürlich habe er, Meister Anselm, sich hocherfreut bereit erklärt, sein bestes Können daranzusetzen, um seinen fürstlichen Auftraggeber sowohl als auch den hohen Rat zufriedenzustellen. Letzterer, so berichtete der Goldschmied weiter, wolle dem Fürsten ein Ehrengeschenk stiften, und zwar in Gestalt eines kostbaren Gürtelschlosses für seine hohe Gemahlin.

Es solle ein Wettbewerb sämtlicher Gesellen stattfinden, und wer von ihnen binnen drei Wochen das schönste Gürtelschloß angefertigt habe, der dürfe eine besondere Auszeichnung erwarten.

Und in der Werkstatt Meister Anselms ward nun gezeichnet, gestrichelt, probiert, gehämmert, geschmiedet, daß es eine Freude war, bis sich endlich die einzelnen Glieder der schweren Goldkette so kunstvoll und eigenartig ineinander zu fügen begannen, wie es bis dahin selbst Meister Anselm noch nicht fertiggebracht hatte. Wendelin, der nach bestem Können dem Meister dabei zur Hand war, entwarf dazwischen Muster um Muster zu seiner eigenen Preisarbeit, schmiedete und schmiedete; aber so, wie die Sache ihm vorschwebte, wollte sie ihm nie gelingen.

Und doch! Wie viele Hoffnungen knüpfte er an seinen Erfolg! Schon fünf Tage der gestellten Frist waren um, und noch immer hatte Wendelin das Modell zu einem Gürtelschloß, wie er es sich vorstellte, nicht fertiggebracht. Wie konnte sein Gesellenhammer auch so feine Gebilde der Kunst schaffen wollen.

Wendelin ward ganz traurig. Meister Anselm bemerkte es und sprach abends zu Regina: „Fleißiges Tagewerk schafft durstige Kehlen; hole uns darum heute zu gutem Gelingen vom alten Aßmannshäuserwein herauf. Eine Kanne für mich, eine für Konrad und eine für Wendelin; du weißt schon, Reginchen. — Halt, du magst meinetwegen auch dem Wendelin den Schlüssel anvertrauen, er wird den lange nicht gebrauchten Hahn auch besser drehen können, als Weiberhände dies vermögen."

Wendelin, der dem Meister schon oft beim Weinabziehen und bei allerlei Hantierung im Keller geholfen hatte, stand denn auch nach wenigen Minuten vor dem Faß, das alsbald von seinem kostbaren Inhalt der ersten Kanne spendete, ebenso der zweiten, die er schnell zu den Wartenden hinauftrug. Nun war er wieder unten, um bescheiden seine Kanne nur zum Teil zu füllen. Eben drehte er den Hahn zu, als er hinter sich ein eigentümliches Klappern vernahm, so etwa, als ob ein Mäuslein in Holzpantöffelchen angesprungen käme; dazu wisperte es:

stiften, und zwar in Gestalt eines kostbaren Gürtelschlosses für seine hohe Gemahlin.

Es solle ein Wettbewerb sämtlicher Gesellen stattfinden, und wer von ihnen binnen drei Wochen das schönste Gürtelschloß angefertigt habe, der dürfe eine besondere Auszeichnung erwarten.

Und in der Werkstatt Meister Anselms ward nun gezeichnet, gestrichelt, probiert, gehämmert, geschmiedet, daß es eine Freude war, bis sich endlich die einzelnen Glieder der schweren Goldkette so kunstvoll und eigenartig ineinander zu fügen begannen, wie es bis dahin selbst Meister Anselm noch nicht fertiggebracht hatte. Wendelin, der nach bestem Können dem Meister dabei zur Hand war, entwarf dazwischen Muster um Muster zu seiner eigenen Preisarbeit, schmiedete und schmiedete; aber so, wie die Sache ihm vorschwebte, wollte sie ihm nie gelingen.

Und doch! Wie viele Hoffnungen knüpfte er an seinen Erfolg! Schon fünf Tage der gestellten Frist waren um, und noch immer hatte Wendelin das Modell zu einem Gürtelschloß, wie er es sich vorstellte, nicht fertiggebracht. Wie konnte sein Gesellenhammer auch so feine Gebilde der Kunst schaffen wollen.

Wendelin ward ganz traurig. Meister Anselm bemerkte es und sprach abends zu Regina: „Fleißiges Tagewerk schafft durstige Kehlen; hole uns darum heute zu gutem Gelingen vom alten Aßmannshäuserwein herauf. Eine Kanne für mich, eine für Konrad und eine für Wendelin; du weißt schon, Reginchen. — Halt, du magst meinetwegen auch dem Wendelin den Schlüssel anvertrauen, er wird den lange nicht gebrauchten Hahn auch besser drehen können, als Weiberhände dies vermögen.“

Wendelin, der dem Meister schon oft beim Weinabziehen und bei allerlei Hantierung im Keller geholfen hatte, stand denn auch nach wenigen Minuten vor dem Faß, das alsbald von seinem kostbaren Inhalt der ersten Kanne spendete, ebenso der zweiten, die er schnell zu den Wartenden hinauftrug. Nun war er wieder unten, um bescheiden seine Kanne nur zum Teil zu füllen. Eben drehte er den Hahn zu, als er hinter sich ein eigentümliches Klappern vernahm, so etwa, als ob ein Mäuslein in Holzpantöffelchen angesprungen käme; dazu wisperte es:

„Kluck, kluck, kluck, kluck, kluck
Läuft es in den Krug, —
Hast noch nicht genug!“

Wendelin spähte erschrocken bei dem unsicheren Licht der Öllaterne in die Dunkelheit, doch konnte er nichts entdecken. Doch da war wieder das Klappern — jetzt ganz nah — klick-klack, klick-klack — und dabei hörte der Überraschte nun ganz deutlich ein feines Stimmchen:

„Schlipp-schlapp, schlipp-schlapp,
schleicht sich heran
Tripp-trapp, tripp-trapp,
Der Heinzelmann,
Klipp-klapp, klipp-klapp,
Auf Klappersohlen,
Gripp-grapp, gripp-grapp,
Sich Wein zu holen.“

Wendelin, obwohl keineswegs furchtsam, erschrak nun doch ein wenig, bekreuzte sich und leuchtete dann schnell hinter sich. Da, ein ganz, ganz kleines Männlein war's, mit grauem Hängebart, einem ledernen Wämslein und ebensolchem Käpplein. Die Füßchen steckten in den niedlichsten Holzpantöffelchen, die Wendelin je gesehen, und die kleinen Hände hielten ihm ein silberglänzendes Kännlein entgegen, während der Kleine flehte:

„Von dem Wein
Schenk mir ein
Ein paar Schluck —
Kluck, kluck, kluck!“

„Es ist ja mein Eigentum, darum darf ich's schon gewähren,“ dachte Wendelin und entgegnete freundlich: „Weiß ich auch nicht, wie du hier in den Keller gelangtest, und wer du bist, so geb' ich dir doch gern, was du erbeten hast. Du hast wohl großen Durst?“

„Kluck, kluck, kluck, kluck, kluck
Läuft es in den Krug, —
Hast noch nicht genug!“

Wendelin spähte erschrocken bei dem unsicheren Licht der Öllaterne in die Dunkelheit, doch konnte er nichts entdecken. Doch da war wieder das Klappern — jetzt ganz nah — klick-klack, klick-klack — und dabei hörte der Überraschte nun ganz deutlich ein feines Stimmchen:

„Schlipp-schlapp, schlipp-schlapp,
schleicht sich heran
Tripp-trapp, tripp-trapp,
Der Heinzelmann,
Klipp-klapp, klipp-klapp,
Auf Klappersohlen,
Gripp-grapp, gripp-grapp,
Sich Wein zu holen.“

Wendelin, obwohl keineswegs furchtsam, erschrak nun doch ein wenig, bekreuzte sich und leuchtete dann schnell hinter sich. Da, ein ganz, ganz kleines Männlein war's, mit grauem Hängebart, einem ledernen Wämslein und ebensolchem Käpplein. Die Füßchen steckten in den niedlichsten Holzpantöffelchen, die Wendelin je gesehen, und die kleinen Hände hielten ihm ein silberglänzendes Kännlein entgegen, während der Kleine flehte:

„Von dem Wein
Schenk mir ein
Ein paar Schluck —
Kluck, kluck, kluck!“

„Es ist ja mein Eigentum, darum darf ich's schon gewähren,“ dachte Wendelin und entgegnete freundlich: „Weiß ich auch nicht, wie du hier in den Keller gelangtest, und wer du bist, so geb' ich dir doch gern, was du erbeten hast. Du hast wohl großen Durst?“

Das Männlein schüttelte den Kopf, hob abermals sein Kännlein hoch und tuschelte:

„Heinzelkönig ist so krank,
Davon ward mir Kunde;
Braucht nun guten Wein zum Trank
Gleich in dieser Stunde.
Heinzel-Heinzel-Heinzelmännchen
wünscht sich darum Wein im Kännchen."

Ohne Zögern goß Wendelin nun den für ihn bestimmt gewesenen Trank in das blinkende Gefäß, und merkwürdig: so klein dieses aussah, schien es doch, als ob es nie voll würde; denn es schluckte den ganzen Inhalt aus des Gesellen Kanne, daß auch kein Tröpflein für diesen darin blieb.

Heinzelmännchen deutete mit bedauernder Gebärde auf des Spenders Kanne und ermunterte Wendelin:

„Sollst nicht leer ausgahn,
Öffne schnell den Hahn;"

doch der Angeredete erwiderte: „Ich bin ja nicht krank wie dein König und will meines Meisters Eigentum in Ehren halten; habe auch keinen so großen Durst. Einem Heinzelmann zuliebe litte ich gern welchen, denn, wie du wohl weißt, schätzt man in unserer Stadt dein Völkchen sehr."

Und weil der Wendelin nun unversehens ins Erzählen gekommen war, so erfuhr der kleine Mann bald alles, alles; selbst das, was niemand ahnen sollte: daß es nämlich sein größter Wunsch sei, einmal um Regina werben zu dürfen. Er habe aber, fuhr er fort, als armer Geselle wenig Aussicht, sein Ziel zu erreichen, und wolle darum mit Fleiß und Eifer vorwärtsstreben.

Das Heinzelmännchen wiegte nachdenklich das Haupt hin und her, zwinkerte dann vertraulich mit den Augen und kicherte:

Das Männlein schüttelte den Kopf, hob abermals sein Kännlein hoch und tuschelte:

„Heinzelkönig ist so krank,
Davon ward mir Kunde;
Braucht nun guten Wein zum Trank
Gleich in dieser Stunde.
Heinzel-Heinzel-Heinzelmännchen
wünscht sich darum Wein im Kännchen.“

Ohne Zögern goß Wendelin nun den für ihn bestimmt gewesenen Trank in das blinkende Gefäß, und merkwürdig: so klein dieses aussah, schien es doch, als ob es nie voll würde; denn es schluckte den ganzen Inhalt aus des Gesellen Kanne, daß auch kein Tröpflein für diesen darin blieb.

Heinzelmännchen deutete mit bedauernder Gebärde auf des Spenders Kanne und ermunterte Wendelin:

„Sollst nicht leer ausgahn,
Öffne schnell den Hahn;“

doch der Angeredete erwiderte: „Ich bin ja nicht krank wie dein König und will meines Meisters Eigentum in Ehren halten; habe auch keinen so großen Durst. Einem Heinzelmann zuliebe litte ich gern welchen, denn, wie du wohl weißt, schätzt man in unserer Stadt dein Völkchen sehr.“

Und weil der Wendelin nun unversehens ins Erzählen gekommen war, so erfuhr der kleine Mann bald alles, alles; selbst das, was niemand ahnen sollte: daß es nämlich sein größter Wunsch sei, einmal um Regina werben zu dürfen. Er habe aber, fuhr er fort, als armer Geselle wenig Aussicht, sein Ziel zu erreichen, und wolle darum mit Fleiß und Eifer vorwärtsstreben.

Das Heinzelmännchen wiegte nachdenklich das Haupt hin und her, zwinkerte dann vertraulich mit den Augen und kicherte:

„Wen, denkst du wohl,
ich kürzlich — l a u s c h e n d — traf?
Regina, s i e , die sonst so lieb und brav!
Ich schlich herfür — Vertrau's nur dir.“ —

Wendelin aber entgegnete dem Männlein: „Und wenn sie auch gehorcht hätte — Regina Schmitz bleibt doch die beste, tugendhafteste und begehrenswerteste Jungfrau von ganz Köln.“ Das Heinzelmännchen nickte beifällig:

„Auf Wiedersehn und vielen Dank
Für deinen kluck-kluck Labetrank. —
Ich kenn' den Weg hier um die Fässer;
Verrat' mich nicht, das taugt dir besser;“

und davongeschlüpft war das Heinzelmännchen, ohne daß der Zurückbleibende hätte sagen können, wo es geblieben sei. Nur ganz entfernt glaubte er noch das Klappern der Holzpantöffelchen zu vernehmen.

Konrad ließ es an Sticheleien nicht fehlen, als Wendelin in das Wohngemach trat. „Hast wohl erst alle Fässer durchgekostet und sogar schon deinen Krug auf dem Wege leergetrunken? Scheinst ein Heimlicher zu sein,“ lachte er spöttisch; doch Meister Anselm fuhr dazwischen:

„Laß deine spitzen Reden, Konrad; ich wollte, ich hätte mein Lebtag nur solche Gesellen gehabt, wie der Wendelin einer ist. Mir scheint es, als wären seine Gedanken nicht bei der Sache.“

„Ihr könnt recht haben, Meister,“ nickte Wendelin zerstreut, ich glaube, ich habe im Keller schon geträumt.“

„Dann geh' und schlaf' dich aus,“ lachte der Goldschmied, „hast heut gar zu eifrig geschafft.“

Der folgende Tag war ein Sonntag voll Sonnenschein. Da wanderte der aus der Kirche kommende Wendelin bis hinaus zu seinem Lieblingsplätzchen jenseits der Stadtmauer, wo das Zwitschern der Vögel und das Rauschen der Bäume ihn so traulich begrüßten.

Zu seinen Füßen breitete sich der grüngoldige Rheinstrom majestätisch aus. Wendelin blickte, an Regina denkend, hinab, als wolle er

„Wen, denkst du wohl,
ich kürzlich — lauschend — traf?
Regina, sie, die sonst so lieb und brav!
Ich schlich herfür — Vertrau's nur dir.“ —

Wendelin aber entgegnete dem Männlein: „Und wenn sie auch gehorcht hätte — Regina Schmitz bleibt doch die beste, tugendhafteste und begehrenswerteste Jungfrau von ganz Köln.“ Das Heinzelmännchen nickte beifällig:

„Auf Wiedersehn und vielen Dank
Für deinen kluck-kluck Labetrank. —
Ich kenn' den Weg hier um die Fässer;
Verrat' mich nicht, das taugt dir besser;“

und davongeschlüpft war das Heinzelmännchen, ohne daß der Zurückbleibende hätte sagen können, wo es geblieben sei. Nur ganz entfernt glaubte er noch das Klappern der Holzpantöffelchen zu vernehmen.

Konrad ließ es an Sticheleien nicht fehlen, als Wendelin in das Wohngemach trat. „Hast wohl erst alle Fässer durchgekostet und sogar schon deinen Krug auf dem Wege leergetrunken? Scheinst ein Heimlicher zu sein,“ lachte er spöttisch; doch Meister Anselm fuhr dazwischen:

„Laß deine spitzen Reden, Konrad; ich wollte, ich hätte mein Lebtag nur solche Gesellen gehabt, wie der Wendelin einer ist. Mir scheint es, als wären seine Gedanken nicht bei der Sache.“

„Ihr könnt recht haben, Meister,“ nickte Wendelin zerstreut, ich glaube, ich habe im Keller schon geträumt.“

„Dann geh' und schlaf' dich aus,“ lachte der Goldschmied, „hast heut gar zu eifrig geschafft.“

Der folgende Tag war ein Sonntag voll Sonnenschein. Da wanderte der aus der Kirche kommende Wendelin bis hinaus zu seinem Lieblingsplätzchen jenseits der Stadtmauer, wo das Zwitschern der Vögel und das Rauschen der Bäume ihn so traulich begrüßten.

Zu seinen Füßen breitete sich der grüngoldige Rheinstrom majestätisch aus. Wendelin blickte, an Regina denkend, hinab, als wolle er bis auf den Grund des Wassers sehen; dann seufzte er: „Könntet ihr Rheinwellen mir doch sagen, wo ich die in eurer Tiefe ruhenden Schätze zu finden vermöchte, von denen alte Sagen künden!“

Da hörte er leise seinen Namen rufen und gewahrte freudig erstaunt das ihm schon so vertraute freundliche Gesicht unter der Zipfelmütze, welches aus einer Mauerspalte hervorlugte.

Wendelin begrüßte das Männchen herzlich, das mit warnend erhobenem Fingerlein mahnte:

„Laß des Rheines Schätze ruhn,
Frommt dir jetzo bess'res Tun.
Gold macht glücklich nicht allein,
Hat oft trügerischen Schein.
Arbeit, Fleiß, Geschicklichkeit
Sind ein Gut, das mehr erfreut,
Das noch mehr als Gold dich ehrt
Und dein Glück gar bald vermehrt.
Obendrein auch bringt es schon
Selbstverdienten goldnen Lohn.“

„Liebes Heinzelmännchen,“ pflichtete Wendelin bei, „du hast recht; mein Wunsch war töricht. Aber ich bin so niedergedrückt, denn meine Geschicklichkeit will jetzt nimmer ausreichen, die Vorbilder auszuführen, die ich in Gedanken vor mir sehe!“ Heinzelmännchen blickte so freundlich, daß Wendelin zu fragen wagte: „Aber sage mir, wie kamst du, liebes Heinzelmännchen, am hellen Tage hierher an das Stadttor?“ Kichernd verschwand der Kleine plötzlich im Geröll, um gleich darauf, an einer andern Stelle auftauchend, zu antworten:

„Heinzelmann hat allerorten
Wohl bei Tag und auch bei Nacht
Seine Fensterlein und Pforten,
Wo er heimlich lauscht und wacht:
Sieht dann, wo die Menschen bleiben,
Was sie tun und was sie treiben.“

bis auf den Grund des Wassers sehen; dann seufzte er: „Könntet ihr Rheinwellen mir doch sagen, wo ich die in eurer Tiefe ruhenden Schätze zu finden vermöchte, von denen alte Sagen künden!"

Da hörte er leise seinen Namen rufen und gewahrte freudig erstaunt das ihm schon so vertraute freundliche Gesicht unter der Zipfelmütze, welches aus einer Mauerspalte hervorlugte.

Wendelin begrüßte das Männchen herzlich, das mit warnend erhobenem Fingerlein mahnte:

„Laß des Rheines Schätze ruhn,
Frommt dir jetzo bess're Tun.
Gold macht glücklich nicht allein,
Hat oft trügerischen Schein.
Arbeit, Fleiß, Geschicklichkeit
Sind ein Gut, das mehr erfreut,
Das noch mehr als Gold dich ehrt
Und dein Glück gar bald vermehrt.
Obendrein auch bringt es schon
Selbstverdienten *goldnen* Lohn."

„Liebes Heinzelmännchen," pflichtete Wendelin bei, „du hast recht; mein Wunsch war töricht. Aber ich bin so niedergedrückt, denn meine Geschicklichkeit will jetzt nimmer ausreichen, die Vorbilder auszuführen, die ich in Gedanken vor mir sehe!" Heinzelmännchen blickte so freundlich, daß Wendelin zu fragen wagte: „Aber sage mir, wie kamst du, liebes Heinzelmännchen, am hellen Tage hierher an das Stadttor?" Kichernd verschwand der Kleine plötzlich im Geröll, um gleich darauf, an einer andern Stelle auftauchend, zu antworten:

„Heinzelmann hat allerorten
Wohl bei Tag und auch bei Nacht
Seine Fensterlein und Pforten,
Wo er heimlich lauscht und wacht:
Sieht dann, wo die Menschen bleiben,
Was sie tun und was sie treiben."

„Demnach ist euer Reich wohl sehr groß?“

„Heinzelreich ist nimmer klein,
Reicht tief drunten bis zum Rhein,
Wo im Grund die Nixen wohnen
Bei versunk’nen Königskronen.“

Ganz leise flüsterte er weiter:

„Heute, wenn zur Mitternacht
Alles schläft im Goldschmiedhaus,
Nur noch wachen Ratt’ und Maus,
schleiche dann zum Keller sacht.“

„Wie soll ich da hinunterkommen?“ wandte Wendelin ein. „Regina hält ihn stets verschlossen.“ Da raunte Heinzelmännchen:

„Heinzel-Heinzel-Heinzelmann
Alle Türen öffnen kann.“

und war verschwunden, ehe Wendelin noch etwas entgegnen konnte.

Pünktlich um Mitternacht schlich Wendelin vorsichtig, damit der nebenan schnarchende Konrad nicht erwache, aus seinem Kämmerlein die Bodentreppe hinab, bis er endlich voll Erwartung vor der Kellertür stand. Plötzlich sprang die schwere Tür lautlos auf; da stand Heinzelmännchen mit einem winzigen Grubenlichtchen vor ihm und leuchtete kichernd in Wendelins Antlitz.

„Bist wohl gar erschrocken,
Weil ich kam auf Socken?“

Wendelin nickte lachend, während das Männlein tuschelte:

„Klipper-klapper-Heinzelschuh
Stören leicht der Schläfer Ruh.“

„Demnach ist euer Reich wohl sehr groß?"

„Heinzelreich ist nimmer klein,
Reicht tief drunten bis zum Rhein,
Wo im Grund die Nixen wohnen
Bei versunk'nen Königskronen."

Ganz leise flüsterte er weiter:

„Heute, wenn zur Mitternacht
Alles schläft im Goldschmiedhaus,
Nur noch wachen Ratt' und Maus,
schleiche dann zum Keller sacht."

„Wie soll ich da hinunterkommen?" wandte Wendelin ein. „Regina hält ihn stets verschlossen." Da raunte Heinzelmännchen:

„Heinzel-Heinzel-Heinzelmann
Alle Türen öffnen kann."

und war verschwunden, ehe Wendelin noch etwas entgegnen konnte.

Pünktlich um Mitternacht schlich Wendelin vorsichtig, damit der nebenan schnarchende Konrad nicht erwache, aus seinem Kämmerlein die Bodentreppe hinab, bis er endlich voll Erwartung vor der Kellertür stand. Plötzlich sprang die schwere Tür lautlos auf; da stand Heinzelmännchen mit einem winzigen Grubenlichtchen vor ihm und leuchtete kichernd in Wendelins Antlitz.

„Bist wohl gar erschrocken,
Weil ich kam auf Socken?"

Wendelin nickte lachend, während das Männlein tuschelte:

„Klipper-klapper-Heinzelschuh
Stören leicht der Schläfer Ruh."

Geräuschlos schloß sich die Kellertür, indessen die beiden hinabstiegen. Zu fragen wagte der Jüngling nichts; sein Herz pochte vor Erregung und Erwartung, als Heinzelmännchen an der dicken Mauer ein Hämmerlein aus seinem Wämschen zog und dreimal leise an die Wand pochend sagte:

„Felsblock in der Mauer weiche,
Zeig' den Weg zum Heinzelreiche!"

Und wirklich! Ein Knirschen ward hörbar, dann drehte der Quaderstein sich so gehorsam, als wäre er eine gut geölte Tür, daß eine in die Tiefe führende Felsentreppe sichtbar wurde.

Einen Augenblick zögerte Wendelin, dem voraneilenden und ihm winkenden Männchen zu folgen, doch dann stieg er unentwegt mit hinab. Die Felsentür hatte sich längst hinter ihnen geschlossen.

Bald nach rechts, bald nach links, bald breit, bald eng wand sich die Treppe abwärts, bis sie hart vor einer Felswand plötzlich ein Ende hatte.

Nach drei Hammerschlägen öffnete sich auch diese, und Wendelin ward von seinem kleinen Führer in einen großen Raum gezogen, vor dessen blendender Helle er einige Augenblicke die Augen schließen mußte. Als er sie wieder öffnete, sah er sich in einem hochgewölbten Felsensaal mit wunderbar schimmernden Säulen.

Hunderte von Grubenlichtern und Tausende der schönsten, feingeschliffenen Edelsteine hingen an langen Goldketten von der Decke und den Säulen frei herab. Sie spiegelten sich in den mannigfachsten Farben in den wie Kristall schimmernden hohen Wänden und verbreiteten dadurch strahlenden Glanz, als ob die schönsten Sterne direkt vom Himmel in diese Tiefen hinabgesunken seien.

Als Wendelin, sprachlos vor Entzücken, weiter um sich schaute, sah er rings an den leuchtenden Wänden winzige Stühlchen aus Silber stehen, und auf erhöhtem Platz entdeckte der Überraschte eines von purem Golde, das von rotseidenem Baldachin überdeckt war. Er wollte eben eine Frage tun, als Heinzelmännchen flüsterte:

Geräuschlos schloß sich die Kellertür, indessen die beiden hinabstiegen. Zu fragen wagte der Jüngling nichts; sein Herz pochte vor Erregung und Erwartung, als Heinzelmännchen an der dicken Mauer ein Hämmerlein aus seinem Wämschen zog und dreimal leise an die Wand pochend sagte:

„Felsblock in der Mauer weiche,
Zeig' den Weg zum Heinzelreiche!"

Und wirklich! Ein Knirschen ward hörbar, dann drehte der Quaderstein sich so gehorsam, als wäre er eine gut geölte Tür, daß eine in die Tiefe führende Felsentreppe sichtbar wurde.

Einen Augenblick zögerte Wendelin, dem voraneilenden und ihm winkenden Männchen zu folgen, doch dann stieg er unentwegt mit hinab. Die Felsentür hatte sich längst hinter ihnen geschlossen.

Bald nach rechts, bald nach links, bald breit, bald eng wand sich die Treppe abwärts, bis sie hart vor einer Felswand plötzlich ein Ende hatte.

Nach drei Hammerschlägen öffnete sich auch diese, und Wendelin ward von seinem kleinen Führer in einen großen Raum gezogen, vor dessen blendender Helle er einige Augenblicke die Augen schließen mußte. Als er sie wieder öffnete, sah er sich in einem hochgewölbten Felsensaal mit wunderbar schimmernden Säulen.

Hunderte von Grubenlichtern und Tausende der schönsten, feingeschliffenen Edelsteine hingen an langen Goldketten von der Decke und den Säulen frei herab. Sie spiegelten sich in den mannigfachsten Farben in den wie Kristall schimmernden hohen Wänden und verbreiteten dadurch strahlenden Glanz, als ob die schönsten Sterne direkt vom Himmel in diese Tiefen hinabgesunken seien.

Als Wendelin, sprachlos vor Entzücken, weiter um sich schaute, sah er rings an den leuchtenden Wänden winzige Stühlchen aus Silber stehen, und auf erhöhtem Platz entdeckte der Überraschte eines von purem Golde, das von rotseidenem Baldachin überdeckt war. Er wollte eben eine Frage tun, als Heinzelmännchen flüsterte:

„Bleib' nur stehn,
Wirst schon sehn."

Da nahten plötzlich Hunderte solcher Männlein wie sein kleiner Gönner, jedes ein Grubenlichtchen und ein Hämmerchen am Wämschen tragend. Fröhlich sangen sie:

„In felsigen Gründen
Voll Zacken und Schründen
Wir hackten und schliffen,
Wir schürften und griffen.
Für jetzt ist beendet das saure Werk
Drum freut sich des Ausruh'ns
der Heinzelzwerg."

Da kam von der anderen Seite ein ähnlicher Zug winziger Männlein, die ebenfalls sangen:

„Bei Menschen wir nähten —
Und halfen und spähten,
Wir spannen und stickten —
Und brauten und flickten;
Ja, halfen den Menschen an allen Enden
mit flinken, geschickten Heinzelhänden."

Kaum waren die letzten Worte verklungen, als abermals von einer anderen Seite her eine Schar des kleinen Völkchens herangesprungen kam, die kichernd sich also vernehmen ließ:

„Wir waren bei Menschen
Die Hilfe nicht wert,
Und machten aus Schabernack alles verkehrt:
Wir stahlen und neckten,
Verwirrten, versteckten,
Zerbrachen, verstopften,

„Bleib' nur stehn,
Wirst schon sehn."

Da nahten plötzlich Hunderte solcher Männlein wie sein kleiner Gönner, jedes ein Grubenlichtchen und ein Hämmerchen am Wämschen tragend. Fröhlich sangen sie:

„In felsigen Gründen
Voll Zacken und Schründen
Wir hackten und schliffen,
Wir schürften und griffen.
Für jetzt ist beendet das saure Werk
Drum freut sich des Ausruh'ns
der Heinzelzwerg."

Da kam von der anderen Seite ein ähnlicher Zug winziger Männlein, die ebenfalls sangen:

„Bei Menschen wir nähten —
Und halfen und spähten,
Wir spannen und stickten —
Und brauten und flickten;
Ja, halfen den Menschen an allen Enden
mit flinken, geschickten Heinzelhänden."

Kaum waren die letzten Worte verklungen, als abermals von einer anderen Seite her eine Schar des kleinen Völkchens herangesprungen kam, die kichernd sich also vernehmen ließ:

„Wir waren bei Menschen
Die Hilfe nicht wert,
Und machten aus Schabernack alles verkehrt:
Wir stahlen und neckten,
Verwirrten, versteckten,
Zerbrachen, verstopften,

Zerstachen und klopften.
Denn das sind von alters her stets wir gewohnt:
Daß Böses bestraft wird und Gutes belohnt!"

Sie kicherten und tuschelten miteinander, als sie den schier gänzlich verwirrten Gesellen in ihrer Nähe erblickten; doch schienen sie ihm wohlgesinnt, denn sie klatschten vergnüglich in die Hände und setzten sich behaglich auf ihre Stühlchen.

Plötzlich sprangen sie wie auf Kommando auf, in strammer Haltung stehen bleibend, denn es nahte der König der Heinzelmänner. Mit großer Würde schritt er daher, ein goldenes Krönlein im weißen Haar und angetan mit samtenem, ganz mit Edelsteinen besetztem Mantel, dessen Schleppe drei Heinzelmännlein trugen. Dann folgten sechs Heinzelmänner, sie halfen dem König auf seinen Thron und setzten sich auf sechs Stühlchen ihm zur Seite, während die drei Schleppenträger sich auf den Stufen zu Füßen des Königs niederließen.

Des Königs Blicke glitten prüfend über die Versammlung, um sogleich auf Wendelin und seinem Führer haften zu bleiben. Lebhaft winkte er den beiden, und wohl oder übel mußte der Jüngling nun dieser Aufforderung folgen. Die Verlegenheit Wendelins schien dem König nicht zu mißfallen, vielmehr schaute die kleine Majestät wohlwollend zu dem Eindringling auf, als dessen Gefährte eifrig erklärte:

„Habe hier den Menschen funden,
Dessen Wein dich ließ gesunden.
Fand ihn wert, ihn dir zu zeigen
Ließ herab ihn darum steigen."

Da nickte der König beifällig, erhob seinen langen goldenen Stab, zum Zeichen, daß niemand gegen seinen Befehl Einspruch erheben dürfe, und antwortete würdevoll:

„Führe ihn zum Dank sogleich
Weiter durch das Heinzelreich
Bis zur dunklen Felsenkammer;

Zerstachen und klopften.
Denn das sind von alters her stets wir gewohnt:
Daß Böses bestraft wird und Gutes belohnt!"

Sie kicherten und tuschelten miteinander, als sie den schier gänzlich verwirrten Gesellen in ihrer Nähe erblickten; doch schienen sie ihm wohlgesinnt, denn sie klatschten vergnüglich in die Hände und setzten sich behaglich auf ihre Stühlchen.

Plötzlich sprangen sie wie auf Kommando auf, in strammer Haltung stehen bleibend, denn es nahte der König der Heinzelmänner. Mit großer Würde schritt er daher, ein goldenes Krönlein im weißen Haar und angetan mit samtenem, ganz mit Edelsteinen besetztem Mantel, dessen Schleppe drei Heinzelmännlein trugen. Dann folgten sechs Heinzelmänner, sie halfen dem König auf seinen Thron und setzten sich auf sechs Stühlchen ihm zur Seite, während die drei Schleppenträger sich auf den Stufen zu Füßen des Königs niederließen.

Des Königs Blicke glitten prüfend über die Versammlung, um sogleich auf Wendelin und seinem Führer haften zu bleiben. Lebhaft winkte er den beiden, und wohl oder übel mußte der Jüngling nun dieser Aufforderung folgen. Die Verlegenheit Wendelins schien dem König nicht zu mißfallen, vielmehr schaute die kleine Majestät wohlwollend zu dem Eindringling auf, als dessen Gefährte eifrig erklärte:

„Habe hier den Menschen funden,
Dessen Wein dich ließ gesunden.
Fand ihn wert, ihn dir zu zeigen,
Ließ herab ihn darum steigen."

Da nickte der König beifällig, erhob seinen langen goldenen Stab, zum Zeichen, daß niemand gegen seinen Befehl Einspruch erheben dürfe, und antwortete würdevoll:

„Führe ihn zum Dank sogleich
Weiter durch das Heinzelreich
Bis zur dunklen Felsenkammer;

Schenke dort ihm einen Hammer.
Laß des Goldes Funken sprüh'n,
Unterweis' zum Danke ihn —
Zum Beweise unsrer Gunst —
In der höchsten Goldschmiedkunst.
Zeig' mit bestem Gold der Berge
Ihm die Kunst der Heinzelzwerge."

Wendelin stammelte wie im Traume einige Dankesworte, und Heinzelmännchen führte seinen Schutzbefohlenen aus dem Felsensaal durch mehrere kleinere, aber ebenso prächtige Räume, in denen überall ähnliche Silberstühlchen standen. Nun waren sie in der Felsenkammer, in der alle Geräte zu finden waren, die ein Goldschmied zu seiner Kunst gebrauchte.

Hei, wie behend das Männchen da herumhantierte, um alles zum Werke vorzubereiten: Hämmerlein, Feilen, Punzen, Stichel und dergleichen auszuwählen und das Feuer unter dem Tiegel zu schüren, damit der Goldbrei wohlgerate. Hierbei gab der Kleine manchen Rat zu geschickter Arbeit und sagte dann:

„Golderz liegt in Erdentiefen,
Wo einst Feuergeister schliefen;
Traf ihr Odem Felsenquadern,
Ward er gleich zu Goldesadern,
Die der Zwerg in Nacht und Dämmern
Sucht — poch, poch — mit flinken Hämmern.
Schürft pick, pick:
Goldesklumpen
wie ein Humpen
Schwer und dick."

Mit Erstaunen sah der Geselle, wie der Kleine bei den letzten Worten wirklich einen Goldklumpen aus einer Felsenspalte holte, den er vor den Jüngling hinlegte, indem er sprach:

Schenke dort ihm einen Hammer.
Laß des Goldes Funken sprüh'n.
Unterweis' zum Danke ihn —
Zum Beweise uns'rer Gunst —
In der höchsten Goldschmiedkunst.
Zeig' mit bestem Gold der Berge
Ihm die Kunst der Heinzelzwerge."

Wendelin stammelte wie im Traume einige Dankesworte, und Heinzelmännchen führte seinen Schutzbefohlenen aus dem Felsensaal durch mehrere kleinere, aber ebenso prächtige Räume, in denen überall ähnliche Silberstühlchen standen. Nun waren sie in der Felsenkammer, in der alle Geräte zu finden waren, die ein Goldschmied zu seiner Kunst gebrauchte.

Hei, wie behend das Männchen da herumhantierte, um alles zum Werke vorzubereiten: Hämmerlein, Feilen, Punzen, Stichel und dergleichen auszuwählen und das Feuer unter dem Tiegel zu schüren, damit der Goldbrei wohlgerate. Hierbei gab der Kleine manchen Rat zu geschickter Arbeit und sagte dann:

„Golderz liegt in Erdentiefen,
Wo einst Feuergeister schliefen;
Traf ihr Odem Felsenquadern,
Ward er gleich zu Goldesadern,
Die der Zwerg in Nacht und Dämmern
Sucht — poch, poch — mit flinken Hämmern.
Schürft pick, pick:
Goldesklumpen
wie ein Humpen
Schwer und dick."

Mit Erstaunen sah der Geselle, wie der Kleine bei den letzten Worten wirklich einen Goldklumpen aus einer Felsenspalte holte, den er vor den Jüngling hinlegte, indem er sprach:

„Wählte, Knabe,
diese Gabe
mit Bedacht.
Gibt zum Glück
Meisterstück —
drum hab' acht!"

Und nun ging's an die Arbeit. Potztausend, war das ein Vergnügen, dem flinken Heinzelmännchen zuzuschauen und seinen Anweisungen zu folgen! Obgleich Meister Anselm der tüchtigste Goldschmied weit und breit war, so konnten seine Leistungen mit denen des Heinzelzwerges doch nicht verglichen werden, das wurde dem Zuschauenden und begierig Lernenden sogleich klar, als der kleine Lehrmeister ihn nun unterrichtete.

Aber was für wundersame Hämmerlein waren das auch. Wendelins Augen blitzten, und seine Wangen glühten vor Eifer; und zufrieden nickend sah Heinzelmännlein, wie geschickt der junge Gesell alles angriff.

Das begonnene Gürtelschloß, das Wendelin zu sich gesteckt hatte, bevor er in den Keller gestiegen war, erschien ihm nun plump, wenn er es mit den kunstvollen Arbeiten der Zwerge verglich, und er war seinem neuen Lehrmeister für jeden Tadel dankbar.

Aber wie glücklich war er nun erst, als der Kleine ihm den besten Hammer, dazu Feilen und anderes Handwerkszeug schenkte. Dabei sprach er:

„Schmied', Geselle,
poch, poch, poch!
Laß den Hammer klingen,
Fleiß'ge Hände
doch, doch, doch
Dir den Preis erringen!"

Der Goldbrei zischte, und der Hammer pochte mit Wendelins erwartungsvollem Herzen um die Wette, als nun das neue Gürtelschloß

„Wählte, Knabe,
diese Gabe
mit Bedacht.
Gibt zum Glück
Meisterstück —
drum hab' acht!"

Und nun ging's an die Arbeit. Potztausend, war das ein Vergnügen, dem flinken Heinzelmännchen zuzuschauen und seinen Anweisungen zu folgen! Obgleich Meister Anselm der tüchtigste Goldschmied weit und breit war, so konnten seine Leistungen mit denen des Heinzelzwerges doch nicht verglichen werden, das wurde dem Zuschauenden und begierig Lernenden sogleich klar, als der kleine Lehrmeister ihn nun unterrichtete.

Aber was für wundersame Hämmerlein waren das auch. Wendelins Augen blitzten, und seine Wangen glühten vor Eifer; und zufrieden nickend sah Heinzelmännlein, wie geschickt der junge Gesell alles angriff.

Das begonnene Gürtelschloß, das Wendelin zu sich gesteckt hatte, bevor er in den Keller gestiegen war, erschien ihm nun plump, wenn er es mit den kunstvollen Arbeiten der Zwerge verglich, und er war seinem neuen Lehrmeister für jeden Tadel dankbar.

Aber wie glücklich war er nun erst, als der Kleine ihm den besten Hammer, dazu Feilen und anderes Handwerkszeug schenkte. Dabei sprach er:

„Schmied', Geselle,
poch, poch, poch!
Laß den Hammer klingen,
Fleiß'ge Hände
doch, doch, doch
Dir den Preis erringen!"

Der Goldbrei zischte, und der Hammer pochte mit Wendelins erwartungsvollem Herzen um die Wette, als nun das neue Gürtelschloß entstand, das dem seinen glich und doch so ganz, ganz anders erschien, gerade so, wie es seinen Gedanken vorgeschwebt hatte. Aber er lernte.

Wie lange der Geselle hier unten geweilt, wußte er nicht, ihm schienen es nur Minuten; doch endlich erklärte Heinzelmännchen, daß es Zeit sei zum Aufbruch. Als er des Eifrigen Bedauern bemerkte, tröstete er:

„Darfst noch zweimal wiederkommen, —
Zweimal um die Mitternacht, —
Dann ist Lehrzeit wohl vollbracht.“

Ehe Wendelin noch wußte, wie ihm geschah, fühlte er sich mit fortgezogen und stand bald auf der obersten Kellerstufe, wo sein kleiner Führer, ehe er die Tür schloß, noch flüsterte:

„Mitternacht darfst nicht verpassen,
Will dich wieder ein dann lassen.“

Fort war er, indessen Wendelin im fahlen Dämmerschein des erwachenden Tages in sein Kämmerlein tappte, um bald darauf in tiefem Schlaf sich für den kommenden Arbeitstag neue Kräfte zu holen. Zur gewohnten Zeit aufstehend, hätte Wendelin glauben können, alles geträumt zu haben, wenn ihn die in seinem Wams verborgenen Arbeitsgeräte nicht eines besseren belehrt hätten.

In der folgenden Mitternacht ging es so wie in der ersten, nur mit dem Unterschied, daß der Gesell diesmal noch um ein gut Teil geschickter im Morgengrauen sein Lager aufsuchte, denn das Heinzelmännchen hatte ihm wieder neue Handgriffe gezeigt und ihn nicht nur am Gürtelschloß, sondern auch an einer kunstvollen Kette arbeiten lassen, damit der Heinzelkönig, für den diese bestimmt war, sehen möchte, daß er seine Gunst keinem Unwürdigen zugewandt habe.

Endlos schien dem Gesellen der Tag vor der dritten Mitternacht, obwohl ihm die Arbeit nur so von den Händen flog und Meister Anselm seine stille Freude an dem geschickten Gehilfen hatte, der ihm schon als Lehrling wert gewesen war.

entstand, das dem seinen glich und doch so ganz, ganz anders erschien, gerade so, wie es seinen Gedanken vorgeschwebt hatte. Aber er lernte.

Wie lange der Geselle hier unten geweilt, wußte er nicht, ihm schienen es nur Minuten; doch endlich erklärte Heinzelmännchen, daß es Zeit sei zum Aufbruch. Als er des Eifrigen Bedauern bemerkte, tröstete er:

„Darfst noch zweimal wiederkommen, —
Zweimal um die Mitternacht, —
Dann ist Lehrzeit wohl vollbracht.“

Ehe Wendelin noch wußte, wie ihm geschah, fühlte er sich mit fortgezogen und stand bald auf der obersten Kellerstufe, wo sein kleiner Führer, ehe er die Tür schloß, noch flüsterte:

„Mitternacht darfst nicht verpassen,
Will dich wieder ein dann lassen.“

Fort war er, indessen Wendelin im fahlen Dämmerschein des erwachenden Tages in sein Kämmerlein tappte, um bald darauf in tiefem Schlaf sich für den kommenden Arbeitstag neue Kräfte zu holen. Zur gewohnten Zeit aufstehend, hätte Wendelin glauben können, alles geträumt zu haben, wenn ihn die in seinem Wams verborgenen Arbeitsgeräte nicht eines besseren belehrt hätten.

In der folgenden Mitternacht ging es so wie in der ersten, nur mit dem Unterschied, daß der Gesell diesmal noch um ein gut Teil geschickter im Morgengrauen sein Lager aufsuchte, denn das Heinzelmännchen hatte ihm wieder neue Handgriffe gezeigt und ihn nicht nur am Gürtelschloß, sondern auch an einer kunstvollen Kette arbeiten lassen, damit der Heinzelkönig, für den diese bestimmt war, sehen möchte, daß er seine Gunst keinem Unwürdigen zugewandt habe.

Endlos schien dem Gesellen der Tag vor der dritten Mitternacht, obwohl ihm die Arbeit nur so von den Händen flog und Meister Anselm seine stille Freude an dem geschickten Gehilfen hatte, der ihm schon als Lehrling wert gewesen war.

Um so mehr verdroß ihn nur Konrads mürrisches Wesen und des jungen Gesellen wenig gute Arbeit. Selbst bei seiner Preisarbeit, zu der auch ihm Meister Anselm bereitwillig das Gold gegeben hatte, zeigte er sich lässig, denn sein Gürtelschloß, das er allerdings niemand zeigte, machte in seiner Fertigstellung wenig Fortschritte, obwohl er den Tag über in unbewachten Stunden heimlich daran arbeitete. Auch er wollte den Preis erringen, um dann um Regina werben zu können. Doch war ihm diese nicht etwa um ihrer guten Eigenschaften teuer wie dem Wendelin — nein, er sah in ihr nur das wohlhabende Meistertöchterlein und glaubte ein sorgenloses Plätzchen im Leben gewinnen zu können. Dem Wendelin, dessen Wünsche er ahnte, wollte er schon den „süßen Brei seiner Hoffnung gehörig versalzen", dachte er hämisch.

Am Abend dieses Tages, da Wendelin sich schon in unruhiger Erwartung der dritten Mitternacht befand, äußerte Meister Anselm wiederum den Wunsch, mit seinen Gesellen einen guten Trunk zu tun. Wendelin erklärte sich sogleich bereit, den Wein zu holen, doch Konrad, der guten Wein gern trank und einen heimlichen Extraschluck für sich erhoffte, sprach eifrig: „Laßt heute einmal m i r das Vertrauen zuteil werden, Meister, daß ich Euch Wein holen darf."

„Meinetwegen," brummte Meister Anselm, „füll' uns auch drei Krüge, doch diesmal nur vom vorigen Jahrgang Geisenheimer, gleich das erste Faß vornan; du kannst nicht fehlen."

Unten angelangt, trank Konrad tüchtig aus der ersten Kanne, ehe er sie ganz füllte; ebenso ging's mit der zweiten. Als er aber die dritte, für ihn selbst bestimmte, füllen wollte, murmelte er: „Der alte Aßmannshäuser mundete mir fürwahr kürzlich besser."

Ohne Besinnen schlich er dorthin, wo das Faß mit dem begehrten Weine stand. Und kluck-kluck — klang es in der Kanne und floß gleich darauf in Konrads gierige Kehle.

Aber da hörte er ein Geräusch hinter sich, daß er sich scheu umblickte; zugleich ließ sich ein Wispern vernehmen:

„Guck, guck, — schlürfst Wein, —
schluck, schluck, — so fein?

Um so mehr verdroß ihn nur Konrads mürrisches Wesen und des jungen Gesellen wenig gute Arbeit. Selbst bei seiner Preisarbeit, zu der auch ihm Meister Anselm bereitwillig das Gold gegeben hatte, zeigte er sich lässig, denn sein Gürtelschloß, das er allerdings niemand zeigte, machte in seiner Fertigstellung wenig Fortschritte, obwohl er den Tag über in unbewachten Stunden heimlich daran arbeitete. Auch er wollte den Preis erringen, um dann um Regina werben zu können. Doch war ihm diese nicht etwa um ihrer guten Eigenschaften teuer wie dem Wendelin — nein, er sah in ihr nur das wohlhabende Meistertöchterlein und glaubte ein sorgenloses Plätzchen im Leben gewinnen zu können. Dem Wendelin, dessen Wünsche er ahnte, wollte er schon den „süßen Brei seiner Hoffnung gehörig versalzen", dachte er hämisch.

Am Abend dieses Tages, da Wendelin sich schon in unruhiger Erwartung der dritten Mitternacht befand, äußerte Meister Anselm wiederum den Wunsch, mit seinen Gesellen einen guten Trunk zu tun. Wendelin erklärte sich sogleich bereit, den Wein zu holen, doch Konrad, der guten Wein gern trank und einen heimlichen Extraschluck für sich erhoffte, sprach eifrig: „Laßt heute einmal m i r das Vertrauen zuteil werden, Meister, daß ich Euch Wein holen darf."

„Meinetwegen," brummte Meister Anselm, „füll' uns auch drei Krüge, doch diesmal nur vom vorigen Jahrgang Geisenheimer, gleich das erste Faß vornan; du kannst nicht fehlen."

Unten angelangt, trank Konrad tüchtig aus der ersten Kanne, ehe er sie ganz füllte; ebenso ging's mit der zweiten. Als er aber die dritte, für ihn selbst bestimmte, füllen wollte, murmelte er: „Der alte Aßmannshäuser mundete mir fürwahr kürzlich besser."

Ohne Besinnen schlich er dorthin, wo das Faß mit dem begehrten Weine stand. Und kluck-kluck — klang es in der Kanne und floß gleich darauf in Konrads gierige Kehle.

Aber da hörte er ein Geräusch hinter sich, daß er sich scheu umblickte; zugleich ließ sich ein Wispern vernehmen:

„Guck, guck, — schlürfst Wein, —
schluck, schluck, — so fein?

Gripp, grapp, —
hipp, happ, —
gib mir was ab.“

Dabei stand ein winziges Männlein hinter ihm, das mit beinahe naseweiser Selbstverständlichkeit ein leeres Krüglein emporhielt. Konrad fühlte an seine Stirn: Gaukelte der schnell getrunkene Feuerwein ihm schon seltsame Bilder vor, oder war dieses rätselhafte Geschöpf wirklich aus Fleisch und Bein? Da hörte er's wieder, und noch deutlicher und dringlicher:

„Gripp, grapp, —
hipp, happ, —
Gib mir was ab!“

Nein, das war doch zu toll. Erschreckt ob des ungelegenen Beobachters schloß er den Hahn so flüchtig, daß er noch tüchtig tropfte, und herrschte den Kleinen an: „Was erfrechst du dich, kleiner Kobold, du bist wohl einer Schaubude entlaufen und willst gar hier stehlen? Pack dich, sonst werd' ich den Meister rufen.“

Das Männlein kicherte boshaft, machte Konrad eine lange Nase und rief enteilend:

„Wer ein Heinzelmännchen kränkt,
Daran bald mit Reue denkt.“

„Ein Heinzelmännchen bist du?“ lallte Konrad erschrocken, indem er dem Männlein nachsprang; doch dieses war schon verschwunden; er glaubte es noch die Kellertreppe hinaufspringen zu sehen.

Mit rotem Kopf, zwei vollen und einem leeren Krug stolperte Konrad wieder ins Wohngemach, wo Meister Anselm ihn befremdet anblickte. „Kommst ja, wie kürzlich der Wendelin, mit einem leeren Kruge?“ forschte der Goldschmied. „Hab' ihn verschüttet, derweilen ich stolperte,“ log Konrad.

Als der Rausch verflogen war, glaubte er dem Meister gegenüber

Gripp, grapp, —
hipp, happ, —
gib mir was ab."

Dabei stand ein winziges Männlein hinter ihm, das mit beinahe naseweiser Selbstverständlichkeit ein leeres Krüglein emporhielt. Konrad fühlte an seine Stirn: Gaukelte der schnell getrunkene Feuerwein ihm schon seltsame Bilder vor, oder war dieses rätselhafte Geschöpf wirklich aus Fleisch und Bein? Da hörte er's wieder, und noch deutlicher und dringlicher:

„Gripp, grapp, —
hipp, happ, —
Gib mir was ab!"

Nein, das war doch zu toll. Erschreckt ob des ungelegenen Beobachters schloß er den Hahn so flüchtig, daß er noch tüchtig tropfte, und herrschte den Kleinen an: "Was erfrechst du dich, kleiner Kobold, du bist wohl einer Schaubude entlaufen und willst gar hier stehlen? Pack dich, sonst werd' ich den Meister rufen."

Das Männlein kicherte boshaft, machte Konrad eine lange Nase und rief enteilend:

„Wer ein Heinzelmännchen kränkt,
Daran bald mit Reue denkt."

„Ein Heinzelmännchen bist du?" lallte Konrad erschrocken, indem er dem Männlein nachsprang; doch dieses war schon verschwunden; er glaubte es noch die Kellertreppe hinaufspringen zu sehen.

Mit rotem Kopf, zwei vollen und einem leeren Krug stolperte Konrad wieder ins Wohngemach, wo Meister Anselm ihn befremdet anblickte. „Kommst ja, wie kürzlich der Wendelin, mit einem leeren Kruge?" forschte der Goldschmied. „Hab' ihn verschüttet, derweilen ich stolperte," log Konrad.

Als der Rausch verflogen war, glaubte er dem Meister gegenüber sich in ein besseres Licht setzen zu müssen, und bat darum, noch bis Mitternacht in der Werkstatt arbeiten zu dürfen.

Wendelin hatte mit Schrecken bemerkt, daß sein Mitgeselle noch arbeitete, als er um Mitternacht zum Keller eilte; da galt es doppelt vorsichtig zu sein! Doch der andere spitzte die Ohren, weil er ein leises Knarren auf der Treppe zu hören glaubte. Hastig riß er die Tür der Werkstatt auf, um eben noch den um die Ecke verschwindenden Wendelin zu erspähen. Neugierig und schadenfroh zugleich folgte er dem Enteilenden ohne Besinnen und sah, wie dieser im Keller verschwand.

In ohnmächtigem Ärger rüttelte Konrad an der wieder verschlossenen Tür — wie war der Gesell da hineingekommen? — Plötzlich durchzuckte ihn ein Gedanke: der Wendelin war neulich mit leerer Kanne und so merkwürdig einsilbig aus dem Keller gekommen — da war ihm gewiß auch solch ein kleiner Wicht begegnet.

Ohne zu überlegen, nur von der Schadenfreude getrieben, pochte er an Meister Anselms Schlafgemach: „Meister, kommt schnell in den Keller; der Wendelin zecht dort mit den Heinzelmännern Euern Wein!"

Der Goldschmied öffnete sofort. „Mir scheint, dir ist's nimmer recht im Oberstübchen," lautete die Antwort; „dir ist wohl der v e r s c h ü t t e t e Wein in den Kopf gestiegen?" Doch überzeugte sich der Meister endlich, daß Wendelin tatsächlich nicht in seinem Kämmerlein war.

Im Keller entdeckte er nichts; keine Spur von dem Gesuchten sowohl als auch nur das kleinste Zipflein vom Zipfelmützlein eines Heinzelmännchens.

Da rief der Meister plötzlich: „Laß sehn, was ist denn da los?" Er leuchtete gerade bei dem Faß mit dem guten Aßmannshäuserwein herum, von dem her ein eigentümliches Glucksen ihn aufmerksam machte. Fast hätte er aber vor Schrecken die Laterne fallen lassen, denn ach — tropf — tropf — tropf — floß das köstliche Naß aus dem Hahne, und eine mächtige Lache hatte sich rings um das Faß gebildet. „Du selbst warst der heimliche Zecher," donnerte jetzt der Meister den Gesellen an, der mit schreckensbleicher Armesündermiene wie das leibhaftige böse Gewissen dastand. Winselnd und mit sich in ein besseres Licht setzen zu müssen, und bat darum, noch bis Mitternacht in der Werkstatt arbeiten zu dürfen

Wendelin hatte mit Schrecken bemerkt, daß sein Mitgeselle noch arbeitete, als er um Mitternacht zum Keller eilte; da galt es doppelt vorsichtig zu sein! Doch der andere spitzte die Ohren, weil er ein leises Knarren auf der Treppe zu hören glaubte. Hastig riß er die Tür der Werkstatt auf, um eben noch den um die Ecke verschwindenden Wendelin zu erspähen. Neugierig und schadenfroh zugleich folgte er dem Enteilenden ohne Besinnen und sah, wie dieser im Keller verschwand.

In ohnmächtigem Ärger rüttelte Konrad an der wieder verschlossenen Tür — wie war der Gesell da hineingekommen? — Plötzlich durchzuckte ihn ein Gedanke: der Wendelin war neulich mit leerer Kanne und so merkwürdig einsilbig aus dem Keller gekommen — da war ihm gewiß auch solch ein kleiner Wicht begegnet.

Ohne zu überlegen, nur von der Schadenfreude getrieben, pochte er an Meister Anselms Schlafgemach: „Meister, kommt schnell in den Keller; der Wendelin zecht dort mit den Heinzelmännern Euern Wein!"

Der Goldschmied öffnete sofort. „Mir scheint, dir ist's nimmer recht im Oberstübchen," lautete die Antwort; „dir ist wohl der v e r s c h ü t t e t e Wein in den Kopf gestiegen?" Doch überzeugte sich der Meister endlich, daß Wendelin tatsächlich nicht in seinem Kämmerlein war.

Im Keller entdeckte er nichts; keine Spur von dem Gesuchten sowohl als auch nur das kleinste Zipflein vom Zipfelmützlein eines Heinzelmännchens.

Da rief der Meister plötzlich: „Laß sehn, was ist denn da los?" Er leuchtete gerade bei dem Faß mit dem guten Aßmannshäuserwein herum, von dem her ein eigentümliches Glucksen ihn aufmerksam machte. Fast hätte er aber vor Schrecken die Laterne fallen lassen, denn ach — tropf — tropf — tropf — floß das köstliche Naß aus dem Hahne, und eine mächtige Lache hatte sich rings um das Faß gebildet. „Du selbst warst der heimliche Zecher," donnerte jetzt der Meister den Gesellen an, der mit schreckensbleicher Armesündermiene wie das leibhaftige böse Gewissen dastand. Winselnd und mit schlotternden Knien bat der so unvermutet Überführte um Verzeihung; er ahnte dumpf, daß seines Bleibens in diesem Hause nicht mehr lange sein würde, wenn er den Meister nicht versöhnte.

Unterdessen schmiedete Wendelin im Heinzelreiche an mancherlei schönen Dingen, auch an einem goldenen Becher, der für die Nixenkönigin zum Geschenk bestimmt war. Dabei mahnte Heinzelmännchen nochmals, über alles, was er hier unten gesehen und gehört, zu schweigen, was der Jüngling auch versprach. Schwer ward es ihm, sich endlich von seinem kleinen Gönner zu trennen.

Ohne eine Ahnung, was sich unterdessen im Goldschmiedhaus begeben, stieg er die Kellertreppe hinauf, an der er herzlich Abschied von dem Kleinen nahm, dessen letzte Mahnung noch lautete:

„Hüte dich vor Konrads Tück',
Denn er neidet dir dein Glück."

Konrad, den der Ärger nicht viel in dieser Nacht schlafen ließ, fuhr im Morgengrauen aus unruhigem Halbschlummer und vernahm nun deutlich Wendelins tiefe Atemzüge.

Drei Nächte hindurch war nicht viel Schlaf in dessen Augen gekommen, was Wunder, daß er trotz der vielen Eindrücke auch dieser letzten Nacht fest schlief, sein Traum ihn aber so lebhaft in das Heinzelreich zurückführte, daß er, sich bei der Arbeit wähnend, im Schlafe sprach. Wie ein Dachs auf der Lauer, so spitzte Konrad die Ohren, die er an die Bretterwand lehnte; da verstand er's ganz deutlich:

„Klopp — klipp, klopp — klipp,
Gelingen gib;
Du Hämmerlein jetzt springe,
Daß Gold gar hell erklinge,
Damit der gute Heinzelmann
Sich mit mir herzlich freuen kann."

Wie eine Katze schlich Konrad in das Kämmerlein des Arglosen; denn daß dieser mit den Heinzelmännchen in Verbindung stand, ward ihm schlotternden Knien bat der so unvermutet Überführte um Verzeihung; er ahnte dumpf, daß seines Bleibens in diesem Hause nicht mehr lange sein würde, wenn er den Meister nicht versöhnte.

Unterdessen schmiedete Wendelin im Heinzelreiche an mancherlei schönen Dingen, auch an einem goldenen Becher, der für die Nixenkönigin zum Geschenk bestimmt war. Dabei mahnte Heinzelmännchen nochmals, über alles, was er hier unten gesehen und gehört, zu schweigen, was der Jüngling auch versprach. Schwer ward es ihm, sich endlich von seinem kleinen Gönner zu trennen.

Ohne eine Ahnung, was sich unterdessen im Goldschmiedhaus begeben, stieg er die Kellertreppe hinauf, an der er herzlich Abschied von dem Kleinen nahm, dessen letzte Mahnung noch lautete:

„Hüte dich vor Konrads Tück',
Denn er neidet dir dein Glück."

Konrad, den der Ärger nicht viel in dieser Nacht schlafen ließ, fuhr im Morgengrauen aus unruhigem Halbschlummer und vernahm nun deutlich Wendelins tiefe Atemzüge.

Drei Nächte hindurch war nicht viel Schlaf in dessen Augen gekommen, was Wunder, daß er trotz der vielen Eindrücke auch dieser letzten Nacht fest schlief, sein Traum ihn aber so lebhaft in das Heinzelreich zurückführte, daß er, sich bei der Arbeit wähnend, im Schlafe sprach. Wie ein Dachs auf der Lauer, so spitzte Konrad die Ohren, die er an die Bretterwand lehnte; da verstand er's ganz deutlich:

„Klopp — klipp, klopp — klipp,
Gelingen gib;
Du Hämmerlein jetzt springe,
Daß Gold gar hell erklinge,
Damit der gute Heinzelmann
Sich mit mir herzlich freuen kann."

Wie eine Katze schlich Konrad in das Kämmerlein des Arglosen; denn daß dieser mit den Heinzelmännchen in Verbindung stand, ward ihm jetzt unzweifelhaft klar. Sicherlich trug er irgendwelche Schätze bei sich, das mußte er auskundschaften. Eine Ausrede, falls der Schläfer erwachen sollte, hatte Konrad schon in Bereitschaft, während er in fieberhafter Hast des Nebenbuhlers Wams durchsuchte. Er machte sich nicht klar, ob er die Sachen stehlen wollte; nur f i n d e n mußte er sie. Und richtig! Trotzdem Wendelin, durch des Kleinen Mahnung gewarnt, die Sachen gut verborgen zu haben glaubte, fand Konrad doch endlich wenigstens den Hammer und die anderen kleinen Werkzeuge, sowie das e r s t e Gürtelschloß. Mehr entdeckte er jedoch nicht.

Froh über den Fund holte er in der Werkstatt sein Gürtelschloß hervor. Den eigenartig geformten kleinen Hammer schwingend, wiederholte er dabei in spöttischem Tone den von Wendelin erlauschten Vers. Doch kaum hatte er begonnen: „Klopp, klipp — klopp, klipp," — als er entgegen allem Reim rief: „Au!"; denn anstatt auf das Gold, hatte er sich derb auf die Hand geschlagen. Stöhnend rieb er die schmerzende Stelle, um trotzdem weiter zu arbeiten.

Doch merkwürdig: Ob er den Vers sprach oder nicht, der Hammer schlug immer daneben; und schließlich, als Konrads Lippen ein wilder Fluch entfuhr, sauste er so ungeschickt auf die Mitte des Gürtelschlosses nieder, daß dieses ganz verbogen wurde. „Das ist ja ein Teufelshammer," dachte Konrad, das Werkzeug grimmig in die Ecke schleudernd; mochte Wendelin es dort suchen und glauben, die Heinzelmänner hätten es versteckt.

Als Regina mit dem Vater bei der Morgensuppe allein war, fragte sie ihn, warum er ihr so spät in der Nacht den Kellerschlüssel abgefordert habe. Sie erfuhr von ihm alles, was in diesen ereignisreichen Stunden geschehen war, besonders aber von seinem Verdruß über Wendelin, der ihm die Auskunft über sein Verbleiben in dieser Nacht freundlich, aber bestimmt verweigere. Da schaute Regina noch ernster drein, und als sie am Nachmittag in ihrem Kämmerlein spann, brauchte sie den Faden nicht zu netzen, denn das taten ihre Tränen, die über ihre Wangen perlten.

So schien es denn, als habe sich eine düstere Wolke über den Frieden des Goldschmiedhauses gebreitet: Meister Anselm war jetzt unzweifelhaft klar. Sicherlich trug er irgendwelche Schätze bei sich, das mußte er auskundschaften. Eine Ausrede, falls der Schläfer erwachen sollte, hatte Konrad schon in Bereitschaft, während er in fieberhafter Hast des Nebenbuhlers Wams durchsuchte. Er machte sich nicht klar, ob er die Sachen stehlen wollte; nur f i n d e n mußte er sie. Und richtig! Trotzdem Wendelin, durch des Kleinen Mahnung gewarnt, die Sachen gut verborgen zu haben glaubte, fand Konrad doch endlich wenigstens den Hammer und die anderen kleinen Werkzeuge, sowie das e r s t e Gürtelschloß. Mehr entdeckte er jedoch nicht.

Froh über den Fund holte er in der Werkstatt sein Gürtelschloß hervor. Den eigenartig geformten kleinen Hammer schwingend, wiederholte er dabei in spöttischem Tone den von Wendelin erlauschten Vers. Doch kaum hatte er begonnen: „Klopp, klipp — klopp, klipp," — als er entgegen allem Reim rief: „Au!"; denn anstatt auf das Gold, hatte er sich derb auf die Hand geschlagen. Stöhnend rieb er die schmerzende Stelle, um trotzdem weiter zu arbeiten.

Doch merkwürdig: Ob er den Vers sprach oder nicht, der Hammer schlug immer daneben; und schließlich, als Konrads Lippen ein wilder Fluch entfuhr, sauste er so ungeschickt auf die Mitte des Gürtelschlosses nieder, daß dieses ganz verbogen wurde. „Das ist ja ein Teufelshammer," dachte Konrad, das Werkzeug grimmig in die Ecke schleudernd; mochte Wendelin es dort suchen und glauben, die Heinzelmänner hätten es versteckt.

Als Regina mit dem Vater bei der Morgensuppe allein war, fragte sie ihn, warum er ihr so spät in der Nacht den Kellerschlüssel abgefordert habe. Sie erfuhr von ihm alles, was in diesen ereignisreichen Stunden geschehen war, besonders aber von seinem Verdruß über Wendelin, der ihm die Auskunft über sein Verbleiben in dieser Nacht freundlich, aber bestimmt verweigere. Da schaute Regina noch ernster drein, und als sie am Nachmittag in ihrem Kämmerlein spann, brauchte sie den Faden nicht zu netzen, denn das taten ihre Tränen, die über ihre Wangen perlten.

So schien es denn, als habe sich eine düstere Wolke über den Frieden des Goldschmiedhauses gebreitet: Meister Anselm war grübelnd und wortkarg, Konrad blickte finster, fast grimmig drein, und Regina erschien kühler als sonst; — und Wendelin?

Nun, dem war just auch nicht nach Lachen zumute, denn das Zürnen seines Meisters, den er, der Elternlose, fast wie einen Vater liebte und verehrte, ging ihm nahe. In seinem Herzen war der hoffnungsfreudige Sonnenschein fast völlig ausgelöscht, als er seine kostbaren Werkzeuge vermißte, die er endlich verwundert aus der Werkstattecke hervorholte.

Er konnte sich anfangs die Sache nicht erklären, bis er an Heinzelmännchens Warnung dachte, und Konrads feindselige Blicke und dessen große Beule auf der Hand ihn das Richtige ahnen ließen, da er wußte, daß die Heinzelmännlein unberufenes Hantieren mit Heinzelwerkzeugen an dem Betreffenden zu rächen pflegten.

Meister Anselm mußte seine Kette abliefern, die bis auf das letzte Verschlußglied fertig war; aber sonderbar, gerade dieses wollte ihm nicht gelingen. Wendelins mehrmals angebotene Hilfe hatte er derb zurückgewiesen, da des Gesellen Verschlossenheit ihn immer mehr gegen diesen erbitterte. Noch spät nach Feierabend arbeitete der Goldschmied allein in seiner Werkstatt und hämmerte drauflos. Er schürte die Flammen unter dem Tiegel, doch immer verlöschten sie wieder. Der Meister bückte sich nach dem Schüreisen, als sich im dunklen Herdwinkel etwas bewegte. Herzhaft griff er danach, glaubend, daß es eine Ratte sei. Wirklich hielt er auch etwas Zappelndes in der Hand, doch entgeistert starrte er seine Beute an, die mit kläglichem Stimmlein flehte:

„Meister Anselm, laß mich los,
Du zerreißt mir Wams und Hos'!"

Doch ungerührt hielt der Goldschmied mit eiserner Faust den Besitzer des Stimmleins fest, diesen fragend, wer er sei. Doch die beinah trotzige Antwort kündete:

„Nur ein f r e i e r Heinzelmann
Rede stehen will und kann."

grübelnd und wortkarg, Konrad blickte finster, fast grimmig drein, und Regina erschien kühler als sonst; — und Wendelin?

Nun, dem war just auch nicht nach Lachen zumute, denn das Zürnen seines Meisters, den er, der Elternlose, fast wie einen Vater liebte und verehrte, ging ihm nahe. In seinem Herzen war der hoffnungsfreudige Sonnenschein fast völlig ausgelöscht, als er seine kostbaren Werkzeuge vermißte, die er endlich verwundert aus der Werkstattecke hervorholte.

Er konnte sich anfangs die Sache nicht erklären, bis er an Heinzelmännchens Warnung dachte, und Konrads feindselige Blicke und dessen große Beule auf der Hand ihn das Richtige ahnen ließen, da er wußte, daß die Heinzelmännlein unberufenes Hantieren mit Heinzelwerkzeugen an dem Betreffenden zu rächen pflegten.

Meister Anselm mußte seine Kette abliefern, die bis auf das letzte Verschlußglied fertig war; aber sonderbar, gerade dieses wollte ihm nicht gelingen. Wendelins mehrmals angebotene Hilfe hatte er derb zurückgewiesen, da des Gesellen Verschlossenheit ihn immer mehr gegen diesen erbitterte. Noch spät nach Feierabend arbeitete der Goldschmied allein in seiner Werkstatt und hämmerte drauflos. Er schürte die Flammen unter dem Tiegel, doch immer verlöschten sie wieder. Der Meister bückte sich nach dem Schüreisen, als sich im dunklen Herdwinkel etwas bewegte. Herzhaft griff er danach, glaubend, daß es eine Ratte sei. Wirklich hielt er auch etwas Zappelndes in der Hand, doch entgeistert starrte er seine Beute an, die mit kläglichem Stimmlein flehte:

„Meister Anselm, laß mich los,
Du zerreißt mir Wams und Hos'!"

Doch ungerührt hielt der Goldschmied mit eiserner Faust den Besitzer des Stimmleins fest, diesen fragend, wer er sei. Doch die beinah trotzige Antwort kündete:

„Nur ein f r e i e r Heinzelmann
Rede stehen will und kann."

„Aha, du Schelm, also ein Heinzelmann bist du!“ frohlockte Meister Anselm, sich das langbärtige Männlein, das nur noch heftiger zappelte, betrachtend. „Hast mir wohl gerade mein Feuer verdorben?“ Da entwand sich der Kleine mit geschicktem Ruck der fesselnden Hand und hüpfte behende auf das obere Herdgesims, mit seinen Zeigefingern die entsprechende Bewegung zu seinen Worten machend:

„Ätsch, ätsch — Meister Schmitz,
kannst mich nun nicht mehr quälen,
Bin deinem Griffe dennoch entschlüpft,
darfst nimmermehr mich schmälen.
Dein Feuer hab'oft ungesehn ich geschürt,
Nur heute hast du meine Ungnad' verspürt.“

„Wodurch habe ich denn diese verdient?“

„Zürnst zu Unrecht dem Gesellen,
Weil er Auskunft dir verwehrt;
Darfst kein schlimmes Urteil fällen,
Weil er tut, was ich begehrt.
Wendelin hat Herz wie Gold,
Drum sind ihm die Heinzel hold.“

Mit großen Augen vernahm der Meister diese Rede, und nach einigem Hin- und Herfragen wußte er zwar nicht das ganze Geheimnis, aber doch soviel, daß der Gesell seine Geschicklichkeit nicht dem Teufel, sondern dem Wohlwollen der Heinzelmännchen zu verdanken hatte.

Als der kleine Mann längst entschlüpft war, glaubte Meister Anselm immer noch dessen letzte Worte zu hören:

„Der ehrliche Wendelin gab s e i n e n Wein,
Bescheiden bedacht nur auf d i c h ;
Der heimtück'sche Konrad zecht lieber allein,
Ich sah, wie zum Festwein er schlich.“

„Aha, du Schelm, also ein Heinzelmann bist du!“ frohlockte Meister Anselm, sich das langbärtige Männlein, das nur noch heftiger zappelte, betrachtend. „Hast mir wohl gerade mein Feuer verdorben?“ Da entwand sich der Kleine mit geschicktem Ruck der fesselnden Hand und hüpfte behende auf das obere Herdgesims, mit seinen Zeigefingern die entsprechende Bewegung zu seinen Worten machend:

„Ätsch, ätsch — Meister Schmitz,
kannst mich nun nicht mehr quälen,
Bin deinem Griffe dennoch entschlüpft,
darfst nimmermehr mich schmälen.
Dein Feuer hab' oft ungesehn ich geschürt,
Nur heute hast du meine Ungnad' verspürt.“

„Wodurch habe ich denn diese verdient?“

„Zürnst zu Unrecht dem Gesellen,
Weil er Auskunft dir verwehrt;
Darfst kein schlimmes Urteil fällen,
Weil er tut, was ich begehrt.
Wendelin hat Herz wie Gold,
Drum sind ihm die Heinzel hold.“

Mit großen Augen vernahm der Meister diese Rede, und nach einigem Hin- und Herfragen wußte er zwar nicht das ganze Geheimnis, aber doch soviel, daß der Gesell seine Geschicklichkeit nicht dem Teufel, sondern dem Wohlwollen der Heinzelmännchen zu verdanken hatte.

Als der kleine Mann längst entschlüpft war, glaubte Meister Anselm immer noch dessen letzte Worte zu hören:

„Der ehrliche Wendelin gab s e i n e n Wein,
Bescheiden bedacht nur auf d i c h;
Der heimtück'sche Konrad zecht lieber allein,
Ich sah, wie zum Festwein er schlich.“

Dem Meister ward weich ums Herz. Ja, ja, der Kleine hatte recht, der Wendelin war seine Zuneigung wert; und wie Gold im Tiegel, so schmolz auch urplötzlich aller Groll gegen den Jüngling dahin, dem er selbst immer das Sprichwort: „Ein Mann, ein Wort" eingeprägt hatte. Des Goldschmieds Arbeit gelang nun bestens.

Der wichtige Tag war da. Daß der Meister und Wendelin nach kurzer Aussprache unter vier Augen nunmehr mit heiterem Antlitz zusammen in der schon vollzähligen Versammlung des hohen Rates und aller dabei Beteiligten erschienen, sah der dorthin vorausgeeilte Konrad mit scheelem Blick.

Meister Anselms Freude war nicht gering, als sein Meisterwerk, die Kette, allgemeines Entzücken und großes Lob hervorrief.

Darauf traten die Gesellen mit ihren Gürtelschlössern an. Konrad drängte sich als einer der ersten mit seiner ungenügenden Arbeit hervor; endlich als letzter kam Wendelin heran, der mit erwartungsvollem Herzklopfen sein Kunstwerk überlieferte. Ein allgemeines „Ah!" der Bewunderung hallte durch den Saal, denn ein so wunderbar gearbeitetes Gürtelschloß hatte man noch nicht gesehen.

Eben verkündete nach kurzer Beratung der hohe Rat, daß Wendelins Preisarbeit die schönste und er darum zum „Meister" zu machen sei, als Konrad, voller Neid alle Besinnung verlierend, rief: „Das Schloß, das *ich* gesehen habe, war ein anderes; und dieses hat er mit dem *Teufel* im Bunde geschmiedet, und — ha — ha — laßt euch nur mal seine neuen Werkzeuge zeigen."

Ein Gemurmel des Entsetzens erhob sich, und obwohl Meister Anselm den Verdächtigten sehr in Schutz nahm und solche Anschuldigungen gegen seinen Lieblingsgesellen als boshafte Lügen bezeichnete, erklärte der hohe Rat doch, daß Wendelin seine Unschuld beweisen müsse.

Der erschrockene Jüngling hoffte fest, das zu können, ohne sein dem Heinzelmännchen gegebenes Wort zu brechen, denn sein kleiner Gönner hatte gewiß nichts mit dem Teufel zu tun.

Dem Meister ward weich ums Herz. Ja, ja, der Kleine hatte recht, der Wendelin war seine Zuneigung wert; und wie Gold im Tiegel, so schmolz auch urplötzlich aller Groll gegen den Jüngling dahin, dem er selbst immer das Sprichwort: „Ein Mann, ein Wort“ eingeprägt hatte. Des Goldschmieds Arbeit gelang nun bestens.

Der wichtige Tag war da. Daß der Meister und Wendelin nach kurzer Aussprache unter vier Augen nunmehr mit heiterem Antlitz zusammen in der schon vollzähligen Versammlung des hohen Rates und aller dabei Beteiligten erschienen, sah der dorthin vorausgeeilte Konrad mit scheelem Blick.

Meister Anselms Freude war nicht gering, als sein Meisterwerk, die Kette, allgemeines Entzücken und großes Lob hervorrief.

Darauf traten die Gesellen mit ihren Gürtelschlössern an. Konrad drängte sich als einer der ersten mit seiner ungenügenden Arbeit hervor; endlich als letzter kam Wendelin heran, der mit erwartungsvollem Herzklopfen sein Kunstwerk überlieferte. Ein allgemeines „Ah!“ der Bewunderung hallte durch den Saal, denn ein so wunderbar gearbeitetes Gürtelschloß hatte man noch nicht gesehen.

Eben verkündete nach kurzer Beratung der hohe Rat, daß Wendelins Preisarbeit die schönste und er darum zum „Meister“ zu machen sei, als Konrad, voller Neid alle Besinnung verlierend, rief: „Das Schloß, das *ich* gesehen habe, war ein anderes; und dieses hat er mit dem *Teufel* im Bunde geschmiedet, und — ha — ha — laßt euch nur mal seine neuen Werkzeuge zeigen.“

Ein Gemurmel des Entsetzens erhob sich, und obwohl Meister Anselm den Verdächtigten sehr in Schutz nahm und solche Anschuldigungen gegen seinen Lieblingsgesellen als boshafte Lügen bezeichnete, erklärte der hohe Rat doch, daß Wendelin seine Unschuld beweisen müsse.

Der erschrockene Jüngling hoffte fest, das zu können, ohne sein dem Heinzelmännchen gegebenes Wort zu brechen, denn sein kleiner Gönner hatte gewiß nichts mit dem Teufel zu tun.

Frohlockend brachte Konrad die in Wendelins Habe glücklich aufgestöberten Werkzeuge herbei; doch der älteste, Wendelin wohlgesinnte Ratsherr schlug vor, dieselben in Verwahrung zu nehmen, bis der Geselle mit seinem früheren Gerät einen goldenen Meßkelch und ein silbernes Kruzifix gefertigt habe; denn wenn er das vermöchte, läge seine Unschuld am Tage, da der Teufel über so heilige Dinge keine Macht habe.

Und so geschah es: Wendelin machte sich mit gutem Mute an das Werk; ihm schien es, als sei die Zauberkraft des Heinzelhammers in sein altes Arbeitsgerät gefahren; in Wahrheit war es aber seine bei den Heinzelmännlein erworbene Geschicklichkeit, so daß die Vertrauensmänner, die seine Arbeit überwachten, zufrieden und erstaunt erklärten, daß die Sachen Kunstwerke ersten Ranges und Zierden der Altäre würden. Wirklich hatten sie recht, denn als nicht lange darauf der hohe Rat Kruzifix und Kelch in Empfang nahm, ward des Gesellen Kunst hochgepriesen, zumal er damit seine Unschuld glänzend bewies.

Was hatte Konrad nun von seinen Ränken? Er mußte erfahren, daß das Böse, das er dem Mitgesellen hatte antun wollen, für diesen zum Guten ausschlug; und obendrein wurde er nicht nur aus Meister Anselms Haus gejagt, sondern mußte sogar, mit Schimpf und Schande bedeckt, auf Befehl des hohen Rates die Stadt verlassen.

Wendelin ward sehr bald Meister und führte als Meister Anselms willkommener Schwiegersohn Regina als seine Hausfrau heim. Er hat noch lange Jahre im Verein mit Meister Anselm die schönsten Erzeugnisse der Goldschmiedekunst geschaffen. Sie gelangen immer, ob er die Heinzelwerkzeuge benutzte, die er wiedererhalten hatte, oder nicht.

Heinzelmännchen bewahrte ihm sein Wohlwollen, und wenn es sich einmal blicken ließ, tat es seinem Schützling nur Gutes, weil dieser unentwegt sein Wort hielt.

Frohlockend brachte Konrad die in Wendelins Habe glücklich aufgestöberten Werkzeuge herbei; doch der älteste, Wendelin wohlgesinnte Ratsherr schlug vor, dieselben in Verwahrung zu nehmen, bis der Geselle mit seinem früheren Gerät einen goldenen Meßkelch und ein silbernes Kruzifix gefertigt habe; denn wenn er das vermöchte, läge seine Unschuld am Tage, da der Teufel über so heilige Dinge keine Macht habe.

Und so geschah es: Wendelin machte sich mit gutem Mute an das Werk; ihm schien es, als sei die Zauberkraft des Heinzelhammers in sein altes Arbeitsgerät gefahren; in Wahrheit war es aber seine bei den Heinzelmännlein erworbene Geschicklichkeit, so daß die Vertrauensmänner, die seine Arbeit überwachten, zufrieden und erstaunt erklärten, daß die Sachen Kunstwerke ersten Ranges und Zierden der Altäre würden. Wirklich hatten sie recht, denn als nicht lange darauf der hohe Rat Kruzifix und Kelch in Empfang nahm, ward des Gesellen Kunst hochgepriesen, zumal er damit seine Unschuld glänzend bewies.

Was hatte Konrad nun von seinen Ränken? Er mußte erfahren, daß das Böse, das er dem Mitgesellen hatte antun wollen, für diesen zum Guten ausschlug; und obendrein wurde er nicht nur aus Meister Anselms Haus gejagt, sondern mußte sogar, mit Schimpf und Schande bedeckt, auf Befehl des hohen Rates die Stadt verlassen.

Wendelin ward sehr bald Meister und führte als Meister Anselms willkommener Schwiegersohn Regina als seine Hausfrau heim. Er hat noch lange Jahre im Verein mit Meister Anselm die schönsten Erzeugnisse der Goldschmiedekunst geschaffen. Sie gelangen immer, ob er die Heinzelwerkzeuge benutzte, die er wiedererhalten hatte, oder nicht.

Heinzelmännchen bewahrte ihm sein Wohlwollen, und wenn es sich einmal blicken ließ, tat es seinem Schützling nur Gutes, weil dieser unentwegt sein Wort hielt.

Der Erdbeerkönig

Es war einmal ein junges Mägdelein; kreuzbrav und schön wie der junge Tag, doch es besaß keinen roten Heller, so daß es schon seit mehreren Jahren bei einem reichen Bauern als Magd diente.

Magdalies, so hieß das Mägdelein, war aber an Arbeit gewöhnt, und so tat sie diese gern, war fröhlich und wohlgemut, trotzdem sie einem gar unfreundlichen Ehepaar diente, denn vom Bauern sowohl wie von dessen Frau bekam sie selten ein gutes Wort zu hören.

Wenn sie aber draußen im Felde oder im Walde war, wo sie allerlei Arbeit für den Bauern zu verrichten hatte, dann sang sie wie eine Lerche, daß es eine Freude war, es zu hören, dann vergaß sie jeden Kummer, der sie etwa drückte.

Sie war gern im Walde. Gar oft im Jahre mußte sie Holz dort holen, daß ihr der Rücken zuweilen von der schweren Last schmerzte und blaue Flecken bekam, denn Magdalies war zart und fein gebaut, und ihre weiße Haut gar empfindlich, daher die Bäuerin, die fast so dick wie lang war, die arme Magd oft im Spott „Prinzessin" nannte.

Gar vieles hatte Magdalies außer dem Holzsuchen noch im Walde zu schaffen, denn wenn sie keine andere Arbeit mehr zu besorgen hatte, dann mußte sie von dort herbeischaffen, was die Jahreszeit bot. Beeren und Kräuter, die die Bäuerin in der Stadt verkaufte oder aus denen sie allerhand Heiltränke bereitete, späterhin Bucheckern, Schwämme und trockenes Laub.

Eines Tages nun, als Magdalies wieder im Walde Erdbeeren suchte und dabei fröhlich sang, traten plötzlich zwei Knappen aus dem Gebüsch zu ihr, um sie zu fragen, ob sie nicht den Königssohn gesehen hätte.

„Wir suchen ihn schon überall," sprachen sie weiter, „und seine Freunde, die edlen Ritter, durchstreifen den Wald ebenfalls, denn wenn er sich verirrt hat oder ihm ein Unfall betraf, so mögen sie sich auch nicht der Jagd erfreuen." Da Magdalies auch keine Auskunft zu geben

Der Erdbeerkönig

Es war einmal ein junges Mägdelein; kreuzbrav und schön wie der junge Tag, doch es besaß keinen roten Heller, so daß es schon seit mehreren Jahren bei einem reichen Bauern als Magd diente.

Magdalies, so hieß das Mägdelein, war aber an Arbeit gewöhnt, und so tat sie diese gern, war fröhlich und wohlgemut, trotzdem sie einem gar unfreundlichen Ehepaar diente, denn vom Bauern sowohl wie von dessen Frau bekam sie selten ein gutes Wort zu hören.

Wenn sie aber draußen im Felde oder im Walde war, wo sie allerlei Arbeit für den Bauern zu verrichten hatte, dann sang sie wie eine Lerche, daß es eine Freude war, es zu hören, dann vergaß sie jeden Kummer, der sie etwa drückte.

Sie war gern im Walde. Gar oft im Jahre mußte sie Holz dort holen, daß ihr der Rücken zuweilen von der schweren Last schmerzte und blaue Flecken bekam, denn Magdalies war zart und fein gebaut, und ihre weiße Haut gar empfindlich, daher die Bäuerin, die fast so dick wie lang war, die arme Magd oft im Spott „Prinzessin“ nannte.

Gar vieles hatte Magdalies außer dem Holzsuchen noch im Walde zu schaffen, denn wenn sie keine andere Arbeit mehr zu besorgen hatte, dann mußte sie von dort herbeischaffen, was die Jahreszeit bot. Beeren und Kräuter, die die Bäuerin in der Stadt verkaufte oder aus denen sie allerhand Heiltränke bereitete, späterhin Bucheckern, Schwämme und trockenes Laub.

Eines Tages nun, als Magdalies wieder im Walde Erdbeeren suchte und dabei fröhlich sang, traten plötzlich zwei Knappen aus dem Gebüsch zu ihr, um sie zu fragen, ob sie nicht den Königssohn gesehen hätte.

„Wir suchen ihn schon überall,“ sprachen sie weiter, „und seine Freunde, die edlen Ritter, durchstreifen den Wald ebenfalls, denn wenn er sich verirrt hat oder ihm ein Unfall betraf, so mögen sie sich auch nicht der Jagd erfreuen.“ Da Magdalies auch keine Auskunft zu geben vermochte, ihnen nur die Richtung, in der die Stadt liegen mußte, zeigen konnte, so waren die Knappen bald wieder im Dickicht verschwunden. Nur fern hörte sie noch Hundegebell; dann war wieder alles still wie vordem. Magdalies suchte weiter Erdbeeren und sang:

„Saß ein Vöglein auf dem Ast,
Fühlte nicht des Lebens Last;
Schmetterte aus voller Brust —
Zuzuhör'n war eine Lust.
Vöglein, Vöglein, Vöglein sing,
Geht die Arbeit dann gar flink!"

Wirklich flog in diesem Augenblick ein Vöglein auf den nächsten Ast und äugte hinab zu Magdalies, die es lächelnd entdeckte, ihm zunickte und ihren Vers wiederholte. Sie war so mit Erdbeeren, Gesang und Vogel beschäftigt, daß sie gar nicht bemerkte, wie abermals jemand aus dem Dickicht trat. Erschrocken sah sie sich um, als eine Stimme rief:

„Vögelein, dein Sang stimmt heiter,
Singe noch ein wenig weiter!"

Ein Rittersmann stand in Jagdkleidung hinter ihr. Freundlich sprach er, als er ihren Schrecken bemerkte: „Habe keine Angst, Mägdelein, ich tue dir nichts zu Leide. Sahst du hier schon Ritter oder Knappen?"

„Ja, Herr," antwortete Magdalies; „sie suchten den verirrten Königssohn. Dorthin, in der Richtung nach der Stadt zu, sind sie gelaufen."

Wie Magdalies nun sah, daß der junge Rittersmann sie gar gütig anblickte und nicht so stolz war, wie sie sich die Ritter immer gedacht hatte, fühlte sie ihre Angst schwinden, daß sie Mut fand, selbst eine Frage zu tun: „Edler Herr, gewiß seid Ihr auch einer der Freunde des Königssohnes und wollt diesen suchen?"

Der Ritter lächelte. „Du kennst den Königssohn wohl nicht, Mägdelein?" „Nein, Herr, aber gern möcht' ich ihn einmal sehen; er soll gut und edel sein, wie die Leute sagen." „So, sagen sie das, und glaubst du das auch?" „Ja, Herr." „Ei," antwortete der Rittersmann, „da kann er vermochte, ihnen nur die Richtung, in der die Stadt liegen mußte, zeigen konnte, so waren die Knappen bald wieder im Dickicht verschwunden. Nur fern hörte sie noch Hundegebell; dann war wieder alles still wie vordem. Magdalies suchte weiter Erdbeeren und sang:

„Saß ein Vöglein auf dem Ast,
Fühlte nicht des Lebens Last;
Schmetterte aus voller Brust –
Zuzuhör'n war eine Lust.
Vöglein, Vöglein, Vöglein sing,
Geht die Arbeit dann gar flink!"

Wirklich flog in diesem Augenblick ein Vöglein auf den nächsten Ast und äugte hinab zu Magdalies, die es lächelnd entdeckte, ihm zunickte und ihren Vers wiederholte. Sie war so mit Erdbeeren, Gesang und Vogel beschäftigt, daß sie gar nicht bemerkte, wie abermals jemand aus dem Dickicht trat. Erschrocken sah sie sich um, als eine Stimme rief:

„Vögelein, dein Sang stimmt heiter,
Singe noch ein wenig weiter!"

Ein Rittersmann stand in Jagdkleidung hinter ihr. Freundlich sprach er, als er ihren Schrecken bemerkte: „Habe keine Angst, Mägdelein, ich tue dir nichts zu Leide. Sahst du hier schon Ritter oder Knappen?"

„Ja, Herr," antwortete Magdalies; „sie suchten den verirrten Königssohn. Dorthin, in der Richtung nach der Stadt zu, sind sie gelaufen."

Wie Magdalies nun sah, daß der junge Rittersmann sie gar gütig anblickte und nicht so stolz war, wie sie sich die Ritter immer gedacht hatte, fühlte sie ihre Angst schwinden, daß sie Mut fand, selbst eine Frage zu tun: „Edler Herr, gewiß seid Ihr auch einer der Freunde des Königssohnes und wollt diesen suchen?"

Der Ritter lächelte. „Du kennst den Königssohn wohl nicht, Mägdelein?" „Nein, Herr, aber gern möcht' ich ihn einmal sehen; er soll gut und edel sein, wie die Leute sagen." „So, sagen sie das, und glaubst du das auch?" „Ja, Herr." „Ei," antwortete der Rittersmann, „da kann er sich freuen. Und weißt du, worüber i c h mich freuen würde?“ Er zeigte auf ihre Erdbeeren und sprach weiter: „Seit Stunden irre ich im Walde umher, habe nicht Speise noch Trank bei mir, da möchte ich fragen, ob ich nicht einige von deinen Erdbeeren essen dürfte?“ „Wenn es Euch freut, gern. Nehmt, Herr.“ Magdalies hielt dem Ritter ihr Körbchen mit den roten Früchten hin, denen dieser auch wacker zusprach, während er dazwischen fragte: „Wer bist du? Woher kommst du? Wie heißest du?“

„Ich bin nur eine arme Dienstmagd, Herr, diene bei einem Bauern hier in der Gegend und heiße Magdalies.“

Der Ritter blickte gedankenvoll vor sich nieder; dann hub er wieder an: „Die Beeren deines Waldes munden gut; ich danke dir.“

„O, Herr,“ versetzte Magdalies, „der Wald ist des Königs Eigentum, gebührt es da nicht Euch, als einem Freunde des Königssohnes, von den roten Beeren zu essen, soviel es Euch beliebt? Vielmehr muß ich Euch danken, daß Ihr mich nicht zu schlecht hieltet, solche aus meinen Händen anzunehmen.“ „Du bist bescheiden, Mägdelein,“ entgegnete der Ritter. „Das gefällt mir wohl. Und wenn du mir das Recht an diesen Beeren zusprichst, so hast du doch die Mühe des Pflückens gehabt. Hier, nimm dies dafür.“

Er reichte Magdalies ein Goldstück. Doch erschrocken zurückweichend, wehrte sie: „Nein, Herr, das Geld nehm’ ich nimmer, denn verdient hab’ ich’s nicht, und brächt’ ich’s der Bäuerin, dächte sie wohl gar, ich hätt’s gestohlen.“ „Du brauchst es ihr ja nicht zu geben.“

„O, Herr, wenn ich auch arm bin, aber mein ehrlicher Name ist halt mein bester Besitz, den ich nimmer verlieren möcht’. Und für die Bäuerin, der ich diene, muß ich die Beeren pflücken. So gehört auch ihr, was ich damit verdiene. Laßt mich gehen, Herr, damit ich schnell die versäumte Zeit einhole.“

Der Ritter zog darauf eine Feder aus seinem Barett, die er Magdalies mit den Worten reichte:

„So nimm wenigstens dieses Pfand meiner Dankbarkeit hier, das vielleicht einst der Königssohn einlösen wird. Bewahre die Feder auf; und wenn du einmal mit Beeren ins Schloß kommst, zeige dies Ding den Wächtern; dann werden sie dich einlassen.“

sich freuen. Und weißt du, worüber ich mich freuen würde?" Er zeigte auf ihre Erdbeeren und sprach weiter: „Seit Stunden irre ich im Walde umher, habe nicht Speise noch Trank bei mir, da möchte ich fragen, ob ich nicht einige von deinen Erdbeeren essen dürfte?" „Wenn es Euch freut, gern. Nehmt, Herr." Magdalies hielt dem Ritter ihr Körbchen mit den roten Früchten hin, denen dieser auch wacker zusprach, während er dazwischen fragte: „Wer bist du? Woher kommst du? Wie heißest du?"

„Ich bin nur eine arme Dienstmagd, Herr, diene bei einem Bauern hier in der Gegend und heiße Magdalies."

Der Ritter blickte gedankenvoll vor sich nieder; dann hub er wieder an: „Die Beeren deines Waldes munden gut; ich danke dir."

„O, Herr," versetzte Magdalies, „der Wald ist des Königs Eigentum, gebührt es da nicht Euch, als einem Freunde des Königssohnes, von den roten Beeren zu essen, soviel es Euch beliebt? Vielmehr muß ich Euch danken, daß Ihr mich nicht zu schlecht hieltet, solche aus meinen Händen anzunehmen." „Du bist bescheiden, Mägdelein," entgegnete der Ritter. „Das gefällt mir wohl. Und wenn du mir das Recht an diesen Beeren zusprichst, so hast du doch die Mühe des Pflückens gehabt. Hier, nimm dies dafür."

Er reichte Magdalies ein Goldstück. Doch erschrocken zurückweichend, wehrte sie: „Nein, Herr, das Geld nehm' ich nimmer, denn verdient hab' ich's nicht, und brächt' ich's der Bäuerin, dächte sie wohl gar, ich hätt's gestohlen." „Du brauchst es ihr ja nicht zu geben."

„O, Herr, wenn ich auch arm bin, aber mein ehrlicher Name ist halt mein bester Besitz, den ich nimmer verlieren möcht'. Und für die Bäuerin, der ich diene, muß ich die Beeren pflücken. So gehört auch ihr, was ich damit verdiene. Laßt mich gehen, Herr, damit ich schnell die versäumte Zeit einhole."

Der Ritter zog darauf eine Feder aus seinem Barett, die er Magdalies mit den Worten reichte:

„So nimm wenigstens dieses Pfand meiner Dankbarkeit hier, das vielleicht einst der Königssohn einlösen wird. Bewahre die Feder auf; und wenn du einmal mit Beeren ins Schloß kommst, zeige dies Ding den Wächtern; dann werden sie dich einlassen."

Magdalies trat wieder erschrocken zurück. „Ich," stammelte sie, „ich schlichte Magd sollte mich ins Schloß getrauen? Selbst die Bäuerin, obschon sie etwas vorstellen will, hat mit ihren Beeren das noch nicht einmal gewagt."

Der Ritter blickte wieder einige Augenblicke nachdenklich vor sich hin, dann befragte er Magdalies über ihre Eltern, ihren Dienst und dergleichen. Er blickte ihr noch lange nach, als sie sich längst von ihm verabschiedet hatte. „Braves Mägdelein," murmelte er. „Ich hoffe, ich sah sie nicht zum letzten Male." Dann eilte er den Knappen nach.

Magdalies aber besah sich die buntschillernde Feder und vergaß über dem Anschauen fast, die fehlenden Beeren nachzupflücken.

Die Bäuerin empfing Magdalies am Hoftor, wo sie nach der Magd ausschaute. „Bleibst lang heut', Mädel," sagte sie hart. „Hast wohl gar geschlafen? Deine Beerenernte ist heut' gering."

Magdalies erwiderte nur sanft: „Nein, Bäuerin, warum sollt' ich am hellen Gottestag schlafen? Dazu ist die Nacht gut."

Sie hätte der Bäuerin wohl ganz ruhig von ihrem Zusammentreffen mit dem Ritter erzählt, doch nun wagte sie es nicht, denn sie fürchtete deren Spott und wollte schnell an ihre Arbeit gehen. Aber die scharfen Augen der Bäuerin erspähten die im Mieder verborgene Feder, nach deren Herkunft sie fragte.

Eine Unwahrheit hätte Magdalies um keinen Preis gesagt, denn sie wußte sehr wohl, daß auch eine sogenannte Notlüge eine Sünde ist, daher berichtete sie endlich zögernd von ihrem Zusammentreffen.

Stirnrunzelnd, die Arme in die Seiten gestemmt, stand die Bäuerin wie eine Richterin vor dem Mädchen, dessen Schönheit neben ihrer eigenen Erscheinung besonders zur Geltung kam, wie sie mit Ärger fühlte.

„Bist ja eine saubere Dirn'!" schalt sie: „Derweilen ich mich daheim schinden muß, tust du schön mit so einem scharwenzelnden Ritter, der meine Erdbeeren verzehrt und sie königlich mit einer wertlosen Feder bezahlt. — Ha, ha, ha, ha, ein netter Freund des Königssohnes!"

Tief gekränkt vernahm die Jungfrau diese höhnenden Worte. Sie kannte die Art der Bäuerin nur zu wohl; doch da sie auf der Welt niemanden besaß, der sie in Schutz nehmen konnte, so hatte sie bei anderen Anlässen keine Widerrede gewagt, sondern mit Sanftmut alles ertragen.

Magdalies trat wieder erschrocken zurück. „Ich," stammelte sie, „ich schlichte Magd sollte mich ins Schloß getrauen? Selbst die Bäuerin, obschon sie etwas vorstellen will, hat mit ihren Beeren das noch nicht einmal gewagt."

Der Ritter blickte wieder einige Augenblicke nachdenklich vor sich hin, dann befragte er Magdalies über ihre Eltern, ihren Dienst und dergleichen. Er blickte ihr noch lange nach, als sie sich längst von ihm verabschiedet hatte. „Braves Mägdelein," murmelte er. „Ich hoffe, ich sah sie nicht zum letzten Male." Dann eilte er den Knappen nach.

Magdalies aber besah sich die buntschillernde Feder und vergaß über dem Anschauen fast, die fehlenden Beeren nachzupflücken.

Die Bäuerin empfing Magdalies am Hoftor, wo sie nach der Magd ausschaute. „Bleibst lang heut', Mädel," sagte sie hart. „Hast wohl gar geschlafen? Deine Beerenernte ist heut' gering."

Magdalies erwiderte nur sanft: „Nein, Bäuerin, warum sollt' ich am hellen Gottestag schlafen? Dazu ist die Nacht gut."

Sie hätte der Bäuerin wohl ganz ruhig von ihrem Zusammentreffen mit dem Ritter erzählt, doch nun wagte sie es nicht, denn sie fürchtete deren Spott und wollte schnell an ihre Arbeit gehen. Aber die scharfen Augen der Bäuerin erspähten die im Mieder verborgene Feder, nach deren Herkunft sie fragte.

Eine Unwahrheit hätte Magdalies um keinen Preis gesagt, denn sie wußte sehr wohl, daß auch eine sogenannte Notlüge eine Sünde ist, daher berichtete sie endlich zögernd von ihrem Zusammentreffen.

Stirnrunzelnd, die Arme in die Seiten gestemmt, stand die Bäuerin wie eine Richterin vor dem Mädchen, dessen Schönheit neben ihrer eigenen Erscheinung besonders zur Geltung kam, wie sie mit Ärger fühlte.

„Bist ja eine saubere Dirn'!" schalt sie: „Derweilen ich mich daheim schinden muß, tust du schön mit so einem scharwenzelnden Ritter, der meine Erdbeeren verzehrt und sie königlich mit einer wertlosen Feder bezahlt. — Ha, ha, ha, ha, ein netter Freund des Königssohnes!"

Tief gekränkt vernahm die Jungfrau diese höhnenden Worte. Sie kannte die Art der Bäuerin nur zu wohl; doch da sie auf der Welt niemanden besaß, der sie in Schutz nehmen konnte, so hatte sie bei anderen Anlässen keine Widerrede gewagt, sondern mit Sanftmut alles ertragen.

Daß die Bäuerin aber solche Meinung von dem edlen Ritter hegte, das konnte Magdalies nicht zulassen, und so verteidigte sie ihn mit edlem Eifer, indem sie auch noch von dem Goldstück erzählte.

Doch nun entbrannte erst recht der Zorn der Bäuerin. Sie machte, da sie sehr geldgierig war, der armen Magdalies die bittersten Vorwürfe, daß sie das Goldstück nicht genommen hatte, auf das die Bäuerin begründeten Anspruch zu haben glaubte. Nun begannen noch weit freudlosere Tage für die arme Magdalies.

Zwar wurde sie noch oft in den Wald geschickt, um Beeren oder andere Dinge dort zu holen, da der dicken Bäuerin das Bücken gar beschwerlich fiel, aber sie hatte jedesmal ein Verhör zu bestehen, ob sie den Ritter nicht gesehen habe. Magdalies sang nun noch selten unter dem grünen Laubdach, sondern ließ das Köpfchen oft wie ein betrübtes Vöglein hängen.

Es war seit jenem Zusammentreffen im Walde schon eine geraume Zeit vergangen; das Laub begann sich hier und dort schon gelblich zu färben. Da kam die Bäuerin eines Tages ganz aufgeregt aus der Stadt zurück. Sie hatte die letzten, von Magdalies noch mühsam gesuchten Erdbeeren dort hingebracht und guten Verdienst damit gehabt.

Nun erzählte sie, daß in der Stadt große Aufregung geherrscht habe, da der König schwer erkrankt sei. Herolde seien durch die Straßen gezogen, die verkündet hätten, daß seine Leibärzte Walderdbeeren für ihn brauchten. Wer die schönsten zu bringen vermöchte, sollte reich belohnt werden.

Da hatte die Bäuerin, wie sie erzählte, kurz entschlossen ihre Beeren im Schloß angeboten, auch versprochen, noch mehr zu bringen.

Sie konnte nicht genug beschreiben, wie prächtig schon die Treppen und Gänge gewesen seien. Wenn sie wieder hinkäme, würde sie schon noch mehr zu sehen bekommen, so meinte sie und sagte dann zu Magdalies: „Morgen früh, wenn die Sonne aufgeht, kannst du in den Wald gehen und mir noch einmal die besten Erdbeeren holen!“

Magdalies erschrak: „Ach, Bäuerin,“ entgegnete sie zaghaft, „wenn ich nur wüßte, wo ich noch welche finden könnte, denn die Zeit ist vorbei.“

„Hast doch gehört, Mädel, ’s ist für den kranken König“, erwiderte die Bäuerin scharf. „Hast junge Beine und einen jungen Rücken.

Daß die Bäuerin aber solche Meinung von dem edlen Ritter hegte, das konnte Magdalies nicht zulassen, und so verteidigte sie ihn mit edlem Eifer, indem sie auch noch von dem Goldstück erzählte.

Doch nun entbrannte erst recht der Zorn der Bäuerin. Sie machte, da sie sehr geldgierig war, der armen Magdalies die bittersten Vorwürfe, daß sie das Goldstück nicht genommen hatte, auf das die Bäuerin begründeten Anspruch zu haben glaubte. Nun begannen noch weit freudlosere Tage für die arme Magdalies.

Zwar wurde sie noch oft in den Wald geschickt, um Beeren oder andere Dinge dort zu holen, da der dicken Bäuerin das Bücken gar beschwerlich fiel, aber sie hatte jedesmal ein Verhör zu bestehen, ob sie den Ritter nicht gesehen habe. Magdalies sang nun noch selten unter dem grünen Laubdach, sondern ließ das Köpfchen oft wie ein betrübtes Vöglein hängen.

Es war seit jenem Zusammentreffen im Walde schon eine geraume Zeit vergangen; das Laub begann sich hier und dort schon gelblich zu färben. Da kam die Bäuerin eines Tages ganz aufgeregt aus der Stadt zurück. Sie hatte die letzten, von Magdalies noch mühsam gesuchten Erdbeeren dort hingebracht und guten Verdienst damit gehabt.

Nun erzählte sie, daß in der Stadt große Aufregung geherrscht habe, da der König schwer erkrankt sei. Herolde seien durch die Straßen gezogen, die verkündet hätten, daß seine Leibärzte Walderdbeeren für ihn brauchten. Wer die schönsten zu bringen vermöchte, sollte reich belohnt werden.

Da hatte die Bäuerin, wie sie erzählte, kurz entschlossen ihre Beeren im Schloß angeboten, auch versprochen, noch mehr zu bringen.

Sie konnte nicht genug beschreiben, wie prächtig schon die Treppen und Gänge gewesen seien. Wenn sie wieder hinkäme, würde sie schon noch mehr zu sehen bekommen, so meinte sie und sagte dann zu Magdalies: „Morgen früh, wenn die Sonne aufgeht, kannst du in den Wald gehen und mir noch einmal die besten Erdbeeren holen!"

Magdalies erschrak: „Ach, Bäuerin," entgegnete sie zaghaft, „wenn ich nur wüßte, wo ich noch welche finden könnte, denn die Zeit ist vorbei."

„Hast doch gehört, Mädel, 's ist für den kranken König", erwiderte die Bäuerin scharf. „Hast junge Beine und einen jungen Rücken.

Kannst ja meinetwegen noch weiter laufen, wo du noch nicht gesucht hast; denn findest du keine Erdbeeren, so bringst du mich vielleicht noch einmal um ein Goldstück." Den Vorwurf wollte Magdalies nicht nochmals hören, und so machte sie sich denn am anderen Morgen, als kaum der Tag graute, auf den Weg in den Wald.

Sie lief und suchte, aber nur hier und da fand sie eine einzelne Beere, so daß sie sich immer weiter und mühsamer durch das Gestrüpp arbeiten mußte, bis sie endlich so weit gelangte, wie sie noch nie gekommen war. Ermüdet setzte sie sich nach kurzer Rast nieder, ratlos, wohin sie sich wenden sollte, um die gewünschten Beeren zu finden.

Als sie nun so vor sich hin blickte, vernahm sie plötzlich ein Rascheln im Gebüsch. Gleich darauf stieß sie einen leisen Schreckensruf aus, denn was sah sie?

Ein winziges Männlein, kaum ein paar Finger lang, schlüpfte dort heraus, das auf dem Kopfe ein Krönlein trug, welches genau einer Erdbeerblüte glich. Aber die Blätter waren aus Gold, und statt der Staubgefäße glänzte ein prächtiger Diamant in der Mitte.

Ein erdbeerrotes Mäntelchen umhüllte die kleine Gestalt, die mit possierlicher Würde auf das Mädchen zugeschritten kam, das vor Erstaunen über die wundersame Erscheinung wie gebannt auf diese schaute.

Nun stand das Männlein dicht vor ihr, sie aus kleinen, hellen Äuglein freundlich anblickend, dann ließ es sich also vernehmen:

„Mägdlein, künde gleich es mir,
Was dich führt in mein Revier?
Sage mir's nur ohne Scheu,
Was hier dein Begehren sei."

Einen Augenblick zögerte Magdalies noch; dann faßte sie sich ein Herz und fragte: „Wer bist du denn, du kleines freundliches Wesen?" Das Männlein heftete einen noch freundlicheren Blick auf die Jungfrau, indem es antwortete:

„Du kennst mich nicht?
Das kann schon sein;

Kannst ja meinetwegen noch weiter laufen, wo du noch nicht gesucht hast; denn findest du keine Erdbeeren, so bringst du mich vielleicht noch einmal um ein Goldstück." Den Vorwurf wollte Magdalies nicht nochmals hören, und so machte sie sich denn am anderen Morgen, als kaum der Tag graute, auf den Weg in den Wald.

Sie lief und suchte, aber nur hier und da fand sie eine einzelne Beere, so daß sie sich immer weiter und mühsamer durch das Gestrüpp arbeiten mußte, bis sie endlich so weit gelangte, wie sie noch nie gekommen war. Ermüdet setzte sie sich nach kurzer Rast nieder, ratlos, wohin sie sich wenden sollte, um die gewünschten Beeren zu finden.

Als sie nun so vor sich hin blickte, vernahm sie plötzlich ein Rascheln im Gebüsch. Gleich darauf stieß sie einen leisen Schreckensruf aus, denn was sah sie?

Ein winziges Männlein, kaum ein paar Finger lang, schlüpfte dort heraus, das auf dem Kopfe ein Krönlein trug, welches genau einer Erdbeerblüte glich. Aber die Blätter waren aus Gold, und statt der Staubgefäße glänzte ein prächtiger Diamant in der Mitte.

Ein erdbeerrotes Mäntelchen umhüllte die kleine Gestalt, die mit possierlicher Würde auf das Mädchen zugeschritten kam, das vor Erstaunen über die wundersame Erscheinung wie gebannt auf diese schaute.

Nun stand das Männlein dicht vor ihr, sie aus kleinen, hellen Äuglein freundlich anblickend, dann ließ es sich also vernehmen:

„Mägdlein, künde gleich es mir,
Was dich führt in mein Revier?
Sage mir's nur ohne Scheu,
Was hier dein Begehren sei."

Einen Augenblick zögerte Magdalies noch; dann faßte sie sich ein Herz und fragte: „Wer bist du denn, du kleines freundliches Wesen?" Das Männlein heftete einen noch freundlicheren Blick auf die Jungfrau, indem es antwortete:

„Du kennst mich nicht?
Das kann schon sein;

Doch kenn' ich dich,
Mein Mägdelein.
Ob Sommerzeit
Es war, ob kalt —
Ich sah dich, Maid,
Allhier im Wald.
Doch kamst du nicht,
Um hier zu ruh'n.
Ich kleiner Wicht
Sah all' dein Tun."

Bei diesen Worten faßte Magdalies sich ein Herz und erzählte dem Kleinen, was sie heut' an diese entlegene Stelle geführt habe.

Sie verschwieg nichts und schloß ihren Bericht seufzend: „Ach, du gutes, kleines Wesen, wenn du mir nicht sagen kannst, wo ich noch Erdbeeren um diese Jahreszeit finde, dann muß ich alle Hoffnung, dem armen, kranken König zu helfen, aufgeben, und die Bäuerin jagt mich gewiß obendrein aus dem Dienst."

Das Männlein betrachtete das schöne, jetzt so traurige Gesicht des Mägdeleins forschend, wiegte einen Augenblick anscheinend überlegend das winzige Köpfchen und sprach:

„Ist's weiter nichts,
Was du verlangst?
Dann tut's nicht not,
Daß du dich bangst."

„Wie, du könntest und wolltest mir helfen?" Magdalies fragte es zaghaft, als wage sie noch nicht, den Worten des Männleins zu trauen. Doch dieses zog plötzlich aus seinem Mantel einen gar zierlichen, wie ein Zepter geformten, goldenen Stab, an dessen Spitze eine aus einem prächtigen Rubin täuschend nachgebildete Erdbeere funkelte.

Den Stab, oder vielmehr sein Zepter schulternd, sprach der Kleine dann würdevoll:

Doch kenn' ich dich,
Mein Mägdelein
Ob Sommerzeit
Es war, ob kalt —
Ich sah dich, Maid,
Allhier im Wald.
Doch kamst du nicht,
Um hier zu ruh'n.
Ich kleiner Wicht
Sah all' dein Tun."

Bei diesen Worten faßte Magdalies sich ein Herz und erzählte dem Kleinen, was sie heut' an diese entlegene Stelle geführt habe.

Sie verschwieg nichts und schloß ihren Bericht seufzend: „Ach, du gutes, kleines Wesen, wenn du mir nicht sagen kannst, wo ich noch Erdbeeren um diese Jahreszeit finde, dann muß ich alle Hoffnung, dem armen, kranken König zu helfen, aufgeben, und die Bäuerin jagt mich gewiß obendrein aus dem Dienst."

Das Männlein betrachtete das schöne, jetzt so traurige Gesicht des Mägdeleins forschend, wiegte einen Augenblick anscheinend überlegend das winzige Köpfchen und sprach:

„Ist's weiter nichts,
Was du verlangst?
Dann tut's nicht not,
Daß du dich bangst."

„Wie, du könntest und wolltest mir helfen?" Magdalies fragte es zaghaft, als wage sie noch nicht, den Worten des Männleins zu trauen. Doch dieses zog plötzlich aus seinem Mantel einen gar zierlichen, wie ein Zepter geformten, goldenen Stab, an dessen Spitze eine aus einem prächtigen Rubin täuschend nachgebildete Erdbeere funkelte.

Den Stab, oder vielmehr sein Zepter schulternd, sprach der Kleine dann würdevoll:

„Du hast mich, wer ich wär', gefragt,
Und darum sei es dir gesagt:
Zwar bin ich klein, doch sonst nicht wenig,
Bin hier im Wald der Erdbeerkönig."

Dann, Magdalies winkend, drehte er sich kurz um und schritt eilig voran, der freudig Erstaunten noch zurufend:

„Folge, Mägdlein, schnelle
Mir zur richt'gen Stelle."

Und, o Wunder! Gar nicht weit von dem Platze, wo sie gesessen hatte, erblickte Magdalies nun, als sie ihrem kleinen Führer folgte, den vom Erdbeerkönig gemeinten Ort. Rot, wohin sie blickte! Lauter Erdbeeren, und riesengroß, wie sie noch keine gesehen. „O, lieber Erdbeerkönig," jubelte Magdalies, „wie herrlich sind diese Beeren! Und noch herrlicher ist es, daß ich sie pflücken darf. Aber wie geht das zu, daß sie so wunderbar gedeihen konnten?" Der Kleine machte eine geheimnisvolle Bewegung, deutete auf die Beeren und erklärte:

„Erweckt in Frühlings Wonnezeit,
Erblüht in lieblich weißem Kleid;
Im Sonnenschein,
Im Tau der Nacht
Gereift, gefärbt,
Gepflegt, bewacht
Von mir und von den Erdbeerelfen,
Die mir, dem Erdbeerkönig, helfen."

„O, wie gut ist das von dir, du lieber Erdbeerkönig, und was wird die Bäurin sagen, wenn ich heimkomme."

Das Männlein riet mit Eifer:

„Du selbst mußt sie dem König geben,
Dann rettest du sogleich sein Leben."

„Du hast mich, wer ich wär', gefragt,
Und darum sei es dir gesagt:
Zwar bin ich klein, doch sonst nicht wenig,
Bin hier im Wald der Erdbeerkönig."

Dann, Magdalies winkend, drehte er sich kurz um und schritt eilig voran, der freudig Erstaunten noch zurufend:

„Folge, Mägdlein, schnelle
Mir zur richt'gen Stelle."

Und, o Wunder! Gar nicht weit von dem Platze, wo sie gesessen hatte, erblickte Magdalies nun, als sie ihrem kleinen Führer folgte, den vom Erdbeerkönig gemeinten Ort. Rot, wohin sie blickte! Lauter Erdbeeren, und riesengroß, wie sie noch keine gesehen. „O, lieber Erdbeerkönig," jubelte Magdalies, „wie herrlich sind diese Beeren! Und noch herrlicher ist es, daß ich sie pflücken darf. Aber wie geht das zu, daß sie so wunderbar gedeihen konnten?" Der Kleine machte eine geheimnisvolle Bewegung, deutete auf die Beeren und erklärte:

„Erweckt in Frühlings Wonnezeit,
Erblüht in lieblich weißem Kleid;
Im Sonnenschein,
Im Tau der Nacht
Gereift, gefärbt,
Gepflegt, bewacht
Von mir und von den Erdbeerelfen,
Die mir, dem Erdbeerkönig, helfen."

„O, wie gut ist das von dir, du lieber Erdbeerkönig, und was wird die Bäurin sagen, wenn ich heimkomme."

Das Männlein riet mit Eifer:

„Du selbst mußt sie dem König geben,
Dann rettest du sogleich sein Leben."

Magdalies pflückte nun mit Eifer, wobei sie aber dem guten Erdbeerkönig nicht verhehlte, daß die Bäuerin selbst die Ehre, die Beeren abzuliefern, in Anspruch nehmen würde. Doch der Erbeerkönig erwiderte:

„Wer sich tausendmal gebückt,
Diese Beeren hat gepflückt,
Soll durch s i e auch sein beglückt."

Magdalies schien es, als ob jede Beere, die sie pflückte, noch viel schöner sei als die vorige. Nicht lange währte es, so hatte sie ihren Korb bis oben voll, was ihr kaum in der besten Erntezeit gelungen war.

Unschlüssig überlegte sie, ob sie nicht auch noch ihre Schürze voll pflücken solle, doch der Kleine, als ahne er ihre Gedanken, mahnte jetzt:

„Genug laß sein der Ernte heut, —
Komm morgen wieder, wenn's dich freut."

„O, gern komme ich wieder, du guter Erbeerkönig, wenn mich die Bäuerin läßt und ich den Weg wieder finde. Ach ja, ich ginge schon gern zum Könige; das müßte eine Freude sein, ihn gesund werden zu sehen! Und sag', werde ich mich auch wieder hierher finden können?"

Der Erdbeerkönig erwiderte nichts, winkte aber der Jungfrau, ihm zu folgen. Als sie nun eine Strecke gegangen waren, blieb der Erdbeerkönig stehen und sprach:

„Ich führte dich durch's Waldgehege;
Du bist nun auf bekanntem Wege."

Magdalies blickte um sich: „Ei," rief sie erfreut, „da bin ich ja schon am Ziel!" Wirklich lag das Anwesen des Bauern ganz nahe, so daß Magdalies sich mit Eile dorthin begeben wollte, nachdem sie dem Erdbeerkönig gedankt hatte. Doch dieser gebot:

„Stell deinen Korb in das Gebüsch;
Dann lauf in's Haus zum Bauern risch.

Magdalies pflückte nun mit Eifer, wobei sie aber dem guten Erdbeerkönig nicht verhehlte, daß die Bäuerin selbst die Ehre, die Beeren abzuliefern, in Anspruch nehmen würde. Doch der Erbeerkönig erwiderte:

„Wer sich tausendmal gebückt,
Diese Beeren hat gepflückt,
Soll durch *sie* auch sein beglückt.“

Magdalies schien es, als ob jede Beere, die sie pflückte, noch viel schöner sei als die vorige. Nicht lange währte es, so hatte sie ihren Korb bis oben voll, was ihr kaum in der besten Erntezeit gelungen war.

Unschlüssig überlegte sie, ob sie nicht auch noch ihre Schürze voll pflücken solle, doch der Kleine, als ahne er ihre Gedanken, mahnte jetzt:

„Genug laß sein der Ernte heut, –
Komm morgen wieder, wenn's dich freut.“

„O, gern komme ich wieder, du guter Erbeerkönig, wenn mich die Bäuerin läßt und ich den Weg wieder finde. Ach ja, ich ginge schon gern zum Könige; das müßte eine Freude sein, ihn gesund werden zu sehen! Und sag', werde ich mich auch wieder hierher finden können?“

Der Erdbeerkönig erwiderte nichts, winkte aber der Jungfrau, ihm zu folgen. Als sie nun eine Strecke gegangen waren, blieb der Erdbeerkönig stehen und sprach:

„Ich führte dich durch's Waldgehege;
Du bist nun auf bekanntem Wege.“

Magdalies blickte um sich: „Ei,“ rief sie erfreut, „da bin ich ja schon am Ziel!“ Wirklich lag das Anwesen des Bauern ganz nahe, so daß Magdalies sich mit Eile dorthin begeben wollte, nachdem sie dem Erdbeerkönig gedankt hatte. Doch dieser gebot:

„Stell deinen Korb in das Gebüsch;
Dann lauf in's Haus zum Bauern risch.

Die Bäuerin, — das wirst du seh'n —
sie muß allein dich lassen geh'n."

Magdalies tat, wie der Kleine wollte. Bald war sie im Hause, aber weder den Bauern, noch die Bäuerin erblickte sie, bis ein Stöhnen sie in den Stall führte. Da saß der Bauer, aus einer Kopfwunde blutend. Und wie sah die Bäuerin aus! Ihr Gesicht und ihre Hände waren braun und blau, voller Beulen und Schrunden.

„Was ist geschehen?" rief Magdalies erschrocken. Da erfuhr sie, daß die Kuh plötzlich ganz wild geworden sei und sich losgerissen habe. In dem Bemühen, sie zu bändigen, waren beide arg zugerichtet worden, so daß sie von dem Kampfe noch ganz erschöpft waren. Magdalies verband dem Bauern seine Wunde, holte auch der Bäuerin Heilsalbe herbei und labte sie beide mit einem kühlenden Tränklein.

Als das Ehepaar drinnen in der Stube war, ging sie furchtlos zur Kuh, die sich willig von ihr wieder anbinden ließ.

Erst dann fand sie Zeit, von ihrer Erdbeerernte zu berichten. Die Bäuerin erhob sich hastig, um sich, wie sie sagte, zum Wege in die Stadt zu rüsten, während sie schon gierig ausrechnete, wie reich wohl die Belohnung ausfallen könnte.

Doch der Bauer stellte sich ihr in den Weg: „Weib," herrschte er sie an, „willst in die Stadt, in's Schloß, so wie du ausschaust? Bist wohl nicht gescheit? Da denken die Leut' gar, ich hätt' mein Weib geprügelt." „Denk doch an die Belohnung und an den kranken König," zeterte die Bäuerin. Doch so sehr der Bauer auch sonst das Gold liebte, heute schien ein anderer Geist in ihn gefahren zu sein, denn zornig begehrte er auf: „Ach was, Belohnung hin, Belohnung her! An deinen Mann denkst du wohl nicht? Ins Haus gehörst du, Weib, deinem kranken Mann seine böse Wunde kühlen. Die Magdalies mag meinetwegen die Beeren ins Schloß bringen; du bleibst daheim!"

Wenige Stunden später hatte Magdalies das Stadttor erreicht. Sie war noch nicht oft in der Stadt gewesen, doch sie nahm sich trotzdem

Die Bäuerin, — das wirst du seh'n —
sie muß allein dich lassen geh'n."

Magdalies tat, wie der Kleine wollte. Bald war sie im Hause, aber weder den Bauern, noch die Bäuerin erblickte sie, bis ein Stöhnen sie in den Stall führte. Da saß der Bauer, aus einer Kopfwunde blutend. Und wie sah die Bäuerin aus! Ihr Gesicht und ihre Hände waren braun und blau, voller Beulen und Schrunden.

„Was ist geschehen?" rief Magdalies erschrocken. Da erfuhr sie, daß die Kuh plötzlich ganz wild geworden sei und sich losgerissen habe. In dem Bemühen, sie zu bändigen, waren beide arg zugerichtet worden, so daß sie von dem Kampfe noch ganz erschöpft waren. Magdalies verband dem Bauern seine Wunde, holte auch der Bäuerin Heilsalbe herbei und labte sie beide mit einem kühlenden Tränklein.

Als das Ehepaar drinnen in der Stube war, ging sie furchtlos zur Kuh, die sich willig von ihr wieder anbinden ließ.

Erst dann fand sie Zeit, von ihrer Erdbeerernte zu berichten. Die Bäuerin erhob sich hastig, um sich, wie sie sagte, zum Wege in die Stadt zu rüsten, während sie schon gierig ausrechnete, wie reich wohl die Belohnung ausfallen könnte.

Doch der Bauer stellte sich ihr in den Weg: „Weib," herrschte er sie an, „willst in die Stadt, in's Schloß, so wie du ausschaust? Bist wohl nicht gescheit? Da denken die Leut' gar, ich hätt' mein Weib geprügelt." „Denk doch an die Belohnung und an den kranken König," zeterte die Bäuerin. Doch so sehr der Bauer auch sonst das Gold liebte, heute schien ein anderer Geist in ihn gefahren zu sein, denn zornig begehrte er auf: „Ach was, Belohnung hin, Belohnung her! An deinen Mann denkst du wohl nicht? Ins Haus gehörst du, Weib, deinem kranken Mann seine böse Wunde kühlen. Die Magdalies mag meinetwegen die Beeren ins Schloß bringen; du bleibst daheim!"

Wenige Stunden später hatte Magdalies das Stadttor erreicht. Sie war noch nicht oft in der Stadt gewesen, doch sie nahm sich trotzdem kaum Zeit, sich umzuschauen, denn sie eilte, ins Schloß zu kommen. So blickte sie auch nicht zur Seite, als sie Pferdegetrappel hinter sich vernahm, bis eine freundliche Stimme ihr zurief:

„Grüß Gott, Mägdelein! Kennst du mich noch? Bist doch das Vöglein aus dem Wald, das so schön singen kann und das verirrte Wanderer mit Erdbeeren erquickt?“

Magdalies erkannte den Ritter sogleich wieder; aber wie prächtig erschien er ihr heute hoch zu Roß in reichem Schmuck! Gern hätte sie seinen Namen gewußt. Sie knixte höflich, doch zu einer Antwort hatte sie nicht Zeit, denn der Ritter fragte: „Hast du auch deine Feder nicht vergessen?“ Die Jungfrau zog sie eilig hervor.

„So ist's recht, Mägdelein. Was hast du in deinem Korbe?“ Auf diese Frage erzählte Magdalies zutraulich, daß sie Erdbeeren für den kranken König bringe.

„Gut! Ich wollte, du könntest ihn gesund machen!“ rief der Ritter erfreut. „Laufe einstweilen ins Schloß; die Feder öffnet dir alle Tore. Ich löse sie ein, denn du wirst mich bald daselbst sehen.“

Er winkte Magdalies freundlich zu und sprengte von dannen. Wer mochte er nur sein? Gar zu gern hätte sie es gewußt.

Nicht lange, so war sie im Schloß. Doch als sie fragte, ob man sie zum König lassen würde, lachten die Höflinge sie aus. Magdalies war den Tränen nahe. Da fiel ihr die Feder wieder ein.

Und siehe da, kaum hatten die Höflinge vernommen, welche Bewandtnis es mit derselben hatte, so waren sie wie umgewandelt.

Durch weite Gänge und prächtige Gemächer ward Magdalies geführt, die kaum wagte, sich umzublicken und nur auf den Fußspitzen zu gehen sich getraute, aus Angst, ihre groben Schuhe möchten etwas verderben.

In einem Gemach berieten eben die drei Leibärzte des Königs über ihren Patienten, als ein Diener meldete, daß ein Mägdelein die herrlichsten Erdbeeren für den König bringe, sie ihm aber gern selbst geben möchte. Als Magdalies nun vor den Männern stand, die sie ernsthaft ausfragten, woher sie käme und wer sie sei, da ward sie wieder zaghaft, denn zwei der Leibärzte erklärten, daß es nicht anginge, ein fremdes Mädchen vor den König zu führen.

kaum Zeit, sich umzuschauen, denn sie eilte, ins Schloß zu kommen. So blickte sie auch nicht zur Seite, als sie Pferdegetrappel hinter sich vernahm, bis eine freundliche Stimme ihr zurief:

„Grüß Gott, Mägdelein! Kennst du mich noch? Bist doch das Vöglein aus dem Wald, das so schön singen kann und das verirrte Wanderer mit Erdbeeren erquickt?"

Magdalies erkannte den Ritter sogleich wieder; aber wie prächtig erschien er ihr heute hoch zu Roß in reichem Schmuck! Gern hätte sie seinen Namen gewußt. Sie knixte höflich, doch zu einer Antwort hatte sie nicht Zeit, denn der Ritter fragte: „Hast du auch deine Feder nicht vergessen?" Die Jungfrau zog sie eilig hervor.

„So ist's recht, Mägdelein. Was hast du in deinem Korbe?" Auf diese Frage erzählte Magdalies zutraulich, daß sie Erdbeeren für den kranken König bringe.

„Gut! Ich wollte, du könntest ihn gesund machen!" rief der Ritter erfreut. „Laufe einstweilen ins Schloß; die Feder öffnet dir alle Tore. Ich löse sie ein, denn du wirst mich bald daselbst sehen."

Er winkte Magdalies freundlich zu und sprengte von dannen. Wer mochte er nur sein? Gar zu gern hätte sie es gewußt.

Nicht lange, so war sie im Schloß. Doch als sie fragte, ob man sie zum König lassen würde, lachten die Höflinge sie aus. Magdalies war den Tränen nahe. Da fiel ihr die Feder wieder ein.

Und siehe da, kaum hatten die Höflinge vernommen, welche Bewandtnis es mit derselben hatte, so waren sie wie umgewandelt.

Durch weite Gänge und prächtige Gemächer ward Magdalies geführt, die kaum wagte, sich umzublicken und nur auf den Fußspitzen zu gehen sich getraute, aus Angst, ihre groben Schuhe möchten etwas verderben.

In einem Gemach berieten eben die drei Leibärzte des Königs über ihren Patienten, als ein Diener meldete, daß ein Mägdelein die herrlichsten Erdbeeren für den König bringe, sie ihm aber gern selbst geben möchte. Als Magdalies nun vor den Männern stand, die sie ernsthaft ausfragten, woher sie käme und wer sie sei, da ward sie wieder zaghaft, denn zwei der Leibärzte erklärten, daß es nicht anginge, ein fremdes Mädchen vor den König zu führen.

Der älteste der Leibärzte wiegte ebenfalls gedankenvoll sein graues Haupt; dann aber sprach er leise: „Mich will bedünken, daß der Anblick der Pflückerin und Bringerin dieser Beeren, wie ich so köstliche, meiner Treu, noch niemals sah, den König erfreuen dürfte. Vielleicht wohnt schon in den Händen dieses Mädchens, das offenbar ebenso brav als schön ist, eine besondere Heilkraft, die sich auf die Erdbeeren übertrug." Laut aber sagte er: „Warum willst du deine Beeren dem König s e l b s t geben?"

„Der sie mir schenkte, befahl, daß ich sie selbst dem Könige reichen müsse, so sie ihm helfen sollten." „Und wer ist das?" „Das darf ich nimmer sagen; aber er meint es gut mit dem Könige und mir." Der alte Hofmedikus betrachtete Magdalies wohlgefällig, denn trotz ihrer ärmlichen Kleidung war sie schöner als das schönste Hoffräulein.

Mit sittsam gesenkten Blicken folgte sie den voranschreitenden Leibärzten. In einem noch weit prächtigeren Gemach lag der König auf einem seidenen Ruhebett, ganz in kostbare Felle und Decken gehüllt. Ein Diener brachte einen goldenen Teller, auf welchem Magdalies dem Kranken ihre Erdbeeren darreichen sollte.

Von den Ärzten geleitet, nahte die Jungfrau sich zaghaft dem Lager, um dem Schwerkranken, der fast kein Glied rühren konnte, die roten Früchte zu reichen.

Bleich und steif lag der König da, der nur mit Mühe die Beeren zu sich nahm. Doch kaum hatte er einen Teil gegessen, als seine matten Augen sich belebten und er eifrig zu schlucken begann, während er den Blick nicht von der schönen Spenderin der Labe wandte.

Als der Teller leer war, richtete sich der Kranke ein wenig auf, durch Zeichen noch mehr von den Ärzten verlangend.

Während er nun den zweiten Teller leerte, färbten seine Wangen und Lippen sich rosig; seine Augen bekamen neuen Glanz, und als kaum die zweite Portion verzehrt war, richtete sich der König plötzlich auf.

Erschrocken wollten die Ärzte ihm diese vermeintliche Anstrengung wehren, doch der König kehrte sich nicht daran, sondern sprach:

„Ich bin nicht mehr krank. Ich fühle, wie neues Leben meine Adern durchströmt, und das verdanke ich nur diesem Mägdelein, oder vielmehr seinen köstlichen Erdbeeren. Auch meine Glieder haben ihre

Der älteste der Leibärzte wiegte ebenfalls gedankenvoll sein graues Haupt; dann aber sprach er leise: „Mich will bedünken, daß der Anblick der Pflückerin und Bringerin dieser Beeren, wie ich so köstliche, meiner Treu, noch niemals sah, den König erfreuen dürfte. Vielleicht wohnt schon in den Händen dieses Mädchens, das offenbar ebenso brav als schön ist, eine besondere Heilkraft, die sich auf die Erdbeeren übertrug." Laut aber sagte er: „Warum willst du deine Beeren dem König *selbst* geben?"

„Der sie mir schenkte, befahl, daß ich sie selbst dem Könige reichen müsse, so sie ihm helfen sollten." „Und wer ist das?" „Das darf ich nimmer sagen; aber er meint es gut mit dem Könige und mir." Der alte Hofmedikus betrachtete Magdalies wohlgefällig, denn trotz ihrer ärmlichen Kleidung war sie schöner als das schönste Hoffräulein.

Mit sittsam gesenkten Blicken folgte sie den voranschreitenden Leibärzten. In einem noch weit prächtigeren Gemach lag der König auf einem seidenen Ruhebett, ganz in kostbare Felle und Decken gehüllt. Ein Diener brachte einen goldenen Teller, auf welchem Magdalies dem Kranken ihre Erdbeeren darreichen sollte.

Von den Ärzten geleitet, nahte die Jungfrau sich zaghaft dem Lager, um dem Schwerkranken, der fast kein Glied rühren konnte, die roten Früchte zu reichen.

Bleich und steif lag der König da, der nur mit Mühe die Beeren zu sich nahm. Doch kaum hatte er einen Teil gegessen, als seine matten Augen sich belebten und er eifrig zu schlucken begann, während er den Blick nicht von der schönen Spenderin der Labe wandte.

Als der Teller leer war, richtete sich der Kranke ein wenig auf, durch Zeichen noch mehr von den Ärzten verlangend.

Während er nun den zweiten Teller leerte, färbten seine Wangen und Lippen sich rosig; seine Augen bekamen neuen Glanz, und als kaum die zweite Portion verzehrt war, richtete sich der König plötzlich auf.

Erschrocken wollten die Ärzte ihm diese vermeintliche Anstrengung wehren, doch der König kehrte sich nicht daran, sondern sprach:

„Ich bin nicht mehr krank. Ich fühle, wie neues Leben meine Adern durchströmt, und das verdanke ich nur diesem Mägdelein, oder vielmehr seinen köstlichen Erdbeeren. Auch meine Glieder haben ihre alte Kraft wiedererhalten; ich glaube, ich könnte wieder gehen wie in gesunden Tagen! Das danke ich nur dieser Jungfrau hier."

Die Ärzte hörten solche Worte und sahen mit freudigem Staunen, wie der König zusehends kräftiger wurde. Zumal der alte Hofmedikus nickte wohlgefällig mit seinem grauen Haupt, indem er einwandte: „Wir freuen uns von Herzen über diese schnelle Besserung unseres geliebten Landesherrn; doch wollt Ihr, edler König, nicht vergessen, daß w i r Euch diese Erdbeeren verordneten."

„Habt mich," lachte der König gutmütig, „auch schon genug damit gequält! — Aber sagt selbst: Hätte ich alle Erdbeeren aus meinen Wäldern verzehrt, sie hätten mir nicht so zu helfen vermocht, als diese hier. — Sprich, Mägdelein, worin soll die dir zustehende fürstliche Belohnung bestehen? Willst du schöne Kleider? Oder Gold? Oder ein Stück Land mit einem hübschen Häuschen und allem Zubehör?"

Der König fragte es freundlich, denn die Maid gefiel ihm gar wohl. Doch Magdalies antwortete bescheiden: „In Euren Wäldern, edler König, wuchsen diese Beeren, die zu finden mein guter Stern mir half. Aber ich stehe in Lohn und Brot einer Bäuerin, die mich schickte und der ich alles geben muß."

Während sie noch sprach, waren mehrere Personen in das Gemach getreten, und kaum hatte Magdalies geendet, als eine ihr nun schon bekannte Stimme rief: „Ein braves Mädchen bist du, und meinen Vater hast du auch gesund gemacht!" Dort stand der Ritter im Kreise mehrerer Edelleute. Magdalies wagte kaum aufzublicken. Sie begriff erst nicht recht den Sinn dieser Worte, bis es ihr klar wurde, daß der Ritter niemand anderes war als der Königssohn selbst.

Er erzählte von seinem Zusammentreffen mit der Jungfrau im Walde und von der Feder, die er nun auch einlösen wolle.

„Mich dünkt," fuhr der Königssohn fort, „du, mein Vater, und ich sind dem Mägdelein beide unsere Anerkennung schuldig. Ich habe erkannt, daß sie nicht nur die schönste, sondern auch die tugendhafteste Jungfrau ist, die mir je begegnete. Darum, mein Vater, möchte ich dich bitten, sie mir zum Weibe zu geben."

Magdalies glaubte ihren Ohren nicht zu trauen. Sie sah aber auch, wie der König erschrak und wie die Höflinge erstaunt dreinblickten.

alte Kraft wiedererhalten; ich glaube, ich könnte wieder gehen wie in gesunden Tagen! Das danke ich nur dieser Jungfrau hier."

Die Ärzte hörten solche Worte und sahen mit freudigem Staunen, wie der König zusehends kräftiger wurde. Zumal der alte Hofmedikus nickte wohlgefällig mit seinem grauen Haupt, indem er einwandte: „Wir freuen uns von Herzen über diese schnelle Besserung unseres geliebten Landesherrn; doch wollt Ihr, edler König, nicht vergessen, daß wir Euch diese Erdbeeren verordneten."

„Habt mich," lachte der König gutmütig, „auch schon genug damit gequält! – Aber sagt selbst: Hätte ich alle Erdbeeren aus meinen Wäldern verzehrt, sie hätten mir nicht so zu helfen vermocht, als diese hier. – Sprich, Mägdelein, worin soll die dir zustehende fürstliche Belohnung bestehen? Willst du schöne Kleider? Oder Gold? Oder ein Stück Land mit einem hübschen Häuschen und allem Zubehör?"

Der König fragte es freundlich, denn die Maid gefiel ihm gar wohl. Doch Magdalies antwortete bescheiden: „In Euren Wäldern, edler König, wuchsen diese Beeren, die zu finden mein guter Stern mir half. Aber ich stehe in Lohn und Brot einer Bäuerin, die mich schickte und der ich alles geben muß."

Während sie noch sprach, waren mehrere Personen in das Gemach getreten, und kaum hatte Magdalies geendet, als eine ihr nun schon bekannte Stimme rief: „Ein braves Mädchen bist du, und meinen Vater hast du auch gesund gemacht!" Dort stand der Ritter im Kreise mehrerer Edelleute. Magdalies wagte kaum aufzublicken. Sie begriff erst nicht recht den Sinn dieser Worte, bis es ihr klar wurde, daß der Ritter niemand anderes war als der Königssohn selbst.

Er erzählte von seinem Zusammentreffen mit der Jungfrau im Walde und von der Feder, die er nun auch einlösen wolle.

„Mich dünkt," fuhr der Königssohn fort, „du, mein Vater, und ich sind dem Mägdelein beide unsere Anerkennung schuldig. Ich habe erkannt, daß sie nicht nur die schönste, sondern auch die tugendhafteste Jungfrau ist, die mir je begegnete. Darum, mein Vater, möchte ich dich bitten, sie mir zum Weibe zu geben."

Magdalies glaubte ihren Ohren nicht zu trauen. Sie sah aber auch, wie der König erschrak und wie die Höflinge erstaunt dreinblickten.

Sie ward bald blaß, bald rot. Wie ein Alp legte sich die Schwüle des Gemachs auf ihre Brust.

Nein, sie wollte kein Ärgernis machen. Der schöne Königssohn sollte ihretwegen keinen Verdruß mit dem Vater haben. Sie benutzte einen günstigen Augenblick, um sich davon-zustehlen.

Glücklich fand sie den Ausgang des Schlosses und jagte nun, so schnell ihre Füße sie tragen wollten, dem Walde zu. Hier wollte sie erst ihre Gedanken sammeln, ehe sie das Anwesen ihres Brotherrn betrat. So saß sie, den Kopf in die Hand gestützt, auf dem bemoosten Waldboden, als sie plötzlich ein feines Stimmchen vernahm:

„Ist dir's quer gegangen?
Laß den Kopf nicht hangen!"

Vor ihr stand der kleine Erdbeerkönig, sie teilnehmend betrachtend.

Magdalies empfand dies als wohltuend. Es drängte sie, alles mitzuteilen, und so vertraute sie denn ihrem sonderbaren kleinen Freund alles an, was ihr begegnet war.

„Ach, lieber Erdbeerkönig," schloß sie, „nun wird mich der edle Prinz gewiß für recht undankbar halten! Und was wird die Bäuerin sagen, wenn ich ihr kein Geld heimbringe; sie wird mir das nicht verzeihen."
Der Erdbeerkönig legte sein winziges Fingerchen an sein winziges Näschen, als ob er über einen Ausweg nachdenke. Dann tröstete er

„Laß sie toben, laß sie schmälen!
Sie wird nimmer lang dich quälen.
Kehre heim mit frohem Mut;
Wird noch alles, alles gut."

Magdalies dankte nun dem guten Erdbeerkönig herzlich; und nicht lange, so hatte sie das Haus erreicht. Die Bäuerin verband eben ihrem stöhnenden Mann seine Wunde.
„Bleibst gar lang' aus!" empfing sie die Heimkehrende. „Hast gar schwer zu tragen gehabt? Zeig her die Belohnung; die mag den Bauern trösten!"

Sie ward bald blaß, bald rot. Wie ein Alp legte sich die Schwüle des Gemachs auf ihre Brust.

Nein, sie wollte kein Ärgernis machen. Der schöne Königssohn sollte ihretwegen keinen Verdruß mit dem Vater haben. Sie benutzte einen günstigen Augenblick, um sich davonzustehlen.

Glücklich fand sie den Ausgang des Schlosses und jagte nun, so schnell ihre Füße sie tragen wollten, dem Walde zu. Hier wollte sie erst ihre Gedanken sammeln, ehe sie das Anwesen ihres Brotherrn betrat. So saß sie, den Kopf in die Hand gestützt, auf dem bemoosten Waldboden, als sie plötzlich ein feines Stimmchen vernahm:

„Ist dir's quer gegangen?
Laß den Kopf nicht hangen!"

Vor ihr stand der kleine Erdbeerkönig, sie teilnehmend betrachtend.

Magdalies empfand dies als wohltuend. Es drängte sie, alles mitzuteilen, und so vertraute sie denn ihrem sonderbaren kleinen Freund alles an, was ihr begegnet war.

„Ach, lieber Erdbeerkönig," schloß sie, „nun wird mich der edle Prinz gewiß für recht undankbar halten! Und was wird die Bäuerin sagen, wenn ich ihr kein Geld heimbringe; sie wird mir das nicht verzeihen." Der Erdbeerkönig legte sein winziges Fingerchen an sein winziges Näschen, als ob er über einen Ausweg nachdenke. Dann tröstete er:

„Laß sie toben, laß sie schmälen!
Sie wird nimmer lang dich quälen.
Kehre heim mit frohem Mut;
Wird noch alles, alles gut."

Magdalies dankte nun dem guten Erdbeerkönig herzlich; und nicht lange, so hatte sie das Haus erreicht. Die Bäuerin verband eben ihrem stöhnenden Mann seine Wunde.

„Bleibst gar lang' aus!" empfing sie die Heimkehrende. „Hast gar schwer zu tragen gehabt? Zeig her die Belohnung; die mag den Bauern trösten!"

Als Magdalies nun, vor Angst bebend, bekannte, daß sie nichts heimbringe, da schalt und zeterte die Bäuerin, wie die arme Magd es noch nie gehört hatte. Die Erregte ließ das Mädchen gar nicht zu Worte kommen, sondern rief ihr schließlich zu: „Und daß Du's weißt: So ein unbeholfen Ding kann ich nimmer brauchen. Kannst morgen früh deine Sachen packen und dir einen andern Dienst suchen."

Magdalies hörte es mit Schrecken. Wohin sollte sie gehen? Sie wagte keine Bitte, fürchtete sie doch den Spott oder einen neuen Zornesausbruch der Bäuerin. Ebenso fürchtete sie ihre Fragen; denn die Wahrheit hätte sie sagen müssen, und dennoch widerstrebte es ihr, gerade der Bäuerin von den vielen Erlebnissen des heutigen Tages etwas mitzuteilen. So ging sie denn traurig ihrer Arbeit nach, bis sie endlich todmüde auf ihr hartes Lager sank.

Früh am Morgen packte sie ihre wenigen Habseligkeiten zusammen, doch war sie sehr betrübt, da sie nicht wußte, wohin sie sich wenden sollte. Plötzlich erhob sich ein Getümmel vor dem Hause. Stimmen und Pferdegetrappel wurden laut. Ein glänzender Reiterzug hielt draußen.

Die Bäuerin lief mit hochrotem Kopfe eilig hinaus, da sie nicht anders dachte, als daß der König die ihr bestimmte Belohnung schickte, zumal die Reiter von den Pferden stiegen und ihr entgegenkamen.

„Wir bringen Botschaft vom König. Wo ist die schöne Jungfrau, die ihm die heilkräftigen Erdbeeren brachte?"

So fragten sie, und die Bäuerin, zu der sich nun auch der Bauer gesellt hatte, knixte gar manierlich, während sie eifrig entgegnete: „Die Dirn' zu rufen, ist überflüssig, denn sie brachte die Beeren in meinem Auftrag und Dienst zu dem kranken König. So nehme auch i c h den Lohn dafür in Empfang."

Gerade trat Magdalies aus ihrem Kämmerlein, um sich von dem Ehepaar zu verabschieden. Sie hatte in dem entlegenen Raume wohl etliche verworrene Laute vernommen, doch keine Ahnung, um was es sich handelte.

Als sie nun die Männer in prächtiger Kleidung gewahrte, wollte sie erschreckt wieder zurückeilen; doch schon hatte einer von ihnen, ein Ritter, sie gesehen. „Dort ist die Jungfrau; ich kenne sie wieder!" rief er, das widerstrebende, ganz verwirrte Mädchen zur Bäuerin führend.

Als Magdalies nun, vor Angst bebend, bekannte, daß sie nichts heimbringe, da schalt und zeterte die Bäuerin, wie die arme Magd es noch nie gehört hatte. Die Erregte ließ das Mädchen gar nicht zu Worte kommen, sondern rief ihr schließlich zu: „Und daß Du's weißt: So ein unbeholfen Ding kann ich nimmer brauchen. Kannst morgen früh deine Sachen packen und dir einen andern Dienst suchen."

Magdalies hörte es mit Schrecken. Wohin sollte sie gehen? Sie wagte keine Bitte, fürchtete sie doch den Spott oder einen neuen Zornesausbruch der Bäuerin. Ebenso fürchtete sie ihre Fragen; denn die Wahrheit hätte sie sagen müssen, und dennoch widerstrebte es ihr, gerade der Bäuerin von den vielen Erlebnissen des heutigen Tages etwas mitzuteilen. So ging sie denn traurig ihrer Arbeit nach, bis sie endlich todmüde auf ihr hartes Lager sank.

Früh am Morgen packte sie ihre wenigen Habseligkeiten zusammen, doch war sie sehr betrübt, da sie nicht wußte, wohin sie sich wenden sollte. Plötzlich erhob sich ein Getümmel vor dem Hause. Stimmen und Pferdegetrappel wurden laut. Ein glänzender Reiterzug hielt draußen.

Die Bäuerin lief mit hochrotem Kopfe eilig hinaus, da sie nicht anders dachte, als daß der König die ihr bestimmte Belohnung schickte, zumal die Reiter von den Pferden stiegen und ihr entgegenkamen.

„Wir bringen Botschaft vom König. Wo ist die schöne Jungfrau, die ihm die heilkräftigen Erdbeeren brachte?"

So fragten sie, und die Bäuerin, zu der sich nun auch der Bauer gesellt hatte, knixte gar manierlich, während sie eifrig entgegnete: „Die Dirn' zu rufen, ist überflüssig, denn sie brachte die Beeren in meinem Auftrag und Dienst zu dem kranken König. So nehme auch *ich* den Lohn dafür in Empfang."

Gerade trat Magdalies aus ihrem Kämmerlein, um sich von dem Ehepaar zu verabschieden. Sie hatte in dem entlegenen Raume wohl etliche verworrene Laute vernommen, doch keine Ahnung, um was es sich handelte.

Als sie nun die Männer in prächtiger Kleidung gewahrte, wollte sie erschreckt wieder zurückeilen; doch schon hatte einer von ihnen, ein Ritter, sie gesehen. „Dort ist die Jungfrau; ich kenne sie wieder!" rief er, das widerstrebende, ganz verwirrte Mädchen zur Bäuerin führend.

Diese blickte nicht eben freundlich auf Magdalies und zeterte wieder: „Ich sage es euch nochmals, daß der Lohn mir zukommt!"

Aber jetzt lachte der Ritter gar lustig auf: „Hahaha, Bäuerin, da möcht' sich der Königssohn wohl bedanken, Euch zum Weibe zu begehren! So hört denn: Der König schickt mich und das Gefolge, um diese Jungfrau hier zum Königshof zu entbieten, weil sein Sohn, unser Prinz Arnulf, sie zum Weibe begehrt!"

Der Bauer und die Bäuerin machten große Augen. Die Bäuerin schnappte vor Erstaunen ein paarmal nach Luft, um dann noch röter als die rötesten Erdbeeren zu werden, als sie sah, wie der Ritter sich jetzt ehrerbietig vor Magdalies verneigte, ihr in wohlgesetzter Rede des Königs Botschaft nochmals verkündend.

Magdalies traute ihren Ohren kaum und wagte nicht aufzublicken, als sie zaghaft erwiderte: „O, edler Herr, treibt keinen Scherz mit mir! Es kann doch nimmer dem Könige recht sein, eine so arme niedere Magd, wie ich es bin, zur Schwiegertochter zu bekommen. Ich will keinen Unfrieden zwischen ihn und seinen Sohn bringen."

Doch schnell nahm der Ritter das Wort: „Ehrenwerte Jungfrau, der König ist durch Eure Erdbeeren gänzlich genesen. Er hat Euch gestern nach Eurem Verschwinden durch Boten überall suchen lassen, und etliche sind Euch denn unbemerkt bis hierher gefolgt, um uns heute den Weg zu weisen.

Draußen steht ein Zelter für Euch bereit. Und nun rüstet Euch! Wir geben Euch das Geleit. Der Prinz erwartet seine Braut vor der Stadt, um sie ins Schloß zu geleiten."

Dann winkte der Ritter einem Pagen, der ein großes und ein kleines Bündel brachte. Der Ritter übergab beides der Bäuerin, die gierig danach griff. „So," sprach er, „das kleine Bündel ist für Euch. Der König schickt es, damit Ihr nicht leer ausgeht. Ihr mögt den Sonntagsstaat für Euch und Euren Mann nachher auspacken. Jetzt helft hurtig dieser Jungfrau, daß sie die Kleider, die der König ihr in dem großen Bündel schickt, sogleich anlege, damit die Braut des Königssohnes würdig geschmückt in die Stadt einziehe." Die Worte klangen so befehlend, daß die ganz eingeschüchterte Bäuerin nur kleinlaut ihren Dank, aber kein Wort der Widerrede zu sprechen wagte.

Diese blickte nicht eben freundlich auf Magdalies und zeterte wieder: „Ich sage es euch nochmals, daß der Sohn mir zukommt!"

Aber jetzt lachte der Ritter gar lustig auf: „Hahaha, Bäuerin, da möcht' sich der Königssohn wohl bedanken, Euch zum Weibe zu begehren! So hört denn: Der König schickt mich und das Gefolge, um diese Jungfrau hier zum Königshof zu entbieten, weil sein Sohn, unser Prinz Arnulf, sie zum Weibe begehrt!"

Der Bauer und die Bäuerin machten große Augen. Die Bäuerin schnappte vor Erstaunen ein paarmal nach Luft, um dann noch röter als die rötesten Erdbeeren zu werden, als sie sah, wie der Ritter sich jetzt ehrerbietig vor Magdalies verneigte, ihr in wohlgesetzter Rede des Königs Botschaft nochmals verkündend.

Magdalies traute ihren Ohren kaum und wagte nicht aufzublicken, als sie zaghaft erwiderte: „O, edler Herr, treibt keinen Scherz mit mir! Es kann doch nimmer dem Könige recht sein, eine so arme niedere Magd, wie ich es bin, zur Schwiegertochter zu bekommen. Ich will keinen Unfrieden zwischen ihn und seinen Sohn bringen."

Doch schnell nahm der Ritter das Wort: „Ehrenwerte Jungfrau, der König ist durch Eure Erdbeeren gänzlich genesen. Er hat Euch gestern nach Eurem Verschwinden durch Boten überall suchen lassen, und etliche sind Euch denn unbemerkt bis hierher gefolgt, um uns heute den Weg zu weisen.

Draußen steht ein Zelter für Euch bereit. Und nun rüstet Euch! Wir geben Euch das Geleit. Der Prinz erwartet seine Braut vor der Stadt, um sie ins Schloß zu geleiten."

Dann winkte der Ritter einem Pagen, der ein großes und ein kleines Bündel brachte. Der Ritter übergab beides der Bäuerin, die gierig danach griff. „So," sprach er, „das kleine Bündel ist für Euch. Der König schickt es, damit Ihr nicht leer ausgeht. Ihr mögt den Sonntagsstaat für Euch und Euren Mann nachher auspacken. Jetzt helft hurtig dieser Jungfrau, daß sie die Kleider, die der König ihr in dem großen Bündel schickt, sogleich anlege, damit die Braut des Königssohnes würdig geschmückt in die Stadt einziehe." Die Worte klangen so befehlend, daß die ganz eingeschüchterte Bäuerin nur kleinlaut ihren Dank, aber kein Wort der Widerrede zu sprechen wagte.

Nicht lange, so trat Magdalies abermals aus ihrem Kämmerlein heraus.

Doch welche Veränderung war mit ihr vorgegangen! Die Männer verneigten sich ehrerbietig und bewundernd vor der glücklichen Jungfrau, die mit königlichem Anstand, schöner als je, und geschmückt wie eine Prinzessin, daherschritt. Fürwahr, selbst die Bäuerin mußte zugeben, daß weit und breit keine schönere Edeldame gefunden werden könne als die ehemalige Magd, die nun so plötzlich zu solch' hoher Ehre gelangt war.

Nachdem Magdalies sich freundlich und ohne Groll von dem Bauern und der Bäuerin verabschiedet und ihren Zelter bestiegen hatte, erreichte sie mit ihrem Gefolge bald die Stelle, an welcher der Königssohn, ebenfalls hoch zu Roß und mit glänzendem Gefolge, sie erwartete.

Im Schloß wurde die Jungfrau von dem nun ganz gesunden König mit allen Ehren empfangen, und es fand bald eine glänzende Hochzeit statt.

Als diese festlichen Tage vorüber waren, da bat die nunmehrige Prinzessin Magdalies ihren Gemahl, dem sie natürlich alles erzählt hatte, mit ihr den Erdbeerkönig aufsuchen zu wollen, um ihm, dem sie doch eigentlich beide ihr Glück verdankten, vereint ihren Dank auszusprechen. Mit Freuden erfüllte der Königssohn diesen Wunsch seiner Gemahlin.

Fröhlich wie die Kinder gingen sie durch den Wald. Magdalies mußte singen, wie damals, als der Prinz sie zuerst daselbst gefunden hatte. Zwischendurch rief sie wieder und immer wieder nach dem Erdbeerkönig, bis dieser endlich vor dem jungen Paar stand, das ihm nun von seinem Glück erzählte und seinen Dank ausdrückte.

Der Erdbeerkönig hörte es mit wohlgefälligem Kopfnicken an. Dann zog er unter seinem Mäntlein zwei köstliche Erdbeeren hervor, die eine Magdalies, die andere dem Prinzen Arnulf reichend, während er sprach:

„Mögt' essen diese Beeren,
Die aller Krankheit wehren,
Euch langes Glück bescheren!“

Mit diesen Worten verschwand er, aber seine Prophezeiung erfüllte sich. Beiden war viel Glück beschieden.

Nicht lange, so trat Magdalies abermals aus ihrem Kämmerlein heraus.

Doch welche Veränderung war mit ihr vorgegangen! Die Männer verneigten sich ehrerbietig und bewundernd vor der glücklichen Jungfrau, die mit königlichem Anstand, schöner als je, und geschmückt wie eine Prinzessin, daherschritt. Fürwahr, selbst die Bäuerin mußte zugeben, daß weit und breit keine schönere Edeldame gefunden werden könne als die ehemalige Magd, die nun so plötzlich zu solch' hoher Ehre gelangt war.

Nachdem Magdalies sich freundlich und ohne Groll von dem Bauern und der Bäuerin verabschiedet und ihren Zelter bestiegen hatte, erreichte sie mit ihrem Gefolge bald die Stelle, an welcher der Königssohn, ebenfalls hoch zu Roß und mit glänzendem Gefolge, sie erwartete.

Im Schloß wurde die Jungfrau von dem nun ganz gesunden König mit allen Ehren empfangen, und es fand bald eine glänzende Hochzeit statt.

Als diese festlichen Tage vorüber waren, da bat die nunmehrige Prinzessin Magdalies ihren Gemahl, dem sie natürlich alles erzählt hatte, mit ihr den Erdbeerkönig aufsuchen zu wollen, um ihm, dem sie doch eigentlich beide ihr Glück verdankten, vereint ihren Dank auszusprechen. Mit Freuden erfüllte der Königssohn diesen Wunsch seiner Gemahlin.

Fröhlich wie die Kinder gingen sie durch den Wald. Magdalies mußte singen, wie damals, als der Prinz sie zuerst daselbst gefunden hatte. Zwischendurch rief sie wieder und immer wieder nach dem Erdbeerkönig, bis dieser endlich vor dem jungen Paar stand, das ihm nun von seinem Glück erzählte und seinen Dank ausdrückte.

Der Erdbeerkönig hörte es mit wohlgefälligem Kopfnicken an. Dann zog er unter seinem Mäntlein zwei köstliche Erdbeeren hervor, die eine Magdalies, die andere dem Prinzen Arnulf reichend, während er sprach:

„Mögt' essen diese Beeren,
Die aller Krankheit wehren,
Euch langes Glück bescheren!"

Mit diesen Worten verschwand er, aber seine Prophezeiung erfüllte sich. Beiden war viel Glück beschieden.

Als nach Jahren der alte König abermals erkrankte, eilte Magdalies wieder in den Wald, um den Erdbeerkönig noch einmal um die heilkräftigen Erdbeeren zu bitten. Doch sie fand weder den Gesuchten noch seine Wunderfrüchte.

Der König wurde diesmal nicht wieder gesund. Nach seinem Tode wurde sein Sohn König.

Und so ward aus der armen Magd Magdalies eine Königin, die lebenslang von ihrem ganzen Volk geliebt und geehrt wurde, weil sie den Armen und Kranken half, so viel sie vermochte.

Als nach Jahren der alte König abermals erkrankte, eilte Magdalies wieder in den Wald, um den Erdbeerkönig noch einmal um die heilkräftigen Erdbeeren zu bitten. Doch sie fand weder den Gesuchten noch seine Wunderfrüchte.

Der König wurde diesmal nicht wieder gesund. Nach seinem Tode wurde sein Sohn König.

Und so ward aus der armen Magd Magdalies eine Königin, die lebenslang von ihrem ganzen Volk geliebt und geehrt wurde, weil sie den Armen und Kranken half, so viel sie vermochte.

Springmännchen und Goldfasan

Es war einmal ein sehr weiser König, der zwei Söhne hatte. Der Älteste, Prinz Balduin, war sehr mutig, hatte Freude an Ritterspielen, glänzenden Festen und Veranstaltungen; doch wurde er immer hochmütiger und prachtliebender. Der jüngere Sohn, Prinz Immo, war sanft und still. Obwohl nicht minder tapfer als sein Bruder, sah er neidlos dessen Triumphe beim Turnier und festlichen Aufzügen. Er selbst liebte das Waidwerk im grünen Walde mehr als das festliche Gepränge der Ritterspiele.

Wenn seines Vaters Untertanen ihm begegneten, nickte er ihnen freundlich zu. Die Leute verneigten sich tief vor ihm und sprachen zueinander: „Das ist unser guter Prinz Immo, Gott segne ihn.“ Sehr gern aber saß Immo im Kreise weiser Männer und ließ sich aus alten Pergamenten belehren, wodurch er seinem Vater eine besondere Freude bereitete.

Beide Königssöhne wollten auf Abenteuer ausziehen. Der König hörte das mit Sorge, denn er fürchtete, daß beide dabei zu Schaden kommen könnten. Doch dachte er endlich: „Vielleicht werden meine Söhne in der Fremde ihren Charakter und ihre Befähigung noch mehr als daheim zeigen, und ich werde je nachdem, wie sie sich in der Welt draußen bewähren, vielleicht genau ermessen können, wen ich später zu meinem Nachfolger machen kann.“

Er sprach lange und eindringlich mit Balduin und Immo, ermahnte sie nochmals zu allem Guten, besonders auch zu brüderlicher Treue und Einigkeit, und winkte ihnen darauf, ihm zu folgen. Durch weite Säle und Gänge des Schlosses führte er sie zu einem ganz versteckten Gemach, das sie noch nicht kannten, dort also sprechend:

„Liebe Söhne, ich will euch nun einen besonderen Beweis meines Vertrauens geben, indem ich euch zwei Dinge anvertraue, die bisher kostbare, unersetzliche Schätze für mich waren, und die ihr hoffentlich unversehrt wieder heimbringen werdet, denn sie können euch lebenslang von Nutzen sein.“

Springmännchen und Goldfasan

Es war einmal ein sehr weiser König, der zwei Söhne hatte. Der Älteste, Prinz Balduin, war sehr mutig, hatte Freude an Ritterspielen, glänzenden Festen und Veranstaltungen; doch wurde er immer hochmütiger und prachtliebender. Der jüngere Sohn, Prinz Immo, war sanft und still. Obwohl nicht minder tapfer als sein Bruder, sah er neidlos dessen Triumphe beim Turnier und festlichen Aufzügen. Er selbst liebte das Waidwerk im grünen Walde mehr als das festliche Gepränge der Ritterspiele.

Wenn seines Vaters Untertanen ihm begegneten, nickte er ihnen freundlich zu. Die Leute verneigten sich tief vor ihm und sprachen zueinander: „Das ist unser guter Prinz Immo, Gott segne ihn." Sehr gern aber saß Immo im Kreise weiser Männer und ließ sich aus alten Pergamenten belehren, wodurch er seinem Vater eine besondere Freude bereitete.

Beide Königssöhne wollten auf Abenteuer ausziehen. Der König hörte das mit Sorge, denn er fürchtete, daß beide dabei zu Schaden kommen könnten. Doch dachte er endlich: „Vielleicht werden meine Söhne in der Fremde ihren Charakter und ihre Befähigung noch mehr als daheim zeigen, und ich werde je nachdem, wie sie sich in der Welt draußen bewähren, vielleicht genau ermessen können, wen ich später zu meinem Nachfolger machen kann."

Er sprach lange und eindringlich mit Balduin und Immo, ermahnte sie nochmals zu allem Guten, besonders auch zu brüderlicher Treue und Einigkeit, und winkte ihnen darauf, ihm zu folgen. Durch weite Säle und Gänge des Schlosses führte er sie zu einem ganz versteckten Gemach, das sie noch nicht kannten, dort also sprechend:

„Liebe Söhne, ich will euch nun einen besonderen Beweis meines Vertrauens geben, indem ich euch zwei Dinge anvertraue, die bisher kostbare, unersetzliche Schätze für mich waren, und die ihr hoffentlich unversehrt wieder heimbringen werdet, denn sie können euch lebenslang von Nutzen sein."

Der König öffnete eine Truhe und ließ die Prinzen hineinsehen. Sie erblickten zwei kleine Gegenstände: Einen winzigen, aus Gold gefertigten Fasan und eine unscheinbare, ganz eingetrocknete Springwurzel.

„Seht," sprach der König, „das sind die beiden Schätze, die ich euch anvertrauen will. Der kleine Goldfasan ist ein Zaubervogel, der, wenn das Zaubersprüchlein erklingt, zu der Größe eines Fasanen wächst und dem Besitzer goldene Federn und goldene Eier spendet, so oft dieser es heischt. Die Wurzel hat andere Zauberkräfte. Sie wandelt sich auf ihr Zaubersprüchlein hin in ein Männlein, das ‚Springmännlein' heißt und seinem Besitzer mit Rat und Tat beisteht, wenn er dessen bedarf. Balduin, du als ältester meiner Söhne, tritt zuerst zur Truhe und wähle dir einen von beiden Schätzen."

Da lachte Balduin, ergriff den goldenen Vogel und sprach: „Mit Verlaub, mein Vater, ich halte es mit dem Goldfasan, denn ein Königssohn muß mit Glanz und Pracht in die Welt ziehen, und was den ‚guten Rat' anbelangt, so habe ich ja mein gutes Schwert, das ist mein bester Ratgeber."

Ernst sprach der König: „Ich ahnte es, mein Sohn, daß du so wählen würdest, doch bedenke wohl, daß du mein Geschenk nicht zur Üppigkeit und Eitelkeit mißbrauchen sollst. Auch verachte niemals einen guten und weisen Rat und verlaß dich nicht allein auf dein Schwert. Oft im Leben wird die Gewalt durch kluge Erwägung besiegt."

Dann wandte sich der König zu Immo: „Und nun, mein Jüngster, nimm die Gabe, die dein Bruder verschmähte; möge sie dir Segen bringen."

Immo ergriff die Wurzel. Dann, ein Knie vor seinem Vater beugend, sprach er: „Ich danke dir, mein Vater. Mein Bruder erriet wohl, daß diese Gabe mir die willkommenste sein würde! Ich will sie zu deiner Freude gebrauchen. Ich begehre nur, als einfacher Knappe gekleidet hinauszuziehen. Eitler Prunk lockt leicht Räuber an. Ein gutes Schwert und mein treues Rößlein seien meine Begleiter."

Den König freute diese Gesinnung seines jüngsten Sohnes. Er prägte beiden sorgfältig ein, wie sie die Zaubergaben zu gebrauchen hätten, die ein jeder von ihnen dann gut verbarg.

Als am nächsten Morgen die Sonne aufging, nahmen sie Abschied von ihrem Vater sowie von den Getreuen und verließen das Schloß. Gegen

Der König öffnete eine Truhe und ließ die Prinzen hineinsehen. Sie erblickten zwei kleine Gegenstände: Einen winzigen, aus Gold gefertigten Fasan und eine unscheinbare, ganz eingetrocknete Springwurzel.

„Seht," sprach der König, „das sind die beiden Schätze, die ich euch anvertrauen will. Der kleine Goldfasan ist ein Zaubervogel, der, wenn das Zaubersprüchlein erklingt, zu der Größe eines Fasanen wächst und dem Besitzer goldene Federn und goldene Eier spendet, so oft dieser es heischt. Die Wurzel hat andere Zauberkräfte. Sie wandelt sich auf ihr Zaubersprüchlein hin in ein Männlein, das ‚Springmännlein' heißt und seinem Besitzer mit Rat und Tat beisteht, wenn er dessen bedarf. Balduin, du als ältester meiner Söhne, tritt zuerst zur Truhe und wähle dir einen von beiden Schätzen."

Da lachte Balduin, ergriff den goldenen Vogel und sprach: „Mit Verlaub, mein Vater, ich halte es mit dem Goldfasan, denn ein Königssohn muß mit Glanz und Pracht in die Welt ziehen, und was den ‚guten Rat' anbelangt, so habe ich ja mein gutes Schwert, das ist mein bester Ratgeber."

Ernst sprach der König: „Ich ahnte es, mein Sohn, daß du so wählen würdest, doch bedenke wohl, daß du mein Geschenk nicht zur Üppigkeit und Eitelkeit mißbrauchen sollst. Auch verachte niemals einen guten und weisen Rat und verlaß dich nicht allein auf dein Schwert. Oft im Leben wird die Gewalt durch kluge Erwägung besiegt."

Dann wandte sich der König zu Immo: „Und nun, mein Jüngster, nimm die Gabe, die dein Bruder verschmähte; möge sie dir Segen bringen."

Immo ergriff die Wurzel. Dann, ein Knie vor seinem Vater beugend, sprach er: „Ich danke dir, mein Vater. Mein Bruder erriet wohl, daß diese Gabe mir die willkommenste sein würde! Ich will sie zu deiner Freude gebrauchen. Ich begehre nur, als einfacher Knappe gekleidet hinauszuziehen. Eitler Prunk lockt leicht Räuber an. Ein gutes Schwert und mein treues Rößlein seien meine Begleiter."

Den König freute diese Gesinnung seines jüngsten Sohnes. Er prägte beiden sorgfältig ein, wie sie die Zaubergaben zu gebrauchen hätten, die ein jeder von ihnen dann gut verbarg.

Als am nächsten Morgen die Sonne aufging, nahmen sie Abschied von ihrem Vater sowie von den Getreuen und verließen das Schloß. Gegen

Abend erreichten sie ein Gehölz, durch das sie hindurchritten, hoffend, alsdann ein Wirtshaus zu erreichen, in dem sie übernachten konnten. Doch nichts war rings zu erblicken, nur immer wieder neuer Wald.

Da hörten sie ein ängstliches Flattern in einem Baume. Immo bemerkte ein Vögelchen, das sich an einer Leimrute gefangen hatte. Mit großer Vorsicht befreite er das Tierchen, das sich nun auf seine Schulter setzte und in sein Ohr zwitscherte:

„Tiri, tiri, oh Königssohn,
Will di, will di nun gleich zum Lohn
Ein Obdach zeigen;
Mußt aufwärts steigen."

Immo winkte seinem Bruder, und als beide noch ein kleines Stück bergauf ritten, lag eine Köhlerhütte vor ihnen. Der Köhler fand sich bereit, ihnen Obdach zu geben, wenn sie mit einem Strohlager vorlieb nehmen wollten. Er ahnte natürlich nicht, daß er zwei Königssöhne beherbergen sollte, wenn er auch Balduins kostbare Kleidung mit einigem Erstaunen musterte.

Sein Weib brachte Brot, Milch und Käse und sorgte, daß es auch den Rossen an nichts mangelte. Balduin schlief, trotz des ungewohnten Lagers, bald ein, doch Immo setzte sich zu dem Köhler an das Herdfeuer und ließ sich von ihm etwas erzählen.

Der Köhler, welcher Immo für den Knappen Balduins hielt, berichtete ihm denn auch ohne Scheu, was der Königssohn wissen wollte, der nach der Gegend fragte, nach der Ausdehnung der Wälder und was sonst jemanden interessieren konnte, der auf Abenteuer ausziehen wollte.

Als der Köhler letzteres merkte, ward er plötzlich ganz vertraulich und sagte: „Drei Tagesreisen von hier liegt das Falkenschloß. Ganze Scharen von Falken umkreisen es tagaus, tagein; das sind verzauberte Menschen, die in die Gewalt des Zauberers gelangten, der in dem Falkenschloß haust. Sie wollten alle die beiden Prinzessinnen erlösen, die dort oben irgendwo gefangen gehalten werden.

Ein Hirte verirrte sich einmal in der Nähe des Falkenschlosses und hörte daselbst den Gesang der Prinzessinnen. Da hat er nirgends mehr Ruhe gefunden. Er ist oft wieder zum Falkenschloß gewandert, bis

Abend erreichten sie ein Gehölz, durch das sie hindurchritten, hoffend, alsdann ein Wirtshaus zu erreichen, in dem sie übernachten konnten. Doch nichts war rings zu erblicken, nur immer wieder neuer Wald.

Da hörten sie ein ängstliches Flattern in einem Baume. Immo bemerkte ein Vögelchen, das sich an einer Leimrute gefangen hatte. Mit großer Vorsicht befreite er das Tierchen, das sich nun auf seine Schulter setzte und in sein Ohr zwitscherte:

„Tiri, tiri, oh Königssohn,
Will di, will di nun gleich zum Lohn
Ein Obdach zeigen;
Mußt aufwärts steigen."

Immo winkte seinem Bruder, und als beide noch ein kleines Stück bergauf ritten, lag eine Köhlerhütte vor ihnen. Der Köhler fand sich bereit, ihnen Obdach zu geben, wenn sie mit einem Strohlager vorlieb nehmen wollten. Er ahnte natürlich nicht, daß er zwei Königssöhne beherbergen sollte, wenn er auch Balduins kostbare Kleidung mit einigem Erstaunen musterte.

Sein Weib brachte Brot, Milch und Käse und sorgte, daß es auch den Rossen an nichts mangelte. Balduin schlief, trotz des ungewohnten Lagers, bald ein, doch Immo setzte sich zu dem Köhler an das Herdfeuer und ließ sich von ihm etwas erzählen.

Der Köhler, welcher Immo für den Knappen Balduins hielt, berichtete ihm denn auch ohne Scheu, was der Königssohn wissen wollte, der nach der Gegend fragte, nach der Ausdehnung der Wälder und was sonst jemanden interessieren konnte, der auf Abenteuer ausziehen wollte.

Als der Köhler letzteres merkte, ward er plötzlich ganz vertraulich und sagte: „Drei Tagesreisen von hier liegt das Falkenschloß. Ganze Scharen von Falken umkreisen es tagaus, tagein; das sind verzauberte Menschen, die in die Gewalt des Zauberers gelangten, der in dem Falkenschloß haust. Sie wollten alle die beiden Prinzessinnen erlösen, die dort oben irgendwo gefangen gehalten werden.

Ein Hirte verirrte sich einmal in der Nähe des Falkenschlosses und hörte daselbst den Gesang der Prinzessinnen. Da hat er nirgends mehr Ruhe gefunden. Er ist oft wieder zum Falkenschloß gewandert, bis *niemand ihn wiedersah. Gewiß ist auch er dem Zauberer verfallen und von ihm in einen Falken verwandelt worden."*

Immo hörte diese Erzählung mit Staunen. Gern hätte er noch mehr erfahren, doch der Köhler mußte noch allerlei Arbeiten verrichten; darum mochte er ihn nicht zurückhalten. Er nahm sich aber vor, ihn noch über das Falkenschloß zu befragen, ehe sie von dannen ritten.

Zunächst teilte er seinem Bruder alles mit, der sogleich erklärte, unbedingt zu dem Falkenschloß ziehen zu wollen. Am nächsten Morgen ließen sich die Brüder von dem reichbelohnten Köhler noch ein Stück Weges geleiten, wobei sie sich alles erzählen ließen, was ihr Begleiter noch wußte, obwohl das nicht mehr viel war. Er berichtete, daß ein riesiger Greif die Jungfrauen bewachen solle und daß Gewalt ihn nicht besiegen könne. Vielmehr sei nur der des Sieges sicher, der neben Tapferkeit über das Zauberschwert verfüge. Wo das zu finden sei, vermochte er aber nicht zu sagen.

Die Prinzen dankten dem schlichten Manne, der sie beim Abschied noch ernstlich warnte, sich nicht unvorsichtig in Gefahr zu begeben.

Die Brüder dachten über seine Warnung nach. Ihr Vater fiel ihnen ein und ihre Pflicht, ihn vor Kummer zu bewahren.

Immo sprach: „Wohl zogen wir aus, um Abenteuer zu suchen, doch bat auch der Vater uns, unnütze Gefahren zu meiden. Um seinetwillen wäre es vielleicht besser, wir suchten uns andere Abenteuer, denn wer tröstet den alten Mann, wenn auch wir als Falken verwandelt dem Verhängnis anheimfallen?" „Hast du Furcht, so kehre heim," antwortete Balduin. „Ich aber reite zum Falkenschloß."

Da entgegnete Immo: „Dann komme ich mit dir, mein Bruder, denn ich verlasse dich nicht. Daß ich die Gefahr jedoch nicht meinetwegen meiden will, habe ich dir wohl schon öfters bewiesen."

So ritten die Brüder denn dem Falkenschloß entgegen. Immo riet, zuerst das Zauberschwert zu suchen, das seiner Meinung nach sich in der Nähe des Schlosses befinden mußte. Doch Balduin wollte davon nichts hören, so daß Immo fürchtete, seines Bruders ungeduldiger Tatendrang würde alles verderben und sie beide ins Unheil stürzen.

Nach drei Tagen kamen sie an einen hohen Berg. Der Köhler hatte ihnen den Weg, so gut er ihn wußte, beschrieben; sie vermuteten nun, niemand ihn wiedersah. Gewiß ist auch er dem Zauberer verfallen und von ihm in einen Falken verwandelt worden."

Immo hörte diese Erzählung mit Staunen. Gern hätte er noch mehr erfahren, doch der Köhler mußte noch allerlei Arbeiten verrichten; darum mochte er ihn nicht zurückhalten. Er nahm sich aber vor, ihn noch über das Falkenschloß zu befragen, ehe sie von dannen ritten.

Zunächst teilte er seinem Bruder alles mit, der sogleich erklärte, unbedingt zu dem Falkenschloß ziehen zu wollen. Am nächsten Morgen ließen sich die Brüder von dem reichbelohnten Köhler noch ein Stück Weges geleiten, wobei sie sich alles erzählen ließen, was ihr Begleiter noch wußte, obwohl das nicht mehr viel war. Er berichtete, daß ein riesiger Greif die Jungfrauen bewachen solle und daß Gewalt ihn nicht besiegen könne. Vielmehr sei nur der des Sieges sicher, der neben Tapferkeit über das Zauberschwert verfüge. Wo das zu finden sei, vermochte er aber nicht zu sagen.

Die Prinzen dankten dem schlichten Manne, der sie beim Abschied noch ernstlich warnte, sich nicht unvorsichtig in Gefahr zu begeben.

Die Brüder dachten über seine Warnung nach. Ihr Vater fiel ihnen ein und ihre Pflicht, ihn vor Kummer zu bewahren.

Immo sprach: „Wohl zogen wir aus, um Abenteuer zu suchen, doch bat auch der Vater uns, unnütze Gefahren zu meiden. Um seinetwillen wäre es vielleicht besser, wir suchten uns andere Abenteuer, denn wer tröstet den alten Mann, wenn auch wir als Falken verwandelt dem Verhängnis anheimfallen?" „Hast du Furcht, so kehre heim," antwortete Balduin. „Ich aber reite zum Falkenschloß."

Da entgegnete Immo: „Dann komme ich mit dir, mein Bruder, denn ich verlasse dich nicht. Daß ich die Gefahr jedoch nicht meinetwegen meiden will, habe ich dir wohl schon öfters bewiesen."

So ritten die Brüder denn dem Falkenschloß entgegen. Immo riet, zuerst das Zauberschwert zu suchen, das seiner Meinung nach sich in der Nähe des Schlosses befinden mußte. Doch Balduin wollte davon nichts hören, so daß Immo fürchtete, seines Bruders ungeduldiger Tatendrang würde alles verderben und sie beide ins Unheil stürzen.

Nach drei Tagen kamen sie an einen hohen Berg. Der Köhler hatte ihnen den Weg, so gut er ihn wußte, beschrieben; sie vermuteten nun, *nicht mehr weit von ihrem Ziele entfernt zu sein. Müde und hungrig, wie sie waren, spähten sie nach einem Obdach, wo sie sich zu ihrem Vorhaben stärken konnten. Endlich entdeckten sie einen Lichtschein, der aus einer menschlichen Behausung kommen mußte. Vielleicht war es die Herberge, von der der Köhler zu ihnen gesprochen hatte.*

Mit Mühe bahnten sie sich einen Weg durch das Gestrüpp, bis sie endlich vor der Tür des alten Gebäudes standen. Auf ihr Pochen trat ihnen eine Frau entgegen, die auf ihre Frage antwortete, daß sie die Frau des Wirtes sei, und daß das Haus eine Herberge sei, in der sie übernachten könnten. Zwar war es nur ein elendes Kämmerlein, in dem die Königssöhne Unterkunft fanden, aber sie schliefen doch fest bis zum nächsten Morgen. Die Sonne war schon aufgegangen, als sie erwachten und sich besannen, wo sie waren.

Bald saßen sie in der ärmlichen Wirtsstube, wo ein kräftiger Imbiß von der Wirtin aufgetragen wurde. Als die Brüder nun ihre Wirtin nach dem Falkenschloß befragten, ließ die Frau vor Schrecken fast die Schüssel mit dem Mehlbrei fallen. Sie schlug die Hände zusammen und zeterte: „Ich plag' meinen Mann alle Tag', daß ich's nimmer ansehen kann, wie die schmucken Ritter ins Elend ziehen, und daß ich fort von hier will, und ihr kommt nun so weit her, um euer junges Leben zu verlieren? Noch keiner ist zurückgekehrt, der dorthin zog, wo der höchste Berg liegt. Ach, es werden der Falken immer mehr! — Alle fanden ihr Elend und fielen in die Gewalt des Zauberers. Ich warne euch, kehrt heim; denn die Jungfrauen könnt ihr nimmer erlösen!“

Balduin aber antwortete: „Frau Wirtin, Ihr meint es gut, das merk' ich, aber die armen Gefangenen werden es Euch wenig danken, wenn Ihr all die Retter fernhalten wollt. Sagt, wer sind die Jungfrauen?“

„Oh, Herr Ritter, mein Mann hat mir verboten, es zu erzählen, weil er denkt, die Retter würden dann eher von dem Wagnis ablassen.“

„Wenn Euer Mann das glaubt, so kennt er wenigstens m i c h schlecht,“ lautete Balduins Antwort. „Erzählt flugs, Frau, wer die Jungfrauen sind, denn wenn Ihr's nicht tut, dann reite ich noch schneller zum Falkenschloß, um es vielleicht dort zu erfahren.“

„Das würde Euch schwerlich gut bekommen! Aber, Herr, wenn Ihr darauf besteht, so hört: die Jungfrauen sind Schwestern, und die Töchter

nicht mehr weit von ihrem Ziele entfernt zu sein. Müde und hungrig, wie sie waren, spähten sie nach einem Obdach, wo sie sich zu ihrem Vorhaben stärken konnten. Endlich entdeckten sie einen Lichtschein, der aus einer menschlichen Behausung kommen mußte. Vielleicht war es die Herberge, von der der Köhler zu ihnen gesprochen hatte.

Mit Mühe bahnten sie sich einen Weg durch das Gestrüpp, bis sie endlich vor der Tür des alten Gebäudes standen. Auf ihr Pochen trat ihnen eine Frau entgegen, die auf ihre Frage antwortete, daß sie die Frau des Wirtes sei, und daß das Haus eine Herberge sei, in der sie übernachten könnten. Zwar war es nur ein elendes Kämmerlein, in dem die Königssöhne Unterkunft fanden, aber sie schliefen doch fest bis zum nächsten Morgen. Die Sonne war schon aufgegangen, als sie erwachten und sich besannen, wo sie waren.

Bald saßen sie in der ärmlichen Wirtsstube, wo ein kräftiger Imbiß von der Wirtin aufgetragen wurde. Als die Brüder nun ihre Wirtin nach dem Falkenschloß befragten, ließ die Frau vor Schrecken fast die Schüssel mit dem Mehlbrei fallen. Sie schlug die Hände zusammen und zeterte: „Ich plag' meinen Mann alle Tag', daß ich's nimmer ansehen kann, wie die schmucken Ritter ins Elend ziehen, und daß ich fort von hier will, und ihr kommt nun so weit her, um euer junges Leben zu verlieren? Noch keiner ist zurückgekehrt, der dorthin zog, wo der höchste Berg liegt. Ach, es werden der Falken immer mehr! — Alle fanden ihr Elend und fielen in die Gewalt des Zauberers. Ich warne euch, kehrt heim; denn die Jungfrauen könnt ihr nimmer erlösen!"

Balduin aber antwortete: „Frau Wirtin, Ihr meint es gut, das merk' ich, aber die armen Gefangenen werden es Euch wenig danken, wenn Ihr all die Retter fernhalten wollt. Sagt, wer sind die Jungfrauen?"

„Oh, Herr Ritter, mein Mann hat mir verboten, es zu erzählen, weil er denkt, die Retter würden dann eher von dem Wagnis ablassen."

„Wenn Euer Mann das glaubt, so kennt er wenigstens *mich* schlecht," lautete Balduins Antwort. „Erzählt flugs, Frau, wer die Jungfrauen sind, denn wenn Ihr's nicht tut, dann reite ich noch schneller zum Falkenschloß, um es vielleicht dort zu erfahren."

„Das würde Euch schwerlich gut bekommen! Aber, Herr, wenn Ihr darauf besteht, so hört: die Jungfrauen sind Schwestern, und die Töchter *eines mächtigen Königs, der das Falkenschloß sogar einst belagert hat, um die Mägdelein zu befreien. Alles war umsonst; sämtliche Mannen wurden in Falken verwandelt, und der König entging nur mit knapper Not dem gleichen Schicksal. Seitdem hat der König keinen Angriff wieder gewagt."*

„Aber das Schwert, sagt, Frau Wirtin, wo findet man das Zauberschwert?" mischte Immo, der schweigend zugehört hatte, sich jetzt in das Gespräch. Die Wirtin, ebenfalls glaubend, den Knappen des unbekannten Ritters vor sich zu haben, antwortete geschäftig: „Wollt Ihr's dem edlen Ritter suchen, dann müßt Ihr die Bäume nahe dem Falkenschloß danach durchforschen. Dort soll es zu finden sein; mehr weiß ich nicht. Muß es doch noch kein Ritter gefunden haben, sonst wär' längst der Zauberer besiegt worden. Laßt ab von Euren Vorhaben und kehret heim, wenn Euch Euer Leben lieb ist; denn den Jungfrauen und den Falken ist nimmer zu helfen."

Doch die Brüder beschworen die Wirtin, ihnen nun alles zu sagen, was sie noch wisse, so daß die Frau ihnen endlich noch weiter erzählte: „Es geht die Mär, der mächtige Greif, der die Jungfrauen bewache, schlafe nie, weil Zauberglöcklein, die in einem Baume hingen, ihn mit ihrem Klingen stetig wach erhielten. Auch erzählet man, der Zauberer selbst sei ein Greis mit einem ellenlangen Bart und einem greulichen, riesenhaften Höcker. Nur wer mit e i n e m Hieb des Zauberschwertes diesen Höcker vom Rumpf zu trennen vermöchte, könne den Bösewicht besiegen. Das würde schwer sein. Aber den Vogel Greif zu töten, sei noch weit schwieriger, denn es heiße, seine löwenartige Mähne müsse mit einem kühnen Streich des Zauberschwertes abrasiert werden und seine Flügel ebenso. Dann könne er vielleicht besiegt werden.

Wehe aber dem, den seine Klauen packten, oder den ein Schlag seines Schweifes träfe! Er müsse sein Leben lassen. Das ist alles, was ich weiß," schloß die Wirtin ihren Bericht.

Die Brüder dankten der Frau und belohnten den Wirt reichlich, der bald darauf in die Stube trat, um zu melden, daß die Rosse aufgezäumt seien. Auch er riet den Brüdern erschrocken zur Heimkehr, da er vernahm, daß sie zum Falkenschlosse wollten. Da er aber das Vergebliche seiner Warnungen einsah, beschrieb er ihnen den Weg dorthin, der sie bis zum Abend in die Nähe des Unglücksschlosses, wie er ihr Ziel nannte, führen würde.

eines mächtigen Königs, der das Falkenschloß sogar einst belagert hat, um die Mägdelein zu befreien. Alles war umsonst; sämtliche Mannen wurden in Falken verwandelt, und der König entging nur mit knapper Not dem gleichen Schicksal. Seitdem hat der König keinen Angriff wieder gewagt."

„Aber das Schwert, sagt, Frau Wirtin, wo findet man das Zauberschwert?" mischte Immo, der schweigend zugehört hatte, sich jetzt in das Gespräch. Die Wirtin, ebenfalls glaubend, den Knappen des unbekannten Ritters vor sich zu haben, antwortete geschäftig: „Wollt Ihr's dem edlen Ritter suchen, dann müßt Ihr die Bäume nahe dem Falkenschloß danach durchforschen. Dort soll es zu finden sein; mehr weiß ich nicht. Muß es doch noch kein Ritter gefunden haben, sonst wär' längst der Zauberer besiegt worden. Laßt ab von Euren Vorhaben und kehret heim, wenn Euch Euer Leben lieb ist; denn den Jungfrauen und den Falken ist nimmer zu helfen."

Doch die Brüder beschworen die Wirtin, ihnen nun alles zu sagen, was sie noch wisse, so daß die Frau ihnen endlich noch weiter erzählte: „Es geht die Mär, der mächtige Greif, der die Jungfrauen bewache, schlafe nie, weil Zauberglöcklein, die in einem Baume hingen, ihn mit ihrem Klingen stetig wach erhielten. Auch erzählet man, der Zauberer selbst sei ein Greis mit einem ellenlangen Bart und einem greulichen, riesenhaften Höcker. Nur wer mit e i n e m Hieb des Zauberschwertes diesen Höcker vom Rumpf zu trennen vermöchte, könne den Bösewicht besiegen. Das würde schwer sein. Aber den Vogel Greif zu töten, sei noch weit schwieriger, denn es heiße, seine löwenartige Mähne müsse mit einem kühnen Streich des Zauberschwertes abrasiert werden und seine Flügel ebenso. Dann könne er vielleicht besiegt werden.

Wehe aber dem, den seine Klauen packten, oder den ein Schlag seines Schweifes träfe! Er müsse sein Leben lassen. Das ist alles, was ich weiß," schloß die Wirtin ihren Bericht.

Die Brüder dankten der Frau und belohnten den Wirt reichlich, der bald darauf in die Stube trat, um zu melden, daß die Rosse aufgezäumt seien. Auch er riet den Brüdern erschrocken zur Heimkehr, da er vernahm, daß sie zum Falkenschlosse wollten. Da er aber das Vergebliche seiner Warnungen einsah, beschrieb er ihnen den Weg dorthin, der sie bis zum Abend in die Nähe des Unglücksschlosses, wie er ihr Ziel nannte, führen würde.

Stunden um Stunden waren beide nun bergauf geritten, und sie mußten dem Ziel schon nahe sein, als Immo erklärte, daß es nun Zeit sei, das Geschenk des Vaters, die Zauberwurzel anzuwenden, um den Rat des Springmännchens zu hören.

Balduin antwortete, ungläubig lachend: „Was soll das Männlein, wenn es wirklich erscheint, wohl vom Falkenschloß wissen? Laß mich zuvor mein Sprüchlein sagen; will erst sehen, ob der Goldfasan seine Schuldigkeit zu tun vermag. — Wer weiß, ob ich nicht seine Gaben gebrauchen kann."

Balduin zog den Goldvogel aus seinem Versteck hervor, setzte ihn, wie sein Vater es ihm eingeprägt hatte, in einen niedrigen Baumast und sprach, mit den Armen dreimal die Bewegung des Fliegens nachahmend:

„Lieber Vogel schüttle dich,
Sträube dein Gefieder;
Reichlich fallen laß auf mich
Goldne Federn nieder!"

Erwartungsvoll blickten beide auf den kleinen Vogel. Und siehe da: Plötzlich reckte und dehnte er sich, als ob er lebe; er wuchs zusehends, und sein Gefieder gleißte, daß die Brüder kaum hinzusehen vermochten. Jetzt war er so groß wie ein wirklicher Goldfasan. Da wiederholte Balduin nochmals das Zaubersprüchlein, und nun flogen die glänzenden Federn wie ein Goldregen hernieder. Balduin konnte sie kaum so schnell zusammenraffen. Sein Erstaunen machte ihn ganz sprachlos.

Es war noch größer, als nun auch ein schweres, goldenes Ei hinabfiel. Dann schrumpfte der Vogel wieder zusammen, bis er war wie zuvor. Balduin sprach mit lauter Stimme das Danksprüchlein:

„Dank dir, Dank, mein Goldfasan —
Sollst nun wieder Ruhe ha'n;"

worauf er die kostbare Gabe seines Vaters verbarg, ebenso seine goldenen Schätze.

Nun zog auch Immo seine Zauberwurzel hervor, um ihre geheimen Kräfte kennenzulernen. Da drang plötzlich ganz deutlich Gesang von

Stunden um Stunden waren beide nun bergauf geritten, und sie mußten dem Ziel schon nahe sein, als Immo erklärte, daß es nun Zeit sei, das Geschenk des Vaters, die Zauberwurzel anzuwenden, um den Rat des Springmännchens zu hören.

Balduin antwortete, ungläubig lachend: „Was soll das Männlein, wenn es wirklich erscheint, wohl vom Falkenschloß wissen? Laß mich zuvor mein Sprüchlein sagen; will erst sehen, ob der Goldfasan seine Schuldigkeit zu tun vermag. — Wer weiß, ob ich nicht seine Gaben gebrauchen kann."

Balduin zog den Goldvogel aus seinem Versteck hervor, setzte ihn, wie sein Vater es ihm eingeprägt hatte, in einen niedrigen Baumast und sprach, mit den Armen dreimal die Bewegung des Fliegens nachahmend:

„Lieber Vogel schüttle dich,
Sträube dein Gefieder;
Reichlich fallen laß auf mich
Goldne Federn nieder!"

Erwartungsvoll blickten beide auf den kleinen Vogel. Und siehe da: Plötzlich reckte und dehnte er sich, als ob er lebe; er wuchs zusehends, und sein Gefieder gleißte, daß die Brüder kaum hinzusehen vermochten. Jetzt war er so groß wie ein wirklicher Goldfasan. Da wiederholte Balduin nochmals das Zaubersprüchlein, und nun flogen die glänzenden Federn wie ein Goldregen hernieder. Balduin konnte sie kaum so schnell zusammenraffen. Sein Erstaunen machte ihn ganz sprachlos.
Es war noch größer, als nun auch ein schweres, goldenes Ei hinabfiel. Dann schrumpfte der Vogel wieder zusammen, bis er war wie zuvor. Balduin sprach mit lauter Stimme das Danksprüchlein:

„Dank dir, Dank, mein Goldfasan —
Sollst nun wieder Ruhe ha'n;"

worauf er die kostbare Gabe seines Vaters verbarg, ebenso seine goldenen Schätze.

Nun zog auch Immo seine Zauberwurzel hervor, um ihre geheimen Kräfte kennenzulernen. Da drang plötzlich ganz deutlich Gesang von

Frauenstimmen zu ihnen herüber. Balduin stutzte, ergriff seines Bruders Arm und rief hastig: „Bruder, hörst du's? Die Jungfrauen im Falkenschloß singen. Wir müssen ganz nah' sein. Komm' ohne Säumen!“

Und ohne sich noch einmal nach Immo umzublicken, bestieg er sein Roß, eilig davonreitend.

Immo mußte ihm wohl oder übel folgen, da der Übereifrige für seine Warnrufe taub war.

Eilends verbarg der Jüngling seine kostbare Wurzel, dem Bruder über Stock und Stein folgend.

Es dauerte auch nicht lange, so entdeckte er Gemäuer, zugleich auch Balduin, der nahe derselben entlang ritt.

Ein finsterer Bau war es, der kaum Fenster zu haben schien. Aber nicht von dort erklang der Gesang, vielmehr kam er aus einem Turm, welcher nahe dem Falkenschloß auf erhöhter Stelle lag. Sonderbarerweise war er rings von sumpfigem Wasser umgeben und nur durch eine lange, vom Schlosse aus dorthin führende Zugbrücke zugänglich. Jetzt hörten beide den Gesang und auch die Worte deutlich:

„Es rüttelt der Wind und der Sturm
Allstündlich wohl hier an dem Turm,
Doch Mauern und Tor sind gar fest. –
Wir Armen, wir sind hier gefangen
Und schau'n nach dem Retter mit Bangen
Nach Norden, nach Süd, Ost und West!“

Ach, der Gesang klang gar traurig, aber so süß und flehend, daß die Brüder wohl jetzt verstehen konnten, wie so viele Ritter und auch der Hirtenknabe, von ihm bezwungen, ihr Rettungswerk versuchten.

Immo verlor die Überlegung trotzdem nicht. Er zog nun an einem verborgenen Plätzchen, im tiefen Schatten der Bäume, die Zauberwurzel hervor, um den Rat des Springmännchens zuvor zu befragen, trotzdem er in Unruhe war, weil Balduin, seiner abermaligen Warnung ungeachtet, in stürmischer Ungeduld dem Schloß nahte. Immo legte die Wurzel ins Gras, machte, wie des Vaters Anweisung es heischte, drei Sprünge und rief dann mit gedämpfter Stimme:

Frauenstimmen zu ihnen herüber. Balduin stutzte, ergriff seines Bruders Arm und rief hastig: „Bruder, hörst du's? Die Jungfrauen im Falkenschloß singen. Wir müssen ganz nah' sein. Komm' ohne Säumen!"

Und ohne sich noch einmal nach Immo umzublicken, bestieg er sein Roß, eilig davonreitend.

Immo mußte ihm wohl oder übel folgen, da der Übereifrige für seine Warnrufe taub war.

Eilends verbarg der Jüngling seine kostbare Wurzel, dem Bruder über Stock und Stein folgend.

Es dauerte auch nicht lange, so entdeckte er Gemäuer, zugleich auch Balduin, der nahe derselben entlang ritt.

Ein finsterer Bau war es, der kaum Fenster zu haben schien. Aber nicht von dort erklang der Gesang, vielmehr kam er aus einem Turm, welcher nahe dem Falkenschloß auf erhöhter Stelle lag. Sonderbarerweise war er rings von sumpfigem Wasser umgeben und nur durch eine lange, vom Schlosse aus dorthin führende Zugbrücke zugänglich. Jetzt hörten beide den Gesang und auch die Worte deutlich:

„Es rüttelt der Wind und der Sturm
Allstündlich wohl hier an dem Turm,
Doch Mauern und Tor sind gar fest. —
Wir Armen, wir sind hier gefangen
Und schau'n nach dem Retter mit Bangen
Nach Norden, nach Süd, Ost und West!"

Ach, der Gesang klang gar traurig, aber so süß und flehend, daß die Brüder wohl jetzt verstehen konnten, wie so viele Ritter und auch der Hirtenknabe, von ihm bezwungen, ihr Rettungswerk versuchten.

Immo verlor die Überlegung trotzdem nicht. Er zog nun an einem verborgenen Plätzchen, im tiefen Schatten der Bäume, die Zauberwurzel hervor, um den Rat des Springmännchens zuvor zu befragen, trotzdem er in Unruhe war, weil Balduin, seiner abermaligen Warnung ungeachtet, in stürmischer Ungeduld dem Schloß nahte. Immo legte die Wurzel ins Gras, machte, wie des Vaters Anweisung es heischte, drei Sprünge und rief dann mit gedämpfter Stimme:

„Oh Springmännchen, erscheine,
Und künde mir sofort:
Ob klug ist, was ich meine?
Erschein' an diesem Ort!“

Da bewegte sich plötzlich etwas im Grase, und aus demselben hüpfte ein kaum schuhhohes Männlein, das eigentümlich anzusehen war: Ein Bart aus feinen Wurzelfasern wallte fast bis zu den Füßen, die in winzigen Schnabelschuhen steckten, während aus dem braunen Antlitz zwei kohlschwarze Augen den Jüngling nicht unfreundlich, aber ernst anblickten. Mit den wurzelartigen Händen fuchtelte der Kleine in der Luft herum, machte drei Sprünge, bis er dicht vor Immo stand, und sprach dann vernehmlich:

„Laß den Bruder dein kämpfen jetzt allein,
Denn für dich ist's noch nicht Zeit!“

Als der erstaunte Immo sich einigermaßen gefaßt hatte, antwortete er: „Aber wie dürfte ich denn meinen Bruder in der Gefahr allein lassen? Oh Springmännlein, dein Rat scheint mir herzlos.“ Da antwortete der Kleine:

„Später, später richt',
Was der Springmann spricht!
Will bewahren dich vor Leid!“

„Darf ich denn meinen Bruder nicht warnen? Darf ich ihm nicht suchen helfen, daß er das Zauberschwert finde?“ Das Männlein schüttelte sein Haupt, sprang wieder ein paarmal herum und hub abermals an:

„Immo, höre mich:
Schwert ist nur für d i c h,
Weil du's brauchest mit B e d a c h t.
Tollkühn ist nicht gut –
Hilft dann auch kein Mut;
Tu' dein Rettungswerk zur N a c h t.“

„Oh Springmännchen, erscheine,
Und künde mir sofort:
Ob klug ist, was ich meine?
Erschein' an diesem Ort!"

Da bewegte sich plötzlich etwas im Grase, und aus demselben hüpfte ein kaum schuhhohes Männlein, das eigentümlich anzusehen war: Ein Bart aus feinen Wurzelfasern wallte fast bis zu den Füßen, die in winzigen Schnabelschuhen steckten, während aus dem braunen Antlitz zwei kohlschwarze Augen den Jüngling nicht unfreundlich, aber ernst anblickten. Mit den wurzelartigen Händen fuchtelte der Kleine in der Luft herum, machte drei Sprünge, bis er dicht vor Immo stand, und sprach dann vernehmlich:

„Laß den Bruder dein kämpfen jetzt allein,
Denn für dich ist's noch nicht Zeit!"

Als der erstaunte Immo sich einigermaßen gefaßt hatte, antwortete er: „Aber wie dürfte ich denn meinen Bruder in der Gefahr allein lassen? Oh Springmännlein, dein Rat scheint mir herzlos." Da antwortete der Kleine:

„Später, später richt',
Was der Springmann spricht!
Will bewahren dich vor Leid!"

„Darf ich denn meinen Bruder nicht warnen? Darf ich ihm nicht suchen helfen, daß er das Zauberschwert finde?" Das Männlein schüttelte sein Haupt, sprang wieder ein paarmal herum und hub abermals an:

„Immo, höre mich:
Schwert ist nur für d i c h,
Weil du's braucheſt mit B e d a c h t.
Tollkühn ist nicht gut —
Hilft dann auch kein Mut;
Tu' dein Rettungswerk zur N a c h t."

„Soll ich nun tatenlos hier wie ein altes Weib hocken und von meinem Bruder für feige gehalten werden? Oh, liebes, gutes Springmännchen, rate mir doch, wie ich das Werk beginnen und durchführen soll.“ – Springmännchen hüpfte wiederum und ließ sich nochmals also vernehmen:

„Halte bis zur Nacht
Mit Geduld hier Wacht;
Dann zur rechten Stunde
Bringt dir Springmann Kunde.
Glaub', was Springmann spricht;
Immo, zweifle nicht!“ –

Noch drei Sprünge, und Springmännlein war verschwunden. Immo sprach mit bewegter Stimme seinen Dank:

„Springmann, Dank, für deinen Rat;
Will ihm folgen früh und spat!“

Nachdenklich steckte Immo wieder die Wurzel zu sich, indessen sein Herz traurig war. Und doch mußte er tun, wie das Männchen ihm geraten hatte. Voll Angst um seinen Bruder spähte er durch die Bäume, doch von Balduin war keine Spur mehr zu entdecken. Er war augenscheinlich ohne Überlegung, und trotz aller Warnung, sich auf seinen Mut und sein gutes Schwert verlassend, in das Zauberschloß gedrungen.

Der Gesang im Turm ließ sich nur noch gedämpft vernehmen. Immos Herz war von großem Mitleid für die armen Opfer des Zauberers erfüllt, denn er ward nun auch auf die zahlreichen Falken, die in den Mauernischen saßen oder das Schloß umschwirrten, aufmerksam. Er wagte es jedoch nicht, des Springmännchens Gebot zu übertreten, hoffte auch, sein Bruder werde wieder zu ihm zurückkehren, da dieser doch genau von der Gefährlichkeit und Nutzlosigkeit seines blinden Eifers unterrichtet war.

Immo sagte sich, daß Balduin, wenn die Kampfeslust ihn übermannte, sich auch von ihm nicht würde zurückhalten lassen.

Er selbst würde dann höchstens sein Schicksal teilen müssen, ohne ihm helfen zu können, während er, wenn das Wagnis im Besitz des

„Soll ich nun tatenlos hier wie ein altes Weib hocken und von meinem Bruder für feige gehalten werden? Oh, liebes, gutes Springmännchen, rate mir doch, wie ich das Werk beginnen und durchführen soll.“ — Springmännchen hüpfte wiederum und ließ sich nochmals also vernehmen:

„Halte bis zur Nacht
Mit Geduld hier Wacht;
Dann zur rechten Stunde
Bringt dir Springmann Kunde.
Glaub’, was Springmann spricht;
Immo, zweifle nicht!“ —

Noch drei Sprünge, und Springmännlein war verschwunden. Immo sprach mit bewegter Stimme seinen Dank:

„Springmann, Dank, für deinen Rat;
Will ihm folgen früh und spat!“

Nachdenklich steckte Immo wieder die Wurzel zu sich, indessen sein Herz traurig war. Und doch mußte er tun, wie das Männchen ihm geraten hatte. Voll Angst um seinen Bruder spähte er durch die Bäume, doch von Balduin war keine Spur mehr zu entdecken. Er war augenscheinlich ohne Überlegung, und trotz aller Warnung, sich auf seinen Mut und sein gutes Schwert verlassend, in das Zauberschloß gedrungen.

Der Gesang im Turm ließ sich nur noch gedämpft vernehmen. Immos Herz war von großem Mitleid für die armen Opfer des Zauberers erfüllt, denn er ward nun auch auf die zahlreichen Falken, die in den Mauernischen saßen oder das Schloß umschwirrten, aufmerksam. Er wagte es jedoch nicht, des Springmännchens Gebot zu übertreten, hoffte auch, sein Bruder werde wieder zu ihm zurückkehren, da dieser doch genau von der Gefährlichkeit und Nutzlosigkeit seines blinden Eifers unterrichtet war.

Immo sagte sich, daß Balduin, wenn die Kampfeslust ihn übermannte, sich auch von ihm nicht würde zurückhalten lassen.

Er selbst würde dann höchstens sein Schicksal teilen müssen, ohne ihm helfen zu können, während er, wenn das Wagnis im Besitz des

Zauberschwertes gelang, mit den übrigen Opfern auch seinen Bruder retten zu können hoffte. Er vertraute nun auf Springmännchens Hilfe.

Balduin war unterdessen, trotz aller Warnung, auf eigene Kraft vertrauend und ehrgeizig hoffend, seinem Bruder mit dem Rettungswerk zuvorzukommen, durch das große, in das Schloß führende Tor geschritten. Das Klirren seiner Waffen und seiner Sporen war das einzige hörbare Geräusch ringsum; alles schien wie ausgestorben. Nur die Falken machten sich bemerkbar. Es schien Balduin, als wollten sie ihm den Eingang in das Gebäude wehren, denn sie umflatterten ihn ängstlich kreischend.

Und auch das beachtete Balduin in seiner Verblendung nicht; er schritt furchtlos weiter, obwohl es zu dämmern begann. „Wenn ich nur den alten Zauberer erblicke," so dachte er, „dann ist sein Höcker geliefert. Mein gutes Schwert spaltet am Ende ebensogut wie das Zauberschwert einen Menschen."

Vom Hof betrat er einen weiten Saal, dessen prunkvolle Einrichtung er kaum beachtete. Seine Aufmerksamkeit galt einer etwas geöffneten Türe. Lichtschein drang durch die Spalte. Vorsichtig sich nähernd, lugte er in das Gemach, kein Auge von dem eigenartigen Anblick wendend: ihm den Rücken zukehrend, saß an einem Herd ein Mann, dessen riesengroßer Höcker ihn sofort als den Zauberer erkennen ließ. Er rührte unablässig in einem über dem Feuer hängenden Kesselchen, in dem irgendeine Masse kochte. Jetzt sah Balduin deutlich, wie der Zauberer von Zeit zu Zeit aus einer Truhe eine Handvoll Gold nahm, das er in den Kessel tat. Dabei hörte der Lauscher ihn murmeln:

„Brodle, Goldbrei, zische, zische,
Daß sich alles gut vermische:
Löwenzahn und Fingerhut,
Schierling, Gold und Drachenblut.
Silber, Kupfer, nochmals Gold,
Daß das Werk gelingen sollt'.
Schmiede für zwei Jungfräulein
Aus dem Brei zwei Schlößlein fein,
Leg' eins vor jed' Mündlein schwer —
Daß das Singen es verwehr'. —

Zauberschwertes gelang, mit den übrigen Opfern auch seinen Bruder retten zu können hoffte. Er vertraute nun auf Springmännchens Hilfe.

Balduin war unterdessen, trotz aller Warnung, auf eigene Kraft vertrauend und ehrgeizig hoffend, seinem Bruder mit dem Rettungswerk zuvorzukommen, durch das große, in das Schloß führende Tor geschritten. Das Klirren seiner Waffen und seiner Sporen war das einzige hörbare Geräusch ringsum; alles schien wie ausgestorben. Nur die Falken machten sich bemerkbar. Es schien Balduin, als wollten sie ihm den Eingang in das Gebäude wehren, denn sie umflatterten ihn ängstlich kreischend.

Und auch das beachtete Balduin in seiner Verblendung nicht; er schritt furchtlos weiter, obwohl es zu dämmern begann. „Wenn ich nur den alten Zauberer erblicke," so dachte er, „dann ist sein Höcker geliefert. Mein gutes Schwert spaltet am Ende ebensogut wie das Zauberschwert einen Menschen."

Vom Hof betrat er einen weiten Saal, dessen prunkvolle Einrichtung er kaum beachtete. Seine Aufmerksamkeit galt einer etwas geöffneten Türe. Lichtschein drang durch die Spalte. Vorsichtig sich nähernd, lugte er in das Gemach, kein Auge von dem eigenartigen Anblick wendend: ihm den Rücken zukehrend, saß an einem Herd ein Mann, dessen riesengroßer Höcker ihn sofort als den Zauberer erkennen ließ. Er rührte unablässig in einem über dem Feuer hängenden Kesselchen, in dem irgendeine Masse kochte. Jetzt sah Balduin deutlich, wie der Zauberer von Zeit zu Zeit aus einer Truhe eine Handvoll Gold nahm, das er in den Kessel tat. Dabei hörte der Lauscher ihn murmeln:

„Brodle, Goldbrei, zische, zische,
Daß sich alles gut vermische:
Löwenzahn und Fingerhut,
Schierling, Gold und Drachenblut.
Silber, Kupfer, nochmals Gold,
Daß das Werk gelingen sollt'.
Schmiede für zwei Jungfräulein
Aus dem Brei zwei Schlößlein fein,
Leg' eins vor jed' Mündlein schwer —
Daß das Singen es verwehr'. —

Brodle, Goldbrei, zische, zische
Daß sich alles gut vermische.“

Gierig suchte der Alte wieder in der Truhe, doch er fand augenscheinlich kein Gold mehr, denn er murmelte abermals:

„Truhe ist vom Golde leer —
Braucht’ ein Klümplein Gold noch sehr, —
Rotes, goldnes Glitzergold —
Lohnt’s gern dem, der’s bringen wollt’.“

Da kam Balduin eine kühne Idee: Wie, wenn er den Zauberer durch anscheinende Gefälligkeit zu überlisten suchte? Vielleicht kam er dadurch leichter zum Ziel? Gold besaß er ja genug. Zwar widerstrebte diese Handlungsweise seinem ritterlichen und kampfeslustigen Sinn, da er sie hinterlistig nennen mußte und er am liebsten dem Feinde gleich in offenem, ehrlichem Kampfe entgegengetreten wäre, wie das sonst seine Art war. Aber es galt ja, den bösen Zauberer zu überwinden und damit viele Menschen zu retten; vor allem mußten auch die Jungfrauen vor noch größerer Schmach bewahrt werden.

Also verursachte Balduin ein Geräusch, daß der Zauberer sich umwendete, wobei er natürlich den Königssohn erblickte. Dieser wich vor dem über alle Begriffe häßlichen und boshaften Gesicht des Zauberers unwillkürlich einen Augenblick zurück, doch schnell gefaßt, sprach er: „In der Wildnis verwirrt, erblickte ich das Schloß hier, wo ich hoffte, ein Obdach zu finden. Ihr seid gewiß ein Alchimist; das Gold dort in dem Kessel verät es mir. Ich hab’ auch meinen Spaß daran. Darf ich Euch als Dank für ein Nachtquartier vielleicht dabei behilflich sein? Man braucht dazu viel Gold. Ich habe solches.“ — Gierig hafteten des Alten böse Blicke auf den Sprechenden. Seine kralligen Hände streckten sich aus: „Gebt her, schnell, das kann ich brauchen.“ Die Augen glühten, und unersättlich schien seine Goldgier geworden. Balduin gab bereitwillig, was der Goldfasan ihm gespendet.

Als der Zauberer sich über den Kessel beugte und eifrig rührend an nichts zu denken schien als an seine Beschäftigung, da zuckte einen

Brodle, Goldbrei, zische, zische
Daß sich alles gut vermische."

Gierig suchte der Alte wieder in der Truhe, doch er fand augenscheinlich kein Gold mehr, denn er murmelte abermals:

„Truhe ist vom Golde leer —
Braucht' ein Klümplein Gold noch sehr, —
Rotes, goldnes Glitzergold —
Lohnt's gern dem, der's bringen wollt'."

Da kam Balduin eine kühne Idee: Wie, wenn er den Zauberer durch anscheinende Gefälligkeit zu überlisten suchte? Vielleicht kam er dadurch leichter zum Ziel? Gold besaß er ja genug. Zwar widerstrebte diese Handlungsweise seinem ritterlichen und kampfeslustigen Sinn, da er sie hinterlistig nennen mußte und er am liebsten dem Feinde gleich in offenem, ehrlichem Kampfe entgegengetreten wäre, wie das sonst seine Art war. Aber es galt ja, den bösen Zauberer zu überwinden und damit viele Menschen zu retten; vor allem mußten auch die Jungfrauen vor noch größerer Schmach bewahrt werden.

Also verursachte Balduin ein Geräusch, daß der Zauberer sich umwendete, wobei er natürlich den Königssohn erblickte. Dieser wich vor dem über alle Begriffe häßlichen und boshaften Gesicht des Zauberers unwillkürlich einen Augenblick zurück, doch schnell gefaßt, sprach er: „In der Wildnis verwirrt, erblickte ich das Schloß hier, wo ich hoffte, ein Obdach zu finden. Ihr seid gewiß ein Alchimist; das Gold dort in dem Kessel verät es mir. Ich hab' auch meinen Spaß daran. Darf ich Euch als Dank für ein Nachtquartier vielleicht dabei behilflich sein? Man braucht dazu viel Gold. Ich habe solches." — Gierig hafteten des Alten böse Blicke auf den Sprechenden. Seine kralligen Hände streckten sich aus: „Gebt her, schnell, das kann ich brauchen." Die Augen glühten, und unersättlich schien seine Goldgier geworden. Balduin gab bereitwillig, was der Goldfasan ihm gespendet.

Als der Zauberer sich über den Kessel beugte und eifrig rührend an nichts zu denken schien als an seine Beschäftigung, da zuckte einen

Augenblick Balduins Hand nach dem Schwert. Doch schon richtete sich der Zauberer wieder auf; der günstige Augenblick war vorbei.

Aber jetzt fiel Balduin das Goldei ein. Er holte es hervor, ließ es aber zur Erde gleiten. Gierig bückte sich der Zauberer tief, um das rollende Ding zu erhaschen. Im gleichen Augenblick sauste Balduins Schwert mit gewaltigem Hieb gegen den Höcker des Zauberers.

Aber so wuchtig das Schwert auch herniedergesaust war, daß es wohl gleich z w e i Höcker hätte abrasieren können, dem Zauberer verursachte es nur eine unbedeutende Wunde und — prallte ab.

Zu spät ward Balduin inne, daß ein Zauberer nicht mit einem gewöhnlichen Schwert überwältigt werden konnte. Er schlug zwar noch einmal los, doch wie eine Katze sprang der Zauberer empor, umkrallte den Hals des wie wahnsinnig mit dem Schwert um sich schlagenden Angreifers und rief wutschnaubend:

„Du böser, hinterlist'ger Schalk,
Nimm deinen Lohn und — sei ein F a l k'!"

Mit Grausen fühlte Balduin sich gedankenschnell in den genannten Vogel verwandelt, der gleich darauf mit einem Klageschrei durch das einzige Fenster davonflog. — Was half es dem armen Verzauberten nun, daß er nicht nur bereute, so eigenmächtig und tollkühn vorgegangen zu sein, sondern auch den Bruder verlassen zu haben. Nun flog der Falke umher, um den Bruder zu warnen und ihm den Goldfasan zu bringen. Endlich entdeckte er den Gesuchten unter den Bäumen. Er flog dicht zu ihm hin und rief:

„Bruder, lieber Bruder mein,
Gehe nicht ins Schloß hinein,
Eh' das Zauberschwert ist dein!"

Immo fuhr erschrocken aus seinem Sinnen auf. Ach, er begriff alles. Voll Mitleid sprach er dem armen Bruder Mut zu und sagte ihm, was Springmännchen ihm versprochen. Der Falke hörte aufmerksam zu. Dann öffnete er seine Krallen, ließ den kleinen Zaubervogel dicht vor

Augenblick Balduins Hand nach dem Schwert. Doch schon richtete sich der Zauberer wieder auf; der günstige Augenblick war vorbei.

Aber jetzt fiel Balduin das Goldei ein. Er holte es hervor, ließ es aber zur Erde gleiten. Gierig bückte sich der Zauberer tief, um das rollende Ding zu erhaschen. Im gleichen Augenblick sauste Balduins Schwert mit gewaltigem Hieb gegen den Höcker des Zauberers.

Aber so wuchtig das Schwert auch herniedergesaust war, daß es wohl gleich z w e i Höcker hätte abrasieren können, dem Zauberer verursachte es nur eine unbedeutende Wunde und — prallte ab.

Zu spät ward Balduin inne, daß ein Zauberer nicht mit einem gewöhnlichen Schwert überwältigt werden konnte. Er schlug zwar noch einmal los, doch wie eine Katze sprang der Zauberer empor, umkrallte den Hals des wie wahnsinnig mit dem Schwert um sich schlagenden Angreifers und rief wutschnaubend:

„Du böser, hinterlist'ger Schalk,
Nimm deinen Lohn und — sei ein F a l k'!"

Mit Grausen fühlte Balduin sich gedankenschnell in den genannten Vogel verwandelt, der gleich darauf mit einem Klageschrei durch das einzige Fenster davonflog. — Was half es dem armen Verzauberten nun, daß er nicht nur bereute, so eigenmächtig und tollkühn vorgegangen zu sein, sondern auch den Bruder verlassen zu haben. Nun flog der Falke umher, um den Bruder zu warnen und ihm den Goldfasan zu bringen. Endlich entdeckte er den Gesuchten unter den Bäumen. Er flog dicht zu ihm hin und rief:

„Bruder, lieber Bruder mein,
Gehe nicht ins Schloß hinein,
Eh' das Zauberschwert ist dein!"

Immo fuhr erschrocken aus seinem Sinnen auf. Ach, er begriff alles. Voll Mitleid sprach er dem armen Bruder Mut zu und sagte ihm, was Springmännchen ihm versprochen. Der Falke hörte aufmerksam zu. Dann öffnete er seine Krallen, ließ den kleinen Zaubervogel dicht vor

Immo hinabgleiten und sprach:

„Nimm ihn ohne Sorgen,
Halte ihn verborgen."

Immo nahm den Schatz mit Seufzen. Darauf flog der Falke in den nächsten Baum.

Da war es Immo, als ob ein Ton wie das Klingen eines Glasglöckleins an sein Ohr schlüge. Vielleicht war es irgendein Zeichen. Springmännchen wartete vielleicht schon auf seinen Ruf. Er verfuhr mit der Wurzel genau wie vor einigen Stunden. Kaum hatte er sein Zauberverslein beendet, als auch der Kleine schon vor ihm stand, also sprechend:

„Menschenleer sind Schloß und Hallen,
Alles rings in Zauber fallen.
Doch der Greif und Zaub'rer wacht
Alle Tag' und alle Nacht,
Daß kein Feind sich nah' der Pforte
Zu dem bösen Zauberorte;
Denn der Zauberglocken Klingen
Künden gleich von allen Dingen.
Ich will dir das Mittel zeigen,
Daß die Glöcklein stille schweigen.
Auch den Ort will ich dir künden,
Wo das Zauberschwert zu finden!"

Springmännchen winkte darauf Immo, ihm zu folgen, ihn durch Zeichen zur Vorsicht ermahnend.

Es war nun ziemlich dunkel; die Sichel des Mondes verbreitete ein unsicheres Licht. Immo mußte aufpassen, seinen kleinen Führer nicht aus den Augen zu verlieren. Je näher sie dem Schlosse und dem Turme kamen, desto lauter vernahm Immo das wunderbare Klingen, das von abgestimmten Kristallglocken herzurühren schien.

Springmännchen sprang, wie er das immer tat, ehe er etwas sagte, mehrmals vor Immo auf und nieder.

Immo hinabgleiten und sprach:

„Nimm ihn ohne Sorgen,
Halte ihn verborgen.“

Immo nahm den Schatz mit Seufzen. Darauf flog der Falke in den nächsten Baum.

Da war es Immo, als ob ein Ton wie das Klingen eines Glasglöckleins an sein Ohr schlüge. Vielleicht war es irgendein Zeichen. Springmännchen wartete vielleicht schon auf seinen Ruf. Er verfuhr mit der Wurzel genau wie vor einigen Stunden. Kaum hatte er sein Zauberverslein beendet, als auch der Kleine schon vor ihm stand, also sprechend:

„Menschenleer sind Schloß und Hallen,
Alles rings in Zauber fallen.
Doch der Greif und Zaub'rer wacht
Alle Tag' und alle Nacht,
Daß kein Feind sich nah' der Pforte
Zu dem bösen Zauberorte;
Denn der Zauberglocken Klingen
Künden gleich von allen Dingen.
Ich will dir das Mittel zeigen,
Daß die Glöcklein stille schweigen.
Auch den Ort will ich dir künden,
Wo das Zauberschwert zu finden!“

Springmännchen winkte darauf Immo, ihm zu folgen, ihn durch Zeichen zur Vorsicht ermahnend.

Es war nun ziemlich dunkel; die Sichel des Mondes verbreitete ein unsicheres Licht. Immo mußte aufpassen, seinen kleinen Führer nicht aus den Augen zu verlieren. Je näher sie dem Schlosse und dem Turme kamen, desto lauter vernahm Immo das wunderbare Klingen, das von abgestimmten Kristallglocken herzurühren schien.

Springmännchen sprang, wie er das immer tat, ehe er etwas sagte, mehrmals vor Immo auf und nieder.

Dann bedeutete er dem Prinzen abermals, vorsichtig zu sein, und sprach leise:

„Dem Rettungswerk es jetzo gilt,
Bist du, mein Prinz, dazu gewillt?“

Als Immo bejahte, fuhr der Kleine fort:

„Nun wappne dich mit festem Mut,
Dann winket Dir Gelingen gut.“

Nach diesen Worten hüpfte er behende weiter, sich immer nach Immo umblickend, ob dieser auch folge, indessen das Klingen der Glöcklein immer lauter wurde. Jetzt stand Springmännchen vor einem hohen Baume still, und nun sah Immo, emporblickend, wie in seinen Zweigen unendlich viele große und kleine Glasglöcklein hingen, die sanft leuchtend die wundervollen Klänge hervorbrachten. Hier machte der Kleine halt, während Immo keinen Blick von ihm wandte.

Sonderbar erschien ihm Springmännchens Gebaren. Der tanzte erst dreimal um den Baum herum und sprang dann mit kühnem Satz in den untersten Zweig, ein Reislein von diesem pflückend. Danach klomm er behende von Ast zu Ast und berührte jedes Glöcklein mit dem Reis. Als dies geschehen war, rief er, noch droben sitzend, in gedämpftem, doch Immo noch verständlichen Tone, während er allerlei geheimnisvolle Zeichen und Bewegungen gegen die Glöcklein machte:

„Glöcklein, dürft nicht klingen,
Soll das Werk gelingen! –
Wind, ach lieber Wind,
Geh’ zur Ruh’ geschwind;
Schlüpf’ dort in die Hecke,
Daß den Greif nichts wecke,
Daß kein Glöcklein klinge,
Und das Werk gelinge.“

Dann bedeutete er dem Prinzen abermals, vorsichtig zu sein, und sprach leise:

„Dem Rettungswerk es jetzo gilt,
Bist du, mein Prinz, dazu gewillt?“

Als Immo bejahte, fuhr der Kleine fort:

„Nun wappne dich mit festem Mut,
Dann winket Dir Gelingen gut.“

Nach diesen Worten hüpfte er behende weiter, sich immer nach Immo umblickend, ob dieser auch folge, indessen das Klingen der Glöcklein immer lauter wurde. Jetzt stand Springmännchen vor einem hohen Baume still, und nun sah Immo, emporblickend, wie in seinen Zweigen unendlich viele große und kleine Glasglöcklein hingen, die sanft leuchtend die wundervollen Klänge hervorbrachten. Hier machte der Kleine halt, während Immo keinen Blick von ihm wandte.

Sonderbar erschien ihm Springmännchens Gebaren. Der tanzte erst dreimal um den Baum herum und sprang dann mit kühnem Satz in den untersten Zweig, ein Reislein von diesem pflückend. Danach klomm er behende von Ast zu Ast und berührte jedes Glöcklein mit dem Reis. Als dies geschehen war, rief er, noch droben sitzend, in gedämpftem, doch Immo noch verständlichen Tone, während er allerlei geheimnisvolle Zeichen und Bewegungen gegen die Glöcklein machte:

„Glöcklein, dürft nicht klingen,
Soll das Werk gelingen! —
Wind, ach lieber Wind,
Geh’ zur Ruh’ geschwind;
Schlüpf’ dort in die Hecke,
Daß den Greif nichts wecke,
Daß kein Glöcklein klinge,
Und das Werk gelinge.“

Sofort verstummte ein Glöcklein nach dem andern, und ein kühler Windhauch streifte an Immo vorbei, der Hecke zu. Dann sprang das Männlein zur Erde, dem Prinzen durch Zeichen bedeutend, am Baume auf ihn zu warten.

Immo sah ihn davonhüpfen; er schien sich dem Turme zu nähern, der, in nächtliche Schatten gehüllt, unheimlich hervorragte. Doch gleich war Springmännlein zurück. Mit der üblichen Vorbereitung flüsterte der Kleine:

„Liegt der Greif in Schlaf und Traum;
Nah' getrost dem Zauberbaum.
Klimm' hinauf, mein Immo du;
Wind und Glöcklein sind zur Ruh'. –
Siehst das Schwert du hangen? –
Hol's jetzt ohne Bangen!"

Immo blickte angestrengt in die Höhe. Und siehe da: wirklich hing dort im Baume mitten unter den Zauberglöcklein das Zauberschwert, dessen scharfe Klinge der Jüngling nun deutlich aufblitzen sah. Ohne Besinnen erklomm er gewandt den Baum, bis er das Schwert erreicht und aus den Zweigen gelöst hatte. Wieder unten angelangt, folgte er schnell dem voranspringenden Männlein, das ihn nun denselben Weg führte, den Balduin wenige Stunden zuvor in kühnem Wagemut gegangen war.

Der Falke saß indessen auf seinem Baum, hatte alles gehört und flog nun mit ängstlichem Flattern den beiden nach. Doch das Tor war schon wieder hinter dem ungleichen Paar geschlossen. So vermochte der Verzauberte hier nichts zu helfen, wie er gehofft hatte.

Vor der Tür desselben Gemachs, wo Balduins Kampf stattgefunden hatte, blieb Springmännlein stehen, indem es flüsterte:

„Jetzt sei auf der Hut; –
Führ' die Klinge gut.
Triff den Höcker gleich
Mit gewalt'gem Streich."

Sofort verstummte ein Glöcklein nach dem andern, und ein kühler Windhauch streifte an Immo vorbei, der Hecke zu. Dann sprang das Männlein zur Erde, dem Prinzen durch Zeichen bedeutend, am Baume auf ihn zu warten.

Immo sah ihn davonhüpfen; er schien sich dem Turme zu nähern, der, in nächtliche Schatten gehüllt, unheimlich hervorragte. Doch gleich war Springmännlein zurück. Mit der üblichen Vorbereitung flüsterte der Kleine:

„Liegt der Greif in Schlaf und Traum;
Nah' getrost dem Zauberbaum.
Klimm' hinauf, mein Immo du;
Wind und Glöcklein sind zur Ruh'. —
Siehst das Schwert du hangen? —
Hol's jetzt ohne Bangen!"

Immo blickte angestrengt in die Höhe. Und siehe da: wirklich hing dort im Baume mitten unter den Zauberglöcklein das Zauberschwert, dessen scharfe Klinge der Jüngling nun deutlich aufblitzen sah. Ohne Besinnen erklomm er gewandt den Baum, bis er das Schwert erreicht und aus den Zweigen gelöst hatte. Wieder unten angelangt, folgte er schnell dem voranspringenden Männlein, das ihn nun denselben Weg führte, den Balduin wenige Stunden zuvor in kühnem Wagemut gegangen war.

Der Falke saß indessen auf seinem Baum, hatte alles gehört und flog nun mit ängstlichem Flattern den beiden nach. Doch das Tor war schon wieder hinter dem ungleichen Paar geschlossen. So vermochte der Verzauberte hier nichts zu helfen, wie er gehofft hatte.

Vor der Tür desselben Gemachs, wo Balduins Kampf stattgefunden hatte, blieb Springmännlein stehen, indem es flüsterte:

„Jetzt sei auf der Hut; —
Führ' die Klinge gut.
Triff den Höcker gleich
Mit gewalt'gem Streich."

Geräuschlos sprang die Tür auf. Dort am Herd stand der schreckliche Zauberer und schmiedete mit dröhnenden Hammerschlägen an zwei Goldschlößlein. Das dadurch verursachte Geräusch sowie der Eifer, mit welchem der Zauberer seiner Beschäftigung oblag, ließ ihn den Eintritt Immos überhören.

Mit gezücktem Schwert stand Immo hinter ihm, gewandt den richtigen Augenblick benutzend, als der Zauberer sich über sein Werk beugte.

Die scharfe Klinge des Zauberschwertes sauste, mit gewaltiger Kraft geführt, auf den Höcker hinab, daß dieser zu Boden rollte. So wuchtig war der Hieb geführt worden, daß das Schwert noch tief in den Kopf des Zauberers drang, diesen mitten durchspaltend, was den Zauberer das Leben kostete.

Dieses erste Werk war vollbracht; doch nun folgte das schwerere: der Weg in den Turm. Springmännchen hüpfte voran, durch weite Säle und Gänge, die alle hell erleuchtet waren.

Endlich standen sie vor einer schweren eichenen Tür, deren mächtige Bohlen zeigten, daß sie den Ausgang bilden mußte. Immo öffnete den rostigen Riegel mit Mühe. Nun lag die lange Zugbrücke vor ihm. Springmännchen hüpfte wieder und raunte dann:

„Prinz, dem Greifen wild
Jetzt dein Kämpfen gilt;
Zück' mit Mut dein Schwert,
Denn der Preis ist's wert.
Trenn' die Flügel schnell,
Seiner Kräfte Quell.
Dann die Mähne glatt,
Das macht Greif wohl matt.
Dann flugs, ohne Grau'n,
In den Rachen; traun,
Eh' noch weicht die Nacht,
Ist das Werk vollbracht."

Mutig schritt der Königssohn voran, bis er das Tor des Turms erreicht hatte. War der Zauberer schon schrecklich anzuschauen gewesen, so

Geräuschlos sprang die Tür auf. Dort am Herd stand der schreckliche Zauberer und schmiedete mit dröhnenden Hammerschlägen an zwei Goldschlößlein. Das dadurch verursachte Geräusch sowie der Eifer, mit welchem der Zauberer seiner Beschäftigung oblag, ließ ihn den Eintritt Immos überhören.

Mit gezücktem Schwert stand Immo hinter ihm, gewandt den richtigen Augenblick benutzend, als der Zauberer sich über sein Werk beugte.

Die scharfe Klinge des Zauberschwertes sauste, mit gewaltiger Kraft geführt, auf den Höcker hinab, daß dieser zu Boden rollte. So wuchtig war der Hieb geführt worden, daß das Schwert noch tief in den Kopf des Zauberers drang, diesen mitten durchspaltend, was den Zauberer das Leben kostete.

Dieses erste Werk war vollbracht; doch nun folgte das schwerere: der Weg in den Turm. Springmännchen hüpfte voran, durch weite Säle und Gänge, die alle hell erleuchtet waren.

Endlich standen sie vor einer schweren eichenen Tür, deren mächtige Bohlen zeigten, daß sie den Ausgang bilden mußte. Immo öffnete den rostigen Riegel mit Mühe. Nun lag die lange Zugbrücke vor ihm. Springmännchen hüpfte wieder und raunte dann:

„Prinz, dem Greifen wild
Jetzt dein Kämpfen gilt;
Zück' mit Mut dein Schwert,
Denn der Preis ist's wert.
Trenn' die Flügel schnell,
Seiner Kräfte Quell.
Dann die Mähne glatt,
Das macht Greif wohl matt.
Dann flugs, ohne Grau'n,
In den Rachen; traun,
Eh' noch weicht die Nacht,
Ist das Werk vollbracht."

Mutig schritt der Königssohn voran, bis er das Tor des Turms erreicht hatte. War der Zauberer schon schrecklich anzuschauen gewesen, so *übertraf der Anblick des Greifen diesen noch an Furchtbarkeit. Ein schmaler Lichtstreif fiel aus dem Turm auf den schrecklichen Wächter der unglücklichen Königstöchter herab.*

Immo sah, wie das Ungetüm regungslos, jedenfalls schlafend, dicht vor der schmalen in den Turm führenden Pforte lag. Der Kopf, die Mähne, der Schweif glichen dem des Löwen, während die mächtigen Flügel und die furchtbaren Krallen eher dem Adler anzugehören schienen.

Immo faßte das Zauberschwert recht fest, während er sich vorsichtig dem schrecklichen Tiere näherte. Kein Zeifel, es schlief; die verstummten Glasglöcklein hatten ihre Wirkung getan. Als Immo ganz nahe war, holte er zu einem mächtigen Hieb aus, der auch den einen Flügel gänzlich vom Körper trennte. Aber nun erwachte der Greif auch mit schrecklichem Geheul. Doch schon sank der zweite Flügel, von wohlgelungenem Schlag getroffen, hernieder.

Ehe der Unhold zum Sprunge auf seinen Angreifer fähig war, hatte Immo schon mit sicherem Griff die Mähne erfaßt, so daß sie im nächsten Augenblick neben den Flügeln am Boden lag. Fauchend, mit weit geöffnetem Rachen vorwärts springend, versuchte der Greif nun, dem kühnen Jüngling die furchtbaren Krallen in den kampfesmächtigen Arm zu schlagen und seinen Schweif um des Prinzen Körper zu ringeln.

Doch tief in den gewaltigen Rachen tauchte die Klinge des Furchtlosen, daß ein mächtiger Blutstrom aufspritzte.

Wohl hatte Immo noch allen Mut und alle Kraft zusammenzunehmen, um das immer noch gefährliche Ungeheuer vollends zu töten, ehe es ihm mit seinen Krallen oder dem Schweif verderblich werden konnte.

Ihm war es, als ob seine eigene Kraft sich verdoppelte, ja, verdreifachte; ein Umstand, den er nebst seiner eigenen Anspannung aller Kräfte hauptsächlich dem Zauberschwert zuschrieb, und jedenfalls auch mit Recht. Er bedurfte solcher Kräfte aber auch, das erkannte er, denn die Anstrengung war nicht gering, bis das Tier endlich getötet zu seinen Füßen lag.

Erst jetzt wagte Immo, sich nach seinem getreuen Springmännchen umzublicken, und er konnte einen Jubelruf nicht unterdrücken, als er sah, wie der kleine Mann eben mit aller Kraft einen mächtigen Schlüssel aus einem Mauerloch hervorzog, den er durch ein Zeichen zu nehmen aufforderte.

Dann, nach den üblichen Sprüngen, hub er an:

übertraf der Anblick des Greifen diesen noch an Furchtbarkeit. Ein schmaler Lichtstreif fiel aus dem Turm auf den schrecklichen Wächter der unglücklichen Königstöchter herab.

Immo sah, wie das Ungetüm regungslos, jedenfalls schlafend, dicht vor der schmalen in den Turm führenden Pforte lag. Der Kopf, die Mähne, der Schweif glichen dem des Löwen, während die mächtigen Flügel und die furchtbaren Krallen eher dem Adler anzugehören schienen.

Immo faßte das Zauberschwert recht fest, während er sich vorsichtig dem schrecklichen Tiere näherte. Kein Zeifel, es schlief; die verstummten Glasglöcklein hatten ihre Wirkung getan. Als Immo ganz nahe war, holte er zu einem mächtigen Hieb aus, der auch den einen Flügel gänzlich vom Körper trennte. Aber nun erwachte der Greif auch mit schrecklichem Geheul. Doch schon sank der zweite Flügel, von wohlgelungenem Schlag getroffen, hernieder.

Ehe der Unhold zum Sprunge auf seinen Angreifer fähig war, hatte Immo schon mit sicherem Griff die Mähne erfaßt, so daß sie im nächsten Augenblick neben den Flügeln am Boden lag. Fauchend, mit weit geöffnetem Rachen vorwärts springend, versuchte der Greif nun, dem kühnen Jüngling die furchtbaren Krallen in den kampfesmächtigen Arm zu schlagen und seinen Schweif um des Prinzen Körper zu ringeln.

Doch tief in den gewaltigen Rachen tauchte die Klinge des Furchtlosen, daß ein mächtiger Blutstrom aufspritzte.

Wohl hatte Immo noch allen Mut und alle Kraft zusammenzunehmen, um das immer noch gefährliche Ungeheuer vollends zu töten, ehe es ihm mit seinen Krallen oder dem Schweif verderblich werden konnte.

Ihm war es, als ob seine eigene Kraft sich verdoppelte, ja, verdreifachte; ein Umstand, den er nebst seiner eigenen Anspannung aller Kräfte hauptsächlich dem Zauberschwert zuschrieb, und jedenfalls auch mit Recht. Er bedurfte solcher Kräfte aber auch, das erkannte er, denn die Anstrengung war nicht gering, bis das Tier endlich getötet zu seinen Füßen lag.

Erst jetzt wagte Immo, sich nach seinem getreuen Springmännchen umzublicken, und er konnte einen Jubelruf nicht unterdrücken, als er sah, wie der kleine Mann eben mit aller Kraft einen mächtigen Schlüssel aus einem Mauerloch hervorzog, den er durch ein Zeichen zu nehmen aufforderte.

Dann, nach den üblichen Sprüngen, hub er an:

„Hast besiegt den Greif zur Nacht;
Hält nun niemand mehr hier Wacht.
Nun verliere keine Zeit,
Bis die Mägdlein sind befreit,
Bis die Falken auch gerettet,
Die nur so lang' Zauber kettet,
Als die beiden noch gefangen;
Drum ans letzte Werk ohn' Bangen.
Hier der Schlüssel sprengt das Tor —
Steig getrost den Turm empor."

Immo nahm mit freundlichem Dank den Schlüssel und sprach: „Du, mein liebes Springmännlein, was du mir bisher geraten, war gut, so will ich auch nun mit Freuden an das letzte Werk gehen. Ohne deine Hilfe hätte ich dieses Ziel nie erreichen können. Werde ich dich noch hier finden, wenn ich die Jungfrauen befreit habe?"
Da antwortete Springmännlein mit fröhlichem Hüpfen:

„Springmann harret dein,
Bis es Zeit wird sein.
Hörst du die Jungfrau'n singen?
Sollst dir die Schönste erringen."

Wenige Augenblicke später hatte Immo den Schlüssel im Torschloß umgedreht und schritt die enge Steintreppe zum Turmgemach empor.

Springmann hatte recht gehabt: Die Jungfrauen sangen; aber es war nicht mehr jenes Klagelied, das er schon gehört hatte, sondern es war, als ob sie einem Dritten antworteten, denn der Prinz vernahm ihre Worte:

„Deine Botschaft wir vernahmen,
Daß heut' zwei zur Rettung kamen.
Du bist einer von den beiden,
Mußtest bitter für uns leiden;
Doch dein Bruder Immo wert
Schwang mit Mut das Zauberschwert.

„Hast besiegt den Greif zur Nacht;
Hält nun niemand mehr hier Wacht.
Nun verliere keine Zeit,
Bis die Mägdlein sind befreit,
Bis die Falken auch gerettet,
Die nur so lang' Zauber kettet,
Als die beiden noch gefangen;
Drum ans letzte Werk ohn' Bangen.
Hier der Schlüssel sprengt das Tor —
Steig getrost den Turm empor."

Immo nahm mit freundlichem Dank den Schlüssel und sprach: „Du, mein liebes Springmännlein, was du mir bisher geraten, war gut, so will ich auch nun mit Freuden an das letzte Werk gehen. Ohne deine Hilfe hätte ich dieses Ziel nie erreichen können. Werde ich dich noch hier finden, wenn ich die Jungfrauen befreit habe?"

Da antwortete Springmännlein mit fröhlichem Hüpfen:

„Springmann harret dein,
Bis es Zeit wird sein.
Hörst du die Jungfrau'n singen?
Sollst dir die Schönste erringen."

Wenige Augenblicke später hatte Immo den Schlüssel im Torschloß umgedreht und schritt die enge Steintreppe zum Turmgemach empor.

Springmann hatte recht gehabt: Die Jungfrauen sangen; aber es war nicht mehr jenes Klagelied, das er schon gehört hatte, sondern es war, als ob sie einem Dritten antworteten, denn der Prinz vernahm ihre Worte:

„Deine Botschaft wir vernahmen,
Daß heut' zwei zur Rettung kamen.
Du bist einer von den beiden,
Mußtest bitter für uns leiden;
Doch dein Bruder Immo wert
Schwang mit Mut das Zauberschwert.

Unser Dank werd' ihm zuteil;
Unserm Retter Immo Heil!"

Jetzt sprang die Türe zum Turmgemach auf, und Immo trat über die Schwelle. Er sah zuerst die beiden schönen Jungfrauen, die Hand in Hand an dem engen Fenster standen und Zwiesprache mit einem draußen am Eisengitter kauernden Falken hielten. Immo begriff gleich, daß sein Bruder die Freudenbotschaft gebracht hatte.

Als Immo nun das Zauberschwert klirren ließ, wandten sich die Jungfrauen erschrocken um. Doch ein Blick auf den Jüngling ließ sie erkennen, daß sie ihren Retter vor sich hatten.

Jetzt erst gewahrte Immo, daß jede der beiden Gefangenen um einen Arm ein starkes Seil geschlungen trug, dessen Ende fest in das Gemäuer eingefügt war. Ehe der Jüngling aber diese letzte Fessel der armen Jungfrauen löste, rief er dem Falken, der immer noch draußen am Fenster saß, zu:

„Mein Bruder, warn' die Falken alle,
Daß keiner aus der Höhe falle.
Such' jeder schnell sich festen Grund,
Denn jetzo naht die Rettungsstund'."

Mit lauten Freudenschrei flog der Falke eilends davon, um den Auftrag auszuführen, indessen Immo sich ritterlich vor den Königstöchtern verneigte, die mit züchtig nieder-geschlagenen Augen vor ihm standen.

Sie waren beide sehr schön. Die Älteste, Edelgarde, die dem Falken erst voll Mitleid nachgeblickt hatte, war vielleicht die Schönste; dennoch hafteten Immos Blicke auf der jüngeren Schwester, Irmtraute, weil der Ausdruck ihres Antlitzes besonders große Herzensgüte zeigte. Jetzt sprach er: „Edle Jungfrauen! Als euer Retter nahe ich euch. Vergebt mir, daß ich hier eingedrungen bin und euch vielleicht erschreckt habe, anstatt, wie es euerm Range entsprach, mich zuvor anmelden zu lassen."

„Doch", fuhr der Prinz lächelnd in seiner Rede fort, „woher sollte ich eine Dienerin oder einen Pagen nehmen? Alles ist verzaubert, wie ihr wißt, und so mußtet ihr mit der Botschaft eines Falken vorlieb nehmen,

Unser Dank werd' ihm zuteil;
Unserm Retter Immo Heil!"

Jetzt sprang die Türe zum Turmgemach auf, und Immo trat über die Schwelle. Er sah zuerst die beiden schönen Jungfrauen, die Hand in Hand an dem engen Fenster standen und Zwiesprache mit einem draußen am Eisengitter kauernden Falken hielten. Immo begriff gleich, daß sein Bruder die Freudenbotschaft gebracht hatte.

Als Immo nun das Zauberschwert klirren ließ, wandten sich die Jungfrauen erschrocken um. Doch ein Blick auf den Jüngling ließ sie erkennen, daß sie ihren Retter vor sich hatten.

Jetzt erst gewahrte Immo, daß jede der beiden Gefangenen um einen Arm ein starkes Seil geschlungen trug, dessen Ende fest in das Gemäuer eingefügt war. Ehe der Jüngling aber diese letzte Fessel der armen Jungfrauen löste, rief er dem Falken, der immer noch draußen am Fenster saß, zu:

„Mein Bruder, warn' die Falken alle,
Daß keiner aus der Höhe falle.
Such' jeder schnell sich festen Grund,
Denn jetzo naht die Rettungsstund'."

Mit lauten Freudenschrei flog der Falke eilends davon, um den Auftrag auszuführen, indessen Immo sich ritterlich vor den Königstöchtern verneigte, die mit züchtig niedergeschlagenen Augen vor ihm standen.

Sie waren beide sehr schön. Die Älteste, Edelgarde, die dem Falken erst voll Mitleid nachgeblickt hatte, war vielleicht die Schönste; dennoch hafteten Immos Blicke auf der jüngeren Schwester, Irmtraute, weil der Ausdruck ihres Antlitzes besonders große Herzensgüte zeigte. Jetzt sprach er: „Edle Jungfrauen! Als euer Retter nahe ich euch. Vergebt mir, daß ich hier eingedrungen bin und euch vielleicht erschreckt habe, anstatt, wie es euerm Range entsprach, mich zuvor anmelden zu lassen."

„Doch", fuhr der Prinz lächelnd in seiner Rede fort, „woher sollte ich eine Dienerin oder einen Pagen nehmen? Alles ist verzaubert, wie ihr wißt, und so mußtet ihr mit der Botschaft eines Falken vorlieb nehmen, *der, wie ich glaube, seines selbstgewählten Amtes zu eurer Zufriedenheit gewaltet hat. Und nun will ich eure Fesseln zertrennen, damit euch und den Falken Erlösung zuteil werde.“*

Doch ehe Immo noch zum Zauberschwert griff, um die Stricke zu zerschneiden, gewahrte er Springmännchen an seiner Seite, der ihm zuwinkte und nach der üblichen Vorbereitung also sprach:

„Nimm fest das Schwert,
doch nimmer schneide –
Der Springmann wehrt,
Weil's sonst zum Leide.
Berühr' den Strick
Mit flacher Klinge;
Im Augenblick
Dies Freiheit bringe.“ –

Immo tat, wie ihm geheißen. Kaum hatte das Zauberschwert den Strick berührt, als die Knoten auch schon von selbst aufsprangen und die beiden Jungfrauen befreit waren.

Sie folgten mit ihrem Befreier nun schnell dem voraneilenden Springmännchen, das, munter die Treppe hinunterhüpfend, unten vor dem Tore vergnüglich zu tanzen begann, als die drei auf der Zugbrücke angelangt waren. Nun eilten sie schnell, immer dem kleinen Führer folgend, in das Schloß, wo im größten Saal eine stattliche Anzahl Ritter ihrer harrte, die nun in lauten Jubel ausbrachen.

Es waren natürlich die in Falken verzaubert gewesenen Prinzen sowie deren Knappen und Pagen, die nun ihre natürliche Gestalt wiedererhalten hatten.

Voran schritt Balduin den dreien entgegen und fiel seinem Bruder um den Hals, heiße Dankesworte stammelnd.

Dann kamen alle die anderen, so daß Immo bald von den dankbaren Jünglingen wie von einer Mauer umgeben war, die alle ihm die Hände entgegenstreckten und ihren Dank auf die verschiedenste Weise zu bezeugen suchten. Bescheiden wehrte Immo alle Ehren von sich ab, indem er erklärte, daß er allen Erfolg nur dem guten Springmännlein, der, wie ich glaube, seines selbstgewählten Amtes zu eurer Zufriedenheit gewaltet hat. Und nun will ich eure Fesseln zertrennen, damit euch und den Falken Erlösung zuteil werde."

Doch ehe Immo noch zum Zauberschwert griff, um die Stricke zu zerschneiden, gewahrte er Springmännchen an seiner Seite, der ihm zuwinkte und nach der üblichen Vorbereitung also sprach:

„Nimm fest das Schwert,
doch nimmer schneide —
Der Springmann wehrt,
Weil's sonst zum Leide.
Berühr' den Strick
Mit flacher Klinge;
Im Augenblick
Dies Freiheit bringe." —

Immo tat, wie ihm geheißen. Kaum hatte das Zauberschwert den Strick berührt, als die Knoten auch schon von selbst aufsprangen und die beiden Jungfrauen befreit waren.

Sie folgten mit ihrem Befreier nun schnell dem voraneilenden Springmännchen, das, munter die Treppe hinunterhüpfend, unten vor dem Tore vergnüglich zu tanzen begann, als die drei auf der Zugbrücke angelangt waren. Nun eilten sie schnell, immer dem kleinen Führer folgend, in das Schloß, wo im größten Saal eine stattliche Anzahl Ritter ihrer harrte, die nun in lauten Jubel ausbrachen.

Es waren natürlich die in Falken verzaubert gewesenen Prinzen sowie deren Knappen und Pagen, die nun ihre natürliche Gestalt wiedererhalten hatten.

Voran schritt Balduin den dreien entgegen und fiel seinem Bruder um den Hals, heiße Dankesworte stammelnd.

Dann kamen alle die anderen, so daß Immo bald von den dankbaren Jünglingen wie von einer Mauer umgeben war, die alle ihm die Hände entgegenstreckten und ihren Dank auf die verschiedenste Weise zu bezeugen suchten. Bescheiden wehrte Immo alle Ehren von sich ab, indem er erklärte, daß er allen Erfolg nur dem guten Springmännlein, *seinem treuen Ratgeber, und dem Zauberschwert verdanke. Nur mit Hilfe dieser beiden Bundesgenossen habe er den Zauberer und den Greif besiegen können. „Glück ist mir aus ihrem Wirken entsprossen," schloß Immo seine Rede. Dann winkte Springmännlein dem Prinzen, der seinem kleinen Freunde folgte, bis dieser draußen im Schatten der Bäume halt machte. Immo dankte dem guten Springmännlein nochmals von Herzen für seine treue Hilfe. Doch der kleine Mann winkte abwehrend und ließ sich also vernehmen:*

„Was Springmann tat, das tat er gern,
Er wollte nützen seinem Herrn,
Weil er erkannt sein treu' Gemüt,
Aus dem ihm noch viel Glück erblüht.
Jetzt ist's für Springmann Zeit zu geh'n,
Doch muß ihn Immo recht versteh'n:
Sobald er ruft, wird Springmann wach
Und dienet ferner seiner Sach'. —
Eh' Springmann schlüpft ins Wurzelkleid,
Empfange, Immo, noch Bescheid:
Bevor man scheidet aus dem Schloß
Mit Mann und Roß und Dienertroß,
Mach jeder vor dem Abschied halt
Am Zauberbaume alsobald.
Und Immo mög' zum Angedenken
Ein Zauberglöcklein jedem schenken.
Und jedes mahne beim Erklingen
Zur Wachsamkeit in allen Dingen.
Doch meinem lieben Immo wert
Gehöre auch das Zauberschwert."

Nach diesen Worten dankte Immo nochmals seinem kleinen Freunde, doch er erhielt keine Antwort, und als er sich niederbeugte, lag vor ihm die unscheinbare Springwurzel. Er hob sie sorgsam empor, indem er sie fast zärtlich betrachtete, dann barg er den wertvollen Schatz mit größter Vorsicht in seinem Gewande.

seinem treuen Ratgeber, und dem Zauberschwert verdanke. Nur mit Hilfe dieser beiden Bundesgenossen habe er den Zauberer und den Greif besiegen können. „Glück ist mir aus ihrem Wirken entsprossen," schloß Immo seine Rede. Dann winkte Springmännlein dem Prinzen, der seinem kleinen Freunde folgte, bis dieser draußen im Schatten der Bäume halt machte. Immo dankte dem guten Springmännlein nochmals von Herzen für seine treue Hilfe. Doch der kleine Mann winkte abwehrend und ließ sich also vernehmen:

„Was Springmann tat, das tat er gern,
Er wollte nützen seinem Herrn,
Weil er erkannt sein treu' Gemüt,
Aus dem ihm noch viel Glück erblüht.
Jetzt ist's für Springmann Zeit zu geh'n,
Doch muß ihn Immo recht versteh'n:
Sobald er ruft, wird Springmann wach
Und dienet ferner seiner Sach'.
Eh' Springmann schlüpft ins Wurzelkleid,
Empfange, Immo, noch Bescheid:
Bevor man scheidet aus dem Schloß
Mit Mann und Roß und Dienertroß,
Mach jeder vor dem Abschied halt
Am Zauberbaume alsobald.
Und Immo mög' zum Angedenken
Ein Zauberglöcklein jedem schenken.
Und jedes mahne beim Erklingen
Zur Wachsamkeit in allen Dingen.
Doch meinem lieben Immo wert
Gehöre auch das Zauberschwert."

Nach diesen Worten dankte Immo nochmals seinem kleinen Freunde, doch er erhielt keine Antwort, und als er sich niederbeugte, lag vor ihm die unscheinbare Springwurzel. Er hob sie sorgsam empor, indem er sie fast zärtlich betrachtete, dann barg er den wertvollen Schatz mit größter Vorsicht in seinem Gewande.

Inzwischen hatten die Knappen und Pagen aus den reichen Vorräten in Küche und Keller ein Mahl bereitet, das sie eben, als Immo den Saal betrat, auf goldenen Schüsseln und in silbernen Kannen auftrugen. Ein jeder durfte ungestraft davon genießen, denn mit der Vernichtung des Zauberers und des Greifen hatte jeder verderbliche Zauber seine Macht verloren; das wußten die Beteiligten sehr wohl. Dennoch wollten alle, sobald es völlig Tag geworden war, den Ort ihrer Leiden verlassen, um zu den Ihrigen heimzukehren.

Es wurde beschlossen, daß die beiden Brüder mit einer kleinen Anzahl der Geretteten den Königstöchtern das Ehrengeleit in deren Heimat geben sollten. Alle waren froh und glücklich, sie hofften nun auf ein Wiedersehen mit den Ihrigen. Jubel herrschte im Lande der Königstöchter, als die Prinzessinnen mit ihrem Retter und ihrem Ehrengefolge in das elterliche Schloß einzogen, wo diesem Freudentag bald die glänzende Hochzeit folgte; denn der König gab freudig seine Zustimmung, als Balduin die schöne Edelgarde, Immo aber die liebliche Irmtraut zur Gemahlin begehrte.

Als aber die Brüder mit ihren Gemahlinnen wieder zu ihrem Vater heimkehrten, da jubelte das ganze Land, und der alte König hieß hochbeglückt seine Kinder willkommen.

Als er alles erfahren und eingesehen hatte, daß auch Balduin durch die Erlebnisse geläutert worden, veranstaltete er ein großes Fest, bei dem er seinem Volk verkünden ließ, daß er sein Land einst zwischen seinen beiden Söhnen teilen werde.

Es folgten nun viele glückliche Jahre, und als später Balduin und Immo das Land erhielten, lebten sie alle in Glück und Frieden, geliebt und geehrt von ihren Untertanen. Balduin brauchte den Goldfasan nur zu guten Zwecken.

Immo hielt das Zauberschwert in Ehren, besonders aber die Springwurzel, denn Springmännlein hielt Wort und erschien, so oft Immo seines Rates bedurfte.

Inzwischen hatten die Knappen und Pagen aus den reichen Vorräten in Küche und Keller ein Mahl bereitet, das sie eben, als Immo den Saal betrat, auf goldenen Schüsseln und in silbernen Kannen auftrugen. Ein jeder durfte ungestraft davon genießen, denn mit der Vernichtung des Zauberers und des Greifen hatte jeder verderbliche Zauber seine Macht verloren; das wußten die Beteiligten sehr wohl. Dennoch wollten alle, sobald es völlig Tag geworden war, den Ort ihrer Leiden verlassen, um zu den Ihrigen heimzukehren.

Es wurde beschlossen, daß die beiden Brüder mit einer kleinen Anzahl der Geretteten den Königstöchtern das Ehrengeleit in deren Heimat geben sollten. Alle waren froh und glücklich, sie hofften nun auf ein Wiedersehen mit den Ihrigen. Jubel herrschte im Lande der Königstöchter, als die Prinzessinnen mit ihrem Retter und ihrem Ehrengefolge in das elterliche Schloß einzogen, wo diesem Freudentag bald die glänzende Hochzeit folgte; denn der König gab freudig seine Zustimmung, als Balduin die schöne Edelgarde, Immo aber die liebliche Irmtraute zur Gemahlin begehrte.

Als aber die Brüder mit ihren Gemahlinnen wieder zu ihrem Vater heimkehrten, da jubelte das ganze Land, und der alte König hieß hochbeglückt seine Kinder willkommen.

Als er alles erfahren und eingesehen hatte, daß auch Balduin durch die Erlebnisse geläutert worden, veranstaltete er ein großes Fest, bei dem er seinem Volk verkünden ließ, daß er sein Land einst zwischen seinen beiden Söhnen teilen werde.

Es folgten nun viele glückliche Jahre, und als später Balduin und Immo das Land erhielten, lebten sie alle in Glück und Frieden, geliebt und geehrt von ihren Untertanen. Balduin brauchte den Goldfasan nur zu guten Zwecken.

Immo hielt das Zauberschwert in Ehren, besonders aber die Springwurzel, denn Springmännlein hielt Wort und erschien, so oft Immo seines Rates bedurfte.

Die wilde Marinka

Vor vielen Jahren lebte ein Graf, Udo von Wolfenstein, der ein gar schönes Töchterlein hatte. Marinka hieß das Mägdelein, das das einzige Kind des Grafen war. Weil Marinka keine Brüder besaß, ihre Mutter ihr aber viel freien Willen ließ, so lernte sie schon früh, mit ihrem Vater hinauszureiten in Wald und Feld, was ihr größtes Vergnügen war. Ebenso verstand sie bald mit der Armbrust zu schießen wie ein Bube, und kaum erwachsen, übte sie mit ihrem Vater das Waidwerk aus und ritt mit ihm zur Reiherbeize.

Die Gräfin sah dies alles zwar nicht gern, da sie fürchtete, solche mehr den Männern obliegende Tätigkeit würde sich für eine Jungfrau nicht geziemen und deren Sittsamkeit beeinträchtigen, doch Marinka wußte durch Schmeicheln und Bitten oder gar durch eigenwilligen Trotz immer mehr ihren Willen durchzusetzen, je größer sie wurde.

Zu spät sah die Gräfin, daß sie früher zu nachsichtig gewesen war, und selbst der Graf wünschte öfter, Marinka möchte nun als erwachsene Jungfrau mehr Geschmack an weiblicher Tätigkeit finden.

Nähen, Spinnen und feine Stickereien, wie auch die sonstigen Pflichten und Beschäftigungen einer vornehmen Dame damaliger Zeit, waren Marinka ein Greuel; sie blieb darum auch ungeschickt darin. Wollte man sie zu solchen Arbeiten zwingen, so warf sie bald das Spinnrad um oder zerriß die Fäden, sprang ungeduldig auf und rief eigensinnig:

„Mag nicht nähen und mag nicht spinnen,
Mag nicht hocken im Zimmer drinnen,“

und husch, war sie hinaus, ehe man sich dessen versah, um gleich darauf über Stock und Stein davonzugaloppieren.

Ja, ruhig zu reiten, wie früher, das genügte Marinka bald nicht mehr. Sie ward vielmehr immer tollkühner und waghalsiger, trieb übermütig ihr Roß

Die wilde Marinka

Vor vielen Jahren lebte ein Graf, Udo von Wolfenstein, der ein gar schönes Töchterlein hatte. Marinka hieß das Mägdelein, das das einzige Kind des Grafen war. Weil Marinka keine Brüder besaß, ihre Mutter ihr aber viel freien Willen ließ, so lernte sie schon früh, mit ihrem Vater hinauszureiten in Wald und Feld, was ihr größtes Vergnügen war. Ebenso verstand sie bald mit der Armbrust zu schießen wie ein Bube, und kaum erwachsen, übte sie mit ihrem Vater das Waidwerk aus und ritt mit ihm zur Reiherbeize.

Die Gräfin sah dies alles zwar nicht gern, da sie fürchtete, solche mehr den Männern obliegende Tätigkeit würde sich für eine Jungfrau nicht geziemen und deren Sittsamkeit beeinträchtigen, doch Marinka wußte durch Schmeicheln und Bitten oder gar durch eigenwilligen Trotz immer mehr ihren Willen durchzusetzen, je größer sie wurde.

Zu spät sah die Gräfin, daß sie früher zu nachsichtig gewesen war, und selbst der Graf wünschte öfter, Marinka möchte nun als erwachsene Jungfrau mehr Geschmack an weiblicher Tätigkeit finden.

Nähen, Spinnen und feine Stickereien, wie auch die sonstigen Pflichten und Beschäftigungen einer vornehmen Dame damaliger Zeit, waren Marinka ein Greuel; sie blieb darum auch ungeschickt darin. Wollte man sie zu solchen Arbeiten zwingen, so warf sie bald das Spinnrad um oder zerriß die Fäden, sprang ungeduldig auf und rief eigensinnig:

„Mag nicht nähen und mag nicht spinnen,
Mag nicht hocken im Zimmer drinnen,“

und husch, war sie hinaus, ehe man sich dessen versah, um gleich darauf über Stock und Stein davonzugaloppieren.

Ja, ruhig zu reiten, wie früher, das genügte Marinka bald nicht mehr. Sie ward vielmehr immer tollkühner und waghalsiger, trieb übermütig ihr Roß mit der Gerte an, daß es hochaufbäumend wie toll mit ihr dahinraste, und es schier verwunderlich war, wenn Roß und Reiterin jedesmal mit heilen Gliedern wieder heimkehrten.

Weniger verwunderlich schien es, daß man im Schloß und der ganzen Umgegend das schöne Grafenkind nur die „wilde Marinka" nannte. Sie wußte das, machte sich aber nichts daraus, trieb es vielmehr immer toller, ja, lachte, daß ihre weißen Zähne blitzten, wenn die Leute, sobald sie in Sicht kam, sich erschreckt bekreuzten und irgendwo am Wege Deckung suchten.

Eines Tages nun, da die „wilde Marinka" diese Bezeichnung wieder so recht verdiente, humpelte ein altes Weiblein über den Weg. Marinka sah es, kehrte sich aber nicht daran. „Alte, weich mir aus!" rief sie befehlend. Die Alte schien nicht zu hören, trottete vielmehr gleichmütig vor Marinka her. „Mein Roß ist ungeduldig, Alte, ich warn' dich!" Ganz nahe war Marinka der Alten auf den Fersen. Diese blickte sich jetzt erschreckt um, rieb sich den aufwirbelnden Staub aus den rotgeränderten Augen und wollte aus dem Wege humpeln. Doch schon lag sie da. Das Pferd hatte sie zur Seite gestoßen. Davongestoben waren Roß und Reiterin; letztere hatte den Unfall kaum beachtet, vielleicht nicht einmal bemerkt.

Die Alte suchte ihren Krückstock, der ihr entfallen war. Ihre Glieder waren heil. Auch ihre Zunge schien keinen Schaden erlitten zu haben, denn während die Gestürzte sich mühsam erhob, murmelte sie allerlei böse Worte. Und nun stand sie kaum wieder auf den Füßen, als sie in der geballten Faust drohend den Krückstock erhob und der längst nicht mehr sichtbaren Reiterin kreischend nachrief:

‚Wilde Marinka! Stachliger Dorn!
Jagt auch dein Roß, als fühlt's Gerte und Spor'n,
Ist doch noch schneller mein' Rache und Zorn. —
Wilde Marinka, sei jetzt auf der Hut:
Kränkst du mich nochmals, geht's nimmer dir gut.
Rächt sich dann furchtbar die Alte — die Ut'!"

Hätte Marinka diese Worte vernommen und die bösen Blicke der Alten sehen können, wäre ihr das Lachen vielleicht vergangen. So aber war sie übermütig und guter Dinge. Sie lachte vor sich hin; es klang silberhell, und ihre Augen mit der Gerte an, daß es hochaufbäumend wie toll mit ihr dahinraste, und es schier verwunderlich war, wenn Roß und Reiterin jedesmal mit heilen Gliedern wieder heimkehrten.

Weniger verwunderlich schien es, daß man im Schloß und der ganzen Umgegend das schöne Grafenkind nur die „wilde Marinka" nannte. Sie wußte das, machte sich aber nichts daraus, trieb es vielmehr immer toller, ja, lachte, daß ihre weißen Zähne blitzten, wenn die Leute, sobald sie in Sicht kam, sich erschreckt bekreuzten und irgendwo am Wege Deckung suchten.

Eines Tages nun, da die „wilde Marinka" diese Bezeichnung wieder so recht verdiente, humpelte ein altes Weiblein über den Weg. Marinka sah es, kehrte sich aber nicht daran. „Alte, weich mir aus!" rief sie befehlend. Die Alte schien nicht zu hören, trottete vielmehr gleichmütig vor Marinka her. „Mein Roß ist ungeduldig, Alte, ich warn' dich!" Ganz nahe war Marinka der Alten auf den Fersen. Diese blickte sich jetzt erschreckt um, rieb sich den aufwirbelnden Staub aus den rotgeränderten Augen und wollte aus dem Wege humpeln. Doch schon lag sie da. Das Pferd hatte sie zur Seite gestoßen. Davongestoben waren Roß und Reiterin; letztere hatte den Unfall kaum beachtet, vielleicht nicht einmal bemerkt.

Die Alte suchte ihren Krückstock, der ihr entfallen war. Ihre Glieder waren heil. Auch ihre Zunge schien keinen Schaden erlitten zu haben, denn während die Gestürzte sich mühsam erhob, murmelte sie allerlei böse Worte. Und nun stand sie kaum wieder auf den Füßen, als sie in der geballten Faust drohend den Krückstock erhob und der längst nicht mehr sichtbaren Reiterin kreischend nachrief:

„Wilde Marinka! Stachliger Dorn!
Jagt auch dein Roß, als fühlt's Gerte und Spor'n,
Ist doch noch schneller mein' Rache und Zorn. —
Wilde Marinka, sei jetzt auf der Hut:
Kränkst du mich nochmals, geht's nimmer dir gut.
Rächt sich dann furchtbar die Alte — die Ut'!"

Hätte Marinka diese Worte vernommen und die bösen Blicke der Alten sehen können, wäre ihr das Lachen vielleicht vergangen. So aber war sie übermütig und guter Dinge. Sie lachte vor sich hin; es klang silberhell, und ihre Augen blitzten dabei wie die eines Kobolds, als sie ihr Roß an der Mähne zupfte und fragte: „Hast du's geseh'n, Salto, was du angerichtet? Es war doch zu lustig, ha, ha, ha, ha, wie die alte Ute beinah einen Purzelbaum schlug. Aber gräm dich nicht, mein braves Tier; weißt ja, die Katzen fallen immer weich, und die alte Ute, von der die Leute munkeln, daß sie eine Hexe sei, soll sich des Nachts in ein Kätzlein verwandeln können."

Salto spitzte die Ohren und nickte mit dem Kopfe, als ob er die Worte verstanden hätte. Und recht hatte Marinka: der alten Ute, die so einsam in ihrem Waldhüttlein hauste, ging jeder gern aus dem Wege. Ja, man bekreuzte sich bei ihrem Nahen noch eifriger als bei dem der „wilden Marinka".

Niemand begriff, daß Marinkas Vater den Sohn der alten Ute als Koch angenommen hatte, noch dazu, da er ganz verwachsen war. Aber freilich, in seiner Kunst war er Meister, und der Graf schätzte ein gutes Mahl gar sehr.

Hanko, so hieß der Koch, wußte, daß er bei seinem Herrn in Gunst stand. Die Küchenjungen und das Gesinde merkten es auch, denn Hanko führte ein strenges Regiment, dem sich alle fügen mußten. Der Graf gab stets dem schlauen Hanko recht; wem das nicht paßte, der mußte sich eben einen anderen Dienst suchen.

Nur Marinka kehrte sich nicht daran. Sie behandelte den Koch, den sie nicht leiden konnte, nicht respektvoller als die Küchenjungen, die manchen Verweis von ihr erhielten; ja, es war nichts Ungewöhnliches, daß sie ihnen oder selbst dem allmögenden Hanko eine nach ihrer Meinung mißratene Speise einfach vor die Füße warf.

Sie hatte es bisher ungestraft tun dürfen, denn des Vaters Zorn ob ihres unartigen Benehmens war bald verraucht, und des verwachsenen Hankos Zähneknirschen beachtete sie nicht.

Nun begab es sich eines Tages, daß beim Grafen ein großes Gastmahl hergerichtet ward, zu dem mehrere Freier Marinkas als Gäste erschienen. Es waren Grafen und Ritter, die von Marinkas Schönheit, aber auch von ihrem Spitznamen gehört hatten und sich überzeugen wollten, wie viel Wahres an dem Gerede der Leute sein möchte.

Das Mahl verlief auch zur Zufriedenheit der Gäste, die von Marinkas Schönheit ganz entzückt waren, denn das Grafenkind schien sein ungestümes und wildes Wesen völlig abgestreift zu haben. Marinka war heiter und voll munterer Einfälle, so daß die Freier geneigt waren, den Leuten, die blitzten dabei wie die eines Kobolds, als sie ihr Roß an der Mähne zupfte und fragte: „Hast du's geseh'n, Salto, was du angerichtet? Es war doch zu lustig, ha, ha, ha, ha, wie die alte Ute beinah einen Purzelbaum schlug. Aber gräm dich nicht, mein braves Tier; weißt ja, die Katzen fallen immer weich, und die alte Ute, von der die Leute munkeln, daß sie eine Hexe sei, soll sich des Nachts in ein Kätzlein verwandeln können."

Salto spitzte die Ohren und nickte mit dem Kopfe, als ob er die Worte verstanden hätte. Und recht hatte Marinka: der alten Ute, die so einsam in ihrem Waldhüttlein hauste, ging jeder gern aus dem Wege. Ja, man bekreuzte sich bei ihrem Nahen noch eifriger als bei dem der „wilden Marinka".

Niemand begriff, daß Marinkas Vater den Sohn der alten Ute als Koch angenommen hatte, noch dazu, da er ganz verwachsen war. Aber freilich, in seiner Kunst war er Meister, und der Graf schätzte ein gutes Mahl gar sehr.

Hanko, so hieß der Koch, wußte, daß er bei seinem Herrn in Gunst stand. Die Küchenjungen und das Gesinde merkten es auch, denn Hanko führte ein strenges Regiment, dem sich alle fügen mußten. Der Graf gab stets dem schlauen Hanko recht; wem das nicht paßte, der mußte sich eben einen anderen Dienst suchen.

Nur Marinka kehrte sich nicht daran. Sie behandelte den Koch, den sie nicht leiden konnte, nicht respektvoller als die Küchenjungen, die manchen Verweis von ihr erhielten; ja, es war nichts Ungewöhnliches, daß sie ihnen oder selbst dem allmögenden Hanko eine nach ihrer Meinung mißratene Speise einfach vor die Füße warf.

Sie hatte es bisher ungestraft tun dürfen, denn des Vaters Zorn ob ihres unartigen Benehmens war bald verraucht, und des verwachsenen Hankos Zähneknirschen beachtete sie nicht.

Nun begab es sich eines Tages, daß beim Grafen ein großes Gastmahl hergerichtet ward, zu dem mehrere Freier Marinkas als Gäste erschienen. Es waren Grafen und Ritter, die von Marinkas Schönheit, aber auch von ihrem Spitznamen gehört hatten und sich überzeugen wollten, wie viel Wahres an dem Gerede der Leute sein möchte.

Das Mahl verlief auch zur Zufriedenheit der Gäste, die von Marinkas Schönheit ganz entzückt waren, denn das Grafenkind schien sein ungestümes und wildes Wesen völlig abgestreift zu haben. Marinka war heiter und voll munterer Einfälle, so daß die Freier geneigt waren, den Leuten, die

die Tochter ihres Gastgebers „wilde Marinka" nannten, ernstlich ob ihrer anscheinenden Ungerechtigkeit zu zürnen.

Eben ward der letzte Gang, Marinkas Lieblingsspeise, nämlich ein Ragout, oder, wie man damals sagte: G e m e n g s e l von Wildfleisch mit feiner Gewürztunke, serviert. Es schien den Gästen zu munden.

Doch Marinkas spitzes Zünglein schmeckte prüfend; sie runzelte die weiße Stirn, stocherte auf ihrem Teller herum, schmeckte nochmals und erhob sich dann zum Erstaunen der Tafelrunde. Sie nahm den Teller mit sich, festen Schrittes dem Vorgemach zuschreitend, in dem Hanko eben einige Fruchtschalen ausschmückte. Er blickte die Nahende nicht eben freundlich an, da er gerade im Begriff war, die schönsten Ananaserdbeeren zu schmausen.

„Hanko!" Es klang vorwurfsvoll. „Was begehrt Ihr, Gräfin?" „Wo ist das Fleisch der Birkhühner, die ich selbst erlegte und darum gerade für d i e s e Speise bestimmte? Kein Bröcklein davon ist darin." Hanko machte ein mürrisches Gesicht. „Die Küchenjungen müßt Ihr dafür schelten, Gräfin, weil sie vergaßen, das Geflügel zu rupfen und auszunehmen. Und ich wußte vor Arbeit nicht, wo mir der Kopf stand, sonst hätt' ich die Birkhühner im Kessel gleich vermißt."

Marinka kräuselte spöttisch die Lippen. In gereiztem Ton erwiderte sie: „Mich dünkt, Hanko, weniger deine viele Arbeit als deine K l e i n h e i t trägt die Schuld an dem Versehen. Man soll dir künftig eine Leiter an den Herd stellen, damit du sehen kannst, was du in deinen Töpfen kochst!"

Mit ebenso bösem Blick, wie kürzlich Frau Ute, sah Hanko zu Marinka hin, die das nicht bemerkte. „Meine Gestalt, Gräfin, dürfte Euch nicht kümmern; freut Euch, daß Ihr tadellos gewachsen seid. Und ich denk', auch o h n e die Birkhühner ist Eure Lieblingsspeise trefflich geraten!"

Sprachlos ob der in trotzigem Ton erteilten Antwort stand Marinka einen Augenblick regungslos, denn ihr erschien Hankos Kühnheit ganz unerhört. Obendrein merkte sie, wie jetzt neugierige Köpfe durch die Tür spähten. — Die Gäste hatten gewiß Hankos Worte auch vernommen; das ärgerte Marinka noch mehr und raubte ihr den letzten Rest Selbstbeherrschung und Überlegung.

„Wie?" herrschte sie den Koch an, „du wagst, mir so zu antworten? Da, nimm dein ‚t r e f f l i c h e s' Gericht!" Und — krach — flog der Teller mit dem Essen direkt vor Hankos Füße. Marinka aber verließ, ohne den Gemaßregelten noch eines Blickes zu würdigen, stolz wie eine Königin das Gemach.

die Tochter ihres Gastgebers „wilde Marinka“ nannten, ernstlich ob ihrer anscheinenden Ungerechtigkeit zu zürnen

Eben ward der letzte Gang, Marinkas Lieblingsspeise, nämlich ein Ragout, oder, wie man damals sagte: G e m e n g s e l von Wildfleisch mit feiner Gewürztunke, serviert. Es schien den Gästen zu munden.

Doch Marinkas spitzes Zünglein schmeckte prüfend; sie runzelte die weiße Stirn, stocherte auf ihrem Teller herum, schmeckte nochmals und erhob sich dann zum Erstaunen der Tafelrunde. Sie nahm den Teller mit sich, festen Schrittes dem Vorgemach zuschreitend, in dem Hanko eben einige Fruchtschalen ausschmückte. Er blickte die Nahende nicht eben freundlich an, da er gerade im Begriff war, die schönsten Ananaserdbeeren zu schmausen.

„Hanko!“ Es klang vorwurfsvoll. „Was begehrt Ihr, Gräfin?“ „Wo ist das Fleisch der Birkhühner, die ich selbst erlegte und darum gerade für d i e s e Speise bestimmte? Kein Bröcklein davon ist darin.“ Hanko machte ein mürrisches Gesicht. „Die Küchenjungen müßt Ihr dafür schelten, Gräfin, weil sie vergaßen, das Geflügel zu rupfen und auszunehmen. Und ich wußte vor Arbeit nicht, wo mir der Kopf stand, sonst hätt' ich die Birkhühner im Kessel gleich vermißt.“

Marinka kräuselte spöttisch die Lippen. In gereiztem Ton erwiderte sie: „Mich dünkt, Hanko, weniger deine viele Arbeit als deine K l e i n h e i t trägt die Schuld an dem Versehen. Man soll dir künftig eine Leiter an den Herd stellen, damit du sehen kannst, was du in deinen Töpfen kochst!“

Mit ebenso bösem Blick, wie kürzlich Frau Ute, sah Hanko zu Marinka hin, die das nicht bemerkte. „Meine Gestalt, Gräfin, dürfte Euch nicht kümmern; freut Euch, daß Ihr tadellos gewachsen seid. Und ich denk', auch o h n e die Birkhühner ist Eure Lieblingsspeise trefflich geraten!“

Sprachlos ob der in trotzigem Ton erteilten Antwort stand Marinka einen Augenblick regungslos, denn ihr erschien Hankos Kühnheit ganz unerhört. Obendrein merkte sie, wie jetzt neugierige Köpfe durch die Tür spähten. — Die Gäste hatten gewiß Hankos Worte auch vernommen; das ärgerte Marinka noch mehr und raubte ihr den letzten Rest Selbstbeherrschung und Überlegung.

„Wie?“ herrschte sie den Koch an, „du wagst, mir so zu antworten? Da, nimm dein ‚t r e f f l i c h e s‘ Gericht!“ Und — krach — flog der Teller mit dem Essen direkt vor Hankos Füße. Marinka aber verließ, ohne den Gemaßregelten noch eines Blickes zu würdigen, stolz wie eine Königin das Gemach.

Hanko jedoch murmelte zähneknirschend: „Wilde Marinka, warte, das gedenke ich dir! Wohl zum letztenmal kränktest du mich ungestraft."

Wenige Stunden später saßen die drei Freier ganz heimlich in eifriger Beratung beisammen. Die Gemütlichkeit des Festes war durch Marinkas ungezogenes Benehmen, dessen Zeugen die Gäste zum Teil gewesen waren, recht gestört worden.

Marinka war dann ohne irgendwelche Entschuldigung einfach in ihrem Zimmer geblieben und nachher fortgeritten. Graf und Gräfin hatten vergebens versucht, ihren Zorn und ihre Empörung über der Tochter Benehmen zu verbergen, zumal Hanko sogleich um seine Entlassung bat. Ein Goldstück des Grafen und dessen Zureden schienen den Gekränkten zwar zu beruhigen, doch hatten die Gäste sich bald in ihre Gemächer zurückgezogen, um den Fall noch zu besprechen. Ihre gute Meinung von der Grafentochter war mit einem Schlage dahin. Sie waren alle drei einmütig entschlossen, auf die Werbung um die ‚wilde Marinka' zu verzichten. Nur wollten sie jeder erst einen schicklichen Vorwand suchen, um den Grafen Udo nicht durch plötzliche Abreise zu kränken.

„Nein," sprach der erste Freier, der schon etwas bejahrte, aber sehr begüterte Ritter Dirk von Dirksberg, „wie konnte ich so töricht sein, um solch ungeberdiges Fräulein werben zu wollen. Mord und Totschlag hätt' es da bald auf meiner Burg gegeben, wenn ich bedenk', daß das spitze Zünglein der ‚wilden Marinka' auch meiner ehrenwerten Frau Mutter nicht geschont haben würde, zumalen Frau Gerlindes Rücken vom Alter gebeugt und ähnlich dem des Hanko geworden ist."

„Ihr könntet recht haben," entgegnete der stattliche Graf Kunibert von Weichselburg. „Auch ich hätte wohl schweren Stand mit dem wilden Fräulein vom Schloß Wolfenstein bekommen, denn mein Besitz liegt nahe dem breiten Weichselfluß, doch in waldloser Gegend, wo es kaum Wild gibt. Höchstens hätte die ‚wilde Marinka' dort dann und wann einen Fischreiher erlegen können."

„Ei, da konnte sie sich ja einen solchen zur Fischjagd abrichten," spöttelte Graf Eitel von Eulenstein, der jüngste und wohlgelittenste der drei Freier. „Die Eulen und Käuzchen in der Nähe der Burg Eulenstein werden frohlocken,

Hanko jedoch murmelte zähneknirschend: „Wilde Marinka, warte, das gedenke ich dir! Wohl zum letztenmal kränktest du mich ungestraft."

Wenige Stunden später saßen die drei Freier ganz heimlich in eifriger Beratung beisammen. Die Gemütlichkeit des Festes war durch Marinkas ungezogenes Benehmen, dessen Zeugen die Gäste zum Teil gewesen waren, recht gestört worden.

Marinka war dann ohne irgendwelche Entschuldigung einfach in ihrem Zimmer geblieben und nachher fortgeritten. Graf und Gräfin hatten vergebens versucht, ihren Zorn und ihre Empörung über der Tochter Benehmen zu verbergen, zumal Hanko sogleich um seine Entlassung bat. Ein Goldstück des Grafen und dessen Zureden schienen den Gekränkten zwar zu beruhigen, doch hatten die Gäste sich bald in ihre Gemächer zurückgezogen, um den Fall noch zu besprechen. Ihre gute Meinung von der Grafentochter war mit einem Schlage dahin. Sie waren alle drei einmütig entschlossen, auf die Werbung um die ‚wilde Marinka' zu verzichten. Nur wollten sie jeder erst einen schicklichen Vorwand suchen, um den Grafen Udo nicht durch plötzliche Abreise zu kränken.

„Nein," sprach der erste Freier, der schon etwas bejahrte, aber sehr begüterte Ritter Dirk von Dirksberg, „wie konnte ich so töricht sein, um solch ungeberdiges Fräulein werben zu wollen. Mord und Totschlag hätt' es da bald auf meiner Burg gegeben, wenn ich bedenk', daß das spitze Zünglein der ‚wilden Marinka' auch meiner ehrenwerten Frau Mutter nicht geschont haben würde, zumalen Frau Gerlindes Rücken vom Alter gebeugt und ähnlich dem des Hanko geworden ist."

„Ihr könntet recht haben," entgegnete der stattliche Graf Kunibert von Weichselburg. „Auch ich hätte wohl schweren Stand mit dem wilden Fräulein vom Schloß Wolfenstein bekommen, denn mein Besitz liegt nahe dem breiten Weichselfluß, doch in waldloser Gegend, wo es kaum Wild gibt. Höchstens hätte die ‚wilde Marinka' dort dann und wann einen Fischreiher erlegen können."

„Ei, da konnte sie sich ja einen solchen zur Fischjagd abrichten," spöttelte Graf Eitel von Eulenstein, der jüngste und wohlgelittenste der drei Freier. „Die Eulen und Käuzchen in der Nähe der Burg Eulenstein werden frohlocken, wenn sie erfahren, daß sie vor den Pfeilen der ‚wilden Marinka' sicher sind."

Als alles im Schloß längst der Ruhe pflegte, schlich eine kleine Gestalt aus einem Hinterpförtlein dem Walde zu. Hanko war es, der lautlos wie ein Kätzlein dahin eilte, bis er endlich die Hütte der alten Ute erreicht hatte.

Frau Ute schlug die knochigen Hände zusammen, als sie ihren Sohn mit finsterem Antlitz über die Schwelle treten sah. Da sie aber von Hankos Kränkung vernommen hatte, ballte sie die Faust und rief gellend:

„So schlimm hat die Wilde mein Söhnlein gekränkt —
Das wird ihr fürwahr diesmal nimmer geschenkt!"

Hanko nickte seiner Mutter Beifall, indem er sich schadenfroh die Hände rieb und murmelte: „Ja, ‚wilde Marinka', ich habe mir manche Kränkung von dir gefallen lassen, aber heut' hast du meine G e s t a l t geschmäht, hast mich vor allen lächerlich gemacht, und das vergeb' ich dir nimmermehr!" Dann wandte er sich zu Frau Ute und fragte: „Was soll ich tun, Mütterlein?" Die Alte tätschelte Hankos Wangen, indem sie kicherte:

„Itzt, Hanko, mein Söhnchen, — hi-hi — gib wohl acht,
Merk' auf, was ich sag', dann wird Rache vollbracht:
Aus neunerlei Kräutern koch' schmackhaft ein Süpplein,
Das reiche zum Imbiß dem garstigen Püpplein.
Es wird davon s a n f t — hi-hi — wirst bald seh'n,
Hi-hi — alle Wildheit wird dann wohl vergeh'n.
Nur e i n Tag im Monat vergönnet ihm sei,
Wo Püpplein des Zaubers werd' ledig und frei;
Doch ist er vergangen, der einzige Tag —
Kehrt wieder der Zauber, nichts bannen ihn mag.
Die neunerlei Kräuter hab' ich schon im Haus.
Du ‚wilde Marinka', dein Glück ist jetzt aus:
Die Hexe, die Ute, dir's jetzo gedenkt,
Daß oft du ihr Söhnlein und sie hast gekränkt!"

Geschäftig kramte die Alte dann in ihrem großen Kräutersack, während Hanko einen in engem Käfig kauernden Raben neckte. Dann griff er hastig nach den wenn sie erfahren, daß sie vor den Pfeilen der ‚wilden Marinka' sicher sind."

Als alles im Schloß längst der Ruhe pflegte, schlich eine kleine Gestalt aus einem Hinterpförtlein dem Walde zu. Hanko war es, der lautlos wie ein Kätzlein dahin eilte, bis er endlich die Hütte der alten Ute erreicht hatte.

Frau Ute schlug die knochigen Hände zusammen, als sie ihren Sohn mit finsterem Antlitz über die Schwelle treten sah. Da sie aber von Hankos Kränkung vernommen hatte, ballte sie die Faust und rief gellend:

„So schlimm hat die Wilde mein Söhnlein gekränkt —
Das wird ihr fürwahr diesmal nimmer geschenkt!"

Hanko nickte seiner Mutter Beifall, indem er sich schadenfroh die Hände rieb und murmelte: „Ja, ‚wilde Marinka', ich habe mir manche Kränkung von dir gefallen lassen, aber heut' hast du meine Gestalt geschmäht, hast mich vor allen lächerlich gemacht, und das vergeb' ich dir nimmermehr!" Dann wandte er sich zu Frau Ute und fragte: „Was soll ich tun, Mütterlein?" Die Alte tätschelte Hankos Wangen, indem sie kicherte:

„Itzt, Hanko, mein Söhnchen, — hi-hi — gib wohl acht,
Merk' auf, was ich sag', dann wird Rache vollbracht:
Aus neunerlei Kräutern koch' schmackhaft ein Süpplein,
Das reiche zum Imbiß dem garstigen Püpplein.
Es wird davon sanft — hi-hi — wirst bald seh'n,
Hi-hi — alle Wildheit wird dann wohl vergeh'n.
Nur ein Tag im Monat vergönnet ihm sei,
Wo Püpplein des Zaubers werd' ledig und frei;
Doch ist er vergangen, der einzige Tag —
Kehrt wieder der Zauber, nichts bannen ihn mag.
Die neunerlei Kräuter hab' ich schon im Haus.
Du ‚wilde Marinka', dein Glück ist jetzt aus:
Die Hexe, die Ute, dir's jetzo gedenkt,
Daß oft du ihr Söhnlein und sie hast gekränkt!"

Geschäftig kramte die Alte dann in ihrem großen Kräutersack, während Hanko einen in engem Käfig kauernden Raben neckte. Dann griff er hastig nach den dargereichten Kräutern. Mutter und Sohn flüsterten noch miteinander, dann huschte letzterer wieder in den dunklen Wald hinaus dem Schlosse zu.

Nichts regte sich hier. Leise wie ein Mäuslein schlich der Koch in die Küche, wo es bald nach einem absonderlichen Kräutersüpplein roch.

„Heut' mundet mir mein Süpplein sonderlich," dachte Marinka, als sie ihren Morgenimbiß verzehrte; „Hanko wollte mir sicherlich einen Beweis seiner Kochkunst geben."

Gleich danach ging Marinka zu ihren Eltern, um ihnen, wie sie das gewöhnt war, ihren Morgengruß zu entbieten. Sie fand beide im Burggärtlein. Doch plötzlich ward ihr so eigen, ihr war, als ob alle ihre Glieder zusammenschrumpften. Entsetzt sprangen die Eltern herzu, als sie die unheimliche Veränderung im Aussehen ihrer schönen Tochter gewahrten, die plötzlich nichts Menschenähnliches mehr in ihrer Gestalt hatte.

„Marinka, wo bist du?" schrie die unglückliche Mutter auf, als sie statt der Tochter einen hohen Busch Rittersporn umklammert hielt.

Ja, und auch der Graf ward kreidebleich vor Schrecken, als er das Unfaßliche sah. Dort, wo seine Tochter gestanden, mitten im Wege, stand festgewurzelt urplötzlich der über und über mit zierlichen blauen Blumen bedeckte Busch. Er rieb sich die Augen, fühlte die Blätter an, rief angstvoll den Namen seiner Tochter, es half nichts: er und seine Gemahlin mußten sich mit der unfaßbaren Tatsache vertraut machen, daß Marinka einem unheilvollen Zauber verfallen und in jenen Rittersporn verwandelt war.

Wer aber konnte das Schreckliche vermocht haben? Die gebeugten Eltern legten sich verzweifelt diese Frage vor.

Einen Augenblick dachten sie wohl an die alte Ute; doch sie verwarfen diesen Gedanken gleich wieder, denn solche Zauberkräfte standen ihr unmöglich zu Gebote, sonst — meinten sie — würde sie doch längst den Höcker ihres Sohnes weggezaubert haben. Hankos offenbares Erstaunen über den „Rittersporn", zu dem man ihn führte, bestärkte das gräfliche Paar in dieser Ansicht.

Freilich konnte Hanko erstaunt sein, denn seine Mutter hatte ihm nicht gesagt, welcher Art die Wirkung des Kräutersüppleins sein würde. Er hatte dargereichten Kräutern. Mutter und Sohn flüsterten noch miteinander, dann huschte letzterer wieder in den dunklen Wald hinaus dem Schlosse zu.

Nichts regte sich hier. Leise wie ein Mäuslein schlich der Koch in die Küche, wo es bald nach einem absonderlichen Kräutersüpplein roch.

„Heut' mundet mir mein Süpplein sonderlich," dachte Marinka, als sie ihren Morgenimbiß verzehrte; „Hanko wollte mir sicherlich einen Beweis seiner Kochkunst geben."

Gleich danach ging Marinka zu ihren Eltern, um ihnen, wie sie das gewöhnt war, ihren Morgengruß zu entbieten. Sie fand beide im Burggärtlein. Doch plötzlich ward ihr so eigen, ihr war, als ob alle ihre Glieder zusammenschrumpften. Entsetzt sprangen die Eltern herzu, als sie die unheimliche Veränderung im Aussehen ihrer schönen Tochter gewahrten, die plötzlich nichts Menschenähnliches mehr in ihrer Gestalt hatte.

„Marinka, wo bist du?" schrie die unglückliche Mutter auf, als sie statt der Tochter einen hohen Busch Rittersporn umklammert hielt.

Ja, und auch der Graf ward kreidebleich vor Schrecken, als er das Unfaßliche sah. Dort, wo seine Tochter gestanden, mitten im Wege, stand festgewurzelt urplötzlich der über und über mit zierlichen blauen Blumen bedeckte Busch. Er rieb sich die Augen, fühlte die Blätter an, rief angstvoll den Namen seiner Tochter, es half nichts: er und seine Gemahlin mußten sich mit der unfaßbaren Tatsache vertraut machen, daß Marinka einem unheilvollen Zauber verfallen und in jenen Rittersporn verwandelt war.

Wer aber konnte das Schreckliche vermocht haben? Die gebeugten Eltern legten sich verzweifelt diese Frage vor.

Einen Augenblick dachten sie wohl an die alte Ute; doch sie verwarfen diesen Gedanken gleich wieder, denn solche Zauberkräfte standen ihr unmöglich zu Gebote, sonst — meinten sie — würde sie doch längst den Höcker ihres Sohnes weggezaubert haben. Hankos offenbares Erstaunen über den „Rittersporn", zu dem man ihn führte, bestärkte das gräfliche Paar in dieser Ansicht.

Freilich konnte Hanko erstaunt sein, denn seine Mutter hatte ihm nicht gesagt, welcher Art die Wirkung des Kräutersüppleins sein würde. Er hatte nur irgendeine Verunstaltung der ‚wilden Marinka', etwa durch einen Höcker oder dergleichen, erwartet. Diese gänzliche Verzauberung kam ihm selbst überraschend. Nicht etwa, daß er Marinka bedauert hätte, doch das böse Gewissen schaffte ihm Unruhe.

Die drei Freier verließen nach diesem allen unerklärlichen Ereignis das Schloß, in das nun eine fast unheimliche Stille einzog.

Die Gräfin saß fast den ganzen Tag bei dem Rittersporn, der mit größter Sorgfalt gepflegt ward, damit er nicht etwa eingehen möchte. Dieser aber, oder vielmehr die verzauberte Marinka, merkte mit Verzweiflung ihre Hilflosigkeit und der Eltern Schmerz, denn sie sagte sich, daß sie durch ihr wildes Wesen wohl alles verschuldet habe.

O, wie gern hätte sie jetzt gesponnen oder genäht, wie gern in der Kemenate der Mutter gesessen! Aber es war zu spät.

Auf Burg Eulenstein saß Graf Eitel von Eulenstein in eifrigem Gespräch mit einem jungen Verwandten, dem er immer wieder von den Ereignissen auf Schloß Wolfenstein und von der 'wilden Marinka' erzählen mußte, bis Graf Eitel lachte: „Schade, daß der wilden Gräfin nun kein Freier mehr nützen kann, sonst könnte der edle Junker Albrecht von Löwensprung gleich seinem Ohm als Bewerber um die Hand der Schönen nach Wolfenstein ziehen."

„Das will ich auch, Ohm!" — Der Eulensteiner lachte, daß es dröhnte. „Du willst auf dem Wolfenstein um einen Strauch Rittersporn werben? Das kannst du bequemer haben: Drunten im Burggärtlein muß auch irgendwo solch' blaues Zeug stehen; vielleicht ist's gar eine verwunschene P r i n z e s s i n. Geh flugs hin und wirb um sie."

„Laßt den Spott, Ohm. Mir träumte diese Nacht, ich hätte die ‚wilde Marinka' erlöst. Ich will versuchen, ob ich nicht ein Mittel erfahre, solchen Traum zur Wirklichkeit zu machen."

Sprachlos vor Staunen musterte der Graf das edle Jünglingsantlitz, das ihn so offen anblickte. „Meiner Treu', von größerer Torheit hörte ich nimmer," brummte er dann. Doch alles Abreden half nichts, Albrecht ließ sich von seinem Vorhaben nicht abbringen. Der Ohm gab ihm noch alle gewünschte Auskunft und ließ ihn endlich ziehen.

nur irgendeine Verunstaltung der ‚wilden Marinka‘, etwa durch einen Höcker oder dergleichen, erwartet. Diese gänzliche Verzauberung kam ihm selbst überraschend. Nicht etwa, daß er Marinka bedauert hätte, doch das böse Gewissen schaffte ihm Unruhe.

Die drei Freier verließen nach diesem allen unerklärlichen Ereignis das Schloß, in das nun eine fast unheimliche Stille einzog.

Die Gräfin saß fast den ganzen Tag bei dem Rittersporn, der mit größter Sorgfalt gepflegt ward, damit er nicht etwa eingehen möchte. Dieser aber, oder vielmehr die verzauberte Marinka, merkte mit Verzweiflung ihre Hilflosigkeit und der Eltern Schmerz, denn sie sagte sich, daß sie durch ihr wildes Wesen wohl alles verschuldet habe.

O, wie gern hätte sie jetzt gesponnen oder genäht, wie gern in der Kemenate der Mutter gesessen! Aber es war zu spät.

Auf Burg Eulenstein saß Graf Eitel von Eulenstein in eifrigem Gespräch mit einem jungen Verwandten, dem er immer wieder von den Ereignissen auf Schloß Wolfenstein und von der ‚wilden Marinka‘ erzählen mußte, bis Graf Eitel lachte: „Schade, daß der wilden Gräfin nun kein Freier mehr nützen kann, sonst könnte der edle Junker Albrecht von Löwensprung gleich seinem Ohm als Bewerber um die Hand der Schönen nach Wolfenstein ziehen.“

„Das will ich auch, Ohm!“ — Der Eulensteiner lachte, daß es dröhnte. „Du willst auf dem Wolfenstein um einen Strauch Rittersporn werben? Das kannst du bequemer haben: Drunten im Burggärtlein muß auch irgendwo solch’ blaues Zeug stehen; vielleicht ist’s gar eine verwunschene P r i n z e s s i n. Geh flugs hin und wirb um sie.“

„Laßt den Spott, Ohm. Mir träumte diese Nacht, ich hätte die ‚wilde Marinka‘ erlöst. Ich will versuchen, ob ich nicht ein Mittel erfahre, solchen Traum zur Wirklichkeit zu machen.“

Sprachlos vor Staunen musterte der Graf das edle Jünglingsantlitz, das ihn so offen anblickte. „Meiner Treu’, von größerer Torheit hörte ich nimmer,“ brummte er dann. Doch alles Abreden half nichts, Albrecht ließ sich von seinem Vorhaben nicht abbringen. Der Ohm gab ihm noch alle gewünschte Auskunft und ließ ihn endlich ziehen.

Albrecht von Löwensprung war ein armer, verwaister Verwandter des Grafen, der ihn wie einen jüngeren Bruder hielt und im Grunde Freude an dessen kühnem Jugendmut hatte. Er geleitete Albrecht mit einigen Knappen eine Tagesreise weit, dann begehrte der Jüngling, allein und in einfachstem Wams zu Fuß weiter zu wandern. So geschah es.

Viele Stunden war er gegangen. Die Sonne neigte sich schon zum Untergang, und Albrecht hoffte, noch vor dem Abend den Ausgang des Waldes und das Ziel seiner Wanderung zu erreichen.

Seine Hoffnung, irgendwo eine Quelle zu entdecken, erfüllte sich nicht. Die Vögel hüpften in den Zweigen, nach einem Plätzchen für die Nachtruhe suchend, und äugten neugierig hinab auf den einsamen Wanderer. Dieser rastete endlich, müde und durstig. Er hatte nur hin und wieder einige reife Erdbeeren gefunden.

Da, ganz dicht an seinem Platz entdeckte er etwas, das er noch nicht gesehen. An einem eigenartig gewachsenen Strauch gewahrte er eine einzelne Beere, die ihm durch ihr absonderliches Aussehen auffiel. So groß wie eine Kirsche, hing sie auch an langem Stiel wie solche, schillerte aber in allen Farben und war durchsichtig wie Glas. O, sie mußte saftig und durststillend sein! Ehe Albrecht noch überlegte, was er tat, hatte er die Beere schon im Munde. Sie schmeckte köstlich; er fühlte sich merkwürdig erfrischt.

Da plötzlich saß vor ihm auf dem nämlichen Strauch ein Rotkehlchen, das anmutig zwitscherte. Doch was war das? Albrecht verstand aus diesem Vogelgesang ja plötzlich Worte:

„Tirlo — die Beere ‚All'sverstund'
Hast du, o Jüngling, 'funden!
Sie wächst nur alle hundert Jahr'
Und reift in wenig Stunden.
Tirli-tirli — Beer' ‚All'sverstund'
Ist wertvoll ungemessen:
Verstehst nun jede Vogelsprach',
Weil du die Beer' gegessen.
Tirli-tirli — tu' niemand kund,
Und schweig' von Beere ‚All'sverstund'."

Albrecht von Löwensprung war ein armer, verwaister Verwandter des Grafen, der ihn wie einen jüngeren Bruder hielt und im Grunde Freude an dessen kühnem Jugendmut hatte. Er geleitete Albrecht mit einigen Knappen eine Tagesreise weit, dann begehrte der Jüngling, allein und in einfachstem Wams zu Fuß weiter zu wandern. So geschah es.

Viele Stunden war er gegangen. Die Sonne neigte sich schon zum Untergang, und Albrecht hoffte, noch vor dem Abend den Ausgang des Waldes und das Ziel seiner Wanderung zu erreichen.

Seine Hoffnung, irgendwo eine Quelle zu entdecken, erfüllte sich nicht. Die Vögel hüpften in den Zweigen, nach einem Plätzchen für die Nachtruhe suchend, und äugten neugierig hinab auf den einsamen Wanderer. Dieser rastete endlich, müde und durstig. Er hatte nur hin und wieder einige reife Erdbeeren gefunden.

Da, ganz dicht an seinem Platz entdeckte er etwas, das er noch nicht gesehen. An einem eigenartig gewachsenen Strauch gewahrte er eine einzelne Beere, die ihm durch ihr absonderliches Aussehen auffiel. So groß wie eine Kirsche, hing sie auch an langem Stiel wie solche, schillerte aber in allen Farben und war durchsichtig wie Glas. O, sie mußte saftig und durststillend sein! Ehe Albrecht noch überlegte, was er tat, hatte er die Beere schon im Munde. Sie schmeckte köstlich; er fühlte sich merkwürdig erfrischt.

Da plötzlich saß vor ihm auf dem nämlichen Strauch ein Rotkehlchen, das anmutig zwitscherte. Doch was war das? Albrecht verstand aus diesem Vogelgesang ja plötzlich Worte:

„Tirlo — die Beere ‚All'sverstund'
Hast du, o Jüngling, 'funden!
Sie wächst nur alle hundert Jahr'
Und reift in wenig Stunden.
Tirli-tirli — Beer' ‚All'sverstund'
Ist wertvoll ungemessen:
Verstehst nun jede Vogelsprach',
Weil du die Beer' gegessen.
Tirli-tirli — tu' niemand kund,
Und schweig' von Beere ‚All'sverstund'."

„Ei, mein Vögelein, ich danke dir," lächelte Albrecht ganz beglückt. Vöglein nickte ihm zu und flog weiter.

Albrecht fühlte jetzt vor Freude weder Durst noch Ermüdung; er hätte nur gern wegen der Richtung Bescheid gewußt.

Da schimmerte Gemäuer durch das Grün. Vielleicht waren Menschen dort, die er fragen konnte. Kaum hatte er einige Schritte in jener Richtung getan, als er dicht vor sich im Gestrüpp wieder ein Vöglein erblickte, das sein Liedlein sang. Auch jetzt verstand er die Worte:

„Tiu-tri-tiu — dort im Walde, schau, schau,
Haust einsam im Hüttlein ein' arglist'ge Frau.
Vor ihr und dem Sohne sei recht auf der Hut,
Und merk', was Frau Ute und Hanko wohl tut."

Das Vögelein war längst davongeflogen. Albrecht war überzeugt, daß es jene Hütte gemeint hatte, der er nun ziemlich nahe war. Seine Neugierde war erwacht.

Vorsichtig näherte er sich. Da gewahrte er draußen neben der niedrigen Tür in engem Käfig einen Raben. „Krah-krah —" rief der, als wolle er den Junker rufen. „Warum soll ich nicht hingehen?" dachte dieser. „Vielleicht erzählt mir der Schwarzrock auch wichtige Dinge." Und richtig: kaum war Junker Albrecht nahe genug, als der Gefangene rief:

„Frau Ute, die Hexe, ist waldwärts gegangen
Und ließ mich ohn' Futter hier draußen hangen;
Sie sperrt' mich zur Kurzweil ins Bauer eng,
Darin ich schon mit Kummer der Freiheit denk'.
Zur Strafe für früheres Stehlen und Lungern
Läßt oft sie mich jämmerlich darben und hungern.
Krah-krah — krah-krah — Komm schnell ganz nah,
Mach' auf mein' Tür — Ich lohn' es dir."

Albrecht tat, wie der Rabe bat. Der flog nun schnell von der Hütte fort, bis dahin, wo der Wald sich lichtete, aber dichtes Unterholz Deckung bot. Der Junker folgte eilends. Da begann der Rabe wieder:

„Ei, mein Vögelein, ich danke dir," lächelte Albrecht ganz beglückt. Vöglein nickte ihm zu und flog weiter.

Albrecht fühlte jetzt vor Freude weder Durst noch Ermüdung; er hätte nur gern wegen der Richtung Bescheid gewußt.

Da schimmerte Gemäuer durch das Grün. Vielleicht waren Menschen dort, die er fragen konnte. Kaum hatte er einige Schritte in jener Richtung getan, als er dicht vor sich im Gestrüpp wieder ein Vöglein erblickte, das sein Liedlein sang. Auch jetzt verstand er die Worte:

„Tiu-tri-tiu — dort im Walde, schau, schau,
Haust einsam im Hüttlein ein' arglist'ge Frau.
Vor ihr und dem Sohne sei recht auf der Hut,
Und merk', was Frau Ute und Hanko wohl tut."

Das Vögelein war längst davongeflogen. Albrecht war überzeugt, daß es jene Hütte gemeint hatte, der er nun ziemlich nahe war. Seine Neugierde war erwacht.

Vorsichtig näherte er sich. Da gewahrte er draußen neben der niedrigen Tür in engem Käfig einen Raben. „Krah-krah —" rief der, als wolle er den Junker rufen. „Warum soll ich nicht hingehen?" dachte dieser. „Vielleicht erzählt mir der Schwarzrock auch wichtige Dinge." Und richtig: kaum war Junker Albrecht nahe genug, als der Gefangene rief:

„Frau Ute, die Hexe, ist waldwärts gegangen
Und ließ mich ohn' Futter hier draußen hangen;
Sie sperrt' mich zur Kurzweil ins Bauer eng,
Darin ich schon mit Kummer der Freiheit denk'.
Zur Strafe für früheres Stehlen und Lungern
Läßt oft sie mich jämmerlich darben und hungern.
Krah-krah — krah-krah — Komm schnell ganz nah,
Mach' auf mein' Tür — Ich lohn' es dir."

Albrecht tat, wie der Rabe bat. Der flog nun schnell von der Hütte fort, bis dahin, wo der Wald sich lichtete, aber dichtes Unterholz Deckung bot. Der Junker folgte eilends. Da begann der Rabe wieder:

„Hexenbrut ist Frau Ut'
Und ihr Sohn — kennst ihn schon?"

Albrecht verneinte. Darauf schnarrte der Rabe noch eifriger:

„Hat Höcker im Rücken
Und sitzt voller Tücken.
Ist just gar nicht groß,
Doch dient er im Schloß;
Führt's Kochregiment,
Brät, kocht, bäckt ohn' End':
— mit schneeweißen Schürzen —
Manch' Braten mit Würzen,
Geflügel und Suppen,
Auch Karpfen mit Schuppen,
Gemüs' und Rouladen,
Pasteten und Fladen.
Der Hanko versteht's,
Und trefflich gerät's."

Der schwarze Gesell flatterte erregt mit den Flügeln, hüpfte auf einen anderen Zweig und krächzte dann gallig:

„Frau Ute, die geizige Hex', kann wohl lachen,
Schleckt oftmals ganz heimlich gar leckere Sachen.
Die gibt ihr der Koch;
Das merk' ich ja doch.
Ich Schwarzrock — rab-rab
Krieg' nie etwas ab,
Trotzdem sie versprochen
Mir lang' einen Knochen."

„Armer Pracher im Federkleid," lächelte der Junker. „Wart' nur, wenn ich erst ins Schloß komme, will ich für dich sorgen. Sollst an meinem Fenster stets einen Knochen finden, wenn Frau Ute dich nicht wieder einfängt."

„Hexenbrut ist Frau Ut'
Und ihr Sohn — kennst ihn schon?“

Albrecht verneinte. Darauf schnarrte der Rabe noch eifriger:

„Hat Höcker im Rücken
Und sitzt voller Tücken.
Ist just gar nicht groß,
Doch dient er im Schloß;
Führt's Kochregiment,
Brät, kocht, bäckt ohn' End':
— mit schneeweißen Schürzen —
Manch' Braten mit Würzen,
Geflügel und Suppen,
Auch Karpfen mit Schuppen,
Gemüs' und Rouladen,
Pasteten und Fladen.
Der Hanko versteht's,
Und trefflich gerät's.“

Der schwarze Gesell flatterte erregt mit den Flügeln, hüpfte auf einen anderen Zweig und krächzte dann gallig:

„Frau Ute, die geizige Hex', kann wohl lachen,
Schleckt oftmals ganz heimlich gar leckere Sachen.
Die gibt ihr der Koch;
Das merk' ich ja doch.
Ich Schwarzrock — rab-rab
Krieg' nie etwas ab,
Trotzdem sie versprochen
Mir lang' einen Knochen.“

„Armer Pracher im Federkleid,“ lächelte der Junker. „Wart' nur, wenn ich erst ins Schloß komme, will ich für dich sorgen. Sollst an meinem Fenster stets einen Knochen finden, wenn Frau Ute dich nicht wieder einfängt.“

„Schwarz ist Nacht und mein Gefieder —
Sieht bei Tag mich nimmer wieder.
Soll mich niemals wieder fangen
Und ins enge Bauer hangen.
Willst ins Schloß, beeil' den Schritt;
Rab', — krah-krah — verrät dich nit,"

lautete die Antwort des Schwarzen, der jetzt höher hinauf hüpfte, gleich aber wieder von seinem hohen Posten zu Albrecht hinflog und ängstlich mit den Flügeln schlagend mahnte:

„Schnell buck' dich
und duck' dich
In Eile, — krah-krah — !
Die Fraue,
die schlaue
Hex' Ute ist nah."

Albrecht tat, wie der Vogel riet, und konnte eben noch im Zwielicht die Alte erkennen, die, in einiger Entfernung zwischen den Bäumen daherkommend, ihrer Hütte zuschritt. Kaum war sie den Blicken der beiden Beobachter entschwunden, als der Rabe trieb:

„Nun schnelle von dannen —
Vorbei an den Tannen,
Krah-krah — bis zum Steg —
Dort siehst du den Weg."

Noch ein Stück flog der Rabe mit, bis er krächzte:

„Schreite weiter diesen Pfad,
Kommst zum Schlosse sonst zu spat,
Flieht sonst letzter Tagesschimmer; —
Brauchst mich Schwarzgesellen nimmer."

„Schwarz ist Nacht und mein Gefieder —
Sieht bei Tag mich nimmer wieder,
Soll mich niemals wieder fangen
Und ins enge Bauer hangen.
Willst ins Schloß, beeil' den Schritt;
Rab', — krah-krah — verrät dich nit,"

lautete die Antwort des Schwarzen, der jetzt höher hinauf hüpfte, gleich aber wieder von seinem hohen Posten zu Albrecht hinflog und ängstlich mit den Flügeln schlagend mahnte:

„Schnell buck' dich
und duck' dich
In Eile, — krah-krah — !
Die Fraue,
die schlaue
Hex' Ute ist nah."

Albrecht tat, wie der Vogel riet, und konnte eben noch im Zwielicht die Alte erkennen, die, in einiger Entfernung zwischen den Bäumen daherkommend, ihrer Hütte zuschritt. Kaum war sie den Blicken der beiden Beobachter entschwunden, als der Rabe trieb:

„Nun schnelle von dannen —
Vorbei an den Tannen,
Krah-krah — bis zum Steg —
Dort siehst du den Weg."

Noch ein Stück flog der Rabe mit, bis er krächzte:

„Schreite weiter diesen Pfad,
Kommst zum Schlosse sonst zu spat,
Flieht sonst letzter Tagesschimmer; —
Brauchst mich Schwarzgesellen nimmer."

Wirklich war es inzwischen ziemlich dunkel geworden, so daß Albrecht schnell von seinem gefiederten Führer schied. Er überlegte, als er so dahinschritt, auf welche Art er sich wohl am besten im Schloß einführen könnte, da er sich nicht gleich als Verwandter des Grafen zu erkennen geben mochte. Auch glaubte er klüger zu handeln, wenn er zunächst den Zweck seiner Reise verschwieg, denn nach allem, was er durch den Ohm sowohl im allgemeinen als auch durch die Vögel vorhin im besonderen erfahren hatte, traute er weder dem Koch noch der alten Ute viel Gutes zu.

Nun hatte er das Schloß erreicht. Es war ein stattlicher Bau, aus dessen Tor eben zwei Jünglinge traten, die, in erregtem Gespräch begriffen, den Nahenden nicht gewahrten. „Mich hat der böse Hanko gestäupt, weil ich vergaß, das Fleisch am Spieß zu drehen!" rief der eine der Jünglinge erregt, während der andere ihm entgegnete: „Und mich ließ er gar fasten, weil ich das Feuer so arg geschürt, daß die Supp' überkochte. Da war es doch besser, wenn die wilde Marinka schalt oder uns gar das Essen vor die Füße warf. Die war dabei wenigstens nicht so schlimm anzuschauen wie der Koch, vor dem man sich schier fürchten könnt', wenn er so wütend die Augen rollt."

Jetzt sahen sie Albrecht, der ihre Worte gehört hatte und auf seine Frage nun erfuhr, daß beide bisher Küchenjungen im Schloß waren und eben aus dem Dienst liefen. „Der Hanko mag sehen, wo er Ersatz herbekommt, oder fortan allein kochen," lachten sie schadenfroh. Albrecht ließ sie ziehen.

Ihm war die Begegnung wie eine Schicksalsfügung, denn er wußte jetzt genau, wie er handeln wollte. Auf dem Hofe begegnete ihm ein Knappe, den er kurzweg fragte, ob man in der Burg einen Gehilfen für die Küche brauche. „Ei freilich," lachte der, „das trifft sich gar gut."

Nun war Albrecht schon bald zwei Wochen im Schlosse als Gehilfe für die Küche angestellt. Hanko fand zwar, daß er noch sehr unbeholfen sei, trotzdem er älter war, als sonst seine Gehilfen zu sein pflegten. Auch hatte er so eine eigene Art, die dem Koch fast ein Gefühl der Scheu einflößte und ihn bisher hinderte, den Gehilfen schlecht zu behandeln.

Dieser machte sich gern an dem verzauberten Rittersporn zu schaffen, den er verstohlen immer mit wachsamen Augen betrachtete, mit dem er heimlich

Wirklich war es inzwischen ziemlich dunkel geworden, so daß Albrecht schnell von seinem gefiederten Führer schied. Er überlegte, als er so dahinschritt, auf welche Art er sich wohl am besten im Schloß einführen könnte, da er sich nicht gleich als Verwandter des Grafen zu erkennen geben mochte. Auch glaubte er klüger zu handeln, wenn er zunächst den Zweck seiner Reise verschwieg, denn nach allem, was er durch den Ohm sowohl im allgemeinen als auch durch die Vögel vorhin im besonderen erfahren hatte, traute er weder dem Koch noch der alten Ute viel Gutes zu.

Nun hatte er das Schloß erreicht. Es war ein stattlicher Bau, aus dessen Tor eben zwei Jünglinge traten, die, in erregtem Gespräch begriffen, den Nahenden nicht gewahrten. „Mich hat der böse Hanko gestäupt, weil ich vergaß, das Fleisch am Spieß zu drehen!“ rief der eine der Jünglinge erregt, während der andere ihm entgegnete: „Und mich ließ er gar fasten, weil ich das Feuer so arg geschürt, daß die Supp' überkochte. Da war es doch besser, wenn die wilde Marinka schalt oder uns gar das Essen vor die Füße warf. Die war dabei wenigstens nicht so schlimm anzuschauen wie der Koch, vor dem man sich schier fürchten könnt', wenn er so wütend die Augen rollt.“

Jetzt sahen sie Albrecht, der ihre Worte gehört hatte und auf seine Frage nun erfuhr, daß beide bisher Küchenjungen im Schloß waren und eben aus dem Dienst liefen. „Der Hanko mag sehen, wo er Ersatz herbekommt, oder fortan allein kochen,“ lachten sie schadenfroh. Albrecht ließ sie ziehen.

Ihm war die Begegnung wie eine Schicksalsfügung, denn er wußte jetzt genau, wie er handeln wollte. Auf dem Hofe begegnete ihm ein Knappe, den er kurzweg fragte, ob man in der Burg einen Gehilfen für die Küche brauche. „Ei freilich,“ lachte der, „das trifft sich gar gut.“

Nun war Albrecht schon bald zwei Wochen im Schlosse als Gehilfe für die Küche angestellt. Hanko fand zwar, daß er noch sehr unbeholfen sei, trotzdem er älter war, als sonst seine Gehilfen zu sein pflegten. Auch hatte er so eine eigene Art, die dem Koch fast ein Gefühl der Scheu einflößte und ihn bisher hinderte, den Gehilfen schlecht zu behandeln.

Dieser machte sich gern an dem verzauberten Rittersporn zu schaffen, den er verstohlen immer mit wachsamen Augen betrachtete, mit dem er heimlich flüsterte. Der Knappe Gunzo, derselbe, den er zuerst im Schloß getroffen, erzählte ihm oft von Marinka und dem Tage ihrer Verzauberung.

Gerade ein Monat war seit jenem Schreckenstag vergangen. Albrecht war, wie er dies schon öfter getan, früh mit Tagesanbruch ins Burggärtlein geschlichen, um nach dem Rittersporn zu sehen, der noch über und über blühte und der jetzt zum Schutze von einem Gitter umgeben war. Er hatte den Strauch kaum erreicht, als er an diesem eine auffallende Veränderung gewahrte, und urplötzlich stand statt des Rittersporns eine schöne Jungfrau im Gitter.

„Bin ich es denn? Wich der Zauber so plötzlich? O Wonne! O, wie will ich nun eine andere werden! Aber wer hilft mir aus dem Gitter, daß ich zu den Eltern eilen kann?" Bei diesen Worten der vom Zauber befreiten Marinka sprang Albrecht herzu und half mit starkem Arm der Jungfrau aus dem Gitter heraus.

Das war nun ein Jubel im Schloß über die vermeintliche Erlösung der jungen Gräfin. Es wußte ja niemand außer der Hexe Ute und ihrem Sohn, daß es nur der eine Tag im Monat war, an dem nach Ausspruch der ersteren der Zauber weichen sollte.

Immer wieder mußte Albrecht erzählen, wie die Entzauberung von ihm entdeckt wurde. Alle waren heute besonders freundlich zu ihm, Graf und Gräfin und ihre schöne Tochter hatten ihm herzlich gedankt, weil er das Wunder der plötzlichen Entzauberung zuerst entdeckt und der Jungfrau so schnell aus dem engen Gitter geholfen hatte.

Nur Hanko blickte den Jüngling heute mißtrauisch und finster an. Was führte der Kochgehilfe im Schilde? Warum war er schon so früh zu dem verzauberten Rittersporn gegangen?

Hanko fühlte sich durch dies alles beunruhigt. Er beschloß, auf der Hut zu sein. Seine Laune ward auch nicht besser, als er nun mit dem Gesinde bei einem extra guten Mahl saß.

Albrecht mußte alles herbeitragen, wobei Hanko sich von ihm bedienen ließ. Er glaubte, Albrecht damit zu ärgern, doch dieser schien das gar nicht zu merken, sondern war guter Dinge.

Als Gunzo nun seinen Becher auf das Wohl der schönen Marinka leerte, tat Albrecht das gleiche und sprach: „Fürwahr, schön ist die junge Gräfin. Ihr Wuchs ist so schlank wie der einer Tanne, ihre Augen glänzen schöner als flüsterte. Der Knappe Gunzo, derselbe, den er zuerst im Schloß getroffen, erzählte ihm oft von Marinka und dem Tage ihrer Verzauberung.

Gerade ein Monat war seit jenem Schreckenstag vergangen. Albrecht war, wie er dies schon öfter getan, früh mit Tagesanbruch ins Burggärtlein geschlichen, um nach dem Rittersporn zu sehen, der noch über und über blühte und der jetzt zum Schutze von einem Gitter umgeben war. Er hatte den Strauch kaum erreicht, als er an diesem eine auffallende Veränderung gewahrte, und urplötzlich stand statt des Rittersporns eine schöne Jungfrau im Gitter.

„Bin ich es denn? Wich der Zauber so plötzlich? O Wonne! O, wie will ich nun eine andere werden! Aber wer hilft mir aus dem Gitter, daß ich zu den Eltern eilen kann?“ Bei diesen Worten der vom Zauber befreiten Marinka sprang Albrecht herzu und half mit starkem Arm der Jungfrau aus dem Gitter heraus.

Das war nun ein Jubel im Schloß über die vermeintliche Erlösung der jungen Gräfin. Es wußte ja niemand außer der Hexe Ute und ihrem Sohn, daß es nur der eine Tag im Monat war, an dem nach Ausspruch der ersteren der Zauber weichen sollte.

Immer wieder mußte Albrecht erzählen, wie die Entzauberung von ihm entdeckt wurde. Alle waren heute besonders freundlich zu ihm, Graf und Gräfin und ihre schöne Tochter hatten ihm herzlich gedankt, weil er das Wunder der plötzlichen Entzauberung zuerst entdeckt und der Jungfrau so schnell aus dem engen Gitter geholfen hatte.

Nur Hanko blickte den Jüngling heute mißtrauisch und finster an. Was führte der Kochgehilfe im Schilde? Warum war er schon so früh zu dem verzauberten Rittersporn gegangen?

Hanko fühlte sich durch dies alles beunruhigt. Er beschloß, auf der Hut zu sein. Seine Laune ward auch nicht besser, als er nun mit dem Gesinde bei einem extra guten Mahl saß.

Albrecht mußte alles herbeitragen, wobei Hanko sich von ihm bedienen ließ. Er glaubte, Albrecht damit zu ärgern, doch dieser schien das gar nicht zu merken, sondern war guter Dinge.

Als Gunzo nun seinen Becher auf das Wohl der schönen Marinka leerte, tat Albrecht das gleiche und sprach: „Fürwahr, schön ist die junge Gräfin. Ihr Wuchs ist so schlank wie der einer Tanne, ihre Augen glänzen schöner als

Diamanten, ihr Mund rötet sich lieblicher als Rubine —" „Und der deine ist schwatzhafter als der einer Elster," fiel ihm Hanko höhnisch ins Wort. „Wie darfst du, ein armseliger Küchengehilfe, dich unterfangen, von einer Grafentochter also zu reden, als ob du ihresgleichen wärst?"

„Und wenn ich's wäre," brauste Albrecht jetzt auf, „was ginge es dich an?" „Willst du dich gar wie ein Pfau blähen?" lautete Hankos giftige Gegenrede.

„Laß deine bösen Reden, Hanko," unterbrach da Gunzo den Koch;" die sind nicht so kurzweilig als die deines Küchengehilfen. Soll er dir vielleicht auch davonlaufen wie deine Küchenjungen?"

„Mag er," zischte Hanko, doch mehr konnte er nicht sagen, denn kreidebleich kam ein Diener angestürzt, der atemlos meldete, daß Marinka plötzlich wieder in einen Rittersporn verwandelt sei.

Albrecht hörte es mit Entsetzen, während Hanko scheu um sich blickte, was dem nunmehrigen Küchengehilfen nicht entging.

Droben im Saal aber, wo Marinka eben noch glücklich bei ihren Eltern gesessen und ihnen Besserung gelobt hatte, lag wirklich ein Busch Rittersporn. Um ihn nicht welken zu lassen, blieb nichts anderes übrig, als ihn sofort wieder im Burggärtlein in das Erdreich zu setzen, doch diesmal ohne Gitter. Dafür sollte er nun Tag und Nacht bewacht werden.

Albrecht war jetzt fester als je davon überzeugt, daß die Hexe Ute und Hanko an dem Zauber schuld seien, daß er auch den Koch noch schärfer beobachten müsse als bisher. Aber wie sollte er erfahren, was er tun mußte, um die Verzauberte zu erlösen?

Wohl war die alte Ute schon öfter heimlich gekommen, vermutlich, um sich allerlei gute Leckerbissen von Hanko zustecken zu lassen; doch so aufmerksam Albrecht auch gelauscht, nie hatte er aus beider Gesprächen irgend etwas Auffälliges vernommen. Den Raben vermochte er nirgends zu entdecken, so oft er ihm auch die versprochenen Knochen in sein Kammerfenster legte.

„Aber was sollte der schwarze Vogel denn auch noch erzählen?" dachte Albrecht. „Er hat sicherlich ausgeplaudert, was er wußte. Auch wird er längst weit fort sein." Albrecht war nach solchen Erwägungen am Abend des ereignisreichen Tages recht niedergeschlagen und ratlos, zumal er merkte,

Diamanten, ihr Mund rötet sich lieblicher als Rubine —" „Und der deine ist schmackhafter als der einer Elster," fiel ihm Hanko höhnisch ins Wort. „Wie darfst du, ein armseliger Küchengehilfe, dich unterfangen, von einer Grafentochter also zu reden, als ob du ihresgleichen wärst?"

„Und wenn ich's wäre," brauste Albrecht jetzt auf, „was ginge es dich an?" „Willst du dich gar wie ein Pfau blähen?" lautete Hankos giftige Gegenrede.

„Laß deine bösen Reden, Hanko," unterbrach da Gunzo den Koch; „die sind nicht so kurzweilig als die deines Küchengehilfen. Soll er dir vielleicht auch davonlaufen wie deine Küchenjungen?"

„Mag er," zischte Hanko, doch mehr konnte er nicht sagen, denn kreidebleich kam ein Diener angestürzt, der atemlos meldete, daß Marinka plötzlich wieder in einen Rittersporn verwandelt sei.

Albrecht hörte es mit Entsetzen, während Hanko scheu um sich blickte, was dem nunmehrigen Küchengehilfen nicht entging.

Droben im Saal aber, wo Marinka eben noch glücklich bei ihren Eltern gesessen und ihnen Besserung gelobt hatte, lag wirklich ein Busch Rittersporn. Um ihn nicht welken zu lassen, blieb nichts anderes übrig, als ihn sofort wieder im Burggärtlein in das Erdreich zu setzen, doch diesmal ohne Gitter. Dafür sollte er nun Tag und Nacht bewacht werden.

Albrecht war jetzt fester als je davon überzeugt, daß die Hexe Ute und Hanko an dem Zauber schuld seien, daß er auch den Koch noch schärfer beobachten müsse als bisher. Aber wie sollte er erfahren, was er tun mußte, um die Verzauberte zu erlösen?

Wohl war die alte Ute schon öfter heimlich gekommen, vermutlich, um sich allerlei gute Leckerbissen von Hanko zustecken zu lassen; doch so aufmerksam Albrecht auch gelauscht, nie hatte er aus beider Gesprächen irgend etwas Auffälliges vernommen. Den Raben vermochte er nirgends zu entdecken, so oft er ihm auch die versprochenen Knochen in sein Kammerfenster legte.

„Aber was sollte der schwarze Vogel denn auch noch erzählen?" dachte Albrecht. „Er hat sicherlich ausgeplaudert, was er wußte. Auch wird er längst weit fort sein." Albrecht war nach solchen Erwägungen am Abend des ereignisreichen Tages recht niedergeschlagen und ratlos, zumal er merkte, daß Hanko ihm nunmehr feindlich gesinnt war. Sicherlich würde dieser nun noch vorsichtiger sein.

Er hatte sich mit finsteren Blicken sogleich zur Ruhe begeben, dem Küchenjungen befehlend, für Ordnung in der Küche zu sorgen. Die flinken Mägde halfen Albrecht gern, und so konnte denn auch dieser bald sein in entlegenem Turm befindliches Kämmerlein aufsuchen.

An Schlaf mochte er noch nicht denken, da so viele Gedanken auf ihn einstürmten, er auch in Unruhe war, die alte Ute könne gerade an diesem Abend wieder mit Hanko zusammentreffen. Vielleicht hatte der Koch sich nur zum Schein so müde gestellt.

Eben legte Albrecht wieder einen Knochen in sein Fensterlein, dabei in den Abend hinausblickend, als er Flügelschlag vernahm und gleich darauf einen Freudenruf ausstieß, denn vor ihm auf dem Fenstersims saß der Rabe. Er pickte ein paarmal eifrig an dem Knochen, als ob er nur darum gekommen sei, dann schnarrte er:

„Frau Ute hat den Fuß verstaucht,
Heut' niemand sie zu fürchten braucht.
Denn Hex' muß fein im Hüttlein bleiben;
Brauchst drum den Schlaf nicht zu vertreiben.
Auch Hanko läuft heut kaum zu ihr —
Ich sah, er schläft wie 'n Murmeltier."

Freudig erstaunt hörte Albrecht diese Mitteilung an, dann antwortete er lächelnd: „Mir scheint, du bist der Weiseste unter deinesgleichen, denn du weißt mehr, als ein gewöhnlicher Rabe sonst wissen dürfte. Vielleicht ist dir auch bekannt, daß ich schon oft vergeblich nach dir ausschaute?"

„Konnte mehr dir noch nicht sagen,
Hätt' sonst Botschaft dir getragen!"

ließ sich der Rabe hierauf wieder vernehmen, nachdem er sich nochmals an dem Knochen gütlich getan hatte. Dann wandte er sich abermals zu Albrecht, ihn schlau anäugend:

daß Hanko ihm nunmehr feindlich gesinnt war. Sicherlich würde dieser nun noch vorsichtiger sein.

Er hatte sich mit finsteren Blicken sogleich zur Ruhe begeben, dem Küchenjungen befehlend, für Ordnung in der Küche zu sorgen. Die flinken Mägde halfen Albrecht gern, und so konnte denn auch dieser bald sein in entlegenem Turm befindliches Kämmerlein aufsuchen.

An Schlaf mochte er noch nicht denken, da so viele Gedanken auf ihn einstürmten, er auch in Unruhe war, die alte Ute könne gerade an diesem Abend wieder mit Hanko zusammentreffen. Vielleicht hatte der Koch sich nur zum Schein so müde gestellt.

Eben legte Albrecht wieder einen Knochen in sein Fensterlein, dabei in den Abend hinausblickend, als er Flügelschlag vernahm und gleich darauf einen Freudenruf ausstieß, denn vor ihm auf dem Fenstersims saß der Rabe. Er pickte ein paarmal eifrig an dem Knochen, als ob er nur darum gekommen sei, dann schnarrte er:

„Frau Ute hat den Fuß verstaucht,
Heut' niemand sie zu fürchten braucht.
Denn Hex' muß fein im Hüttlein bleiben;
Brauchst drum den Schlaf nicht zu vertreiben.
Auch Hanko läuft heut kaum zu ihr —
Ich sah, er schläft wie 'n Murmeltier."

Freudig erstaunt hörte Albrecht diese Mitteilung an, dann antwortete er lächelnd: „Mir scheint, du bist der Weiseste unter deinesgleichen, denn du weißt mehr, als ein gewöhnlicher Rabe sonst wissen dürfte. Vielleicht ist dir auch bekannt, daß ich schon oft vergeblich nach dir ausschaute?"

„Konnte mehr dir noch nicht sagen,
Hätt' sonst Botschaft dir getragen!"

ließ sich der Rabe hierauf wieder vernehmen, nachdem er sich nochmals an dem Knochen gütlich getan hatte. Dann wandte er sich abermals zu Albrecht, ihn schlau anäugend:

„Heut' war ich im Gärtlein drunt'
Schon zu früher Morgenstund'.
Hatte dort so meine Schliche:
Wollte seh'n, wenn Zauber wiche.
Sah auch dich, mein Junkerlein,
Dann die Jungfrau schön und fein,
Die Hex' Utes Zauber traf,
Als des wilden Wesens Straf'."

„Das wußtest du und sagtest es nicht früher?" Der Rabe nickte bedächtig, tat ein paar derbe Schnabelhiebe auf den Knochen und antwortete dann dem Fragenden:

„Hast mich eifrig nicht befragt,
Hätt' vielleicht sonst mehr gesagt,
Oder — mich gehüllt in Schweigen.
Schwatzhaft soll man nie sich zeigen!
Meine Freiheit dank' ich dir,
Drum erfährst du mehr von mir!"

„Wie gut von dir, lieber Rabe," lobte Albrecht den Schwarzgesellen. „Bitte, erzähle mir, was du weißt und wie es kommt, daß die schöne Marinka wieder dem Zauber verfallen konnte, nachdem er so plötzlich von ihr gewichen war?" Der schwarze Erzähler steckte einen Augenblick den Kopf in die Federn, als ob er nachdenke, dann folgte die Antwort:

„‚Einen Tag im Monat sei
Sie des Zaubers ledig, frei!'
Hab's gehört, wie Ut' es rief, —
Tat nur so, als ob ich schlief', —
Bis mich Hanko unsanft weckte,
schadenfroh mich Armen neckte.
Gönnt' ihm auch ein Kräutersüpplein,
Wie er's gab dem Grafenpüpplein,

„Heut' war ich im Gärtlein drunt'
Schon zu früher Morgenstund'.
Hatte dort so meine Schliche:
Wollte seh'n, wenn Zauber wiche.
Sah auch dich, mein Junkerlein,
Dann die Jungfrau schön und fein,
Die Hex' Utes Zauber traf,
Als des wilden Wesens Straf'."

„Das wußtest du und sagtest es nicht früher?" Der Rabe nickte bedächtig, tat ein paar derbe Schnabelhiebe auf den Knochen und antwortete dann dem Fragenden:

„Hast mich eifrig nicht befragt,
Hätt' vielleicht sonst mehr gesagt,
Oder — mich gehüllt in Schweigen.
Schwatzhaft soll man nie sich zeigen!
Meine Freiheit dank' ich dir,
Drum erfährst du mehr von mir!"

„Wie gut von dir, lieber Rabe," lobte Albrecht den Schwarzgesellen. „Bitte, erzähle mir, was du weißt und wie es kommt, daß die schöne Marinka wieder dem Zauber verfallen konnte, nachdem er so plötzlich von ihr gewichen war?" Der schwarze Erzähler steckte einen Augenblick den Kopf in die Federn, als ob er nachdenke, dann folgte die Antwort:

„‚Einen Tag im Monat sei
Sie des Zaubers ledig, frei!'
Hab's gehört, wie Ut' es rief, —
Tat nur so, als ob ich schlief', —
Bis mich Hanko unsanft weckte,
schadenfroh mich Armen neckte.
Gönnt' ihm auch ein Kräutersüpplein,
Wie er's gab dem Grafenpüpplein,

Das solch Süpplein hat gegessen;
Doch dies gänzlich mußt' vergessen,
Daß der Täter straflos wäre —"

„Ist das wahr?" forschte Albrecht erregt, und der Rabe antwortete wichtig:

„Hab's erlauscht, — auf Rabenehre,
Wie's geflüstert hat Frau Ut',
Doch ich Schwarzrock hör' gar gut!"

Der Vogel machte eine Pause, dann probierte er seine Schwingen, drehte den Kopf nochmals zu Albrecht und krächzte:

„Morgen ha'n wir Vollmondschein,
Geh' da früh ins Kämmerlein.
Auf dein Lager gleich dich strecke;
Hab' ich Botschaft, ich dich wecke."

Fort war der Rabe, ehe Albrecht sich dessen versah. Hätte er auch noch so viel fragen mögen, so vertraute er jetzt seinem kleinen Helfer und war überzeugt, daß er durch ihn mit der Zeit alles Wichtige erfahren werde. Am nächsten Abend tat er, wie der Rabe ihm geraten, und lag bald in sanfter Ruhe. So mochten einige Stunden vergangen sein, als ein Vogelschnabel an sein Fenster pochte und eine Albrecht wohlbekannte Vogelstimme rief:

„Krah — krah — krah!
Rab' ist da.
Poch — poch — poch,
Schläfst du noch?"

Der Gerufene wischte den Schlaf aus den Augen und sprang schnell zum Fenster.

Erfreut streichelte er das schwarze Gefieder seines Getreuen, indem er flüsterte: „Hab' Dank, du unermüdlicher Gesell; ich tue gern, was du mir rätst." Der Rabe drängte:

Das solch Süpplein hat gegessen;
Doch dies gänzlich mußt' vergessen,
Daß der Täter straflos wäre —"

„Ist das wahr?" forschte Albrecht erregt, und der Rabe antwortete wichtig:

„Hab's erlauscht, — auf Rabenehre,
Wie's geflüstert hat Frau Ut',
Doch ich Schwarzrock hör' gar gut!"

Der Vogel machte eine Pause, dann probierte er seine Schwingen, drehte den Kopf nochmals zu Albrecht und krächzte:

„Morgen ha'n wir Vollmondschein,
Geh' da früh ins Kämmerlein.
Auf dein Lager gleich dich strecke;
Hab' ich Botschaft, ich dich wecke."

Fort war der Rabe, ehe Albrecht sich dessen versah. Hätte er auch noch so viel fragen mögen, so vertraute er jetzt seinem kleinen Helfer und war überzeugt, daß er durch ihn mit der Zeit alles Wichtige erfahren werde. Am nächsten Abend tat er, wie der Rabe ihm geraten, und lag bald in sanfter Ruhe. So mochten einige Stunden vergangen sein, als ein Vogelschnabel an sein Fenster pochte und eine Albrecht wohlbekannte Vogelstimme rief:

„Krah — krah — krah!
Rab' ist da.
Poch — poch — poch,
Schläfst du noch?"

Der Gerufene wischte den Schlaf aus den Augen und sprang schnell zum Fenster.

Erfreut streichelte er das schwarze Gefieder seines Getreuen, indem er flüsterte: „Hab' Dank, du unermüdlicher Gesell; ich tue gern, was du mir rätst." Der Rabe drängte:

„Waldauf, waldab
Flog Rab', rab-rab,
Daß er dir sag',
Was kommen mag:
Frau Ut' schleicht leis
Es niemand weiß
Jetzt durch den Wald
Zum Söhnlein bald.
Am Runenstein
Sie wartet sein!
Noch ist es Zeit,
Ich geb's Geleit.
Beeil den Lauf
Eh' Mond geht auf
Daß wir geschwind
Die ersten sind."

Das Ziel ihres Weges war nicht weit vom Schloß, doch ganz abseits gelegen, so daß nicht leicht jemand dorthin kam. Woher der Rabe wußte, daß Ute und Hanko dort sich treffen würden, wollte Albrecht erfahren, doch sein Begleiter antwortete nur:

„Wir Vögel Frag' und Antwort tauschen
Von wicht'gem Ding, das wir erlauschen."

Ein dichtes Haselgebüsch verbarg beide jedem Blick, so daß selbst Hexenaugen die Lauscher kaum entdecken konnten.

Nicht lange brauchten diese zu warten, so humpelte die Hexe heran, und bald danach erschien auch der Koch. Beide ließen sich am Runenstein, einem uralten Felsblock, nieder, wo die Lauscher jedes Wort vernehmen konnten. Sie sprachen natürlich sogleich von Marinka und ihrer kurzen Entzauberung, welches Gespräch die Alte öfters durch ihr höhnisches „Hi-hi-hi" unterbrach, während Hankos Lachen „Hä-hä-hä" dazwischen hörbar ward. Eben erzählte letzterer von seinem Wortwechsel mit Albrecht, und wie der gerade bei der Entzauberung des Rittersporns zugegen gewesen sei. „Kannst du ihn nicht

„Waldauf, waldab
Flog Rab', rab rab,
Daß er dir sag',
Was kommen mag:
Frau Ut' schleicht leis
Es niemand weiß —
Jetzt durch den Wald
Zum Söhnlein bald.
Am Runenstein
Sie wartet sein!
Noch ist es Zeit,
Ich geb's Geleit
Beeil den Lauf
Eh' Mond geht auf
Daß wir geschwind
Die ersten sind."

Das Ziel ihres Weges war nicht weit vom Schloß, doch ganz abseits gelegen, so daß nicht leicht jemand dorthin kam. Woher der Rabe wußte, daß Ute und Hanko dort sich treffen würden, wollte Albrecht erfahren, doch sein Begleiter antwortete nur:

„Wir Vögel Frag' und Antwort tauschen
Von wicht'gem Ding, das wir erlauschen."

Ein dichtes Haselgebüsch verbarg beide jedem Blick, so daß selbst Hexenaugen die Lauscher kaum entdecken konnten.

Nicht lange brauchten diese zu warten, so humpelte die Hexe heran, und bald danach erschien auch der Koch. Beide ließen sich am Runenstein, einem uralten Felsblock, nieder, wo die Lauscher jedes Wort vernehmen konnten. Sie sprachen natürlich sogleich von Marinka und ihrer kurzen Entzauberung, welches Gespräch die Alte öfters durch ihr höhnisches „Hi-hi-hi" unterbrach, während Hankos Lachen „Hä-hä-hä" dazwischen hörbar ward. Eben erzählte letzterer von seinem Wortwechsel mit Albrecht, und wie der gerade bei der Entzauberung des Rittersporns zugegen gewesen sei. „Kannst du ihn nicht aus dem Wege schaffen, Mutter?" schloß er seinen Bericht. Doch die Alte antwortete listig:

„Hab's längst bemerkt, daß du ihn hassest
Und wissen möcht'st, wie du ihn fassest.
Ich weiß es wohl in ein'gen Wochen —
Solang' Geduld. — Ich hab's versprochen,
Daß ich bis dann ein Mittel finde,
Wie ich auch ihn mit Zauber binde."

„Hä-hä-hä!" lachte Hanko böse, „nach ihm wird niemand fragen, oder die schöne Marinka müßte es tun, wenn ihr Befreier bei der nächsten Entzauberung fehlt. Weißt du, ich hoff', die Marinka wird nie erlöst; sie mag nur ein Rittersporn bleiben und meinetwegen auch im Winter blühen. Vielleicht gibt's auch nicht einmal ein Mittel, das sie befreien könnte." Die Alte wiegte den Kopf, dann fuchtelte sie mit ihren knochigen Fingern und antwortete schadenfroh:

„Ein Mittel gäb's, doch ist es gut,
Daß es nur kennt die alte Ut'."

„Sag' mir's doch auch," drängte Hanko, „hätte meinen Spaß daran." Da hub die Alte also an:

„Was man braucht, es niemand weiß,
Höre zu, — ich sag' dir's leis:
Nur drei Blumen Rittersporn,
Und drei Stielchen Rosendorn,
Holderbeer'n und Eibenwurz,
Drei Kamill'n und drei Nasturz.
Dann drei Veilchenblätter grün,
Drei Ranunkeln, die nicht blüh'n.
Auch drei gelbe Arnika —
Dies gepflückt, wenn's niemand sah,
Just bei hellem Vollmondschein —

aus dem Wege schaffen, Mutter?“ schloß er seinen Bericht. Doch die Alte antwortete listig:

„Hab's längst bemerkt, daß du ihn hassest
Und wissen möcht'st, wie du ihn fassest.
Ich weiß es wohl in ein'gen Wochen —
Solang' Geduld. — Ich hab's versprochen,
Daß ich bis dann ein Mittel finde,
Wie ich auch ihn mit Zauber binde.“

„Hä-hä-hä!“ lachte Hanko böse, „nach ihm wird niemand fragen, oder die schöne Marinka müßte es tun, wenn ihr Befreier bei der nächsten Entzauberung fehlt. Weißt du, ich hoff', die Marinka wird nie erlöst; sie mag nur ein Rittersporn bleiben und meinetwegen auch im Winter blühen. Vielleicht gibt's auch nicht einmal ein Mittel, das sie befreien könnte.“ Die Alte wiegte den Kopf, dann fuchtelte sie mit ihren knochigen Fingern und antwortete schadenfroh:

„Ein Mittel gäb's, doch ist es gut,
Daß es nur kennt die alte Ut'.“

„Sag' mir's doch auch,“ drängte Hanko, „hätte meinen Spaß daran.“ Da hub die Alte also an:

„Was man braucht, es niemand weiß,
Höre zu, — ich sag' dir's leis:
Nur drei Blumen Rittersporn,
Und drei Stielchen Rosendorn,
Holderbeer'n und Eibenwurz,
Drei Kamill'n und drei Nasturz.
Dann drei Veilchenblätter grün,
Drei Ranunkeln, die nicht blüh'n.
Auch drei gelbe Arnika —
Dies gepflückt, wenn's niemand sah,
Just bei hellem Vollmondschein —

So würd' Zauber wirksam sein.
Dann müßt' man zum Kochen schnell
Wasser hol'n vom Waldesquell —
Alles darin sorgsam brühen —
Mit dem Sud zum Strauche ziehen,
Diesen damit gießen an —
So wär's Rettungswerk getan,
Hi-hi-hi, wohl niemand kommt
Darauf, was zur Rettung frommt."

Albrecht mußte alle Willenskraft zusammennehmen, um sich nicht durch einen Freudenschrei zu verraten. Endlos schien es ihm, bis die beiden unheimlichen Gestalten sich entfernt hatten; denn was sie noch weiter zu besprechen hatten, interessierte den Junker nun nicht mehr, da er das Wichtigste wußte. Er sah endlich die Hexe heimwärts trotten und ebenso Hanko zum Schlosse zurückschleichen.

Als keinerlei Entdeckungsgefahr mehr drohte, rief Albrecht: „O lieber Rabe, wie froh bin ich und wie danke ich dir, daß du mich hierher geführt hast! Hilf mir nun auch die Kräuter finden und den Waldquell, damit ich die heutige Vollmondnacht zu meinem Rettungswerk ausnutzen kann."

„Daß du mich Schwarzrock hast befreit,
Hast du gewiß noch nicht bereut."

schnarrte der Vogel selbstzufrieden und setzte dann pfiffig hinzu:

„Die alte Hex' gar giftig war,
Als mein Entrinnen ihr ward klar —
Krah-krah, wie würd's mir übel gehn,
Hätt' sie uns beide jetzt gesehn!
Nun hurtig, komm' in tiefen Wald;
Was du bedarfst, zeig ich dir bald —
Vergessen haben wir kein Stippchen —
Hex' Ut' — wir schlagen dir ein Schnippchen."

So würd' Zauber wirksam sein.
Dann müßt' man zum Kochen schnell
Wasser hol'n vom Waldesquell —
Alles darin sorgsam brühen —
Mit dem Sud zum Strauche ziehen,
Diesen damit gießen an —
So wär's Rettungswerk getan,
Hi-hi-hi, wohl niemand kommt
Darauf, was zur Rettung frommt."

Albrecht mußte alle Willenskraft zusammennehmen, um sich nicht durch einen Freudenschrei zu verraten. Endlos schien es ihm, bis die beiden unheimlichen Gestalten sich entfernt hatten; denn was sie noch weiter zu besprechen hatten, interessierte den Junker nun nicht mehr, da er das Wichtigste wußte. Er sah endlich die Hexe heimwärts trotten und ebenso Hanko zum Schlosse zurückschleichen.

Als keinerlei Entdeckungsgefahr mehr drohte, rief Albrecht: „O lieber Rabe, wie froh bin ich und wie danke ich dir, daß du mich hierher geführt hast! Hilf mir nun auch die Kräuter finden und den Waldquell, damit ich die heutige Vollmondnacht zu meinem Rettungswerk ausnutzen kann."

„Daß du mich Schwarzrock hast befreit,
Hast du gewiß noch nicht bereut."

schnarrte der Vogel selbstzufrieden und setzte dann pfiffig hinzu:

„Die alte Hex' gar giftig war,
Als mein Entrinnen ihr ward klar —
Krah-krah, wie würd's mir übel gehn,
Hätt' sie uns beide jetzt gesehn!
Nun hurtig, komm' in tiefen Wald;
Was du bedarfst, zeig ich dir bald —
Vergessen haben wir kein Stippchen —
Hex' Ut' — wir schlagen dir ein Schnippchen."

Lautlos wie Schatten glitten der Junker und der Rabe dann durch den Wald dahin, bis alles Nötige gefunden war. — Doch nun schien guter Rat teuer, denn worin sollten sie das Quellwasser schöpfen? Weder Albrechts Mütze noch seine Schuhe erwiesen sich als dazu geeignet. Da fiel sein Blick auf ein ausgehöhltes Stück eines Baumastes, der vom Sturm abgebrochen vor ihm lag. Mit geschickter Hand und großer Kraft brach er das Stück so ab, daß der Stumpf ein Gefäß mit festem Boden bildete, das gleich einem Kruge das Wasser in sich aufnahm. — Im Schloß war alles dunkel und still, als Albrecht mit seinem kostbaren Gepäck dort anlangte. Alles hatte er im Wald gefunden, nur die drei Blumen vom Rittersporn nicht. Er mußte sie vom verzauberten Busch holen. Aber wie an den Wärtern vorbei gelangen? Doch der Rabe, der nicht von Albrecht gewichen war, wußte Rat:

„In's Gärtlein flieg' ich leis, rab-rab,
Pflück' ungesehn drei Blumen ab,"

und fort war er, ehe Albrecht noch etwas entgegnen konnte. Rasch war er wieder zurück, drei Blumen Rittersporn im Schnabel tragend, die er Albrecht gab, wobei er wohlgefällig schnarrte:

„Die Wächter waren eingenickt;
Hätt' ungestraft noch mehr gepflückt."

Ohne Säumen flog er nochmals fort und kam sogleich mit der Botschaft zurück:

„Der Hanko schläft, bleibst ungestört,
Drum schnell an's Werk, dich niemand hört."

Weiteren Dank nicht abwartend, hatte der treue Gehilfe sich schon davongemacht, so daß Albrecht flugs in die Küche schlich, wo er, wie es Hanko vor Wochen getan, heimlich seine Kräuter und Blumen kochte, bis es ebenfalls ganz appetitlich duftete.

Nun war das Werk getan. Er goß die Flüssigkeit wieder in seinen Astkrug und schritt leise ins Burggärtlein. Dort waren die beiden schlaftrunkenen Wächter eben erwacht. Der eine, der Knappe Gunzo, fragte den Nahenden

Lautlos wie Schatten glitten der Junker und der Rabe dann durch den Wald dahin, bis alles Nötige gefunden war. — Doch nun schien guter Rat teuer, denn worin sollten sie das Quellwasser schöpfen? Weder Albrechts Mütze noch seine Schuhe erwiesen sich als dazu geeignet. Da fiel sein Blick auf ein ausgehöhltes Stück eines Baumastes, der vom Sturm abgebrochen vor ihm lag. Mit geschickter Hand und großer Kraft brach er das Stück so ab, daß der Stumpf ein Gefäß mit festem Boden bildete, das gleich einem Kruge das Wasser in sich aufnahm. — Im Schloß war alles dunkel und still, als Albrecht mit seinem kostbaren Gepäck dort anlangte. Alles hatte er im Wald gefunden, nur die drei Blumen vom Rittersporn nicht. Er mußte sie vom verzauberten Busch holen. Aber wie an den Wärtern vorbei gelangen? Doch der Rabe, der nicht von Albrecht gewichen war, wußte Rat:

„In's Gärtlein flieg' ich leis, rab-rab,
Pflück' ungesehn drei Blumen ab,"

und fort war er, ehe Albrecht noch etwas entgegnen konnte. Rasch war er wieder zurück, drei Blumen Rittersporn im Schnabel tragend, die er Albrecht gab, wobei er wohlgefällig schnarrte:

„Die Wächter waren eingenickt;
Hätt' ungestraft noch mehr gepflückt."

Ohne Säumen flog er nochmals fort und kam sogleich mit der Botschaft zurück:

„Der Hanko schläft, bleibst ungestört,
Drum schnell an's Werk, dich niemand hört."

Weiteren Dank nicht abwartend, hatte der treue Gehilfe sich schon davongemacht, so daß Albrecht flugs in die Küche schlich, wo er, wie es Hanko vor Wochen getan, heimlich seine Kräuter und Blumen kochte, bis es ebenfalls ganz appetitlich duftete.

Nun war das Werk getan. Er goß die Flüssigkeit wieder in seinen Astkrug und schritt leise ins Burggärtlein. Dort waren die beiden schlaftrunkenen Wächter eben erwacht. Der eine, der Knappe Gunzo, fragte den Nahenden befremdet: „Was schaffest du hier zur Nachtzeit im Burggärtlein?" Doch der andere Wächter wollte Albrecht einfach festhalten. Da schrie er auf und schlug wütend um sich, denn ein Rabe hatte ihn ins Ohr gebissen. Woher der so plötzlich gekommen, ahnte der Gebissene nicht. Er lief dem Übeltäter, der längst entschlüpft war, suchend nach, während Gunzo erstaunt sah, wie Albrecht, den günstigen Augenblick benutzend, den Inhalt seines Gefäßes auf den Rittersporn goß. Im nächsten Augenblick stand die erlöste Marinka vor den sprachlosen Männern. Sie reichte Albrecht die Hand, während sie sprach: „Du hast mich erlöst; ich kenne dich wieder. O, wie danke ich dir!" Sie war mädchenhaft holdselig und sittsam, wie auch Gunzo das Grafenkind nie gekannt hatte.

Albrecht und die beiden Wächter geleiteten die erlöste Jungfrau sogleich zu ihren überglücklichen Eltern, wo die Grafentochter und Gunzo bezeugten, daß Albrecht die wilde Marinka erlöst habe.

Der Junker wollte in seinem edlen Herzen der Rache nicht Raum geben und über die Urheber des Zaubers schweigen. Doch Hanko verriet sich selbst durch die Wut, mit der er sich auf Albrecht stürzen wollte.

Der Graf schöpfte nun Verdacht und drängte Albrecht, ihm alles zu enthüllen, was dieser denn auch tat. Der Graf, der fürchtete, daß Ute und Hanko nun erst recht Rache üben könnten, ließ die beiden ins Gefängnis werfen, wo sie über ihre Schandtaten nachdenken konnten.

Es kam nun eine glückliche Zeit für die Schloßbewohner. Albrecht mußte mit an der Tafel sitzen, und ein neuer Koch ward angestellt.

Der Graf und die Gräfin waren glücklich, ihr Kind befreit und so zum Vorteil verändert wieder zu haben. Kein böses Wort, kein Tellerwerfen, kein wildes Reiten mehr! Alles war günstig verändert, und Albrecht fest entschlossen, um das Grafenkind zu werben.

Er tat es, als bald darauf ein großes Freudenfest gefeiert wurde, zu dem auch Graf Eitel von Eulenstein sowie der Dirksberger und der Weichselburger geladen waren.

Bisher hatte Albrecht als einfacher Kochgehilfe gegolten. Wer beschreibt nun das frohe Erstaunen, als der Graf von Eulenstein ihn als Verwandten begrüßte und alle erfuhren, daß Marinkas Befreier ein Junker Albrecht von Löwensprung sei. „Und wär' er nur ein Kochgehilfe gewesen, so hätte ich ihm zum Dank meine Tochter gegeben," sprach der Graf von Wolfenstein.

befremdet: „Was schaffest du hier zur Nachtzeit im Burggärtlein?“ Doch der andere Wächter wollte Albrecht einfach festhalten. Da schrie er auf und schlug wütend um sich, denn ein Rabe hatte ihn ins Ohr gebissen. Woher der so plötzlich gekommen, ahnte der Gebissene nicht. Er lief dem Übeltäter, der längst entschlüpft war, suchend nach, während Gunzo erstaunt sah, wie Albrecht, den günstigen Augenblick benutzend, den Inhalt seines Gefäßes auf den Rittersporn goß. Im nächsten Augenblick stand die erlöste Marinka vor den sprachlosen Männern. Sie reichte Albrecht die Hand, während sie sprach: „Du hast mich erlöst; ich kenne dich wieder. O, wie danke ich dir!“ Sie war mädchenhaft holdselig und sittsam, wie auch Gunzo das Grafenkind nie gekannt hatte.

Albrecht und die beiden Wächter geleiteten die erlöste Jungfrau sogleich zu ihren überglücklichen Eltern, wo die Grafentochter und Gunzo bezeugten, daß Albrecht die wilde Marinka erlöst habe.

Der Junker wollte in seinem edlen Herzen der Rache nicht Raum geben und über die Urheber des Zaubers schweigen. Doch Hanko verriet sich selbst durch die Wut, mit der er sich auf Albrecht stürzen wollte.

Der Graf schöpfte nun Verdacht und drängte Albrecht, ihm alles zu enthüllen, was dieser denn auch tat. Der Graf, der fürchtete, daß Ute und Hanko nun erst recht Rache üben könnten, ließ die beiden ins Gefängnis werfen, wo sie über ihre Schandtaten nachdenken konnten.

Es kam nun eine glückliche Zeit für die Schloßbewohner. Albrecht mußte mit an der Tafel sitzen, und ein neuer Koch ward angestellt.

Der Graf und die Gräfin waren glücklich, ihr Kind befreit und so zum Vorteil verändert wieder zu haben. Kein böses Wort, kein Tellerwerfen, kein wildes Reiten mehr! Alles war günstig verändert, und Albrecht fest entschlossen, um das Grafenkind zu werben.

Er tat es, als bald darauf ein großes Freudenfest gefeiert wurde, zu dem auch Graf Eitel von Eulenstein sowie der Dirksberger und der Weichselburger geladen waren.

Bisher hatte Albrecht als einfacher Kochgehilfe gegolten. Wer beschreibt nun das frohe Erstaunen, als der Graf von Eulenstein ihn als Verwandten begrüßte und alle erfuhren, daß Marinkas Befreier ein Junker Albrecht von Löwensprung sei. „Und wär' er nur ein Kochgehilfe gewesen, so hätte ich ihm zum Dank meine Tochter gegeben,“ sprach der Graf von Wolfenstein.

„Doch nun ist er mir als Eidam doppelt willkommen." — Der Eulensteiner freute sich herzlich über das Glück seines jungen Verwandten, der nun, wie er zugeben mußte, keine Torheit durch seine Werbung beging.

Marinka nähte, stickte und spann nun gern. Daß ihr am linken Fuß die kleine Zehe fehlte, tat dieser Tätigkeit keinen Abbruch. Es kam durch das Abpflücken der drei Blumen Rittersporn zum Erlösungswerk; es blieb ihr stets eine Mahnung, daß sie nie jener Prüfungszeit vergessen konnte.

Daß der Rabe fortan immer die leckersten Knochen und sonstiges Lieblingsfutter bekam, so oft er sich in der Nähe des Schlosses blicken ließ, ist selbstverständlich. Er stolzierte dort gern auf und ab und schnarrte dann vergnüglich:

„Krah-krah — rab-rab — ich Schwarzgesell'
Krächz' heut' — krah-krah — gar froh und hell.
Auf Rabenehr'! Es freut mich baß,
Daß ich erlebte solchen Spaß —
Fürcht' jetzo nimmermehr Hex' Ut'. —
Dem jungen Paar geh's immer gut.
Und kommt Marinka mal in Zorn —
Denk' schnell sie an den Rittersporn!"

„Doch nun ist er mir als Eidam doppelt willkommen.“ — Der Eulensteiner freute sich herzlich über das Glück seines jungen Verwandten, der nun, wie er zugeben mußte, keine Torheit durch seine Werbung beging.

Marinka nähte, stickte und spann nun gern. Daß ihr am linken Fuß die kleine Zehe fehlte, tat dieser Tätigkeit keinen Abbruch. Es kam durch das Abpflücken der drei Blumen Rittersporn zum Erlösungswerk; es blieb ihr stets eine Mahnung, daß sie nie jener Prüfungszeit vergessen konnte.

Daß der Rabe fortan immer die leckersten Knochen und sonstiges Lieblingsfutter bekam, so oft er sich in der Nähe des Schlosses blicken ließ, ist selbstverständlich. Er stolzierte dort gern auf und ab und schnarrte dann vergnüglich:

„Krah-krah — rab-rab — ich Schwarzgesell'
Krächz' heut' — krah-krah — gar froh und hell.
Auf Rabenehr'! Es freut mich baß,
Daß ich erlebte solchen Spaß —
Fürcht' jetzo nimmermehr Hex' Ut'. —
Dem jungen Paar geh's immer gut.
Und kommt Marinka mal in Zorn —
Denk' schnell sie an den Rittersporn!“

Stiefmütterchen

Irmela hatte gar früh ihre gute Mutter verloren und darum eine Stiefmutter bekommen, was ihr großen Kummer bereitete, da alle Muhmen und Basen ihr begreiflich zu machen suchten, daß eine Stiefmutter etwas sehr Schlimmes sei. Auch in vielen dem Mägdelein bekannten Märchen kam etwas Ähnliches vor, so daß es ordentlich Angst vor der neuen Stiefmutter hatte und dieser aus dem Wege ging, so viel es konnte.

Doch gar bald merkte Irmela, daß die Stiefmutter nicht so böse war, denn sie erhielt von dieser wie sonst gutes Essen, bekam auch nicht, wie befürchtet, viel Prügel, sondern wurde bei etwaigen Anlässen zur Strafe nur liebevoll ermahnt und gerecht bestraft.

Als sie trotzdem in ihrer Zurückhaltung gegen die zweite Mutter beharrte, sah sie oftmals deren Blicke traurig auf sich gerichtet, bis sich Irmelas Herz endlich der trefflichen Frau zuwandte. Nicht lange währte das Glück. Das Mägdelein ward schwer krank. Die Mutter pflegte es so aufopfernd, daß sie selbst der heimtückischen Krankheit verfiel. Als das Kind genesen war, trug man die gute Stiefmutter zu Grabe; sie war ein Opfer treuerfüllter Pflicht geworden.

Nun erkannte die Genesene erst recht, wieviel sie in dieser Mutter verloren; sie betrauerte die Entschlafene von ganzem Herzen, und es blieb fortan ihr einziger Wunsch, selbst einmal verwaisten Kindern eine zweite Mutter zu werden, um diesen alle Liebe zu geben, die sie der Verweinten noch schuldig geblieben war.

Irmela war zu einer schönen Jungfrau erblüht, der viele Freier nahten, ohne daß sie bisher einem ihr Jawort zu geben vermochte, denn in ihrem Herzen lebte immer noch der Wunsch aus ihrer Kinderzeit.

Da kam eines Tages ein Bewerber um ihre Hand, dessen Gattin gestorben war. Dieser bat sie inständig, seine zweite Gemahlin zu werden, da er sich so einsam fühle und vor alle seine beiden Kinder der Mutter entbehrten.

Stiefmütterchen

Irmela hatte gar früh ihre gute Mutter verloren und darum eine Stiefmutter bekommen, was ihr großen Kummer bereitete, da alle Muhmen und Basen ihr begreiflich zu machen suchten, daß eine Stiefmutter etwas sehr Schlimmes sei. Auch in vielen dem Mägdelein bekannten Märchen kam etwas Ähnliches vor, so daß es ordentlich Angst vor der neuen Stiefmutter hatte und dieser aus dem Wege ging, so viel es konnte.

Doch gar bald merkte Irmela, daß die Stiefmutter nicht so böse war, denn sie erhielt von dieser wie sonst gutes Essen, bekam auch nicht, wie befürchtet, viel Prügel, sondern wurde bei etwaigen Anlässen zur Strafe nur liebevoll ermahnt und gerecht bestraft.

Als sie trotzdem in ihrer Zurückhaltung gegen die zweite Mutter beharrte, sah sie oftmals deren Blicke traurig auf sich gerichtet, bis sich Irmelas Herz endlich der trefflichen Frau zuwandte. Nicht lange währte das Glück. Das Mägdelein ward schwer krank. Die Mutter pflegte es so aufopfernd, daß sie selbst der heimtückischen Krankheit verfiel. Als das Kind genesen war, trug man die gute Stiefmutter zu Grabe; sie war ein Opfer treuerfüllter Pflicht geworden.

Nun erkannte die Genesene erst recht, wieviel sie in dieser Mutter verloren; sie betrauerte die Entschlafene von ganzem Herzen, und es blieb fortan ihr einziger Wunsch, selbst einmal verwaisten Kindern eine zweite Mutter zu werden, um diesen alle Liebe zu geben, die sie der Verweinten noch schuldig geblieben war.

Irmela war zu einer schönen Jungfrau erblüht, der viele Freier nahten, ohne daß sie bisher einem ihr Jawort zu geben vermochte, denn in ihrem Herzen lebte immer noch der Wunsch aus ihrer Kinderzeit.

Da kam eines Tages ein Bewerber um ihre Hand, dessen Gattin gestorben war. Dieser bat sie inständig, seine zweite Gemahlin zu werden, da er sich so einsam fühle und vor alle seine beiden Kinder der Mutter entbehrten.

Da willigte die Jungfrau ein, beglückt, daß ihr Wunsch sich erfüllen sollte. O, diese Kinder, die sie noch nicht kannte, wollte sie mit ihrem ganzen Herzen lieben, wollte ihnen eine gute, treue Mutter werden.

Die Hochzeit ward gefeiert, und das nunmehrige Stiefmütterchen war auf dem Wege zum neuen Heim. Man durchschritt das letzte Stück Wald, als Stiefmütterchens Gemahl plötzlich in die Ferne deutend sagte: „Dort kommen Rainer und Sitta, unsere beiden Kinder. Wohin mögen sie wollen? Sollten sie so ganz allein zu unserem Empfang herbeieilen?" Da bat Stiefmütterchen: „Laß mich ihnen entgegengehen, mein Gemahl, indessen du uns hier erwartest."

Der Vater willigte ein. So wandelte die schöne, junge Frau den beiden entgegen, die Hand in Hand daherschritten.

Der ältere Knabe pflückte dem jüngeren Schwesterchen Blumen und schien sich überhaupt als ihren Beschützer zu betrachten, da er den Arm um ihren Hals legte und Sitta sich ängstlich an den Bruder schmiegte, als die hohe Frauengestalt plötzlich vor ihnen auftauchte. Vier Blauaugen blickten zu der Unbekannten auf, die, ihre Hände auf die blonden Scheitel legend, fragte: „Liebe Kinder, ihr kommt ganz allein durch den Wald, wohin wolltet ihr?"

„Fort," antwortete der Knabe zutraulich, „wir bekommen nämlich eine Stiefmutter, und die ist gewiß garstig mit uns, wie unsere alte Barbe meint, und da wollen wir fortlaufen."

Erschrocken vernahm die Fragende diese Antwort. „Dachtet ihr nicht daran, wie sehr ihr hiermit euren Vater und eure neue Mutter betrübt?" fragte sie mit sanfter Stimme, ohne sich zu erkennen zu geben.

„Nein, daran dachten wir nicht," bekannte Rainer freimütig, „aber wir mögen doch keine Stiefmutter, wir wollen lieber mit dir gehen, denn du bist nicht garstig, und dich mögen wir leiden." Bewundernd blickte der Sprechende bei diesen Worten zu dem gütigen Antlitz auf und in die Augen, in denen es feucht schimmerte.

Eben wollte Stiefmütterchen die Kinder in ihre Arme ziehen und ihnen sagen: „Ich bin ja eure neue Mutter, und ich will euch recht lieb haben; habt auch ihr mich recht lieb," da kam der ungeduldige Vater, aus dessen Munde sie die Wahrheit erfuhren.

Da willigte die Jungfrau ein, beglückt, daß ihr Wunsch sich erfüllen sollte. O, diese Kinder, die sie noch nicht kannte, wollte sie mit ihrem ganzen Herzen lieben, wollte ihnen eine gute, treue Mutter werden.

Die Hochzeit ward gefeiert, und das nunmehrige Stiefmütterchen war auf dem Wege zum neuen Heim. Man durchschritt das letzte Stück Wald, als Stiefmütterchens Gemahl plötzlich in die Ferne deutend sagte: „Dort kommen Rainer und Sitta, unsere beiden Kinder. Wohin mögen sie wollen? Sollten sie so ganz allein zu unserem Empfang herbeieilen?“ Da bat Stiefmütterchen: „Laß mich ihnen entgegengehen, mein Gemahl, indessen du uns hier erwartest.“

Der Vater willigte ein. So wandelte die schöne, junge Frau den beiden entgegen, die Hand in Hand daherschritten.

Der ältere Knabe pflückte dem jüngeren Schwesterchen Blumen und schien sich überhaupt als ihren Beschützer zu betrachten, da er den Arm um ihren Hals legte und Sitta sich ängstlich an den Bruder schmiegte, als die hohe Frauengestalt plötzlich vor ihnen auftauchte. Vier Blauaugen blickten zu der Unbekannten auf, die, ihre Hände auf die blonden Scheitel legend, fragte: „Liebe Kinder, ihr kommt ganz allein durch den Wald, wohin wolltet ihr?“

„Fort,“ antwortete der Knabe zutraulich, „wir bekommen nämlich eine Stiefmutter, und die ist gewiß garstig mit uns, wie unsere alte Barbe meint, und da wollen wir fortlaufen.“

Erschrocken vernahm die Fragende diese Antwort. „Dachtet ihr nicht daran, wie sehr ihr hiermit euren Vater und eure neue Mutter betrübt?“ fragte sie mit sanfter Stimme, ohne sich zu erkennen zu geben.

„Nein, daran dachten wir nicht,“ bekannte Rainer freimütig, „aber wir mögen doch keine Stiefmutter, wir wollen lieber mit dir gehen, denn du bist nicht garstig, und dich mögen wir leiden.“ Bewundernd blickte der Sprechende bei diesen Worten zu dem gütigen Antlitz auf und in die Augen, in denen es feucht schimmerte.

Eben wollte Stiefmütterchen die Kinder in ihre Arme ziehen und ihnen sagen: „Ich bin ja eure neue Mutter, und ich will euch recht lieb haben; habt auch ihr mich recht lieb,“ da kam der ungeduldige Vater, aus dessen Munde sie die Wahrheit erfuhren.

Da entwanden sich die Kleinen erschrocken den Armen des Vaters, und anstatt sich dieser Mutter zu freuen, blickten sie vorwurfsvoll zu ihr auf und seufzten: „Warum hast du uns dies nicht gleich gesagt? Hätten wir das gewußt, hätten wir dich nicht so gern gemocht."

Und diesen Worten entsprechend gestaltete sich das Verhalten der Kinder: Klein-Sitta sah in ihrer neuen Mutter eben stets nur die „Stiefmutter", und die alte Barbe bestärkte sie in diesem Vorurteil.

Ähnlich ging es dem Knaben, der bei der törichten Barbe immer verderblichen Hinterhalt fand. Es kostete der Mutter manche heimliche Träne, doch ihre Geduld erlahmte nicht, denn zuweilen schien es, als ob in den Kindern die Liebe zu Stiefmütterchen erwachen wolle. So verging die Zeit.

Eines Tages, als die Eltern nicht daheim waren und die Kinder in Frau Irmelas Gemächern spielten, rannten sie in tollem Lauf gegen ein kostbares Kristallgefäß, daß es zur Erde fiel und zerbrach.

In ihrer Angst liefen die kleinen Übeltäter zu Barbe, die sogleich händeringend kreischte: „Ihr armen Kinder, wie wird es euch ergehen, wenn die Mutter sieht, daß ihr eines ihrer schönsten Hochzeitsgeschenke zerstört habt; gerade dieses Stück hält sie besonders wert!"

Das tat den beiden sehr leid; sie hätten die Mutter gern um Verzeihung gebeten, doch Barbes Worte: „Ihr armen Kinder, wie wird es euch ergehen," gellten fort und fort in ihren Ohren, so daß das keimende Vertrauen zur Stiefmutter wieder erstickt wurde; ihre Angst wuchs. Da liefen sie, weil ihnen nichts Besseres einfiel, fort, hinaus in den Wald, immer weiter und weiter. Sie merkten nicht, wie die Bäume mißbilligend ihre Wipfel schüttelten, merkten nicht, wie sie drohend ihre grünen Arme ausstreckten, sie flohen, bis sie an einen Wegweiser kamen. Was da oben stand, vermochten sie nicht zu entziffern. Aber plötzlich knarrte es in seinem alten Holz, und aus diesem Knarren hörten sie es deutlich heraus:

„Wohin des Weges, Kinder, sagt,
Warum daheim euch's nicht behagt,
Daß ihr zur Fern' die Schritte lenkt,
Wodurch ihr eure Mutter kränkt?"

Da entwanden sich die Kleinen erschrocken den Armen des Vaters, und anstatt sich dieser Mutter zu freuen, blickten sie vorwurfsvoll zu ihr auf und seufzten: „Warum hast du uns dies nicht gleich gesagt? Hätten wir das gewußt, hätten wir dich nicht so gern gemocht.“

Und diesen Worten entsprechend gestaltete sich das Verhalten der Kinder: Klein-Sitta sah in ihrer neuen Mutter eben stets nur die „Stiefmutter“, und die alte Barbe bestärkte sie in diesem Vorurteil.

Ähnlich ging es dem Knaben, der bei der törichten Barbe immer verderblichen Hinterhalt fand. Es kostete der Mutter manche heimliche Träne, doch ihre Geduld erlahmte nicht, denn zuweilen schien es, als ob in den Kindern die Liebe zu Stiefmütterchen erwachen wolle. So verging die Zeit.

Eines Tages, als die Eltern nicht daheim waren und die Kinder in Frau Irmelas Gemächern spielten, rannten sie in tollem Lauf gegen ein kostbares Kristallgefäß, daß es zur Erde fiel und zerbrach.

In ihrer Angst liefen die kleinen Übeltäter zu Barbe, die sogleich händeringend kreischte: „Ihr armen Kinder, wie wird es euch ergehen, wenn die Mutter sieht, daß ihr eines ihrer schönsten Hochzeitsgeschenke zerstört habt; gerade dieses Stück hält sie besonders wert!“

Das tat den beiden sehr leid; sie hätten die Mutter gern um Verzeihung gebeten, doch Barbes Worte: „Ihr armen Kinder, wie wird es euch ergehen,“ gellten fort und fort in ihren Ohren, so daß das keimende Vertrauen zur Stiefmutter wieder erstickt wurde; ihre Angst wuchs. Da liefen sie, weil ihnen nichts Besseres einfiel, fort, hinaus in den Wald, immer weiter und weiter. Sie merkten nicht, wie die Bäume mißbilligend ihre Wipfel schüttelten, merkten nicht, wie sie drohend ihre grünen Arme ausstreckten, sie flohen, bis sie an einen Wegweiser kamen. Was da oben stand, vermochten sie nicht zu entziffern. Aber plötzlich knarrte es in seinem alten Holz, und aus diesem Knarren hörten sie es deutlich heraus:

„Wohin des Weges, Kinder, sagt,
Warum daheim euch's nicht behagt,
Daß ihr zur Fern' die Schritte lenkt,
Wodurch ihr eure Mutter kränkt?“

Eine Antwort bekam der Wegweiser aber nicht, denn mit scheuem Blick auf den Fragenden machten die verblendeten Kinder einen weiten Bogen um ihn herum, ihren Pfad unbekümmert weiter verfolgend.

Im Tannengeäst saß eine Drossel im schwarzen Federröcklein, die äugte verwundert auf die eilenden Kinder herab, die, auf dem schmalen Wege einen Augenblick ausruhend, jetzt ihren Anruf vernahmen:

„Türi-türo — Was lauft ihr so?
Seid wohl auf der Flucht?
Daheim man euch sucht!
Türi-türo — Was lauft ihr so?"

Ja, Drossel hatte ganz recht, die Kinder liefen töricht und blindlings waldein, gar nicht bedenkend, wohin der Weg sie führte und was sie eigentlich im Walde wollten. Ihnen schien es gleichgültig, was Bäume, Wegweiser, Vögel und der ganze Wald von ihnen dachte, ja, selbst die alte Unke sich über sie zu wundern schien, die, an einer feuchten Stelle unter einem Wegerichblatt hervorglotzend, den voranschreitenden Rainer fragte:

„Jung' — Jung' — Jung' —
Sag' wohin
Unk — unk — unk —
Steht dein Sinn?"

Da murrte Rainer, der ewigen Fragerei überdrüssig: „Du alte Unke, wer wird so neugierig sein? Was verstehst du von Stiefmüttern, vor denen man fortlaufen muß!" „Sollten wir nicht umkehren?" fragte Sitta zaghaft. Doch Rainer schüttelte den Kopf: „Wir werden schon irgendwo hinkommen." Eigentlich war das nun zwar nicht besonders weise, denn „irgendwohin" mußte man allerdings gelangen. Aber Sitta, gewohnt, des Bruders Überlegenheit anzuerkennen, folgte gehorsam. Und wirklich, als die Kinder jetzt um ein Gebüsch herumbogen, erblickten sie etwas ganz Wunderbares: eine Felswand lag vor ihnen, die ein mächtiges Tor bildete.

Eine Antwort bekam der Wegweiser aber nicht, denn mit scheuem Blick auf den Fragenden machten die verblendeten Kinder einen weiten Bogen um ihn herum, ihren Pfad unbekümmert weiter verfolgend.

Im Tannengeäst saß eine Drossel im schwarzen Federröcklein, die äugte verwundert auf die eilenden Kinder herab, die, auf dem schmalen Wege einen Augenblick ausruhend, jetzt ihren Anruf vernahmen:

„Türi-türo — Was lauft ihr so?
Seid wohl auf der Flucht?
Daheim man euch sucht!
Türi-türo — Was lauft ihr so?“

Ja, Drossel hatte ganz recht, die Kinder liefen töricht und blindlings waldein, gar nicht bedenkend, wohin der Weg sie führte und was sie eigentlich im Walde wollten. Ihnen schien es gleichgültig, was Bäume, Wegweiser, Vögel und der ganze Wald von ihnen dachte, ja, selbst die alte Unke sich über sie zu wundern schien, die, an einer feuchten Stelle unter einem Wegerichblatt hervorglotzend, den voranschreitenden Rainer fragte:

„Jung' — Jung' — Jung' —
Sag' wohin
Unk — unk — unk —
Steht dein Sinn?“

Da murrte Rainer, der ewigen Fragerei überdrüssig: „Du alte Unke, wer wird so neugierig sein? Was verstehst du von Stiefmüttern, vor denen man fortlaufen muß!“ „Sollten wir nicht umkehren?“ fragte Sitta zaghaft. Doch Rainer schüttelte den Kopf: „Wir werden schon irgendwo hinkommen.“ Eigentlich war das nun zwar nicht besonders weise, denn „irgendwohin“ mußte man allerdings gelangen. Aber Sitta, gewohnt, des Bruders Überlegenheit anzuerkennen, folgte gehorsam. Und wirklich, als die Kinder jetzt um ein Gebüsch herumbogen, erblickten sie etwas ganz Wunderbares: eine Felswand lag vor ihnen, die ein mächtiges Tor bildete.

Als die beiden ein Stückchen dieses Tor hineingingen, gewahrten sie etwas noch viel Wunderbareres: nämlich ein Schloß, das, aus mächtigen Felsquadern erbaut, mit jener Felswand verwachsen zu sein schien.

Mit ungemessenem Erstaunen schritten die Kinder bis zur Freitreppe, die in einen von Felsenstufen getragenen Vorbau führte. Aber was für Säulen waren das? Viel, viel dicker als die dicksten Waldbäume ragten sie mächtig empor, daß das Dach sicher auf ihnen ruhte. Und nun trat eine Frauengestalt ihnen entgegen, mit gütigem Antlitz, in langem, lichtblauem Gewande, die den kleinen Flüchtlingen winkte.

Eingeschüchtert, doch voll Vertrauen, folgten beide der Voranschreitenden bis in ein prächtiges Gemach, in dem ein einladendes Mahl bereitstand. Obwohl die Kinder zu gern gewußt hätten, wer ihre freundliche Wirtin sei, wagten sie doch nicht zu fragen, und bei der angenehmen Beschäftigung, der sie gleich darauf oblagen, trat auch ihre Neugierde in den Hintergrund, denn Fleisch, Brot und Milch sowie die köstlichen Erdbeeren mundeten doch zu gut, besonders wenn man so hungrig war. Ihre gastliche Wirtin hatte augenscheinlich Vergnügen an ihrem Appetit und sagte, als die gesättigten Kinder ihr dankten:

„Preist's als Glück, daß ihr gefunden
Meine stille Waldesklause,
Seid hier sicher vor Gefahren
In der *Treue* festem Hause."

Die Kinder verstanden zwar den Sinn ihrer Worte nicht recht, aber sie fühlten sich sehr wohl bei dieser Frau und empfanden, daß diese es gar gut mit ihnen meinte. Darum folgten sie ihr auch schnell, als sie, abermals voranschreitend, ihnen winkte. Nun standen sie in einem Garten, in dem lauter blaue Blumen blühten: Augentrost, Vergißmeinnicht, Immergrün und Enzian, daß es aussah, als läge dort ein Stück Himmel. „Warum hast du lauter *blaue* Blumen hier in deinem Garten?" fragte Rainer endlich, seinen Blick zutraulich zu der Frau emporhebend, die ernst lächelnd antwortete:

Als die beiden ein Stückchen dieses Tor hineingingen, gewahrten sie etwas noch viel Wunderbareres: nämlich ein Schloß, das, aus mächtigen Felsquadern erbaut, mit jener Felswand verwachsen zu sein schien.

Mit ungemessenem Erstaunen schritten die Kinder bis zur Freitreppe, die in einen von Felsenstufen getragenen Vorbau führte. Aber was für Säulen waren das? Viel, viel dicker als die dicksten Waldbäume ragten sie mächtig empor, daß das Dach sicher auf ihnen ruhte. Und nun trat eine Frauengestalt ihnen entgegen, mit gütigem Antlitz, in langem, lichtblauem Gewande, die den kleinen Flüchtlingen winkte.

Eingeschüchtert, doch voll Vertrauen, folgten beide der Voranschreitenden bis in ein prächtiges Gemach, in dem ein einladendes Mahl bereitstand. Obwohl die Kinder zu gern gewußt hätten, wer ihre freundliche Wirtin sei, wagten sie doch nicht zu fragen, und bei der angenehmen Beschäftigung, der sie gleich darauf oblagen, trat auch ihre Neugierde in den Hintergrund, denn Fleisch, Brot und Milch sowie die köstlichen Erdbeeren mundeten doch zu gut, besonders wenn man so hungrig war. Ihre gastliche Wirtin hatte augenscheinlich Vergnügen an ihrem Appetit und sagte, als die gesättigten Kinder ihr dankten:

„Preist's als Glück, daß ihr gefunden
Meine stille Waldesklause,
Seid hier sicher vor Gefahren
In der T r e u e festem Hause."

Die Kinder verstanden zwar den Sinn ihrer Worte nicht recht, aber sie fühlten sich sehr wohl bei dieser Frau und empfanden, daß diese es gar gut mit ihnen meinte. Darum folgten sie ihr auch schnell, als sie, abermals voranschreitend, ihnen winkte. Nun standen sie in einem Garten, in dem lauter blaue Blumen blühten: Augentrost, Vergißmeinnicht, Immergrün und Enzian, daß es aussah, als läge dort ein Stück Himmel. „Warum hast du lauter b l a u e Blumen hier in deinem Garten?" fragte Rainer endlich, seinen Blick zutraulich zu der Frau emporhebend, die ernst lächelnd antwortete:

„Reicher Segen blauer Sterne
Blüht in meinem Garten immer,
Blau ist das Symbol der *Treue,*
Denn sie liebt den blauen Schimmer."

Bald standen sie an einem Weiher, dessen Wasser so klar war, daß man bis auf den Grund sehen konnte. Verwundert bemerkten es die Kinder, und Rainer fragte: „Was ist das für ein Wasser?"

Da blickte die schöne Frau lange und ernst in die Kinderaugen, und in ihrer Antwort lag ein vorwurfsvoller Ton, als sie, auf das Wasser zeigend, sprach:

„Ach, Tränen sind es, ohne Zahl,
Die auf der Welt in Herzensqual
Von *zweiten Müttern* sind vergossen,
Wenn Kinderherzen fest verschlossen
Und trotzig abgewendet blieben,
Statt *solche* Mütter auch zu lieben,
Auf daß sich ihre Herzen einen,
Und sie nicht weiter Tränen weinen."

Rainer und Sitta empfanden den Vorwurf, so daß sie beschämt in die klare Flut schauten und dabei vor sich hin seufzten: „Ach!" So leise es den Kinderlippen auch entschlüpft war, die Treue hatte es dennoch vernommen, so daß sie nach dem Grunde des Seufzens fragte.

Da sahen die Kinderaugen scheu zu ihr auf, und stockend, von heißen Tränen unterbrochen, gestanden die Geschwister der gütigen Fee alle ihre Versäumnisse gegen die Mutter und erzählten, warum sie dem Elternhause entlaufen waren. Zuletzt folgte in zagender Scheu die Frage: „Sind denn wirklich auch von unserer Mutter Tränen in diesem Wasser?"

Da nickte die Treue; ja, sie erzählte den Kindern, daß sie alles, was diese ihr mitgeteilt hatten, schon gewußt habe, daß sie auch hoffe, die Kinder würden sich nun bessern und ihrer Mutter hinfort nur Freude machen.

„Reicher Segen blauer Sterne
Blüht in meinem Garten immer,
B l a u ist das Symbol der T r e u e,
Denn sie liebt den blauen Schimmer.“

Bald standen sie an einem Weiher, dessen Wasser so klar war, daß man bis auf den Grund sehen konnte. Verwundert bemerkten es die Kinder, und Rainer fragte: „Was ist das für ein Wasser?“

Da blickte die schöne Frau lange und ernst in die Kinderaugen, und in ihrer Antwort lag ein vorwurfsvoller Ton, als sie, auf das Wasser zeigend, sprach:

„Ach, Tränen sind es, ohne Zahl,
Die auf der Welt in Herzensqual
Von z w e i t e n M ü t t e r n sind vergossen,
Wenn Kinderherzen fest verschlossen
Und trotzig abgewendet blieben,
Statt s o l c h e Mütter auch zu lieben,
Auf daß sich ihre Herzen einen,
Und sie nicht weiter Tränen weinen.“

Rainer und Sitta empfanden den Vorwurf, so daß sie beschämt in die klare Flut schauten und dabei vor sich hin seufzten: „Ach!“ So leise es den Kinderlippen auch entschlüpft war, die Treue hatte es dennoch vernommen, so daß sie nach dem Grunde des Seufzens fragte.

Da sahen die Kinderaugen scheu zu ihr auf, und stockend, von heißen Tränen unterbrochen, gestanden die Geschwister der gütigen Fee alle ihre Versäumnisse gegen die Mutter und erzählten, warum sie dem Elternhause entlaufen waren. Zuletzt folgte in zagender Scheu die Frage: „Sind denn wirklich auch von unserer Mutter Tränen in diesem Wasser?“

Da nickte die Treue; ja, sie erzählte den Kindern, daß sie alles, was diese ihr mitgeteilt hatten, schon gewußt habe, daß sie auch hoffe, die Kinder würden sich nun bessern und ihrer Mutter hinfort nur Freude machen.

Beide versprachen es eifrig; sie hatten wirklich den besten Willen. Ihre Tränen versiegten schnell, als sie jetzt, die Blicke hebend, am gegenüberliegenden Ufer des Weihers ein noch nicht bemerktes Blumenfeld entdeckten, das wie eine Insel rings von Wasser umgeben erschien, und das, von lichten Sonnenstrahlen beleuchtet, in wundervollem Blau herübergrüßte.

Ehe sie noch fragen konnten, hob die Treue sie in einen bereitstehenden Nachen, der ganz von selbst, pfeilgeschwind über das Wasser gleitend, im nächsten Augenblick schon an der Blumeninsel hielt.

Die Treue führte die Kinder nun dicht an die blaue Fläche, und was sahen sie? Lauter Stiefmütterchen, in den schönsten blauen Farben, daß es war, als schauten tausend und abertausend blaue Augen die Kinder an. „O, lauter blaue Stiefmütterchen!" jubelten sie, „und so viele, viele — warum hast du ein so großes Feld davon?" Da blickte die Treue wieder ernst auf die Kinder nieder und sagte:

„So viel treue *zweite* Mütter
Ich auf meinen Wegen finde,
So viel solcher lieber Blumen
Auf der Insel mir erblühen.
Daß sie mir ein Zeichen werden,
Wieviel *Treue* wohnt auf Erden,
Wohnt, gepaart mit *Mutterliebe*
In den Herzen *zweiter Mütter.*"

Da schoben sich die warmen Kinderhände zutraulich in die ihrer Gönnerin, und nochmals Besserung versprechend, stiegen die Geschwister wenige Minuten später am anderen Ufer wieder aus dem Nachen, um sich zur Heimkehr zu rüsten. Sie wollten nun so schnell wie möglich wieder zu Hause sein, hatten sie doch die Scheu vor der Heimkehr fast gänzlich verloren.

Die schöne Frau gab ihnen noch ein Stück Weges das Geleit und beschrieb ihnen den Weg genau. Bevor sie sich von ihnen verabschiedete, zeigte sie auf den ihren schön geformten Arm umschließenden eigenartig gearbeiteten Goldreif, indem sie sprach:

Beide versprachen es eifrig; sie hatten wirklich den besten Willen. Ihre Tränen versiegten schnell, als sie jetzt, die Blicke hebend, am gegenüberliegenden Ufer des Weihers ein noch nicht bemerktes Blumenfeld entdeckten, das wie eine Insel rings von Wasser umgeben erschien, und das, von lichten Sonnenstrahlen beleuchtet, in wundervollem Blau herübergrüßte.

Ehe sie noch fragen konnten, hob die Treue sie in einen bereitstehenden Nachen, der ganz von selbst, pfeilgeschwind über das Wasser gleitend, im nächsten Augenblick schon an der Blumeninsel hielt.

Die Treue führte die Kinder nun dicht an die blaue Fläche, und was sahen sie? Lauter Stiefmütterchen, in den schönsten blauen Farben, daß es war, als schauten tausend und abertausend blaue Augen die Kinder an. „O, lauter blaue Stiefmütterchen!" jubelten sie, „und so viele, viele — warum hast du ein so großes Feld davon?" Da blickte die Treue wieder ernst auf die Kinder nieder und sagte:

„So viel treue z w e i t e Mütter
Ich auf meinen Wegen finde,
So viel solcher lieber Blumen
Auf der Insel mir erblühen.
Daß sie mir ein Zeichen werden,
Wieviel T r e u e wohnt auf Erden,
Wohnt, gepaart mit M u t t e r l i e b e
In den Herzen z w e i t e r Mütter."

Da schoben sich die warmen Kinderhände zutraulich in die ihrer Gönnerin, und nochmals Besserung versprechend, stiegen die Geschwister wenige Minuten später am anderen Ufer wieder aus dem Nachen, um sich zur Heimkehr zu rüsten. Sie wollten nun so schnell wie möglich wieder zu Hause sein, hatten sie doch die Scheu vor der Heimkehr fast gänzlich verloren.

Die schöne Frau gab ihnen noch ein Stück Weges das Geleit und beschrieb ihnen den Weg genau. Bevor sie sich von ihnen verabschiedete, zeigte sie auf den ihren schön geformten Arm umschließenden eigenartig gearbeiteten Goldreif, indem sie sprach:

„Seht hier den Reif von echtem Golde,
Wie fest umschließt er meinen Arm,
Ein Sinnbild echter, wahrer Treue,
Die gleich sich bleibt in Freud' und Harm;
Die fest auch glaubt an gutes Wollen,
Dem Mißtrau'n wehrt, der bösen Saat.
Gelobt es mir bei diesem Reifen,
Daß ihr *voll Treu'* der Mutter naht."

Bei diesen Worten nahm sie die Hände der Kinder, sie auf dem Goldreif vereinend, und beide gelobten es freudigen Herzens. Hierauf klatschte sie in die Hände. Da kam ein schneeweißes Täubchen angeflattert, das sich auf die Schulter seiner Herrin setzte.

Erstaunt sahen es die Kinder, aber noch erstaunter waren sie, als die Treue, in die Luft greifend, plötzlich zwei lichtblaue Bänder in der Hand hielt, die sie leicht um Täubchens Füße schlang.

Jedem Kinde eines dieser langen Bandenden in die Hand gebend, sprach sie:

„Band in lichter Bläue
— Zeichen wahrer Treue —
Soll euch Führer sein;
Durch des Täubchens Schwingen
Soll es heim euch bringen,
Eh' der Abend bricht herein."

Sie ermahnte die Geschwister noch, die Bänder nicht loszulassen, denn wenn sie ihnen etwa in tändelndem Spiele entglitten, mußte Täubchen in ihr Schloß zurückfliegen und durfte sie nicht weiter führen. Dann sei sie, die Treue, machtlos, ihnen weiteren Schutz zu gewähren.

Alles gut zu beachten, versprachen die beiden, und wenn sie, als sie eilig dem Täubchen folgten, wirklich einmal stehenblieben, um einen Falter, eine schöne Blume oder was es sonst war, zu betrachten, so brauchte Täubchen nur zu rufen:

„Seht hier den Reif von echtem Golde,
Wie fest umschließt er meinen Arm,
Ein Sinnbild echter, wahrer Treue,
Die gleich sich bleibt in Freud' und Harm;
Die fest auch glaubt an gutes Wollen,
Dem Mißtrau'n wehrt, der bösen Saat.
Gelobt es mir bei diesem Reifen,
Daß ihr voll Treu' der Mutter naht."

Bei diesen Worten nahm sie die Hände der Kinder, sie auf dem Goldreif vereinend, und beide gelobten es freudigen Herzens. Hierauf klatschte sie in die Hände. Da kam ein schneeweißes Täubchen angeflattert, das sich auf die Schulter seiner Herrin setzte.

Erstaunt sahen es die Kinder, aber noch erstaunter waren sie, als die Treue, in die Luft greifend, plötzlich zwei lichtblaue Bänder in der Hand hielt, die sie leicht um Täubchens Füße schlang.

Jedem Kinde eines dieser langen Bandenden in die Hand gebend, sprach sie:

„Band in lichter Bläue
— Zeichen wahrer Treue —
Soll euch Führer sein;
Durch des Täubchens Schwingen
Soll es heim euch bringen,
Eh' der Abend bricht herein."

Sie ermahnte die Geschwister noch, die Bänder nicht loszulassen, denn wenn sie ihnen etwa in tändelndem Spiele entglitten, mußte Täubchen in ihr Schloß zurückfliegen und durfte sie nicht weiter führen. Dann sei sie, die Treue, machtlos, ihnen weiteren Schutz zu gewähren.

Alles gut zu beachten, versprachen die beiden, und wenn sie, als sie eilig dem Täubchen folgten, wirklich einmal stehenblieben, um einen Falter, eine schöne Blume oder was es sonst war, zu betrachten, so brauchte Täubchen nur zu rufen:

„Krrruh — krrruh —
Kinder lauft zu!“

und die Ermahnten folgten diesem Rat.

Ein gutes Stück Weges hatten die beiden schon zurückgelegt, denn trotzdem es zu dämmern begann, leuchtete Täubchens Gefieder gar hell vor ihnen her; selbst die Bänder schienen sich in durchsichtige Strahlen zu verwandeln.

Das machte den kleinen Wanderern Spaß. Sie schlangen spielend den leuchtenden Schmuck um Hände und Arme, daß Täubchens Mahnung öfters nötig wurde; aber beide hielten wenigstens ihre Bänder fest.

Doch jetzt lief ein wunderschöner Käfer gerade vor Rainer quer über den Weg, daß der Knabe sich neugierig bückte, denn einen so eigenartigen Sechsfüßler hatte er noch nie gesehen. Das Tier glich einem Hirschkäfer, war aber ganz gelb und glänzte dabei, als sei er aus Gold. Rainer konnte sich an dem prächtigen Tiere nicht sattsehen. Er versuchte, es zu fangen, doch aalglatt entglitt es seiner Hand, geschwind weiterlaufend.

Er folgte in hastigen Schritten; der Eifrige schien für alles taub. Vergebens mahnte Täubchen, vergebens flehte Sitta: er hielt zwar das Band fest, lief aber immer noch dem kleinen Waldwunder nach, bis dieses plötzlich verschwunden war.

Mit beiden Händen bog er das Gras und Farnkräuter auseinander, fühlte er im Moose; der Flüchtling war nicht zu entdecken. Da hörte Rainer nochmals der Schwester ängstlichen Ruf. Ihm fiel zugleich die Mahnung der Treue ein, darum sprang er nun eilig durch das niedrige Unterholz, um Sitta schnellstens einzuholen.

Doch wo war denn sein Band? Ach, erst jetzt bemerkte er mit Schrecken, daß es ihm bei seinem unbesonnenen Suchen nach dem Käfer entglitten war; keine Spur des glänzenden Streifens war zu entdecken. Eine tödliche Angst befiel ihn: wie, wenn er die Schwester nun nicht wiederfand? Vielleicht ließ auch sie, um ihn zu suchen, die gute Taube und das Wunderband im Stich? Ach, was hatte er da angerichtet!

„Krrruh — krrruh —
Kinder lauft zu!“

und die Ermahnten folgten diesem Rat.

Ein gutes Stück Weges hatten die beiden schon zurückgelegt, denn trotzdem es zu dämmern begann, leuchtete Täubchens Gefieder gar hell vor ihnen her; selbst die Bänder schienen sich in durchsichtige Strahlen zu verwandeln.

Das machte den kleinen Wanderern Spaß. Sie schlangen spielend den leuchtenden Schmuck um Hände und Arme, daß Täubchens Mahnung öfters nötig wurde; aber beide hielten wenigstens ihre Bänder fest.

Doch jetzt lief ein wunderschöner Käfer gerade vor Rainer quer über den Weg, daß der Knabe sich neugierig bückte, denn einen so eigenartigen Sechsfüßler hatte er noch nie gesehen. Das Tier glich einem Hirschkäfer, war aber ganz gelb und glänzte dabei, als sei er aus Gold. Rainer konnte sich an dem prächtigen Tiere nicht sattsehen. Er versuchte, es zu fangen, doch aalglatt entglitt es seiner Hand, geschwind weiterlaufend.

Er folgte in hastigen Schritten; der Eifrige schien für alles taub. Vergebens mahnte Täubchen, vergebens flehte Sitta: er hielt zwar das Band fest, lief aber immer noch dem kleinen Waldwunder nach, bis dieses plötzlich verschwunden war.

Mit beiden Händen bog er das Gras und Farnkräuter auseinander, fühlte er im Moose; der Flüchtling war nicht zu entdecken. Da hörte Rainer nochmals der Schwester ängstlichen Ruf. Ihm fiel zugleich die Mahnung der Treue ein, darum sprang er nun eilig durch das niedrige Unterholz, um Sitta schnellstens einzuholen.

Doch wo war denn sein Band? Ach, erst jetzt bemerkte er mit Schrecken, daß es ihm bei seinem unbesonnenen Suchen nach dem Käfer entglitten war; keine Spur des glänzenden Streifens war zu entdecken. Eine tödliche Angst befiel ihn: wie, wenn er die Schwester nun nicht wiederfand? Vielleicht ließ auch sie, um ihn zu suchen, die gute Taube und das Wunderband im Stich? Ach, was hatte er da angerichtet!

Nochmals hörte er den Ruf, und da schimmerte es auch hell durch das Grün, daß er beglückt diesem hellen Punkte zusteuerte. Doch fast erschrocken blieb er beim Näherkommen stehen, denn das, was er da sah, war ja gar nicht sein Schwesterchen, sondern eine hohe Frauengestalt, deren Äußeres ihm noch mehr Bewunderung einflößte, als der Anblick des Käfers es getan hatte. Genau so gelb wie das Käferkleid war nämlich das Seidengewand der Frau, das in glänzenden Falten geschmeidig von ihren Schultern herniederfloß, während das rote Haar gleichfalls gleißte.

Wie sie nun so mit den weißen Armen winkte und ihre grünlich schillernden Augen auf den Knaben heftete, glich sie einer goldenen Schlange; ihre Stimme fragte lockend: „Wohin geht denn dein Weg, mein Knabe?" „Nach Hause will ich," lautete Rainers kurze Antwort, denn ihm flößte die Erscheinung Unbehagen ein.

Diese schien das nicht zu bemerken, denn sie fuhr in eindringlichem Tone fort: „Und so allein geht das Bürschchen durch den Wald? War niemand bei dir?"

„Doch," nickte Rainer, „mein Schwesterchen, aber ich verlor es aus den Augen und suche es eben."

„Ei, das trifft sich gut," ließ die Frau sich vernehmen, „ich sah das Kind und will dich zu ihm führen." Sie nahm einfach den Knaben bei der Hand, ihn mit sich ziehend, und er folgte, da er das Schwesterchen doch wiederfinden mußte.

Freilich, so weich und warm wie die Hand der Treue war die seiner Führerin nicht; ihre Finger waren knochig, und an ihrem Arme glänzte auch kein so schöner Goldreif, wie die Treue ihn trug. Doch das war ja Nebensache, wenn die Frau ihn nur wieder zu Sitta führte, so mochte der Druck ihrer Finger ihn schmerzen, ihm galt das gleich.

Und wirklich! Da, — als beide um einen Felsblock bogen, kam Sitta, verweint, aber noch ihr Band haltend, daher, geführt von der guten Taube. Glückselig ob des Wiederfindens umarmten sich die Geschwister, aber selbst jetzt hielt die Kleine ihr Band sorglich fest. Dann erst gewahrte sie Rainers Begleiterin, die einige Schritte zurückgeblieben war und mit eigentümlichem Gesichtsausdruck die kleine Szene beobachtet hatte.

Nochmals hörte er den Ruf, und da schimmerte es auch hell durch das Grün, daß er beglückt diesem hellen Punkte zusteuerte. Doch fast erschrocken blieb er beim Näherkommen stehen, denn das, was er da sah, war ja gar nicht sein Schwesterchen, sondern eine hohe Frauengestalt, deren Äußeres ihm noch mehr Bewunderung einflößte, als der Anblick des Käfers es getan hatte. Genau so gelb wie das Käferkleid war nämlich das Seidengewand der Frau, das in glänzenden Falten geschmeidig von ihren Schultern herniederfloß, während das rote Haar gleichfalls gleißte.

Wie sie nun so mit den weißen Armen winkte und ihre grünlich schillernden Augen auf den Knaben heftete, glich sie einer goldenen Schlange; ihre Stimme fragte lockend: „Wohin geht denn dein Weg, mein Knabe?“ „Nach Hause will ich,“ lautete Rainers kurze Antwort, denn ihm flößte die Erscheinung Unbehagen ein.

Diese schien das nicht zu bemerken, denn sie fuhr in eindringlichem Tone fort: „Und so allein geht das Bürschchen durch den Wald? War niemand bei dir?“

„Doch,“ nickte Rainer, „mein Schwesterchen, aber ich verlor es aus den Augen und suche es eben.“

„Ei, das trifft sich gut,“ ließ die Frau sich vernehmen, „ich sah das Kind und will dich zu ihm führen.“ Sie nahm einfach den Knaben bei der Hand, ihn mit sich ziehend, und er folgte, da er das Schwesterchen doch wiederfinden mußte.

Freilich, so weich und warm wie die Hand der Treue war die seiner Führerin nicht; ihre Finger waren knochig, und an ihrem Arme glänzte auch kein so schöner Goldreif, wie die Treue ihn trug. Doch das war ja Nebensache, wenn die Frau ihn nur wieder zu Sitta führte, so mochte der Druck ihrer Finger ihn schmerzen, ihm galt das gleich.

Und wirklich! Da, — als beide um einen Felsblock bogen, kam Sitta, verweint, aber noch ihr Band haltend, daher, geführt von der guten Taube. Glückselig ob des Wiederfindens umarmten sich die Geschwister, aber selbst jetzt hielt die Kleine ihr Band sorglich fest. Dann erst gewahrte sie Rainers Begleiterin, die einige Schritte zurückgeblieben war und mit eigentümlichem Gesichtsausdruck die kleine Szene beobachtet hatte.

Auch Sitta fühlte bei ihrem Anblick ein rätselhaftes Unbehagen, doch das kostbare Seidenkleid flößte ihr trotzdem Bewunderung ein, und als die Fremde auch sie fragte, wohin sie wolle, antwortete sie freundlicher, als vorhin ihr Bruder.

„Also nach Hause wollt ihr, Kinder, wirklich? Ei, ei — und fürchtet ihr euch nicht vor der Strafe?"

„Weißt du denn, warum wir fortgelaufen sind?" fragte Rainer erstaunt, denn er hatte dieser Frau kein Wort davon erzählt. Ob sie auch so allwissend war wie die andere im blauen Gewande? „Freilich weiß ich das; ich sah zufällig durchs Fenster, als ihr das Gefäß zerbrochen hattet, und hörte recht gut, was eure Kinderfrau sagte."

Scheu betrachteten die Geschwister die rätselhafte Frau, doch Sitta flüsterte: „Laß uns fort, Täubchen wartet."

Wirklich ertönte auch eben das „Krrruh — krrruh — Kinder lauft zu!" warnend, fast ängstlich.

Als die gelbe Frau das Vorhaben der Kinder erkannte, lachte sie: „Es scheint mir fürwahr possierlich, daß zwei Kinder nicht schnell genug heimkommen können, um ihre Strafe zu empfangen."

„Wir haben sie ja verdient und wollen sie gern tragen," erklärte Sitta jetzt mutig, „und unsere Mutter hat uns lieb, sie darf nicht noch mehr um uns weinen." „Glaubst du wirklich, daß eure Stiefmutter um euch weint?" fragte die Gelbe spöttisch, „wer sprach euch denn solches Märlein vor?"

„Die gute blaue Frau, die Treue, hat es uns gesagt," bekräftigte Rainer jetzt bestimmt, „und was *die* sagt, das glauben wir."

„O, ihr Leichtgläubigen!" Die Unbekannte sprach es, dabei listig von der Seite blinzelnd. „Glaubt mir, eure Stiefmutter ist froh, daß sie euch los ist." „Aber die Treue sagte doch ganz anders; nein, du gelbe Frau bist garstig, du weißt gar nicht, wie gut unsere Mutter ist," antworteten beide.

Doch die Unbekannte schien nicht empfindlich zu sein; sie versuchte die blonden Köpfe zu streicheln und raunte: „Ihr verblendeten Kinder, wenn ihr mir nicht glaubt, werdet ihr euer Wunder erleben."

So und ähnlich fuhr sie fort, während sie den Kindern folgte, bis diese wieder in ihrer guten Meinung wankend wurden.

Auch Sitta fühlte bei ihrem Anblick ein rätselhaftes Unbehagen, doch das kostbare Seidenkleid flößte ihr trotzdem Bewunderung ein, und als die Fremde auch sie fragte, wohin sie wolle, antwortete sie freundlicher, als vorhin ihr Bruder.

„Also nach Hause wollt ihr, Kinder, wirklich? Ei, ei — und fürchtet ihr euch nicht vor der Strafe?"

„Weißt du denn, warum wir fortgelaufen sind?" fragte Rainer erstaunt, denn er hatte dieser Frau kein Wort davon erzählt. Ob sie auch so allwissend war wie die andere im blauen Gewande? „Freilich weiß ich das; ich sah zufällig durchs Fenster, als ihr das Gefäß zerbrochen hattet, und hörte recht gut, was eure Kinderfrau sagte."

Scheu betrachteten die Geschwister die rätselhafte Frau, doch Sitta flüsterte: „Laß uns fort, Täubchen wartet."

Wirklich ertönte auch eben das „Krrruh — krrruh — Kinder lauft zu!" warnend, fast ängstlich.

Als die gelbe Frau das Vorhaben der Kinder erkannte, lachte sie: „Es scheint mir fürwahr possierlich, daß zwei Kinder nicht schnell genug heimkommen können, um ihre Strafe zu empfangen."

„Wir haben sie ja verdient und wollen sie gern tragen," erklärte Sitta jetzt mutig, „und unsere Mutter hat uns lieb, sie darf nicht noch mehr um uns weinen." „Glaubst du wirklich, daß eure Stiefmutter um euch weint?" fragte die Gelbe spöttisch, „wer sprach euch denn solches Märlein vor?"

„Die gute blaue Frau, die Treue, hat es uns gesagt," bekräftigte Rainer jetzt bestimmt, „und was d i e sagt, das glauben wir."

„O, ihr Leichtgläubigen!" Die Unbekannte sprach es, dabei listig von der Seite blinzelnd. „Glaubt mir, eure Stiefmutter ist froh, daß sie euch los ist." „Aber die Treue sagte doch ganz anders; nein, du gelbe Frau bist garstig, du weißt gar nicht, wie gut unsere Mutter ist," antworteten beide.

Doch die Unbekannte schien nicht empfindlich zu sein; sie versuchte die blonden Köpfe zu streicheln und raunte: „Ihr verblendeten Kinder, wenn ihr mir nicht glaubt, werdet ihr euer Wunder erleben."

So und ähnlich fuhr sie fort, während sie den Kindern folgte, bis diese wieder in ihrer guten Meinung wankend wurden.

„Ja, wer weiß, vielleicht hat diese Frau doch recht," dachten sie endlich. Und als sie noch ein Stück Weges in ihrer Begleitung gemacht hatten, seufzten sie: „Ach, wie wird es uns daheim ergehen!"

Mit triumphierendem Lächeln erlauschte die Gelbe diese Seufzer; sie wußte nun, daß ihre bösen Reden nicht ohne Wirkung geblieben waren. Die Kinder waren ihr verfallen, weil sie vergaßen, was sie unlängst der Treue gelobt hatten.

Im nächsten Augenblick schlüpfte die Gelbe durch das Buschwerk, den beiden höhnisch nachwinkend. Die Geschwister aber schlichen nun müde und einsilbig weiter, so sehr Täubchen auch mahnte, denn ihre Zuversicht war entschwunden.

Da lief eine goldig schillernde Eidechse über den Weg, nach der Sitta sich schnell bückte, unmutig ausrufend: „Warum sollen wir so eilig heim, da es hier im Walde so viel Wunderbares gibt?" Während dieser Worte entglitt ihr das lässig gehaltene Band, was sie nicht sogleich bemerkte, denn im selben Augenblick tummelte sich eine ganze Schar solcher Goldeidechsen spielend vor den Geschwistern. Täubchen jedoch flog davon, traurig girrend:

„Krrruh — krrruh —
Muß zur treuen Fru, —
Melden was geschehen,
Was ich mußte sehen:
Wie die Kinder treulos sprachen,
Untreu ihr Gelöbnis brachen."

Wohl erschrak Sitta sehr, als sie merkte, daß Band und Taube entschwunden waren, doch die letzten Worte der treuen Führerin hörten beide nicht, da sie viel zu eifrig den wunderbaren Geschöpfen folgten.

Sie verloren denn auch sehr bald den rechten Weg, daß sie endlich weinend nicht aus noch ein wußten; dazu ward es dunkler und dunkler.

Dicht vor ihnen lag ein düsterer Teich, an dessen Rande die Erlenbüsche eigentümlich rauschten. Es klang fast wie eine Lockung, doch sie wurde von einem Frosch übertönt, der aus Leibeskräften rief:

„Ja, wer weiß, vielleicht hat diese Frau doch recht," dachten sie endlich. Und als sie noch ein Stück Weges in ihrer Begleitung gemacht hatten, seufzten sie: „Ach, wie wird es uns daheim ergehen!"

Mit triumphierendem Lächeln erlauschte die Gelbe diese Seufzer; sie wußte nun, daß ihre bösen Reden nicht ohne Wirkung geblieben waren. Die Kinder waren ihr verfallen, weil sie vergaßen, was sie unlängst der Treue gelobt hatten.

Im nächsten Augenblick schlüpfte die Gelbe durch das Buschwerk, den beiden höhnisch nachwinkend. Die Geschwister aber schlichen nun müde und einsilbig weiter, so sehr Täubchen auch mahnte, denn ihre Zuversicht war entschwunden.

Da lief eine goldig schillernde Eidechse über den Weg, nach der Sitta sich schnell bückte, unmutig ausrufend: „Warum sollen wir so eilig heim, da es hier im Walde so viel Wunderbares gibt?" Während dieser Worte entglitt ihr das lässig gehaltene Band, was sie nicht sogleich bemerkte, denn im selben Augenblick tummelte sich eine ganze Schar solcher Goldeidechsen spielend vor den Geschwistern. Täubchen jedoch flog davon, traurig girrend:

„Krrruh — krrruh —
Muß zur treuen Fru, —
Melden was geschehen,
Was ich mußte sehen:
Wie die Kinder treulos sprachen,
Untreu ihr Gelöbnis brachen."

Wohl erschrak Sitta sehr, als sie merkte, daß Band und Taube entschwunden waren, doch die letzten Worte der treuen Führerin hörten beide nicht, da sie viel zu eifrig den wunderbaren Geschöpfen folgten.

Sie verloren denn auch sehr bald den rechten Weg, daß sie endlich weinend nicht aus noch ein wußten; dazu ward es dunkler und dunkler.

Dicht vor ihnen lag ein düsterer Teich, an dessen Rande die Erlenbüsche eigentümlich rauschten. Es klang fast wie eine Lockung, doch sie wurde von einem Frosch übertönt, der aus Leibeskräften rief:

„Quak — quak — brekquequequix —
Fort! — Fort! — Hier wohnt die Nix'."

Da erschraken die beiden gar sehr, liefen in der ersten besten Richtung weiter, bis sie ganz erschöpft in das Moos sanken.

Wohin sollten sie sich nun wenden? Ihr Weinen half ihnen nichts; als sie aber wieder um sich blickten, leuchtete es seltsam durch das Dunkel: es waren glänzende gelbe Nachtfalter, die die Kinder umgaukelten. Diese, ihre Müdigkeit vergessend, suchten sie zu haschen. Sie folgten den Wunderfaltern, die alle an einer bestimmten Stelle haltmachten; es war ein Gebäude, wie die Kinder gerade noch erkennen konnten. Doch ihre Hoffnung, es möchte das Schloß der Treue sein, wurde getäuscht. Dünn und gebrechlich erschienen die Säulen der Vorhalle, als ob jeder heftige Windstoß das ganze Bauwerk wie ein Kartenhaus umwerfen könne, und häßlich gelb waren die Schlingpflanzen, die überall wucherten.

Es blieb den Geschwistern aber kein anderer Ausweg, als hier um Obdach zu bitten, wollten sie nicht im Walde vielleicht elend umkommen.

Die Schmetterlinge zeigten ihnen schon den Weg; eine Zickzacktreppe führte hinauf bis an das ebenfalls sehr gebrechlich erscheinende Tor. Das flog im gleichen Augenblick auf, als die Kinder es erreichten, und schloß sich ebenso schnell wieder hinter ihnen.

Erschrocken blickten sie auf, als plötzlich die gelbe Frau vor ihnen stand, sie mit spöttischem Gruße bewillkommnend. Ohne eine Antwort abzuwarten, führte sie beide in einen prächtigen Saal, dessen Decke von noch dünneren Säulen getragen wurde, und dessen Wände und Polster genau so gelb waren wie das Kleid der Frau.

Auch hier stand ein gedeckter Tisch bereit, doch so großen Hunger die Kleinen auch verspürten, es schmeckte ihnen nichts, obwohl der gelbe Honig, das goldgelbe Brot und der gelbe Eiertrank tadellos waren.

Nach dem Essen streckten sie sich todmüde auf die ihnen zur Ruhe angewiesenen Polster und schliefen, bis die helle Morgensonne sie weckte.

„Quak — quak — brekquequequix —
Fort! — Fort! — Hier wohnt die Nix'."

Da erschraken die beiden gar sehr, liefen in der ersten besten Richtung weiter, bis sie ganz erschöpft in das Moos sanken.

Wohin sollten sie sich nun wenden? Ihr Weinen half ihnen nichts; als sie aber wieder um sich blickten, leuchtete es seltsam durch das Dunkel: es waren glänzende gelbe Nachtfalter, die die Kinder umgaukelten. Diese, ihre Müdigkeit vergessend, suchten sie zu haschen. Sie folgten den Wunderfaltern, die alle an einer bestimmten Stelle haltmachten; es war ein Gebäude, wie die Kinder gerade noch erkennen konnten. Doch ihre Hoffnung, es möchte das Schloß der Treue sein, wurde getäuscht. Dünn und gebrechlich erschienen die Säulen der Vorhalle, als ob jeder heftige Windstoß das ganze Bauwerk wie ein Kartenhaus umwerfen könne, und häßlich gelb waren die Schlingpflanzen, die überall wucherten.

Es blieb den Geschwistern aber kein anderer Ausweg, als hier um Obdach zu bitten, wollten sie nicht im Walde vielleicht elend umkommen.

Die Schmetterlinge zeigten ihnen schon den Weg; eine Zickzacktreppe führte hinauf bis an das ebenfalls sehr gebrechlich erscheinende Tor. Das flog im gleichen Augenblick auf, als die Kinder es erreichten, und schloß sich ebenso schnell wieder hinter ihnen.

Erschrocken blickten sie auf, als plötzlich die gelbe Frau vor ihnen stand, sie mit spöttischem Gruße bewillkommnend. Ohne eine Antwort abzuwarten, führte sie beide in einen prächtigen Saal, dessen Decke von noch dünneren Säulen getragen wurde, und dessen Wände und Polster genau so gelb waren wie das Kleid der Frau.

Auch hier stand ein gedeckter Tisch bereit, doch so großen Hunger die Kleinen auch verspürten, es schmeckte ihnen nichts, obwohl der gelbe Honig, das goldgelbe Brot und der gelbe Eiertrank tadellos waren.

Nach dem Essen streckten sie sich todmüde auf die ihnen zur Ruhe angewiesenen Polster und schliefen, bis die helle Morgensonne sie weckte.

Da öffnete sich die Tür, und die listigen Augen der gelben Frau lugten um die Ecke. Die Geschwister wußten noch nicht, wer ihre Wirtin eigentlich war, doch sprangen sie auf, um sie zu begrüßen.

Sie zog beide Geschwister ohne viele Worte mit sich in den Garten, der sich weithin erstreckte; doch wie sonderbar war der beschaffen! Alles gelb, wohin das Auge blickte: Goldregen, Arnika, Hahnenfuß, Löwenzahn, Strohblumen und andere gelbe Blumen, daß es den Augen ordentlich weh tat.

Rainer verlieh seinen Gedanken zuerst Worte, indem er enttäuscht ausrief: „Ach, dein Garten ist wüst, — den mag ich nicht anschauen. Hast du keinen Weiher und keine blauen Stiefmütterchen wie die Treue?"

Da ward das Lächeln der Frau sauer, als ob sie Essig geschluckt hätte, und schrill klang ihre Stimme, als sie jetzt antwortete: „Ei, mein Söhnchen, meine Pflegeschwester hat es dir wohl angetan mit ihrem langweiligen blauen Garten? Ich könnte auch einen solchen haben, wäre ich nicht meiner Pflegemutter entlaufen. Ja, ihr Kinder, ich habe es ähnlich gemacht wie ihr selbst. Eure blaue Freundin und ich wuchsen bei einer alten, ernsthaften Frau auf, bei der Weisheit, die sehr eifrig bemüht war, uns zum Wohle der Mitmenschen zu erziehen. Auch ich mußte damals blaue Kleider tragen, denn ich sollte, ebenso wie meine Pflegeschwester, umherziehen und die Menschen treuer und besser machen. In unserer freien Zeit mußten wir beide unserer Pflegemutter helfen, Schicksalsfäden zu spinnen, die sie gebrauchte, um Eigenwillen, Oberflächlichkeit und andere Fehler der Menschen damit zu binden; sie hat die Schicksale vieler Menschen in andere, bessere Bahnen geleitet. Ich aber konnte der alten wunderlichen Frau die Sache nie recht machen; ich hatte auch zu ihren Arbeiten keine Lust, was gingen mich die Schicksale der Menschen an? Genug, ich entwischte eines schönen Tages, schuf mir ein Heim nach meinem Geschmack, lebte frei, wie ich wollte, kurz, ich wurde das gerade Gegenteil meiner Pflegeschwester."

„Dann bist du wohl die *Untreue?"* fragte Rainer erschrocken, und als die Gefragte mit einem leichtfertigen „Ja" antwortete, ergriff er schnell die Hand des Schwesterchens, um so schnell wie möglich dem

Da öffnete sich die Tür, und die listigen Augen der gelben Frau lugten um die Ecke. Die Geschwister wußten noch nicht, wer ihre Wirtin eigentlich war, doch sprangen sie auf, um sie zu begrüßen.

Sie zog beide Geschwister ohne viele Worte mit sich in den Garten, der sich weithin erstreckte; doch wie sonderbar war der beschaffen! Alles gelb, wohin das Auge blickte: Goldregen, Arnika, Hahnenfuß, Löwenzahn, Strohblumen und andere gelbe Blumen, daß es den Augen ordentlich weh tat.

Rainer verlieh seinen Gedanken zuerst Worte, indem er enttäuscht ausrief: „Ach, dein Garten ist wüst, — den mag ich nicht anschauen. Hast du keinen Weiher und keine blauen Stiefmütterchen wie die Treue?“

Da ward das Lächeln der Frau sauer, als ob sie Essig geschluckt hätte, und schrill klang ihre Stimme, als sie jetzt antwortete: „Ei, mein Söhnchen, meine Pflegeschwester hat es dir wohl angetan mit ihrem langweiligen blauen Garten? Ich könnte auch einen solchen haben, wäre ich nicht meiner Pflegemutter entlaufen. Ja, ihr Kinder, ich habe es ähnlich gemacht wie ihr selbst. Eure blaue Freundin und ich wuchsen bei einer alten, ernsthaften Frau auf, bei der Weisheit, die sehr eifrig bemüht war, uns zum Wohle der Mitmenschen zu erziehen. Auch ich mußte damals blaue Kleider tragen, denn ich sollte, ebenso wie meine Pflegeschwester, umherziehen und die Menschen treuer und besser machen. In unserer freien Zeit mußten wir beide unserer Pflegemutter helfen, Schicksalsfäden zu spinnen, die sie gebrauchte, um Eigenwillen, Oberflächlichkeit und andere Fehler der Menschen damit zu binden; sie hat die Schicksale vieler Menschen in andere, bessere Bahnen geleitet. Ich aber konnte der alten wunderlichen Frau die Sache nie recht machen; ich hatte auch zu ihren Arbeiten keine Lust, was gingen mich die Schicksale der Menschen an? Genug, ich entwischte eines schönen Tages, schuf mir ein Heim nach meinem Geschmack, lebte frei, wie ich wollte, kurz, ich wurde das gerade Gegenteil meiner Pflegeschwester.“

„Dann bist du wohl die U n t r e u e?“ fragte Rainer erschrocken, und als die Gefragte mit einem leichtfertigen „Ja“ antwortete, ergriff er schnell die Hand des Schwesterchens, um so schnell wie möglich dem unheimlichen Bereich der Schlimmen zu entfliehen. Doch schon vertrat die Gefürchtete ihnen schadenfroh den Weg. „Wer mir verfallen ist, den gebe ich nicht wieder frei, ihr seid untreu geworden, darum seid ihr nun in meiner Macht, und zwar so lange, bis ihr mir gesagt habt, wie viele Blumen in meinem Garten blühen. Kommt!"

Es half kein Bitten und kein Weinen; sie zog die Kinder unsanft an einen Sumpf, auf dem häßliche gelbe Blumen wucherten.

„So, ihr fragt nach *meinem* Weiher. Hier ist er; das sind Tränen, die aus Zorn, Bosheit, Heuchelei und dergleichen mehr von den Menschen vergossen worden sind. Und seht ihr, dort stehen auch Stiefmütterchen, alle gelb, so wie ich es liebe, und die zeigen, wieviel *böse* Stiefmütterchen es gibt, denn allemal, wenn sich eine solche findet, wächst hier eine neue Blume hinzu."

„Die Treue hatte *viel mehr* Stiefmütterchen," flüsterte Sitta dem Bruder zu, und dieser antwortete ebenso: „Ja, ich glaube es jetzt auch, daß es viel mehr gute Stiefmütter gibt als böse."

Die Untreue bekam vor Ärger über diese Worte ein ganz gelbes Gesicht und herrschte die Kinder an: "So, nun zählt!"

Die Kleinen fingen schluchzend an; aber alle Augenblicke verzählten sie sich, und wie sie von vorn anfingen, war hier eine Blume welk geworden, dort eine neue aufgeblüht; und so kamen sie nicht zustande mit ihrer Arbeit.

Am Abend frohlockte die Untreue: „Ihr werdet noch bis zum jüngsten Tage zählen können, — niemals könnt ihr frei werden." Und als die Kinder sie inständig baten, sie doch fortzulassen, antwortete sie höhnisch: „Habe ich euch darum mit Goldkäfern, Eidechsen und Schmetterlingen hergelockt? Nein, ich lasse euch nicht frei, eure Stiefmutter müßte euch denn erlösen; aber die wird sich wohl hüten, um euretwillen sich in Gefahr zu begeben."

Es waren seit dem Verschwinden der Kinder schon mehrere Tage vergangen, die den trostlosen Eltern wie eine Ewigkeit erschienen, denn alles Forschen und Suchen war bisher erfolglos geblieben.

unheimlichen Bereich der Schlimmen zu entfliehen. Doch schon vertrat die Gefürchtete ihnen schadenfroh den Weg. „Wer mir verfallen ist, den gebe ich nicht wieder frei, ihr seid untreu geworden, darum seid ihr nun in meiner Macht, und zwar so lange, bis ihr mir gesagt habt, wie viele Blumen in meinem Garten blühen. Kommt!“

Es half kein Bitten und kein Weinen; sie zog die Kinder unsanft an einen Sumpf, auf dem häßliche gelbe Blumen wucherten.

„So, ihr fragt nach m e i n e m Weiher. Hier ist er; das sind Tränen, die aus Zorn, Bosheit, Heuchelei und dergleichen mehr von den Menschen vergossen worden sind. Und seht ihr, dort stehen auch Stiefmütterchen, alle gelb, so wie ich es liebe, und die zeigen, wieviel b ö s e Stiefmütterchen es gibt, denn allemal, wenn sich eine solche findet, wächst hier eine neue Blume hinzu.“

„Die Treue hatte v i e l m e h r Stiefmütterchen,“ flüsterte Sitta dem Bruder zu, und dieser antwortete ebenso: „Ja, ich glaube es jetzt auch, daß es viel mehr gute Stiefmütter gibt als böse.“

Die Untreue bekam vor Ärger über diese Worte ein ganz gelbes Gesicht und herrschte die Kinder an: „So, nun zählt!“

Die Kleinen fingen schluchzend an; aber alle Augenblicke verzählten sie sich, und wie sie von vorn anfingen, war hier eine Blume welk geworden, dort eine neue aufgeblüht; und so kamen sie nicht zustande mit ihrer Arbeit.

Am Abend frohlockte die Untreue: „Ihr werdet noch bis zum jüngsten Tage zählen können, — niemals könnt ihr frei werden.“ Und als die Kinder sie inständig baten, sie doch fortzulassen, antwortete sie höhnisch: „Habe ich euch darum mit Goldkäfern, Eidechsen und Schmetterlingen hergelockt? Nein, ich lasse euch nicht frei, eure Stiefmutter müßte euch denn erlösen; aber die wird sich wohl hüten, um euretwillen sich in Gefahr zu begeben.“

Es waren seit dem Verschwinden der Kinder schon mehrere Tage vergangen, die den trostlosen Eltern wie eine Ewigkeit erschienen, denn alles Forschen und Suchen war bisher erfolglos geblieben.

Soeben ritt der Vater mit einigen Knechten in die umliegenden Dörfer, um daselbst nochmals zu forschen, und Frau Irmela saß bleich und verweint am Fenster. In den letzten Nächten war kaum Schlaf in ihre Augen gekommen, so daß ihre Lider jetzt schwer herabsanken. Wie lange ihr Schlummer gewährt hatte, wußte sie nicht, doch wundersam gestärkt erwachte sie plötzlich durch den Gesang einer Schwarzdrossel, die, auf einem Holderbusch dicht vor dem Fenster sitzend, schon eine Weile die Schläferin anäugte. Nun flötete sie:

„Türü-türo-tüu —
So höre, gute Fru, —
O höre, hör mir zu,
Türü-türo-tüu."

Als Frau Irmela sich erstaunt herausbeugte, wippte Frau Drossel gar wichtig mit dem Schwänzchen und schmetterte:

„Türitri-türio-türiei —
Sind im Walde, die törichten zwei,
Sind gefangen und wünschen sich frei, —
Türitri-türio-türiei."

Da ward Frau Irmela sehr erschrocken und seufzte laut: „Ach, wenn du mir den Weg zeigen willst, liebe Drossel, will ich mit dir gehen, um die Verlorenen zu suchen." Schnell warf Frau Irmela dem Vogel einige Atzung hinaus, versah sich selbst mit dem Nötigsten, steckte auch ihren goldenen Patenbecher, ein ihr besonders wertvolles Andenken, zu sich und eilte bald, unbekümert um Frau Barbes Zetern, in den Wald.

Schwerer und schwerer ward Frau Irmelas sonst so leichter Schritt, als sie viele Stunden gewandert war, denn ihr hoffender Mut schwand, da alles Rufen, Suchen und Forschen vergeblich blieb.

Da stieß sie einen Ruf des Erstaunens aus, denn dicht vor ihr schimmerte es blau durch das Gebüsch, und als Irmela das Grün zurückbog, fiel ihr Blick auf eine schöne Frauen-gestalt, die eben

Soeben ritt der Vater mit einigen Knechten in die umliegenden Dörfer, um daselbst nochmals zu forschen, und Frau Irmela saß bleich und verweint am Fenster. In den letzten Nächten war kaum Schlaf in ihre Augen gekommen, so daß ihre Lider jetzt schwer herabsanken. Wie lange ihr Schlummer gewährt hatte, wußte sie nicht, doch wundersam gestärkt erwachte sie plötzlich durch den Gesang einer Schwarzdrossel, die, auf einem Holderbusch dicht vor dem Fenster sitzend, schon eine Weile die Schläferin anäugte. Nun flötete sie:

„Türü-türo-tüu —
So höre, gute Fru, —
O höre, hör mir zu,
Türü-türo-tüu."

Als Frau Irmela sich erstaunt herausbeugte, wippte Frau Drossel gar wichtig mit dem Schwänzchen und schmetterte:

„Türitri-türio-türiei —
Sind im Walde, die törichten zwei,
Sind gefangen und wünschen sich frei, —
Türitri-türio-türiei."

Da ward Frau Irmela sehr erschrocken und seufzte laut: „Ach, wenn du mir den Weg zeigen willst, liebe Drossel, will ich mit dir gehen, um die Verlorenen zu suchen." Schnell warf Frau Irmela dem Vogel einige Atzung hinaus, versah sich selbst mit dem Nötigsten, steckte auch ihren goldenen Patenbecher, ein ihr besonders wertvolles Andenken, zu sich und eilte bald, unbekümert um Frau Barbes Zetern, in den Wald.

Schwerer und schwerer ward Frau Irmelas sonst so leichter Schritt, als sie viele Stunden gewandert war, denn ihr hoffender Mut schwand, da alles Rufen, Suchen und Forschen vergeblich blieb.

Da stieß sie einen Ruf des Erstaunens aus, denn dicht vor ihr schimmerte es blau durch das Gebüsch, und als Irmela das Grün zurückbog, fiel ihr Blick auf eine schöne Frauengestalt, die eben beschäftigt war, ein umgebogenes Bäumchen wieder aufzurichten. Sie schaute mit milden blauen Augen zu der Wandermüden auf, die ihr vertrauensvoll von ihrem Gram erzählte und sie angstvoll fragte, ob sie die Kinder nicht gesehen habe.

Die blaue Frau, die natürlich niemand anderes war als die Treue, erzählte der Betrübten, was sie von den Kindern wußte.

Frau Irmela hörte erbleichend, daß diese trotz der besten Vorsätze in die Hände der Untreue gefallen seien, und sagte schnell, daß sie die Kinder befreien wolle, wenn sie nur den Weg zu deren Aufenthaltsort wüßte.

Da erzählte die Treue ihr die Geschichte ihrer einstigen Pflegeschwester, wie sie die Kinder von der Untreue selbst erfahren hatten; nur daß sie noch berichtete, wie ihnen, die man beide die „Treue" nannte, einst der gelbe Neid begegnet sei, dessen bösen Einflüsterungen es gelang, die andere ihrer Pflicht abwendig zu machen.

Während beide Frauen so durch den Wald dahinschritten, empfand Frau Irmela deutlich, wie die Nähe ihrer holden Begleiterin ihr neuen Mut und neue Kräfte verlieh, so daß alles Zagen von ihr gewichen war, als die Treue stehenblieb und, auf das eben erreichte, vom letzten Abendschein beleuchtete Haus der Untreue deutend, also sprach:

„Über dieses Hauses Schwelle
Mußt du ungeleitet schreiten,
Auch allein, Stiefmütterchen,
Sei getrost, ich harre dein.
Kann dir doch vielleicht noch nützen,
Du getreue, zweite Mutter,
Ob auch Untreu' Schlimmes sinnt:
Sei getrost, Stiefmütterchen!"

Frau Irmela stieg mit erwartungsvollem Herzklopfen, aber doch von froher Zuversicht erfüllt, die Zickzacktreppe hinan. Da trat ihr die gelbe Untreue hämisch lächelnd entgegen. Frau Irmela fragte nach den Kindern. „Ha, ha, ha, eine Stiefmutter will ihre nichtsnutzigen Stiefkinder erlösen," gellte die höhnische Entgegnung so laut, daß beschäftigt war, ein umgebogenes Bäumchen wieder aufzurichten. Sie schaute mit milden blauen Augen zu der Wandermüden auf, die ihr vertrauensvoll von ihrem Gram erzählte und sie angstvoll fragte, ob sie die Kinder nicht gesehen habe.

Die blaue Frau, die natürlich niemand anderes war als die Treue, erzählte der Betrübten, was sie von den Kindern wußte.

Frau Irmela hörte erbleichend, daß diese trotz der besten Vorsätze in die Hände der Untreue gefallen seien, und sagte schnell, daß sie die Kinder befreien wolle, wenn sie nur den Weg zu deren Aufenthaltsort wüßte.

Da erzählte die Treue ihr die Geschichte ihrer einstigen Pflegeschwester, wie sie die Kinder von der Untreue selbst erfahren hatten; nur daß sie noch berichtete, wie ihnen, die man beide die „Treue“ nannte, einst der gelbe Neid begegnet sei, dessen bösen Einflüsterungen es gelang, die andere ihrer Pflicht abwendig zu machen.

Während beide Frauen so durch den Wald dahinschritten, empfand Frau Irmela deutlich, wie die Nähe ihrer holden Begleiterin ihr neuen Mut und neue Kräfte verlieh, so daß alles Zagen von ihr gewichen war, als die Treue stehenblieb und, auf das eben erreichte, vom letzten Abendschein beleuchtete Haus der Untreue deutend, also sprach:

„Über dieses Hauses Schwelle
Mußt du ungeleitet schreiten,
Auch allein, Stiefmütterchen,
Sei getrost, ich harre dein.
Kann dir doch vielleicht noch nützen,
Du getreue, zweite Mutter,
Ob auch Untreu' Schlimmes sinnt:
S e i g e t r o s t, S t i e f m ü t t e r c h e n!“

Frau Irmela stieg mit erwartungsvollem Herzklopfen, aber doch von froher Zuversicht erfüllt, die Zickzacktreppe hinan. Da trat ihr die gelbe Untreue hämisch lächelnd entgegen. Frau Irmela fragte nach den Kindern. „Ha, ha, ha, eine Stiefmutter will ihre nichtsnutzigen Stiefkinder erlösen,“ gellte die höhnische Entgegnung so laut, daß

Rainer und Sitta sie deutlich vernahmen und herbeieilten, um zu Frau Irmela zu flüchten.

Einen Augenblick sah die Untreue der kleinen Szene beglückten Wiederfindens zwischen Mutter und Kindern zu, dann entriß sie die Kleinen mit hartem Griff den Mutterarmen, und hart klangen ihre Worte: „Halt! Noch seid ihr nicht aus meinem Bann erlöst, denn ebensowenig wie ihr meine Blumen zählen könnt, wirst du, Stiefmutter, deine Aufgabe lösen: Irgendwo im weiten Walde sprang mein Goldreif von meinem Arme; ich suchte ihn vergeblich, den mußt du mir verschaffen."

Wohl war es sehr hart, die Kinder noch länger der Willkür der schlimmen Frau preisgegeben zu wissen, doch wollte Frau Irmela nicht rasten, bis sie das Rettungswerk vollbracht hatte.

Beide Hände steckte sie der Treue entgegen, erzählte ihr alles, fragte, welche Bewandtnis es mit dem Goldreif habe, und bat um Rat und Hilfe. Die Gütige versprach, ihr beizustehen, zeigte auf ihren fest um den Arm geschmiedeten Goldreif und gab die Auskunft:

„Sie trug den gleichen Reifen
Als Pflegeschwester mein,
solang' sie treu den Pflichten
Blieb makellos und rein.
Doch als sie untreu wurde,
Sprang ihr der Reif entzwei,
Sprang hüpfend fort; im Dickicht
Fand ihn die Wasserfei.
Sie nahm das Kleinod mit sich,
Den Reif von Golde schwer,
Barg ihn in Wassers Grunde,
Kein Aug' erblickt ihn mehr.
Im dunkeln Nixenweiher
Liegt er seit jener Nacht,
Im tiefen, tiefen Walde,
Wo Nixe ihn bewacht."

Rainer und Sitta sie deutlich vernahmen und herbeieilten, um zu Frau Irmela zu flüchten.

Einen Augenblick sah die Untreue der kleinen Szene beglückten Wiederfindens zwischen Mutter und Kindern zu, dann entriß sie die Kleinen mit hartem Griff den Mutterarmen, und hart klangen ihre Worte: „Halt! Noch seid ihr nicht aus meinem Bann erlöst, denn ebensowenig wie ihr meine Blumen zählen könnt, wirst du, Stiefmutter, deine Aufgabe lösen: Irgendwo im weiten Walde sprang mein Goldreif von meinem Arme; ich suchte ihn vergeblich, den mußt du mir verschaffen."

Wohl war es sehr hart, die Kinder noch länger der Willkür der schlimmen Frau preisgegeben zu wissen, doch wollte Frau Irmela nicht rasten, bis sie das Rettungswerk vollbracht hatte.

Beide Hände steckte sie der Treue entgegen, erzählte ihr alles, fragte, welche Bewandtnis es mit dem Goldreif habe, und bat um Rat und Hilfe. Die Gütige versprach, ihr beizustehen, zeigte auf ihren fest um den Arm geschmiedeten Goldreif und gab die Auskunft:

„Sie trug den gleichen Reifen
Als Pflegeschwester mein,
solang' sie treu den Pflichten
Blieb makellos und rein.
Doch als sie untreu wurde,
Sprang ihr der Reif entzwei,
Sprang hüpfend fort; im Dickicht
Fand ihn die Wasserfei.
Sie nahm das Kleinod mit sich,
Den Reif von Golde schwer,
Barg ihn in Wassers Grunde,
Kein Aug' erblickt ihn mehr.
Im dunkeln Nixenweiher
Liegt er seit jener Nacht,
Im tiefen, tiefen Walde,
Wo Nixe ihn bewacht."

„Ich bitte dich, du allzeit Getreue, zeige mir den Weg zu jenem Nixenweiher und sage mir, was ich tun soll, daß die Nixe mir den Goldreif gibt," flehte Frau Irmela, und ihre Führerin nickte Gewährung, sie weiter und weiter in das Waldesdunkel hineinführend.

Aber auch ihre Gegnerin schlummerte nicht.

Mit höhnischem Lächeln schlich sie in der Nacht an den Sumpf in ihrem Garten, wo zu dieser Zeit immer ihre Lieblinge, die Irrlichter, zu tanzen pflegten. Die gelbe Gestalt winkte dem größten der Irrlichter, das gehorsam wie ein Hund sogleich herangehüpft kam. Mit beschwörender Gebärde raunte die Untreue:

„Wachse und glühe und bleib mir zur Seite,
Sei mir im Walde willkommnes Geleite."

Hochauf reckte sich das Irrlicht, um dann in unruhigen Sprüngen, bald sich duckend, bald hell aufleuchtend, seiner Herrin zu folgen, die sogleich im dichten Walde verschwand.

Einmal glaubte sie, Frau Irmela in der Ferne zu erspähen, da zischte sie:

„Flimm're, du Irrlicht, in flackerndem Tanze,
Hüpfend und gleißend in wechselndem Schein;
Führ' in die Irre den nächtlichen Wand'rer,
Weitab vom Ziele noch tiefer waldein."

Frau Irmela machte ihre Gefährtin auf den hüpfenden Lichtschein aufmerksam und bat, man möge doch zu jener Stelle eilen. Aber die Treue hob warnend die Hand, zog Stiefmütterchen nach der entgegengesetzten Richtung und mahnte:

„Untreu' — Irrlicht — sind Gefährten,
Die wohl gerne sich gesellen!

„Ich bitte dich, du allzeit Getreue, zeige mir den Weg zu jenem Nixenweiher und sage mir, was ich tun soll, daß die Nixe mir den Goldreif gibt," flehte Frau Irmela, und ihre Führerin nickte Gewährung, sie weiter und weiter in das Waldesdunkel hineinführend.

Aber auch ihre Gegnerin schlummerte nicht.

Mit höhnischem Lächeln schlich sie in der Nacht an den Sumpf in ihrem Garten, wo zu dieser Zeit immer ihre Lieblinge, die Irrlichter, zu tanzen pflegten. Die gelbe Gestalt winkte dem größten der Irrlichter, das gehorsam wie ein Hund sogleich herangehüpft kam. Mit beschwörender Gebärde raunte die Untreue:

„Wachse und glühe und bleib mir zur Seite,
Sei mir im Walde willkommnes Geleite."

Hochauf reckte sich das Irrlicht, um dann in unruhigen Sprüngen, bald sich duckend, bald hell aufleuchtend, seiner Herrin zu folgen, die sogleich im dichten Walde verschwand.

Einmal glaubte sie, Frau Irmela in der Ferne zu erspähen, da zischte sie:

„Flimm're, du Irrlicht, in flackerndem Tanze,
Hüpfend und gleißend in wechselndem Schein;
Führ' in die Irre den nächtlichen Wand'rer,
Weitab vom Ziele noch tiefer waldein."

Frau Irmela machte ihre Gefährtin auf den hüpfenden Lichtschein aufmerksam und bat, man möge doch zu jener Stelle eilen. Aber die Treue hob warnend die Hand, zog Stiefmütterchen nach der entgegengesetzten Richtung und mahnte:

„Untreu' — Irrlicht — sind Gefährten,
Die wohl gerne sich gesellen!

Hüte dich vor ihnen beiden,
Wo sie deinen Weg verstellen.
Hüte dich vor ihren Ränken,
Ihrer Tücke, ihrem Flirren, –
Laß ihr Gleißen dich nicht kümmern,
Geh' den rechten Weg ohn' Irren."

Immer dunkler ward das Dickicht, bis die Führerin erklärte, daß sie dem Nixenweiher ganz nahe seien.

Der Nixe im Weiher war es in dieser Nacht besonders behaglich zumute; sie ließ ihre weißen Arme vom Wasser benetzen und spielte mit dem schweren Goldreif. Jetzt gerade versenkte sie den Schatz wieder in der Tiefe, legte das Haupt auf ein Wasserrosenblatt und flüsterte:

„Rauschet, ihr Erlen
leis in der Nacht;
Rauschet und säuselt,
Unke hält Wacht.
Wiegt mich in Schlummer
so lieblich und schön
Durch eurer Lieder
flüsternd Getön;
Wiegt mich, ihr Wellen,
schwarz wie die Nacht, –
Nixe will träumen,
Unke hält Wacht."

So sanft auch die Erlen rauschten, und so leise die Unke auch ihr „unk – unk –" rief, der Nixenschlummer währte nur eine kurze Spanne Zeit, denn Frau Irmela stand jetzt am Ufer des Weihers, der Nixe ihre Bitte vortragend. Die Wasserfei glaubte zu träumen, denn außer der Untreue, die mit ihren Irrlichtern hier öfter vorbeikam, und außer den zwei wandermüden Kindern, die sie vor Tagen erblickt hatte, war seit langer Zeit niemand in ihre Nähe gekommen. Die Arme im Nacken verschlungen, blinzelte die Nixe zu der jungen Frau hinauf.

Hüte dich vor ihnen beiden,
Wo sie deinen Weg verstellen.
Hüte dich vor ihren Ränken,
Ihrer Tücke, ihrem Flirren, —
Laß ihr Gleißen dich nicht kümmern,
Geh' den rechten Weg ohn' Irren."

Immer dunkler ward das Dickicht, bis die Führerin erklärte, daß sie dem Nixenweiher ganz nahe seien.

Der Nixe im Weiher war es in dieser Nacht besonders behaglich zumute; sie ließ ihre weißen Arme vom Wasser benetzen und spielte mit dem schweren Goldreif. Jetzt gerade versenkte sie den Schatz wieder in der Tiefe, legte das Haupt auf ein Wasserrosenblatt und flüsterte:

„Rauschet, ihr Erlen
leis in der Nacht;
Rauschet und säuselt,
Unke hält Wacht.
Wiegt mich in Schlummer
so lieblich und schön
Durch eurer Lieder
flüsternd Getön;
Wiegt mich, ihr Wellen,
schwarz wie die Nacht, —
Nixe will träumen,
Unke hält Wacht."

So sanft auch die Erlen rauschten, und so leise die Unke auch ihr „unk — unk —" rief, der Nixenschlummer währte nur eine kurze Spanne Zeit, denn Frau Irmela stand jetzt am Ufer des Weihers, der Nixe ihre Bitte vortragend. Die Wasserfei glaubte zu träumen, denn außer der Untreue, die mit ihren Irrlichtern hier öfter vorbeikam, und außer den zwei wandermüden Kindern, die sie vor Tagen erblickt hatte, war seit langer Zeit niemand in ihre Nähe gekommen. Die Arme im Nacken verschlungen, blinzelte die Nixe zu der jungen Frau hinauf.

„Du suchst den Reifen schwer von Gold,
Dies Kleinod ich dir geben sollt'?
Gib mir ein andres Kleinod schnell,
Den *Patenbecher* blinkend hell."

Kalt wie Wasser klangen die Nixenworte, daß Frau Irmela erschauerte. Ach! gerade dieses Andenken herzugeben, ward ihr schwer, doch zog sie den Becher sogleich hervor, indem sie antwortete:

„Nimm ihn, Nixe, denn die Kinder sind mehr wert als schnödes Gold. Gib mir den Reifen."

Die Nixe griff hastig nach dem Becher, ihn sofort in die Tiefe versenkend. Dann sprach sie wie vorhin:

„Für den Becher hier von Gold
Ich den Reifen geben sollt'?
Größ'rer Schatz der Reif mir war, —
Gib mir noch dein goldnes Haar."

Stiefmütterchen erschrak, denn diesen Schmuck des Hauptes gibt wohl niemand gern her. Aber trotzdem.

Seufzend nahm sie den von der Nixe dargereichten messerscharfen Binsenhalm in Empfang, mit dem sie in Ermangelung einer Schere ihr Haar abschnitt.

Kaum hatte die Nixe es erhalten, als sie, mit kaltem Blick die Opfermutige betrachtend, ihr zurief:

„Im Nixenteich die Wasserfei
Gibt ihren Goldreif noch nicht frei, —
Sie heischt dafür der Dinge *drei!*"

Händeringend stand Frau Irmela am Ufer, ratlos stammelnd: „Was ich besaß, gab ich dir, willst du vielleicht noch meine goldenen Nadeln?"

Verächtlich blickte die Nixe auf den Schmuck. Dann fuhr sie fort, und es klang hohl wie das Gurgeln des Wassers:

„Du suchst den Reifen schwer von Gold,
Dies Kleinod ich dir geben sollt'?
Gib mir ein andres Kleinod schnell,
Den Patenbecher blinkend hell."

Kalt wie Wasser klangen die Nixenworte, daß Frau Irmela erschauerte. Ach! gerade dieses Andenken herzugeben, ward ihr schwer, doch zog sie den Becher sogleich hervor, indem sie antwortete:

„Nimm ihn, Nixe, denn die Kinder sind mehr wert als schnödes Gold. Gib mir den Reifen."

Die Nixe griff hastig nach dem Becher, ihn sofort in die Tiefe versenkend. Dann sprach sie wie vorhin:

„Für den Becher hier von Gold
Ich den Reifen geben sollt'?
Größ'rer Schatz der Reif mir war, —
Gib mir noch dein goldnes Haar."

Stiefmütterchen erschrak, denn diesen Schmuck des Hauptes gibt wohl niemand gern her. Aber trotzdem.

Seufzend nahm sie den von der Nixe dargereichten messerscharfen Binsenhalm in Empfang, mit dem sie in Ermangelung einer Schere ihr Haar abschnitt.

Kaum hatte die Nixe es erhalten, als sie, mit kaltem Blick die Opfermutige betrachtend, ihr zurief:

„Im Nixenteich die Wasserfei
Gibt ihren Goldreif noch nicht frei, —
Sie heischt dafür der Dinge drei!"

Händeringend stand Frau Irmela am Ufer, ratlos stammelnd: „Was ich besaß, gab ich dir, willst du vielleicht noch meine goldenen Nadeln?"

Verächtlich blickte die Nixe auf den Schmuck. Dann fuhr sie fort, und es klang hohl wie das Gurgeln des Wassers:

„Der Reif in sich'rer Tiefe ruht, —
Zeig' erst noch *größern* Opfermut,
Gib mir von deinem *Herzensblut.*"

Als die Nixe untertauchend, im nächsten Augenblick den Goldreif verlockend emporhielt, griff Frau Irmela entschlossen eine der langen Nadeln, um sie sich in ihr Herz zu stoßen. Doch in diesem Augenblick höchster Lebensgefahr wurde ihre Hand von der starken Hand der Treue ergriffen und abgelenkt. So stach sich Stiefmütterchen nur in die Hand, und einige rote Blutstropfen fielen ins Wasser.

Der Nixe Macht war gebrochen. Sie war im Wasser verschwunden; am Ufer aber lag der Goldreif.

Die Untreue hatte mit ihrem Irrlicht den nächtlichen Wald kreuz und quer durchwandert und war gerade von fern Zeugin gewesen, als Stiefmütterchens Nadel das Herz suchte.

Triumphierend, mit schadenfrohem Gelächter war sie ihrer Behausung zugeeilt, wähnend, daß die ihr unbequeme Frau ein Opfer ihres Wagemutes geworden wäre.

Sie rüttelte die Kinder unsanft aus dem Schlaf und schrie ihnen zu: „Eure Mutter gab der Nixe ihr Herzblut, sie ist tot, darum wartet nicht mehr auf Erlösung, sondern beginnt euer Tagewerk." Rainer und Sitta weinten bitterlich, als sie solches vernahmen, und schluchzten: „Wir sind an allem schuld!"

Aber kaum hatten sie also geklagt, als Stiefmütterchen, von der Treue geführt, über die Schwelle trat. Noch bleich und mit abgeschnittenem Haar erschien Frau Irmela ihnen fremd, aber da blickten schon ihre gütigen Augen tief in die Kinderherzen hinein, während ihre Arme die reuig Schluchzenden umschlangen, und ihr Mund flüsterte: „Habt mich lieb, Kinder, seht, ich habe euch erlöst."

Dann trat sie festen Schrittes zu der gelben Frau, reichte ihr den Goldreif und sprach: „Ich hielt mein Wort; nun halte du das *deine.*" Erdfahl vor Schrecken hatte die Untreue alles gesehen und gehört. Da trat die Treue hervor, deren schöne blaue Augen die einstige Pflegeschwester sowie auch die Kinder fest anblickten, während sie sprach:

„Der Reif in sich'rer Tiefe ruht, —
Zeig' erst noch größern Opfermut,
Gib mir von deinem Herzensblut."

Als die Nixe untertauchend, im nächsten Augenblick den Goldreif verlockend emporhielt, griff Frau Irmela entschlossen eine der langen Nadeln, um sie sich in ihr Herz zu stoßen. Doch in diesem Augenblick höchster Lebensgefahr wurde ihre Hand von der starken Hand der Treue ergriffen und abgelenkt. So stach sich Stiefmütterchen nur in die Hand, und einige rote Blutstropfen fielen ins Wasser.

Der Nixe Macht war gebrochen. Sie war im Wasser verschwunden; am Ufer aber lag der Goldreif.

Die Untreue hatte mit ihrem Irrlicht den nächtlichen Wald kreuz und quer durchwandert und war gerade von fern Zeugin gewesen, als Stiefmütterchens Nadel das Herz suchte.

Triumphierend, mit schadenfrohem Gelächter war sie ihrer Behausung zugeeilt, wähnend, daß die ihr unbequeme Frau ein Opfer ihres Wagemutes geworden wäre.

Sie rüttelte die Kinder unsanft aus dem Schlaf und schrie ihnen zu: „Eure Mutter gab der Nixe ihr Herzblut, sie ist tot, darum wartet nicht mehr auf Erlösung, sondern beginnt euer Tagewerk." Rainer und Sitta weinten bitterlich, als sie solches vernahmen, und schluchzten: „Wir sind an allem schuld!"

Aber kaum hatten sie also geklagt, als Stiefmütterchen, von der Treue geführt, über die Schwelle trat. Noch bleich und mit abgeschnittenem Haar erschien Frau Irmela ihnen fremd, aber da blickten schon ihre gütigen Augen tief in die Kinderherzen hinein, während ihre Arme die reuig Schluchzenden umschlangen, und ihr Mund flüsterte: „Habt mich lieb, Kinder, seht, ich habe euch erlöst."

Dann trat sie festen Schrittes zu der gelben Frau, reichte ihr den Goldreif und sprach: „Ich hielt mein Wort; nun halte du das deine." Erdfahl vor Schrecken hatte die Untreue alles gesehen und gehört. Da trat die Treue hervor, deren schöne blaue Augen die einstige Pflegeschwester sowie auch die Kinder fest anblickten, während sie sprach:

„Seht, welch treue zweite Mutter,
Die voll Mut ihr Leben wagte,
Um zwei Kinder zu erlösen!
Tief im Grund des Nixenteiches
Lag der goldne Reif begraben,
Der als Lösungspreis erkoren.
Ihren goldnen Patenbecher
Gab sie hin als Opfergabe, —
Doch war Nixe unersättlich,
Heischte auch die goldnen Haare,
Und zuletzt sie gleich dem Vampyr
Selbst ihr Herzblut noch begehrte."

Kein Wort wagte die Untreue zu erwidern, sie sank wie vernichtet zusammen, als die Treue mit erhobener Stimme fortfuhr:

„Untreu sein, schafft nur Pein,
Bringt manch Leid und Schmerzen,
Friedlos macht's die Herzen.
Aber Treu' schenkt stets neu
Glück und Ruh hienieden,
und gibt Herzensfrieden."

Jubelnd dankten Rainer und Sitta dem treuen Stiefmütterchen und ihrer Gefährtin, beiden aufrichtig Besserung gelobend. Glückselig, ohne noch einen Blick zurückzuwerfen, schritten alle vier bei dem ersten Morgenstrahl durch den Wald.

Plötzlich sprang an ihnen ein Goldreif vorüber. Die Treue hob ihn auf, es war wirklich der Reif der Untreue, der noch die Spuren vom Schlamme des Nixenteiches an sich trug.

Doch als die Treue ihn mit ihrer Hand berührte, schwanden auch diese häßlichen Zeichen einer sündigen dunklen Zeit.

Die Treue streifte das Kleinod schnell über Frau Irmelas Arm, und da sie ganz in der Nähe der Heimat angelangt waren, nahmen sie bewegten Abschied. Noch lange fühlte die treue zweite Mutter

„Seht, welch treue zweite Mutter,
Die voll Mut ihr Leben wagte,
Um zwei Kinder zu erlösen!
Tief im Grund des Nixenteiches
Lag der goldne Reif begraben,
Der als Lösungspreis erkoren.
Ihren goldnen Patenbecher
Gab sie hin als Opfergabe, —
Doch war Nixe unersättlich,
Heischte auch die goldnen Haare,
Und zuletzt sie gleich dem Vampyr
Selbst ihr Herzblut noch begehrte.“

Kein Wort wagte die Untreue zu erwidern, sie sank wie vernichtet zusammen, als die Treue mit erhobener Stimme fortfuhr:

„Untreu sein, schafft nur Pein,
Bringt manch Leid und Schmerzen,
Friedlos macht's die Herzen.
Aber Treu' schenkt stets neu
Glück und Ruh hienieden,
und gibt Herzensfrieden.“

Jubelnd dankten Rainer und Sitta dem treuen Stiefmütterchen und ihrer Gefährtin, beiden aufrichtig Besserung gelobend. Glückselig, ohne noch einen Blick zurückzuwerfen, schritten alle vier bei dem ersten Morgenstrahl durch den Wald.

Plötzlich sprang an ihnen ein Goldreif vorüber. Die Treue hob ihn auf, es war wirklich der Reif der Untreue, der noch die Spuren vom Schlamme des Nixenteiches an sich trug.

Doch als die Treue ihn mit ihrer Hand berührte, schwanden auch diese häßlichen Zeichen einer sündigen dunklen Zeit.

Die Treue streifte das Kleinod schnell über Frau Irmelas Arm, und da sie ganz in der Nähe der Heimat angelangt waren, nahmen sie bewegten Abschied. Noch lange fühlte die treue zweite Mutter den herzlichen Abschiedskuß der Freundin, noch lange glaubte sie die liebe, sanfte Stimme zu hören:

„Will, Stiefmütterlein, dir zum Angedenken
Als Lohn der Treue den Goldreif schenken;
Er sei dir auf fernerer Lebensbahn
Ein Pfand meiner Freundschaft, ein Talisman,
Der niemals vom Arme der Pflichttreuen springt,
Der immer nur Segen und Glück dir bringt!"

Frau Irmela fand noch ihren geliebten Patenbecher, auf dem altgewohnten Platze stehend, als letzten Abschiedsgruß der Treue vor.

Die Prophezeiung derselben erfüllte sich an Frau Irmela. Noch viele glückliche Jahre lebte Stiefmütterchen mit Gemahl und Kindern zusammen in Liebe und Treue verbunden. Rainer und Sitta machten ihrer zweiten Mutter hinfort nur Freude. O, wie oft schauten sie auf Frau Irmelas kurze Haare, dachten an den verschwundenen köstlichen Haarschmuck und bemühten sich voll Reue doppelt, ihr Dankbarkeit und Liebe zu zeigen.

Nur langsam wuchsen die Haare wieder, aber endlich umgaben sie noch prächtiger, noch länger als früher die edle Gestalt. Und wenn irgend einmal etwas Frau Irmela bekümmerte, so betrachtete sie nur ihren Goldreif, dann war ihr jedesmal, als höre sie die Stimme der geliebten Freundin:

„Sei getrost, Stiefmütterchen!"

den herzlichen Abschiedskuß der Freundin, noch lange glaubte sie die liebe, sanfte Stimme zu hören:

„Will, Stiefmütterlein, dir zum Angedenken
Als Lohn der Treue den Goldreif schenken;
Er sei dir auf fernerer Lebensbahn
Ein Pfand meiner Freundschaft, ein Talisman,
Der niemals vom Arme der Pflichttreuen springt,
Der immer nur Segen und Glück dir bringt!“

Frau Irmela fand noch ihren geliebten Patenbecher, auf dem altgewohnten Platze stehend, als letzten Abschiedsgruß der Treue vor.

Die Prophezeiung derselben erfüllte sich an Frau Irmela. Noch viele glückliche Jahre lebte Stiefmütterchen mit Gemahl und Kindern zusammen in Liebe und Treue verbunden. Rainer und Sitta machten ihrer zweiten Mutter hinfort nur Freude. O, wie oft schauten sie auf Frau Irmelas kurze Haare, dachten an den verschwundenen köstlichen Haarschmuck und bemühten sich voll Reue doppelt, ihr Dankbarkeit und Liebe zu zeigen.

Nur langsam wuchsen die Haare wieder, aber endlich umgaben sie noch prächtiger, noch länger als früher die edle Gestalt. Und wenn irgend einmal etwas Frau Irmela bekümmerte, so betrachtete sie nur ihren Goldreif, dann war ihr jedesmal, als höre sie die Stimme der geliebten Freundin:

„Sei getrost, Stiefmütterchen!“

Die Harfe der Königin

Es war einmal ein junger König, der von seinem Volk sehr geliebt wurde, weil er gütig und gerecht gegen seine Untertanen war und für jedermann ein freundliches Wort hatte. Ebenso liebte man seine schöne Gemahlin. Er hatte sie erst vor kurzem heimgeführt.

So recht wußte niemand, woher sie stammte. Man erzählte, der junge König habe sie aus den Händen der Sarazenen gerettet, die sie vermutlich aus ihrer Heimat entführt hatten; doch die ausgestandene Angst habe ihr die Sprache geraubt.

In der Tat hatte der König Ringolf den Kreuzzug mitgemacht und sich im heiligen Lande mit Ruhm bedeckt. Auch hatte er dort die zarte Jungfrau aus den Händen der Feinde errettet.

Schön und fein wie eine Prinzessin war sie gewesen, und ihr verzweifelter Blick und ihr stummes Händeringen hatten das Herz des Tapferen gerührt, daß er sie mit eigener Lebensgefahr aus der Schar der Sarazenen befreite. Wer sie war, vermochte sie nicht zu sagen, da der Schock ihre Zunge gelähmt hatte. So nahm Ringolf die Jungfrau mit in seine Heimat, wo er sie zur Gemahlin nahm.

Allmählich kehrte die Sprache ein wenig wieder, und zwar dann, wenn sie Lautenspiel vernahm. Der König schenkte ihr darum eine kostbare Laute, die sie trefflich zu spielen verstand. Sie tat letzteres, wenn ihr Gemahl bei ihr war, besonders gern, da sie wußte, daß es ihn erfreute, und sie dann nach und nach vermochte, wenn auch noch mühsam sprechend, etwas von ihrem früheren Leben zu erzählen.

Sie vertraute ihrem Gemahl dann an, daß ihre Mutter eine Königin wäre, ihr Vater gestorben, und daß ihre Heimat voll Sonne sei und der Himmel tiefblau erscheine. Der König merkte aber bald, wie Feridah, so hieß seine Gemahlin, nach solchen Berichten stets traurig ward, obwohl sie es vor ihrem Gemahl zu verbergen suchte. Ja, er bemerkte mit Sorge, wie ein stiller Gram an ihrem Leben zehrte.

Die Harfe der Königin

Es war einmal ein junger König, der von seinem Volk sehr geliebt wurde, weil er gütig und gerecht gegen seine Untertanen war und für jedermann ein freundliches Wort hatte. Ebenso liebte man seine schöne Gemahlin. Er hatte sie erst vor kurzem heimgeführt.

So recht wußte niemand, woher sie stammte. Man erzählte, der junge König habe sie aus den Händen der Sarazenen gerettet, die sie vermutlich aus ihrer Heimat entführt hatten; doch die ausgestandene Angst habe ihr die Sprache geraubt.

In der Tat hatte der König Ringolf den Kreuzzug mitgemacht und sich im heiligen Lande mit Ruhm bedeckt. Auch hatte er dort die zarte Jungfrau aus den Händen der Feinde errettet.

Schön und fein wie eine Prinzessin war sie gewesen, und ihr verzweifelter Blick und ihr stummes Händeringen hatten das Herz des Tapferen gerührt, daß er sie mit eigener Lebensgefahr aus der Schar der Sarazenen befreite. Wer sie war, vermochte sie nicht zu sagen, da der Schock ihre Zunge gelähmt hatte. So nahm Ringolf die Jungfrau mit in seine Heimat, wo er sie zur Gemahlin nahm.

Allmählich kehrte die Sprache ein wenig wieder, und zwar dann, wenn sie Lautenspiel vernahm. Der König schenkte ihr darum eine kostbare Laute, die sie trefflich zu spielen verstand. Sie tat letzteres, wenn ihr Gemahl bei ihr war, besonders gern, da sie wußte, daß es ihn erfreute, und sie dann nach und nach vermochte, wenn auch noch mühsam sprechend, etwas von ihrem früheren Leben zu erzählen.

Sie vertraute ihrem Gemahl dann an, daß ihre Mutter eine Königin wäre, ihr Vater gestorben, und daß ihre Heimat voll Sonne sei und der Himmel tiefblau erscheine. Der König merkte aber bald, wie Feridah, so hieß seine Gemahlin, nach solchen Berichten stets traurig ward, obwohl sie es vor ihrem Gemahl zu verbergen suchte. Ja, er bemerkte mit Sorge, wie ein stiller Gram an ihrem Leben zehrte.

Sie ward bleicher und bleicher, bis sie eines Tages fiebernd auf ihrem Lager ruhte.

Der König rief die geschicktesten Ärzte an das Krankenbett, daß sie die Krankheitsursache ergründen möchten, doch sie fanden nicht, was der Königin fehlte.

In der Hoffnung, sie zu erfreuen, ließ er ihre Laute bringen. Doch kaum erblickte Feridah das Instrument, als sie unruhig ward. Das Fieber steigerte sich, und ihre Lippen bewegten sich unaufhörlich. Endlich ward ihr Flüstern vernehmlich, es war, als habe das Fieber ihre Zunge gelöst. Ängstlich lauschte König Ringolf auf ihre Worte:

„Wo die grünen Palmen fächeln,
Bunte Blumen ringsum lächeln,
Wo Granaten dunkel glühen,
Oleander, Myrten blühen,
Und des Schlosses Hallen schimmern,
Blaue Meereswellen flimmern:
Dorthin, zu der Mutter Haus —
Ziehe, Sehnsucht, nun hinaus."

Als der Lauschende das vernahm, ward er sehr betrübt, denn er wußte nun, daß seine Gemahlin Heimweh hatte. Vielleicht war es gar die Ursache ihrer Krankheit, und er wußte nicht einmal, wo das Schloß ihrer Mutter lag. Doch schon wieder ward die Kranke unruhig, wieder bewegten sich ihre Lippen, und sie rief ängstlich bittend:

„Bringt mir Harfe ‚Klingehold'!
Ihre Saiten sind von Gold;
Weiße Mutterhände gleiten
Über diese goldnen Saiten —
Lind und hold wie Äolsklang.
Mutter, wie ist mir so bang!"

Die Ärzte erklärten, daß diese Fieberphantasien auf Heimweh zurückzuführen seien.

Sie ward bleicher und bleicher, bis sie eines Tages fiebernd auf ihrem Lager ruhte.

Der König rief die geschicktesten Ärzte an das Krankenbett, daß sie die Krankheitsursache ergründen möchten, doch sie fanden nicht, was der Königin fehlte.

In der Hoffnung, sie zu erfreuen, ließ er ihre Laute bringen. Doch kaum erblickte Feridah das Instrument, als sie unruhig ward. Das Fieber steigerte sich, und ihre Lippen bewegten sich unaufhörlich. Endlich ward ihr Flüstern vernehmlich, es war, als habe das Fieber ihre Zunge gelöst. Ängstlich lauschte König Ringolf auf ihre Worte:

„Wo die grünen Palmen fächeln,
Bunte Blumen ringsum lächeln,
Wo Granaten dunkel glühen,
Oleander, Myrten blühen,
Und des Schlosses Hallen schimmern,
Blaue Meereswellen flimmern:
Dorthin, zu der Mutter Haus –
Ziehe, Sehnsucht, nun hinaus."

Als der Lauschende das vernahm, ward er sehr betrübt, denn er wußte nun, daß seine Gemahlin Heimweh hatte. Vielleicht war es gar die Ursache ihrer Krankheit, und er wußte nicht einmal, wo das Schloß ihrer Mutter lag. Doch schon wieder ward die Kranke unruhig, wieder bewegten sich ihre Lippen, und sie rief ängstlich bittend:

„Bringt mir Harfe ‚Klingehold'!
Ihre Saiten sind von Gold;
Weiße Mutterhände gleiten
Über diese goldnen Saiten –
Lind und hold wie Äolsklang.
Mutter, wie ist mir so bang!"

Die Ärzte erklärten, daß diese Fieberphantasien auf Heimweh zurückzuführen seien.

In seiner Angst begab sich der König zu einem Einsiedler, von dem man allerlei Seltsames munkelte. Man sagte, er stiege des Nachts auf einen hohen Felsen, um mit den Sternen Zwiesprache zu halten, und er wisse allerlei Zaubermittel.

Der Alte, der in einer Felshöhle hauste, saß gerade vor einem mächtigen Buche, dessen Seiten mit geheimnisvollen Zeichen bedeckt waren. Sein Gesicht war alt und runzlig, es erschien dem König wie Pergament; aber die von buschigen Augenbrauen fast verdeckten Augen blickten lebhaft und nicht unfreundlich auf den Ankömmling, dessen bekümmerte Miene dem Einsiedler nicht entging. Er winkte dem König, sich auf dem einzigen, mit einem Bärenfell bedeckten Ruhesitz niederzulassen, indem er sprach:

„Durch zerklüftet Felsgestein
Drangest du zu mir herein.
Wolltest wohl dein Leid mir klagen,
Deines Herzens Zittern, Zagen?
Königsburg ist nicht gefeit
Vor des Lebens Gram und Leid."

Der König entgegnete: „Wie, selbst in deine Wildnis drang schon die Kunde von meiner Gemahlin Erkrankung?"

Geheimnisvoll flüsterte der Alte:

„Weht der Wind durch Felsenspalten,
Kann mit ihm ich Zwiesprach' halten;
bringt mir Botschaft aus der Welt.
Kommt die Nacht auf dunklen Schwingen,
Kann auch sie mir Kunde bringen,
Durch die Stern' am Himmelszelt."

Erregt sprang der König auf. „O, Vater Einsiedler, unter den Leuten geht das Gerücht um, du wissest mehr als alle anderen wissen, weil du hellsehend seiest. Ich sehe, sie haben recht; ich folgte ihrem Rate nicht vergeblich, denn ich weiß jetzt, daß du mir helfen kannst.

In seiner Angst begab sich der König zu einem Einsiedler, von dem man allerlei Seltsames munkelte. Man sagte, er stiege des Nachts auf einen hohen Felsen, um mit den Sternen Zwiesprache zu halten, und er wisse allerlei Zaubermittel.

Der Alte, der in einer Felshöhle hauste, saß gerade vor einem mächtigen Buche, dessen Seiten mit geheimnisvollen Zeichen bedeckt waren. Sein Gesicht war alt und runzlig, es erschien dem König wie Pergament; aber die von buschigen Augenbrauen fast verdeckten Augen blickten lebhaft und nicht unfreundlich auf den Ankömmling, dessen bekümmerte Miene dem Einsiedler nicht entging. Er winkte dem König, sich auf dem einzigen, mit einem Bärenfell bedeckten Ruhesitz niederzulassen, indem er sprach:

„Durch zerklüftet Felsgestein
Drangest du zu mir herein.
Wolltest wohl dein Leid mir klagen,
Deines Herzens Zittern, Zagen?
Königsburg ist nicht gefeit
Vor des Lebens Gram und Leid.“

Der König entgegnete: „Wie, selbst in deine Wildnis drang schon die Kunde von meiner Gemahlin Erkrankung?“

Geheimnisvoll flüsterte der Alte:

„Weht der Wind durch Felsenspalten,
Kann mit ihm ich Zwiesprach' halten;
bringt mir Botschaft aus der Welt.
Kommt die Nacht auf dunklen Schwingen,
Kann auch sie mir Kunde bringen,
Durch die Stern' am Himmelszelt.“

Erregt sprang der König auf. „O, Vater Einsiedler, unter den Leuten geht das Gerücht um, du wissest mehr als alle anderen wissen, weil du hellsehend seiest. Ich sehe, sie haben recht; ich folgte ihrem Rate nicht vergeblich, denn ich weiß jetzt, daß du mir helfen kannst.

Meine Gemahlin ist sehr krank, willst du nicht zu ihr kommen oder mir sagen, was ich tun soll?“ Der Alte blätterte in seinem Buche, nickte mehrmals vor sich hin und antwortete:

„Fieber fliegt durch ihr Gebein —
Doch ist's Fieber nicht allein; —
Müßt vom Heimweh sie befrei'n.“

„Ach, wenn ich nur wüßte, wie ich das könnte!“ seufzte der König. „Wenn du alles weißt, so wirst du auch wissen, daß mir die Heimat meiner Gemahlin unbekannt ist.“ Er erzählte, was er wußte, auch von Feridahs Verlangen nach der Harfe „Klingehold“.

Der Alte wiegte nachdenklich den Kopf, blätterte mehrmals in seinem Buche und fuhr fort:

„Einer *Zauberharfe* Klingen
Könnte ihr Genesung bringen.
Scheust du nicht der Reise Plagen,
Wollt' ich dir den Ort wohl sagen.
Magst du in die Ferne zieh'n,
Krönt Erfolg bald dein Bemüh'n.“

„Alles will ich tun! Sage mir, wo ich die Zauberharfe finde,“ drängte der König. „Gemach, gemach,“ wehrte der Alte. Er musterte und verglich einige Schriftzeichen in seinem Buche, blickte vor sich nieder und flüsterte:

„Mit dem lichten Morgenschein
Zieh' gen Süden ganz allein.
Steig' bergab und steig' bergauf,
Folge breiten Flusses Lauf
Bis ans ferne blaue Meer —
Ragt ein Schloß dort hoch und hehr.
Hörst erklingen süße Weise —
Dieser Ort ist Ziel der Reise.“

Meine Gemahlin ist sehr krank, willst du nicht zu ihr kommen oder mir sagen, was ich tun soll?“ Der Alte blätterte in seinem Buche, nickte mehrmals vor sich hin und antwortete:

„Fieber fliegt durch ihr Gebein –
Doch ist's Fieber nicht allein; –
Müßt vom Heimweh sie befrei'n.“

„Ach, wenn ich nur wüßte, wie ich das könnte!“ seufzte der König. „Wenn du alles weißt, so wirst du auch wissen, daß mir die Heimat meiner Gemahlin unbekannt ist.“ Er erzählte, was er wußte, auch von Feridahs Verlangen nach der Harfe „Klingehold“.

Der Alte wiegte nachdenklich den Kopf, blätterte mehrmals in seinem Buche und fuhr fort:

„Einer Zauberharfe Klingen
Könnte ihr Genesung bringen.
Scheust du nicht der Reise Plagen,
Wollt' ich dir den Ort wohl sagen.
Magst du in die Ferne zieh'n,
Krönt Erfolg bald dein Bemüh'n.“

„Alles will ich tun! Sage mir, wo ich die Zauberharfe finde,“ drängte der König. „Gemach, gemach,“ wehrte der Alte. Er musterte und verglich einige Schriftzeichen in seinem Buche, blickte vor sich nieder und flüsterte:

„Mit dem lichten Morgenschein
Zieh' gen Süden ganz allein.
Steig' bergab und steig' bergauf,
Folge breiten Flusses Lauf
Bis ans ferne blaue Meer –
Ragt ein Schloß dort hoch und hehr.
Hörst erklingen süße Weise –
Dieser Ort ist Ziel der Reise.“

Noch immer vor sich hinstarrend, flüsterte der Alte wieder geheimnisvoll:

„Nimm ein Löcklein von dem Haar
Deiner Gattin, und bewahr'
Dieses gut auf weiter Reise.
Merke dir die Sangesweise,
Die ihr trauernd Herz erbaute,
Wenn sie spielte auf der Laute.
Merke auf ihr Fieberlallen
Von der Heimat Marmorhallen,
Von der grünen Palmen Fächeln,
Von der goldnen Sonne Lächeln,
Von des blauen Meeres Weiten,
Von der goldnen Harfe Saiten,
Von den weißen Mutterhänden,
Die ihr Leiden könnten wenden.
Nimm den Ring mit Runenzeichen,
Den die Gattin dir wird reichen.
Einer Frau mit Trän' im Blick
Bringt dies Kleinod wieder Glück."

Nach diesen Worten nahm der Alte eine ausgehöhlte Eichel, schüttete ein weißes Pulver hinein und hub nochmals an:

„Nimm jetzt ganz getrosten Mutes
Nur drei Tropfen deines Blutes;
Mit dem Pulver es vermische,
Daß des Fiebers Glut erlische."

Kein Wort des Einsiedlers hatte der König verloren, und als er in heißem Danke die Hände des Alten ergriff und ihm reichen Lohn verhieß, da entgegnete dieser mit leisem Lächeln:

„Mir frommt nicht Lohn noch Gold hienieden,
Doch du, mein Sohn, zieh' hin in Frieden."

Noch immer vor sich hinstarrend, flüsterte der Alte wieder geheimnisvoll:

„Nimm ein Löcklein von dem Haar
Deiner Gattin, und bewahr'
Dieses gut auf weiter Reise.
Merke dir die Sangesweise,
Die ihr trauernd Herz erbaute,
Wenn sie spielte auf der Laute.
Merke auf ihr Fieberlallen
Von der Heimat Marmorhallen,
Von der grünen Palmen Fächeln,
Von der goldnen Sonne Lächeln,
Von des blauen Meeres Weiten,
Von der goldnen Harfe Saiten,
Von den weißen Mutterhänden,
Die ihr Leiden könnten wenden.
Nimm den Ring mit Runenzeichen,
Den die Gattin dir wird reichen.
Einer Frau mit Trän' im Blick
Bringt dies Kleinod wieder Glück."

Nach diesen Worten nahm der Alte eine ausgehöhlte Eichel, schüttete ein weißes Pulver hinein und hub nochmals an:

„Nimm jetzt ganz getrosten Mutes
Nur drei Tropfen deines Blutes;
Mit dem Pulver es vermische,
Daß des Fiebers Glut erlische."

Kein Wort des Einsiedlers hatte der König verloren, und als er in heißem Danke die Hände des Alten ergriff und ihm reichen Lohn verhieß, da entgegnete dieser mit leisem Lächeln:

„Mir frommt nicht Lohn noch Gold hienieden,
Doch du, mein Sohn, zieh' hin in Frieden."

Das Mittel des Einsiedlers hatte gute Wirkung gehabt; die junge Königin ward ruhiger, ja, sie fiel sogar bald in einen festen Schlaf.

Der König fand keine Ruhe. Auf dem ganzen Heimwege und an dem Lager der Kranken hatte er über alles, was der Alte ihm gesagt, nachgedacht. So ungern er auch gerade jetzt seine Gemahlin verließ, so war er doch fest dazu entschlossen, da er überzeugt war, daß es zu ihrem Nutzen sei, und daß er darum sein Vorhaben nicht hinausschieben dürfe.

Als Feridah fieberfrei erwachte, eröffnete er ihr, daß er eine weite Reise antreten müsse, um etwas zu holen, das ihr Freude machen und ihr Gesundheit bringen werde.

Die junge Königin bat, sie nicht zu verlassen, doch da Ringolf ihr gut zuredete, willigte sie endlich ein, indem sie einen kostbaren Ring vom Finger zog. „Nimm dieses Kleinod, das ich einst von meiner Mutter erhielt. Möge es dich, mein Gemahl, stets an dein Weib gemahnen, das für dich betet und die Tage bis zu deiner Heimkehr zählt." Der König sah gerührt die tränengefüllten Augen seiner Gemahlin. Dabei fielen ihm wieder die rätselhaften Worte des Einsiedlers ein:

„Einer Frau mit Trän' im Blick
Bringt dies Kleinod wieder Glück."

Er bezog sie natürlich auf seine Gemahlin, und das gab ihm frohen Mut. — Im lichten Morgenschein zog König Ringolf gen Süden, Ring und Locke, die Feridah ihm beim Abschied gegeben, wohlgeborgen tragend. Genau den Worten des Einsiedlers entsprechend, nahm er keine Begleitung mit sich.

Bergab, bergauf trug sein gutes Roß ihn, dann am breiten Fluß entlang, manche Tagereise weit, bis er endlich in der Ferne das Meer erblickte. Lichtschimmernd lag es bald vor ihm, daß er seine blauen Wellen erkennen konnte.

König Ringolfs Rößlein trabte munter dahin und trug seinen Reiter in ein schattiges Olivenwäldchen. Hier rastete der König. Er überlegte eben, welche Richtung er einschlagen solle, um das richtige Ziel zu erreichen, als der laue Südwind einzelne Töne zu ihm trug, die wie Musik klangen.

Das Mittel des Einsiedlers hatte gute Wirkung gehabt; die junge Königin ward ruhiger, ja, sie fiel sogar bald in einen festen Schlaf.

Der König fand keine Ruhe. Auf dem ganzen Heimwege und an dem Lager der Kranken hatte er über alles, was der Alte ihm gesagt, nachgedacht. So ungern er auch gerade jetzt seine Gemahlin verließ, so war er doch fest dazu entschlossen, da er überzeugt war, daß es zu ihrem Nutzen sei, und daß er darum sein Vorhaben nicht hinausschieben dürfe.

Als Feridah fieberfrei erwachte, eröffnete er ihr, daß er eine weite Reise antreten müsse, um etwas zu holen, das ihr Freude machen und ihr Gesundheit bringen werde.

Die junge Königin bat, sie nicht zu verlassen, doch da Ringolf ihr gut zuredete, willigte sie endlich ein, indem sie einen kostbaren Ring vom Finger zog. „Nimm dieses Kleinod, das ich einst von meiner Mutter erhielt. Möge es dich, mein Gemahl, stets an dein Weib gemahnen, das für dich betet und die Tage bis zu deiner Heimkehr zählt." Der König sah gerührt die tränengefüllten Augen seiner Gemahlin. Dabei fielen ihm wieder die rätselhaften Worte des Einsiedlers ein:

„Einer Frau mit Trän' im Blick
Bringt dies Kleinod wieder Glück."

Er bezog sie natürlich auf seine Gemahlin, und das gab ihm frohen Mut. — Im lichten Morgenschein zog König Ringolf gen Süden, Ring und Locke, die Feridah ihm beim Abschied gegeben, wohlgeborgen tragend. Genau den Worten des Einsiedlers entsprechend, nahm er keine Begleitung mit sich.

Bergab, bergauf trug sein gutes Roß ihn, dann am breiten Fluß entlang, manche Tagereise weit, bis er endlich in der Ferne das Meer erblickte. Lichtschimmernd lag es bald vor ihm, daß er seine blauen Wellen erkennen konnte.

König Ringolfs Rößlein trabte munter dahin und trug seinen Reiter in ein schattiges Olivenwäldchen. Hier rastete der König. Er überlegte eben, welche Richtung er einschlagen solle, um das richtige Ziel zu erreichen, als der laue Südwind einzelne Töne zu ihm trug, die wie Musik klangen.

„Hörst erklingen süße Weise,
Dieser Ort ist Ziel der Reise.“

Diese Worte hatte der Einsiedler gesprochen. Ringolf hatte sie sich wohl gemerkt. Er erhob sich darum schnell, denn er fühlte, es ließ ihm keine Ruhe, bis er den Ursprung der Musik entdeckt haben werde.

„Tripp, trapp, tripp, trapp,
Wirf Sorgen ab,“

so klang ihm der Hufschlag seines Rößleins jetzt ganz deutlich in die Ohren. Er klopfte den Hals des braven Tieres, das fröhlich wiehernd jetzt auch lauschend die Ohren spitzte. Gleich darauf stieß der König einen Ruf des Erstaunens aus, denn als das Gehölz zu Ende war und er umherblickte, gewahrte er ein prächtiges Schloß. Auf sanft ansteigendem Hügel, von grünen Palmengärten umgeben, ragten seine weißen Marmorsäulen hoch empor, daß sie im lichtflutenden Sonnenschein weiß aufleuchteten.

Er glaubte ein Paradies vor sich zu sehen. So ähnlich mußte auch die Heimat seiner Gemahlin beschaffen sein. Jetzt verstand er ihr Heimweh und ihre Fieberträume.

Vielleicht fand er ihre Heimat noch. Wem mochte *dieses* prächtige Schloß gehören? Es mußte wohl gar das ihm bezeichnete Ziel sein, denn wieder erklang Musik.

König Ringolf erblickte eine von üppigem Schlinggewächs fast ganz verdeckte Pforte, durch die er, sein Pferd am Zügel führend, kurz entschlossen den Garten betrat, immer der Richtung folgend, aus der die Töne zu kommen schienen.

Jetzt hörte er es deutlich: Eine Frauenstimme sang eine fremdartige Weise, und als er die Oleanderzweige des nächsten Gebüsches zurückbog, erblickte er unter einer großen Palme die Singende, ein anmutiges Mädchen.

Das Rascheln des Gebüsches hatte sein Nahen verraten. Mit einem leisen Schrei sprang das Mägdelein auf, als wolle es entfliehen. Doch Ringolf rief:

„Hörst erklingen süße Weise,
Dieser Ort ist Ziel der Reise.“

Diese Worte hatte der Einsiedler gesprochen. Ringolf hatte sie sich wohl gemerkt. Er erhob sich darum schnell, denn er fühlte, es ließ ihm keine Ruhe, bis er den Ursprung der Musik entdeckt haben werde.

„Tripp, trapp, tripp, trapp,
Wirf Sorgen ab,“

so klang ihm der Hufschlag seines Rößleins jetzt ganz deutlich in die Ohren. Er klopfte den Hals des braven Tieres, das fröhlich wiehernd jetzt auch lauschend die Ohren spitzte. Gleich darauf stieß der König einen Ruf des Erstaunens aus, denn als das Gehölz zu Ende war und er umherblickte, gewahrte er ein prächtiges Schloß. Auf sanft ansteigendem Hügel, von grünen Palmengärten umgeben, ragten seine weißen Marmorsäulen hoch empor, daß sie im lichtflutenden Sonnenschein weiß aufleuchteten.

Er glaubte ein Paradies vor sich zu sehen. So ähnlich mußte auch die Heimat seiner Gemahlin beschaffen sein. Jetzt verstand er ihr Heimweh und ihre Fieberträume.

Vielleicht fand er ihre Heimat noch. Wem mochte d i e s e s prächtige Schloß gehören? Es mußte wohl gar das ihm bezeichnete Ziel sein, denn wieder erklang Musik.

König Ringolf erblickte eine von üppigem Schlinggewächs fast ganz verdeckte Pforte, durch die er, sein Pferd am Zügel führend, kurz entschlossen den Garten betrat, immer der Richtung folgend, aus der die Töne zu kommen schienen.

Jetzt hörte er es deutlich: Eine Frauenstimme sang eine fremdartige Weise, und als er die Oleanderzweige des nächsten Gebüsches zurückbog, erblickte er unter einer großen Palme die Singende, ein anmutiges Mädchen.

Das Rascheln des Gebüsches hatte sein Nahen verraten. Mit einem leisen Schrei sprang das Mägdelein auf, als wolle es entfliehen. Doch Ringolf rief:

„Bin ein müder Reitersmann, der dir gewiß nichts zuleide tun will. Entfliehe nicht, unbekannte Jungfrau, ich bitte dich, stehe mir Rede und Antwort. Sage mir, wer du bist!“ Die Jungfrau lächelte sanft:

„Die Herrin nennt mich Elligod,
Bei ihr steh’ ich in Lohn und Brot.“

„Ein seltsamer Name,“ entgegnete der König. „Aber wer ist deine Herrin?“ Ebenso wie vorher lautete die sanfte Antwort:

„Goldwina heißt die Herrin mein,
Schon lange dien’ ich ihr.
Ihr Schloß liegt dort im Sonnenschein; —
Sie ist die Kön’gin hier.“

„Oh,“ rief der König, „wie muß deine Königin glücklich sein! Mir scheint, sie wohnt hier im Paradiese am blauen Meer und unter grünen Palmen in ihrem prachtvollen Schlosse.“

Das Mädchen ward plötzlich ernst. Mit weicher Stimme sprach es, auf das Schloß deutend:

„Goldwina, unsre Königin,
Sitzt trauernd dort mit trübem Sinn;
Hat keine Freud’ an Pracht und Gold.
Ihr Trost ist Harfe ’Klingehold’.“

Lebhaft unterbrach der König die Jungfrau:

„Wie sagst du, ‚Klingehold‘ heißt die Harfe? Elligod, ich bitte dich, erzähle mir weiter!“

Elligod nickte.

„Ertönen Kling’holds Wundersaiten,
So sehen wir bald Ruh’ sich breiten;
Goldwinas Augen leuchten hell,
Denn Kling’holds Zauber wirket schnell.“

„Bin ein müder Reitersmann, der dir gewiß nichts zuleide tun will. Entfliehe nicht, unbekannte Jungfrau, ich bitte dich, stehe mir Rede und Antwort. Sage mir, wer du bist!" Die Jungfrau lächelte sanft:

„Die Herrin nennt mich Elligod,
Bei ihr steh' ich in Lohn und Brot."

„Ein seltsamer Name," entgegnete der König. „Aber wer ist deine Herrin?" Ebenso wie vorher lautete die sanfte Antwort:

„Goldwina heißt die Herrin mein,
Schon lange dien' ich ihr.
Ihr Schloß liegt dort im Sonnenschein; –
Sie ist die Kön'gin hier."

„Oh," rief der König, „wie muß deine Königin glücklich sein! Mir scheint, sie wohnt hier im Paradiese am blauen Meer und unter grünen Palmen in ihrem prachtvollen Schlosse."

Das Mädchen ward plötzlich ernst. Mit weicher Stimme sprach es, auf das Schloß deutend:

„Goldwina, unsre Königin,
Sitzt trauernd dort mit trübem Sinn;
Hat keine Freud' an Pracht und Gold.
Ihr Trost ist Harfe 'Klingehold'."

Lebhaft unterbrach der König die Jungfrau:

„Wie sagst du, ‚Klingehold' heißt die Harfe? Elligod, ich bitte dich, erzähle mir weiter!"

Elligod nickte.

„Ertönen Kling'holds Wundersaiten,
So sehen wir bald Ruh' sich breiten;
Goldwinas Augen leuchten hell,
Denn Kling'holds Zauber wirket schnell."

Gespannt hatte König Ringolf zugehört.

Wie wunderbar: von einer Harfe Klingehold hatte seine Gemahlin in ihren Fieberträumen gesprochen. Vielleicht war dies begehrte Instrument dasselbe, von dem auch die Dienerin eben erzählt hatte.

Er mußte das ergründen. Darum sagte er:

„Elligod, du hast mich neugierig gemacht, das gestehe ich offen. Zum Lohn für dein Vertrauen, mit dem du mir, dem Fremden, das alles erzählt hast, will ich dir auch eröffnen, daß ich schon in fernen Landen Kunde von der Harfe Klingehold erhielt, ja, daß ich viele Tage reiste, um sie zu finden und ihre Zauberklänge zu vernehmen. Führe mich zu deiner Herrin."

Erschrocken hörte Elligod diese Worte.

„Weh' mir, daß ich so schwatzhaft war!" rief sie. Sie beteuerte dann weiter, ihre Herrin würde ihr zürnen, wenn sie es wüßte! Kein Fremder dürfe zu ihr, wenn sie auf der Harfe spiele. Dann fragte das Mädchen:

„Doch, Herr, mir jetzo künden wollt,
Wer Euch erzählt von Klingehold?"

„Das ist mein Geheimnis," lächelte der König. „Vielleicht enthülle ich es eines Tages, wenn du mich zu deiner Herrin führst."

Während Ringolf so sprach, drangen plötzlich wundervolle Töne aus der Ferne in sein Ohr. Er horchte, während Elligod enteilen wollte. „Ich muß deine Königin sehen und ihr Spiel hören," rief er dann entschlossen. „Nimm mich mit, Elligod, verbirg mich irgendwo! Ich verspreche dir, dich nicht zu verraten!"

Elligod stand unschlüssig.

Sie betrachtete prüfend die ganze Gestalt des Fremden, der prächtige Kleider trug und dessen Antlitz Güte und Milde verriet. Von ihm konnte ihrer geliebten Herrin keine Gefahr drohen, so dachte sie, und zog ihn darum durch einen Laubengang, der, von duftenden Schlinggewächsen überwachsen, geradewegs nach dem Schlosse führte. Hier zeigte sie auf eine nach dem Meer zu offene Säulenhalle und flüsterte, ihn dort hinter ein Myrtengebüsch führend:

Gespannt hatte König Ringolf zugehört.

Wie wunderbar: von einer Harfe Klingehold hatte seine Gemahlin in ihren Fieberträumen gesprochen. Vielleicht war dies begehrte Instrument dasselbe, von dem auch die Dienerin eben erzählt hatte.

Er mußte das ergründen. Darum sagte er:

„Elligod, du hast mich neugierig gemacht, das gestehe ich offen. Zum Lohn für dein Vertrauen, mit dem du mir, dem Fremden, das alles erzählt hast, will ich dir auch eröffnen, daß ich schon in fernen Landen Kunde von der Harfe Klingehold erhielt, ja, daß ich viele Tage reiste, um sie zu finden und ihre Zauberklänge zu vernehmen. Führe mich zu deiner Herrin.“

Erschrocken hörte Elligod diese Worte.

„Weh' mir, daß ich so schwatzhaft war!“ rief sie. Sie beteuerte dann weiter, ihre Herrin würde ihr zürnen, wenn sie es wüßte! Kein Fremder dürfe zu ihr, wenn sie auf der Harfe spiele. Dann fragte das Mädchen:

„Doch, Herr, mir jetzo künden wollt,
Wer Euch erzählt von Klingehold?“

„Das ist mein Geheimnis,“ lächelte der König. „Vielleicht enthülle ich es eines Tages, wenn du mich zu deiner Herrin führst.“

Während Ringolf so sprach, drangen plötzlich wundervolle Töne aus der Ferne in sein Ohr. Er horchte, während Elligod enteilen wollte. „Ich muß deine Königin sehen und ihr Spiel hören,“ rief er dann entschlossen. „Nimm mich mit, Elligod, verbirg mich irgendwo! Ich verspreche dir, dich nicht zu verraten!“

Elligod stand unschlüssig.

Sie betrachtete prüfend die ganze Gestalt des Fremden, der prächtige Kleider trug und dessen Antlitz Güte und Milde verriet. Von ihm konnte ihrer geliebten Herrin keine Gefahr drohen, so dachte sie, und zog ihn darum durch einen Laubengang, der, von duftenden Schlinggewächsen überwachsen, geradewegs nach dem Schlosse führte. Hier zeigte sie auf eine nach dem Meer zu offene Säulenhalle und flüsterte, ihn dort hinter ein Myrtengebüsch führend:

„Ich will Vertrau'n Euch schenken;
Wollt nicht die Herrin kränken.
Bleibt hier verborgen steh'n,
Könnt alles hören, seh'n,
Bis ich auf leisen Sohlen
Dann komme, Euch zu holen."

Schon war Elligod entschwunden. Der Lauscher lugte vorsichtig durch das dichte Grün.

Fast hätte er einen Ruf des Erstaunens ausgestoßen, als er nun einen Blick in die Halle tun konnte. Gold und Silber funkelte an den Marmorwänden, an denen auch kunstvolle Mosaikbilder prangten. Kostbare Stoffe bedeckten die Ruhesitze, die ringsum standen.

Ein goldener Sessel erschien besonders prächtig, und auf diesem Sessel saß eine wunderschöne Frau in seidenen Gewändern.

Ein langer Schleier wallte von ihrem Haupt, auf dem ein goldenes Diadem funkelte. Ihre weißen Hände aber glitten leise, wie unbewußt, über die Saiten einer zierlichen Harfe, die im Sonnenlicht goldig glänzte, während das bleiche Antlitz der schönen Frau traurig auf das Meer hinaus in die Weite blickte.

Kaum wagte der König zu atmen, so gespannt harrte er der kommenden Dinge, denn die fesselnde Erscheinung dort mußte die Königin Goldwina sein. Und nun begann diese plötzlich zu singen, erst leise, wie ein träumendes Vögelein, dann lauter, aber so weich und innig, daß König Ringolf plötzlich an den Gesang seiner fernen Gemahlin dachte und auch ganz traurig wurde.

Doch nun verstand er auch die Worte:

„Klingehold, ertöne du,
Bring' dem armen Herzen Ruh',
Daß sich Hoffnung zu mir neige
Und der herbe Schmerz dann schweige.
Durch die wüsten Kriegeshorden
Ach, bin kinderlos ich worden,
Denn mein Kind, so hold erblüht,

„Ich will Vertrau'n Euch schenken;
Wollt nicht die Herrin kränken.
Bleibt hier verborgen steh'n,
Könnt alles hören, seh'n,
Bis ich auf leisen Sohlen
Dann komme, Euch zu holen."

Schon war Elligod entschwunden. Der Lauscher lugte vorsichtig durch das dichte Grün.

Fast hätte er einen Ruf des Erstaunens ausgestoßen, als er nun einen Blick in die Halle tun konnte. Gold und Silber funkelte an den Marmorwänden, an denen auch kunstvolle Mosaikbilder prangten. Kostbare Stoffe bedeckten die Ruhesitze, die ringsum standen.

Ein goldener Sessel erschien besonders prächtig, und auf diesem Sessel saß eine wunderschöne Frau in seidenen Gewändern.

Ein langer Schleier wallte von ihrem Haupt, auf dem ein goldenes Diadem funkelte. Ihre weißen Hände aber glitten leise, wie unbewußt, über die Saiten einer zierlichen Harfe, die im Sonnenlicht goldig glänzte, während das bleiche Antlitz der schönen Frau traurig auf das Meer hinaus in die Weite blickte.

Kaum wagte der König zu atmen, so gespannt harrte er der kommenden Dinge, denn die fesselnde Erscheinung dort mußte die Königin Goldwina sein. Und nun begann diese plötzlich zu singen, erst leise, wie ein träumendes Vögelein, dann lauter, aber so weich und innig, daß König Ringolf plötzlich an den Gesang seiner fernen Gemahlin dachte und auch ganz traurig wurde.

Doch nun verstand er auch die Worte:

„Klingehold, ertöne du,
Bring' dem armen Herzen Ruh',
Daß sich Hoffnung zu mir neige
Und der herbe Schmerz dann schweige.
Durch die wüsten Kriegeshorden
Ach, bin kinderlos ich worden,
Denn mein Kind, so hold erblüht,

Nimmermehr mein Auge sieht!
Weilt vielleicht in fremden Landen,
Schmachtet dort in festen Banden. —
Oder muß in Kerkermauern
Einsam und verlassen trauern;
Oder hat schon gar der Tod
Es erlöst aus aller Not?
Ach, wer kann mir Antwort geben,
Ob mein Kind noch ist am Leben?“

Die weißen Hände hatten zum Gesang nur wie vorher ab und zu in die goldenen Saiten der Harfe gegriffen, jetzt spielten sie eine süße Melodie, während Goldwina wieder begann:

„Leise, leise,
Süße Weise
Sanft erklinge,
Trost mir bringe —“

Atemlos lauschte König Ringolf, denn diese Melodie, welche da jetzt aus den Saiten quoll, kannte er ja. Seine Gemahlin hatte sie auf der Laute gespielt.

Aber wie anders klang sie nun von diesen Zaubersaiten, so zauberhaft, daß er begriff, warum man diese Harfe „Klingehold“ benannt. Und er gewahrte jetzt, wie die Zauberkraft dieser Töne den Schmerz im Antlitz der Königin Goldwina verschwinden ließ. Ein hoffnungsfrohes Lächeln gab Kunde, daß der begehrte Trost ihr zuteil geworden war.

Am liebsten wäre der Lauscher hervorgesprungen, um mit Goldwina zu sprechen. Doch Elligods Worte fielen ihm ein. Nein, er durfte des Mädchens Vertrauen nicht mißbrauchen, durfte auch die ahnungslose Frau nicht erschrecken. Wenn, wie er jetzt fest glaubte, ein Zusammenhang zwischen dieser Frau mit ihrer Zauberharfe und seiner Gemahlin bestand, so mußte er bald auf irgendeine Weise Gewißheit darüber erlangen. Goldwina verließ jetzt die Halle, und im gleichen Augenblick erschien die Dienerin, um den Lauscher aus dem Garten zu führen.

Nimmermehr mein Auge sieht!
Weilt vielleicht in fremden Landen,
Schmachtet dort in festen Banden. –
Oder muß in Kerkermauern
Einsam und verlassen trauern;
Oder hat schon gar der Tod
Es erlöst aus aller Not?
Ach, wer kann mir Antwort geben,
Ob mein Kind noch ist am Leben?“

Die weißen Hände hatten zum Gesang nur wie vorher ab und zu in die goldenen Saiten der Harfe gegriffen, jetzt spielten sie eine süße Melodie, während Goldwina wieder begann:

„Leise, leise,
Süße Weise
Sanft erklinge,
Trost mir bringe –“

Atemlos lauschte König Ringolf, denn diese Melodie, welche da jetzt aus den Saiten quoll, kannte er ja. Seine Gemahlin hatte sie auf der Laute gespielt.

Aber wie anders klang sie nun von diesen Zaubersaiten, so zauberhaft, daß er begriff, warum man diese Harfe „Klingehold“ benannt. Und er gewahrte jetzt, wie die Zauberkraft dieser Töne den Schmerz im Antlitz der Königin Goldwina verschwinden ließ. Ein hoffnungsfrohes Lächeln gab Kunde, daß der begehrte Trost ihr zuteil geworden war.

Am liebsten wäre der Lauscher hervorgesprungen, um mit Goldwina zu sprechen. Doch Elligods Worte fielen ihm ein. Nein, er durfte des Mädchens Vertrauen nicht mißbrauchen, durfte auch die ahnungslose Frau nicht erschrecken. Wenn, wie er jetzt fest glaubte, ein Zusammenhang zwischen dieser Frau mit ihrer Zauberharfe und seiner Gemahlin bestand, so mußte er bald auf irgendeine Weise Gewißheit darüber erlangen. Goldwina verließ jetzt die Halle, und im gleichen Augenblick erschien die Dienerin, um den Lauscher aus dem Garten zu führen.

„Elligod!“ rief dieser lebhaft, „du mußt mich zu deiner Herrin führen; es könnte sein, daß ich ihr Wichtiges mitzuteilen hätte.“

Das Mädchen überlegte. Dann eröffnete es dem König, dessen Rang es nicht ahnte, daß er sich einige Tage gedulden müsse, bis es der Königin seine Bitte vorgetragen habe. Goldwina ließ nur Bettler oder allenfalls arme Krämer vor sich kommen, weil sie wohltätig und voller Mitleid für Notleidende sei.

Der König versprach, sich in zwei Tagen wieder unter der Palme einfinden zu wollen, obwohl es ihm schwer ward, sich noch so lange zu gedulden, denn er dachte mit Unruhe an seine kranke Gemahlin.

Als er den Garten verlassen hatte, ritt der König weiter, um eine Herberge zu finden, was ihm nach einigen Stunden gelang.

Mit ihm zugleich fand sich daselbst ein Mann ein, der todmüde einen schweren Packen schleppte und unter weitem Mantel noch allerlei Dinge trug. König Ringolf ließ sich mit ihm auf ein Gespräch ein; er erfuhr, daß der Mann ein Krämer war, der, von weit herkommend, die Seinen verlassen hatte, um Geld für sie zu verdienen. Da durchblitzte den König ein Gedanke: Er fragte den Krämer, ob er ihm seine Waren verkaufen wolle. „Mit tausend Freuden!“ rief der Gefragte und strich glückstrahlend die Goldstücke ein, die der Käufer ihm großmütig für seine wertlosen Waren bot. Diese bestanden aus bunten Bändern und sonstigem Tand zum Putz für Mädchen.

Als der unbekannte Gönner ihm aber gar noch seinen weiten Mantel abkaufte, riß der Krämer die Augen vor Staunen weit auf und machte sich bald davon, aus Angst, der Handel könnte dem Käufer wieder leid werden. Diesem aber schien der Kauf große Freude zu bereiten; er war fröhlich und wohlgemut.

Am anderen Morgen ging die Sonne eben auf, als ein Krämer mit seinem Packen vor Goldwinas Garten stand; aufmerksam nach dem Eingang spähend. Bald war der gefunden, doch kein lebendes Wesen rings zu erblicken. Es war ein herrlicher Anblick, wie die Sonne, in Millionen Tautropfen sich spiegelnd, Baum und Strauch vergoldete. Der Krämer blieb, in Bewunderung versunken, einige Augenblicke stehen.

Da horchte er auf: Vielstimmiger Gesang war an sein Ohr gedrungen. Er schritt rüstig der Richtung nach, bis die weißen

„Elligod!“ rief dieser lebhaft, „du mußt mich zu deiner Herrin führen; es könnte sein, daß ich ihr Wichtiges mitzuteilen hätte.“

Das Mädchen überlegte. Dann eröffnete es dem König, dessen Rang es nicht ahnte, daß er sich einige Tage gedulden müsse, bis es der Königin seine Bitte vorgetragen habe. Goldwina ließ nur Bettler oder allenfalls arme Krämer vor sich kommen, weil sie wohltätig und voller Mitleid für Notleidende sei.

Der König versprach, sich in zwei Tagen wieder unter der Palme einfinden zu wollen, obwohl es ihm schwer ward, sich noch so lange zu gedulden, denn er dachte mit Unruhe an seine kranke Gemahlin.

Als er den Garten verlassen hatte, ritt der König weiter, um eine Herberge zu finden, was ihm nach einigen Stunden gelang.

Mit ihm zugleich fand sich daselbst ein Mann ein, der todmüde einen schweren Packen schleppte und unter weitem Mantel noch allerlei Dinge trug. König Ringolf ließ sich mit ihm auf ein Gespräch ein; er erfuhr, daß der Mann ein Krämer war, der, von weit herkommend, die Seinen verlassen hatte, um Geld für sie zu verdienen. Da durchblitzte den König ein Gedanke: Er fragte den Krämer, ob er ihm seine Waren verkaufen wolle. „Mit tausend Freuden!“ rief der Gefragte und strich glückstrahlend die Goldstücke ein, die der Käufer ihm großmütig für seine wertlosen Waren bot. Diese bestanden aus bunten Bändern und sonstigem Tand zum Putz für Mädchen.

Als der unbekannte Gönner ihm aber gar noch seinen weiten Mantel abkaufte, riß der Krämer die Augen vor Staunen weit auf und machte sich bald davon, aus Angst, der Handel könnte dem Käufer wieder leid werden. Diesem aber schien der Kauf große Freude zu bereiten; er war fröhlich und wohlgemut.

Am anderen Morgen ging die Sonne eben auf, als ein Krämer mit seinem Packen vor Goldwinas Garten stand; aufmerksam nach dem Eingang spähend. Bald war der gefunden, doch kein lebendes Wesen rings zu erblicken. Es war ein herrlicher Anblick, wie die Sonne, in Millionen Tautropfen sich spiegelnd, Baum und Strauch vergoldete. Der Krämer blieb, in Bewunderung versunken, einige Augenblicke stehen.

Da horchte er auf: Vielstimmiger Gesang war an sein Ohr gedrungen. Er schritt rüstig der Richtung nach, bis die weißen

Marmorsäulen des Schlosses durch das Grün schimmerten. Und da: auf dem grünen Rasenteppich vor der Säulenhalle bewegte sich eine Schar junger Mädchen, die, einen anmutigen Reigen schlingend, den Nahenden nicht bemerkten. Jetzt stellten sie sich, das Antlitz der Säulenhalle zugewandt, zu einer anmutigen Gruppe zusammen und sangen, daß es harmonisch zu dem Manne herübertönte:

„Wir grüßen dich, du holder Morgen!
O Licht, verbanne alle Sorgen,
Und laß in deinem goldnen Schein
Auch unsre Herrin fröhlich sein.
Heil Königin Goldwina dir!
Du aller edlen Frauen Zier!"

Eines der Mädchen, das den Gesang auf der Laute begleitet hatte, entdeckte jetzt den Lauscher und machte ihre Gefährtinnen auf diesen aufmerksam. Doch schon stand der Krämer vor den Erschrockenen und bot, das Käpplein tief ins Gesicht gezogen, ihnen seine Waren an. Die Lautenspielerin, die niemand anderes war als Elligod, musterte den Eindringling zuerst mißtrauisch, doch endlich fand auch sie Gefallen an dem bunten Kram.

Der Krämer mußte aber ein Neuling in seinem Fache sein, wie die Mädchen kichernd dachten, denn er schenkte ihnen schließlich, was ihnen gefiel, bis ein Ballen geleert war. Nun äußerte er den Wunsch, auf der Herrin dieses Schlosses seine Waren vorlegen zu dürfen, denn er sagte, daß er einige Dinge bei sich habe, die der Königin wohl gefallen könnten. Elligod überlegte einen Augenblick, doch dann sagte sie:

„Ist's auch noch frühe Stunde,
Bring ich der Herrin Kunde —
Will sagen ihr, was dein Begehr',
Drum warte, bis ich wiederkehr'!"

Der Krämer vertrieb sich die Zeit des Wartens damit, die jungen, nun ganz zutraulich gewordenen Mädchen über ihre Herrin zu befragen.

Marmorsäulen des Schlosses durch das Grün schimmerten. Und da: auf dem grünen Rasenteppich vor der Säulenhalle bewegte sich eine Schar junger Mädchen, die, einen anmutigen Reigen schlingend, den Nahenden nicht bemerkten. Jetzt stellten sie sich, das Antlitz der Säulenhalle zugewandt, zu einer anmutigen Gruppe zusammen und sangen, daß es harmonisch zu dem Manne herübertönte:

„Wir grüßen dich, du holder Morgen!
O Licht, verbanne alle Sorgen,
Und laß in deinem goldnen Schein
Auch unsre Herrin fröhlich sein.
Heil Königin Goldwina dir!
Du aller edlen Frauen Zier!“

Eines der Mädchen, das den Gesang auf der Laute begleitet hatte, entdeckte jetzt den Lauscher und machte ihre Gefährtinnen auf diesen aufmerksam. Doch schon stand der Krämer vor den Erschrockenen und bot, das Käpplein tief ins Gesicht gezogen, ihnen seine Waren an. Die Lautenspielerin, die niemand anderes war als Elligod, musterte den Eindringling zuerst mißtrauisch, doch endlich fand auch sie Gefallen an dem bunten Kram.

Der Krämer mußte aber ein Neuling in seinem Fache sein, wie die Mädchen kichernd dachten, denn er schenkte ihnen schließlich, was ihnen gefiel, bis ein Ballen geleert war. Nun äußerte er den Wunsch, auf der Herrin dieses Schlosses seine Waren vorlegen zu dürfen, denn er sagte, daß er einige Dinge bei sich habe, die der Königin wohl gefallen könnten. Elligod überlegte einen Augenblick, doch dann sagte sie:

„Ist's auch noch frühe Stunde,
Bring ich der Herrin Kunde –
Will sagen ihr, was dein Begehr',
Drum warte, bis ich wiederkehr'!“

Der Krämer vertrieb sich die Zeit des Wartens damit, die jungen, nun ganz zutraulich gewordenen Mädchen über ihre Herrin zu befragen.

Er vernahm nur Äußerungen des Lobes.

Erwartungsvoll lächelte der Mann, als Elligod ihm winkte und er, gefolgt von den Dienerinnen, die Säulenhalle betrat. Es war dieselbe Halle, in der am vorhergehenden Tage König Ringolf die Königin Goldwina belauscht hatte.

Auch jetzt saß sie auf dem goldenen Sessel. Ihr langer Schleier wallte über ihr Antlitz, das ernst prüfend den Krämer betrachtete, der bescheiden, mit gesenktem Haupte, am Eingang stehen blieb. Jetzt winkte Königin Goldwina ihm, näher zu kommen, während die jungen Mädchen sich vor ihrer Herrin tief verneigten und dann, ihres Winkes gewärtig, auf den Ruhesitzen an den Wänden Platz nahmen. Nur Elligod blieb in der Nähe der Königin, die den Fremdling anredete:

„Ein Krämer bist du, wie ich schon vernahm,
Der selt'ne Dinge mir zu zeigen kam."

Der Mann bejahte, sich ehrerbietig vor der hoheitsvollen Gestalt Goldwinas verneigend.

Vor der Königin lagen nun des Krämers Waren ausgebreitet. Sie wählte für jede ihrer Dienerinnen ein Stück; das schönste für Elligod, indem sie sagte:

„Für jede sei es eine Kleinigkeit,
Daß nicht vergeblich her du kamst so weit."

Der Krämer verneigte sich abermals dankend; dann sprach er demütig: „Und hätte ich die Schätze Arabiens bei mir, fürwahr, mich dünkt, für eine Königin, wie Ihr es seid, wären sie mir noch zu schlecht."

„Mir frommt nicht Schmuck noch bunter Tand,
Wär' er auch selbst aus fernstem Land,"

lächelte Goldwina trübe.

Ihr Blick wandte sich zur Seite, wo, von einem seidenen Tuche halb verhüllt, die Zauberharfe lehnte.

Er vernahm nur Äußerungen des Lobes.

Erwartungsvoll lächelte der Mann, als Elligod ihm winkte und er, gefolgt von den Dienerinnen, die Säulenhalle betrat. Es war dieselbe Halle, in der am vorhergehenden Tage König Ringolf die Königin Goldwina belauscht hatte.

Auch jetzt saß sie auf dem goldenen Sessel. Ihr langer Schleier wallte über ihr Antlitz, das ernst prüfend den Krämer betrachtete, der bescheiden, mit gesenktem Haupte, am Eingang stehen blieb. Jetzt winkte Königin Goldwina ihm, näher zu kommen, während die jungen Mädchen sich vor ihrer Herrin tief verneigten und dann, ihres Winkes gewärtig, auf den Ruhesitzen an den Wänden Platz nahmen. Nur Elligod blieb in der Nähe der Königin, die den Fremdling anredete:

„Ein Krämer bist du, wie ich schon vernahm,
Der selt'ne Dinge mir zu zeigen kam."

Der Mann bejahte, sich ehrerbietig vor der hoheitsvollen Gestalt Goldwinas verneigend.

Vor der Königin lagen nun des Krämers Waren ausgebreitet. Sie wählte für jede ihrer Dienerinnen ein Stück; das schönste für Elligod, indem sie sagte:

„Für jede sei es eine Kleinigkeit,
Daß nicht vergeblich her du kamst so weit."

Der Krämer verneigte sich abermals dankend; dann sprach er demütig: „Und hätte ich die Schätze Arabiens bei mir, fürwahr, mich dünkt, für eine Königin, wie Ihr es seid, wären sie mir noch zu schlecht."

„Mir frommt nicht Schmuck noch bunter Tand,
Wär' er auch selbst aus fernstem Land,"

lächelte Goldwina trübe.

Ihr Blick wandte sich zur Seite, wo, von einem seidenen Tuche halb verhüllt, die Zauberharfe lehnte.

Der Krämer war ihren Augen gefolgt. Jetzt rief er lebhaft: „Oh, Frau Königin, welch' kostbares Instrument habt Ihr dort! Ich würde es Euch mit Gold aufwiegen; sprecht, um wieviel dürft' es Euch feil sein?“

Ein verweisender Blick traf den Fragenden, und fast herbe lautete die Antwort:

„Meine Harfe Klingehold
Nimmermehr ich missen wollt',
Denn seit ich mein Kind verlor,
Ich zum Trost sie mir erkor.“

„Verzeiht mir meine Frage, edle Königin,“ suchte der Krämer seine Kühnheit gutzumachen, „aber ich kenne jemand, der ein halbes Königreich für eine solche Wunderharfe geben würde. Doch ich vergaß über meiner vorwitzigen Frage fast, Euch noch einige besondere Dinge zu zeigen.“

Er zog mit diesen Worten eine kleine Goldkapsel unter seinem weiten Mantel hervor, die er geöffnet Goldwina überreichte. In der Kapsel blinkte nur eine goldene Locke. Der Krämer sprach kein Wort. Seine Augen dagegen beobachteten verstohlen die Königin; es war, als wolle er in ihren Zügen lesen.

Goldwina blickte starr auf die Haarlocke, dann, wie aus tiefem Sinnen erwachend, strich sie mit der Hand über ihre Stirn und seufzte:

„Diese Locke wunderbar
Mahnt mich an ein teures Haupt,
Das das Schicksal mir geraubt. —
Sag', wer gab dir dieses Haar?“

„Ihr sollt es erfahren, edle Königin. Doch zuvor betrachtet auch noch dieses.“ Mit diesen Worten zog der Krämer unter seinem Mantel einen Ring hervor, den er ebenfalls Goldwina reichte.

Sein Blick hing jetzt mit solcher Spannung an dem Antlitz der Königin, als wolle er die geheimsten Regungen ihrer Seele ergründen. Schneebleich ward die edle Frau und griff nach dem Herzen.

Der Krämer war ihren Augen gefolgt. Jetzt rief er lebhaft: „Oh, Frau Königin, welch' kostbares Instrument habt Ihr dort! Ich würde es Euch mit Gold aufwiegen; sprecht, um wieviel dürft' es Euch feil sein?"

Ein verweisender Blick traf den Fragenden, und fast herbe lautete die Antwort:

„Meine Harfe Klingehold
Nimmermehr ich missen wollt',
Denn seit ich mein Kind verlor,
Ich zum Trost sie mir erkor."

„Verzeiht mir meine Frage, edle Königin," suchte der Krämer seine Kühnheit gutzumachen, „aber ich kenne jemand, der ein halbes Königreich für eine solche Wunderharfe geben würde. Doch ich vergaß über meiner vorwitzigen Frage fast, Euch noch einige besondere Dinge zu zeigen."

Er zog mit diesen Worten eine kleine Goldkapsel unter seinem weiten Mantel hervor, die er geöffnet Goldwina überreichte. In der Kapsel blinkte nur eine goldene Locke. Der Krämer sprach kein Wort. Seine Augen dagegen beobachteten verstohlen die Königin; es war, als wolle er in ihren Zügen lesen.

Goldwina blickte starr auf die Haarlocke, dann, wie aus tiefem Sinnen erwachend, strich sie mit der Hand über ihre Stirn und seufzte:

„Diese Locke wunderbar
Mahnt mich an ein teures Haupt,
Das das Schicksal mir geraubt. –
Sag', wer gab dir dieses Haar?"

„Ihr sollt es erfahren, edle Königin. Doch zuvor betrachtet auch noch dieses." Mit diesen Worten zog der Krämer unter seinem Mantel einen Ring hervor, den er ebenfalls Goldwina reichte.

Sein Blick hing jetzt mit solcher Spannung an dem Antlitz der Königin, als wolle er die geheimsten Regungen ihrer Seele ergründen. Schneebleich ward die edle Frau und griff nach dem Herzen.

Sie wehrte der ängstlich herzuspringenden Elligod, als diese der vermeintlich Ohnmächtigen Hilfe leisten wollte. Dann fragte sie mit bebender Stimme:

„Dieser Ring, o Krämer, sprich,
Sag', wer hat ihn dir gegeben?
Dieser Ring, er mahnet mich,
Ach, an ein mir teures Leben!"

Die Erregung der Königin schien sich auch auf den Krämer zu übertragen, denn auch *seine* Stimme bebte, als er jetzt antwortete:

„Erlaubt mir, edle Königin, Euch eine Geschichte zu erzählen: Ein König zog in das gelobte Land, um als Kreuzritter edle Taten zu vollbringen. Dort war es ihm vergönnt, einige Sarazenen zu überwältigen, die ein schönes, aber stummes Mägdlein mit sich führten. Da die Jungfrau vor Schrecken und Angst ganz benommen war, daß der König über seine Heimat nichts erfahren konnte, nahm er sie mit sich in sein Königreich und machte sie zu seiner Gemahlin.

Doch Heimweh nagte an dem Gemüt der jungen Königin, das sie aufs Krankenlager warf. In wirren Fieberschauern rief sie nach ihrer Mutter und nach einer Harfe mit goldenen Saiten. Da zog der König aus, um eine solche Harfe zu finden, und seht, edle Königin, er fand sie bei Euch!"

Bei diesen Worten riß der Krämer seinen weiten Mantel ab, richtete sich hoch auf und stand in prächtigen Kleidern vor den sprachlosen Frauen.

Elligod stieß einen leisen Schrei aus, als sie die Verwandlung sah, denn sie erkannte den Fremden, dem sie am vergangenen Tage zum Lauschen verholfen hatte.

Doch der König, der seine Krämerrolle gut gespielt hatte, rief: „Ich bin König Ringolf! Die Harfe, nach der meine Gemahlin ruft, heißt ‚Klingehold', und meine Gemahlin Feridah ist —"

„Meine Tochter!" rief Goldwina schluchzend. „Mein heiß beweintes Kind! Oh, sie ist also nicht tot oder gefangen —"

König Ringolf hatte vor Goldwina die Knie gebeugt und blickte

Sie wehrte der ängstlich herzuspringenden Elligod, als diese der vermeintlich Ohnmächtigen Hilfe leisten wollte. Dann fragte sie mit bebender Stimme:

„Dieser Ring, o Krämer, sprich,
Sag', wer hat ihn dir gegeben?
Dieser Ring, er mahnet mich,
Ach, an ein mir teures Leben!"

Die Erregung der Königin schien sich auch auf den Krämer zu übertragen, denn auch *seine* Stimme bebte, als er jetzt antwortete:

„Erlaubt mir, edle Königin, Euch eine Geschichte zu erzählen: Ein König zog in das gelobte Land, um als Kreuzritter edle Taten zu vollbringen. Dort war es ihm vergönnt, einige Sarazenen zu überwältigen, die ein schönes, aber stummes Mägdlein mit sich führten. Da die Jungfrau vor Schrecken und Angst ganz benommen war, daß der König über seine Heimat nichts erfahren konnte, nahm er sie mit sich in sein Königreich und machte sie zu seiner Gemahlin.

Doch Heimweh nagte an dem Gemüt der jungen Königin, das sie aufs Krankenlager warf. In wirren Fieberschauern rief sie nach ihrer Mutter und nach einer Harfe mit goldenen Saiten. Da zog der König aus, um eine solche Harfe zu finden, und seht, edle Königin, er fand sie bei Euch!"

Bei diesen Worten riß der Krämer seinen weiten Mantel ab, richtete sich hoch auf und stand in prächtigen Kleidern vor den sprachlosen Frauen.

Elligod stieß einen leisen Schrei aus, als sie die Verwandlung sah, denn sie erkannte den Fremden, dem sie am vergangenen Tage zum Lauschen verholfen hatte.

Doch der König, der seine Krämerrolle gut gespielt hatte, rief: „Ich bin König Ringolf! Die Harfe, nach der meine Gemahlin ruft, heißt ‚Klingehold', und meine Gemahlin Feridah ist —"

„Meine Tochter!" rief Goldwina schluchzend. „Mein heiß beweintes Kind! Oh, sie ist also nicht tot oder gefangen —"

König Ringolf hatte vor Goldwina die Knie gebeugt und blickte voll Teilnahme und Verehrung zu ihr auf. „Nein," rief er, „sie lebt, und sie gab mir Locke und Ring, als Mahnung, daß sie meine Heimkehr mit Sehnsucht erwarte! Vielleicht ahnte sie, daß ihre Gaben noch größere Zauberkraft besäßen als selbst die Zauberharfe ‚Klingehold', denn sie halfen die Mutter zu finden, und die Heimat mit den grünen Palmen und dem Marmorschloß am blauen Meer!"

Goldwinas Tränen waren längst versiegt. In mütterlichem Wohlgefallen ruhten ihre Blicke auf der stattlichen Erscheinung des Königs, dessen beide Hände sie ergriff, und der ihr nun von ihrer wiedergefundenen Tochter erzählen mußte. Auch von dem Einsiedler erzählte König Ringolf und von dessen Worten:

„Einer Frau mit Trän' im Blick
Bringt dies Kleinod wieder Glück."

Jetzt konnte er diese Worte auch auf Königin Goldwina beziehen.

Daheim in König Ringolfs Schloß lag die Königin Feridah noch bleich auf ihrem Ruhelager. Das Fieber war gewichen, nur Schwermut sprach noch aus dem schönen Antlitz, das von goldblondem Haar wie von einem Mantel umwallt war. Wann würde ihr Gemahl heimkehren? Da stieß plötzlich der Türmer in sein Horn, und ein glänzender Zug zog in die Königsburg ein: König Ringolf mit Königin Goldwina und deren Gefolge von Dienern und Dienerinnen, unter denen auch Elligod nicht fehlte.

Die junge Königin ward auf die plötzlich im Schlosse herrschende Unruhe aufmerksam. Da öffneten sich die Türen, und Feridah vernahm die wundervollen Töne der Zauberharfe. Ihre Wangen röteten sich; ihre Augen glänzten vor Freude. Sie richtete sich schnell auf und rief mit weit ausgebreiteten Armen:

„Klingehold, Klingehold,
Deinen Klang ich kennen sollt'!

voll Teilnahme und Verehrung zu ihr auf. „Nein," rief er, „sie lebt, und sie gab mir Locke und Ring, als Mahnung, daß sie meine Heimkehr mit Sehnsucht erwarte! Vielleicht ahnte sie, daß ihre Gaben noch größere Zauberkraft besäßen als selbst die Zauberharfe ‚Klingehold', denn sie halfen die Mutter zu finden, und die Heimat mit den grünen Palmen und dem Marmorschloß am blauen Meer!"

Goldwinas Tränen waren längst versiegt. In mütterlichem Wohlgefallen ruhten ihre Blicke auf der stattlichen Erscheinung des Königs, dessen beide Hände sie ergriff, und der ihr nun von ihrer wiedergefundenen Tochter erzählen mußte. Auch von dem Einsiedler erzählte König Ringolf und von dessen Worten:

„Einer Frau mit Trän' im Blick
Bringt dies Kleinod wieder Glück."

Jetzt konnte er diese Worte auch auf Königin Goldwina beziehen.

Daheim in König Ringolfs Schloß lag die Königin Feridah noch bleich auf ihrem Ruhelager. Das Fieber war gewichen, nur Schwermut sprach noch aus dem schönen Antlitz, das von goldblondem Haar wie von einem Mantel umwallt war. Wann würde ihr Gemahl heimkehren? Da stieß plötzlich der Türmer in sein Horn, und ein glänzender Zug zog in die Königsburg ein: König Ringolf mit Königin Goldwina und deren Gefolge von Dienern und Dienerinnen, unter denen auch Elligod nicht fehlte.

Die junge Königin ward auf die plötzlich im Schlosse herrschende Unruhe aufmerksam.

Da öffneten sich die Türen, und Feridah vernahm die wundervollen Töne der Zauberharfe. Ihre Wangen röteten sich; ihre Augen glänzten vor Freude. Sie richtete sich schnell auf und rief mit weit ausgebreiteten Armen:

„Klingehold, Klingehold,
Deinen Klang ich kennen sollt'!

Ist's ein Traumbild, oder Kunde,
Von ersehnter Freudenstunde?"

Im gleichen Augenblick betraten Goldwina und König Ringolf Hand in Hand das Gemach: drei glückliche Menschen waren vereint. Wer beschreibt die Freude und das Glück des Wiedersehens? Feridahs Sprache war ihr plötzlich voll und ganz wiedergeschenkt, und sie hatte sie nötig, denn es gab nun viel zu erzählen.

Daß die junge Königin gar schnell gesund wurde, kann man sich denken, zumal Goldwina ihr alle ihre Lieblingsweisen auf der Harfe Klingehold vorspielte und ihr sogar dieses herrliche Instrument schenkte. Obendrein versprach die Mutter, noch längere Zeit bei ihr zu bleiben und sie alle Jahre besuchen zu wollen.

Die treue Elligod und alle Dienerinnen Goldwinas freuten sich ebenfalls sehr des Wiedersehens. Sie schmückten Feridah mit unverwelklichen Rosen aus Goldwinas Gärten, tanzten anmutige Reigen und sangen:

„Reigen, schling' dich, schling',
Sorgennacht verging,
Freudensonne scheint,
Kön'gin ist vereint
Mit der Tochter heut',
Jedes Herz sich freut.
Unser Sang soll schallen!
Heil euch, Heil euch allen!"

Das war eine glückliche Zeit für alle Bewohner des Königsschlosses, an der das ganze Volk teilnahm.

Die Zauberharfe hatten Goldwina und Feridah nicht mehr zum Troste nötig; sie hielten sie aber stets in Ehren.

Ist's ein Traumbild, oder Kunde,
Von ersehnter Freudenstunde?"

Im gleichen Augenblick betraten Goldwina und König Ringolf Hand in Hand das Gemach: drei glückliche Menschen waren vereint.

Wer beschreibt die Freude und das Glück des Wiedersehens? Feridahs Sprache war ihr plötzlich voll und ganz wiedergeschenkt, und sie hatte sie nötig, denn es gab nun viel zu erzählen.

Daß die junge Königin gar schnell gesund wurde, kann man sich denken, zumal Goldwina ihr alle ihre Lieblingsweisen auf der Harfe Klingehold vorspielte und ihr sogar dieses herrliche Instrument schenkte. Obendrein versprach die Mutter, noch längere Zeit bei ihr zu bleiben und sie alle Jahre besuchen zu wollen.

Die treue Elligod und alle Dienerinnen Goldwinas freuten sich ebenfalls sehr des Wiedersehens. Sie schmückten Feridah mit unverwelklichen Rosen aus Goldwinas Gärten, tanzten anmutige Reigen und sangen:

„Reigen, schling' dich, schling',
Sorgennacht verging,
Freudensonne scheint,
Kön'gin ist vereint
Mit der Tochter heut',
Jedes Herz sich freut.
Unser Sang soll schallen!
Heil euch, Heil euch allen!"

Das war eine glückliche Zeit für alle Bewohner des Königsschlosses, an der das ganze Volk teilnahm.

Die Zauberharfe hatten Goldwina und Feridah nicht mehr zum Troste nötig; sie hielten sie aber stets in Ehren.

Verwendete Schriften

1. Prinzessin Hochmut — Offenbacher Schwabacher
Entstanden um 1899/1900 als „Hausschnitt" der Rudhard'schen Schriftgießerei in Offenbach am Main (ab 1906 Gebr. Klingspor)
Schriftkünstler: unbekannt
Überschrift: Courante-Gotisch
Entstanden um 1875; Gebr. Arndt & Co., Berlin
Schriftkünstler: unbekannt
Antiquateil: TT Livret Text
Digitalschrift; Entstehungsjahr und Schriftkünstler unbekannt

2. Der Kristallsee — Werk-Fraktur
Entstanden 1913; Ludwig & Mayer, Frankfurt am Main
Schriftkünstler: Lorenz Reinhard Sitzenpfeil
Überschrift: Deutsche Zierschrift
Entstanden 1921; D. Stempel AG, Frankfurt am Main
Schriftkünstler: Rudolf Koch
Antiquateil: Madeira Pro
Digitalschrift; Entstehungsjahr und Schriftkünstler unbekannt

3. Warum die Veilchen so lieblich duften — Goethe-Fraktur
Entstanden 1911; Woellmer, Berlin/Trennert & Sohn, Altona
Schriftkünstler: unbekannt
Überschrift: Fette Kanzlei
Entstanden um 1880; Bauersche Gießerei, Frankfurt am Main
Schriftkünstler: unbekannt
Antiquateil: Benjamin Pro Condensed
Digitalschrift; Entstehungsjahr und Schriftkünstler unbekannt

4. Der Smaragd — Mars-Fraktur (auch: Romeo-Fraktur)

Entstanden 1910; D. Stempel AG, Frankfurt am Main

Schriftkünstler: unbekannt

Überschrift: Aristokrat

Entstanden 1911; Ludwig & Mayer, Frankfurt am Main

Schriftkünstler: Albert Auspurg

Antiquateil: Salina

Digitalschrift; Entstehungsjahr und Schriftkünstler unbekannt

5. Gottfrieds Wunderflöte — (Neue) Schwabacher

Entstanden 1873; von verschiedenen Schriftgießereien angeboten

Schriftkünstler: Albert Anklam / Karl Hermann

Diese damals sehr häufig verwendete Schrift wurde nicht nur von vielen Schriftgießereien angeboten, u. a. von solchen in Nordamerika, sondern auch unter verschiedenen Namen: schlicht „Schwabacher", daneben „Neue Schwabacher", „Hamburger Schwabacher", „Moderne Schwabacher" ꝛc.

Überschrift: Maximilian-Gotisch mit Zierbuchstaben

Entstanden 1914; Gebr. Klingspor, Offenbach am Main

Schriftkünstler: Rudolf Koch

Antiquateil: Georgia

Digitalschrift; Entstehungsjahr und Schriftkünstler unbekannt

6. Der wanderlustige Sonnenstrahl — Alte Schwabacher

Entstanden um 1485; von verschiedenen Schriftgießereien angeboten; Schriftkünstler: unbekannt

Überschrift: Neu-Gotisch (auch nur „Gotisch" ohne Zusatz „Neu")

Entstanden um 1850; Bauersche Gießerei, Frankfurt am Main

Schriftkünstler: Johann Christian Bauer

Antiquateil: Benson Pro

Digitalschrift; Entstehungsjahr und Schriftkünstler unbekannt

7. Strampelmäuschen – Gotenburg (Garnitur B)

Entstanden 1936; D. Stempel AG, Frankfurt am Main

Schriftkünstler: Friedrich Heinrichsen

Überschrift: Halbfette Gotenburg (Garnitur B)

Entstanden 1936; D. Stempel AG, Frankfurt am Main

Schriftkünstler: Friedrich Heinrichsen

Antiquateil: Futura Enghalbfett

Entstanden 1927; Bauersche Gießerei, Frankfurt am Main

Schriftkünstler: Paul Renner

Die von Paul Renner in den 1920er-Jahren geschaffene, nach und nach sehr stark ausgebaute „Futura" gehört zu den bekanntesten und einflußreichsten Schriften des 20. Jahrhunderts. Zu Beginn dieses Jahrhunderts dominierten im deutschsprachigen Raum noch die gebrochenen Schriften. Am Bauhaus in Weimar und später in Dessau experimentierten Schriftkünstler mit stark vereinfachten Alphabeten, die ganz aus geometrischen Grundformen zusammengesetzt sind.
Einer der auffälligsten Buchstaben der „Futura" ist das kleine j.

8. Vorwort zum Märchenbuch von 1923 – Kleukens-Fraktur

Entstanden 1911; D. Stempel AG, Frankfurt am Main

Schriftkünstler: Friedrich Wilhelm Kleukens

Überschrift: Fette Gotisch

Entstanden 1876; Bauersche Gießerei, Frankfurt am Main

Schriftkünstler: Johann Christian Bauer

Diese ebenfalls sehr häufig verwendete Schrift wurde nicht nur von vielen Schriftgießereien angeboten, u. a. von solchen in Nordamerika, sondern auch unter verschiedenen Namen. Bei der „Frankfurter Allgemeinen Zeitung" waren die Zwischenüberschriften bis 2007 in der „Fetten Gotisch" gesetzt.

Antiquateil: Technotyp

Entstand. 1948; Schelter & Giesecke, Leipzig / VEB Typoart, Dresden; Schriftkünstler: Herbert Thannhaeuser

Die „Technotyp" war mit verschiedenen Schnitten (normal und eng) und Fetten (dünn, halbfett, dreiviertelfett, fett und extrafett) sehr gut ausgebaut; in der DDR war sie häufig zu sehen. Sie hatte auch kyrillische Zeichen.
Charakteristisch ist ihr ß.

9. Das dankbare Heinzelmännchen — Welt-Fraktur
Entstanden 1910; Ludwig & Mayer, Frankfurt am Main
Schriftkünstler: Lorenz Reinhard Sitzenpfeil
Überschrift: Haas-Gotisch (Gothique Haas étroite)
Entstanden im 19. Jh.; Haas'sche Schriftgießerei, Münchenstein
Schriftkünstler: unbekannt
Antiquateil: Pergamon-Antiqua
Entstanden 1932; Schriftguß AG / später VEB Typoart, Dresden
Schriftkünstler: Alfons Schneider

Auch die „Pergamon-Antiqua" wurde im Laufe der Zeit sehr gut ausgebaut und war in der DDR viel im Einsatz. Sie hatte ebenfalls kyrillische Zeichen.

10. Der Erdbeerkönig — Hansa-Fraktur
Entstanden 1911 (?); Trennert & Sohn, Altona / Genzsch & Heyse, Hamburg
Schriftkünstler: unbekannt
Überschrift: Verzierte Musirte Gotisch
Entstanden um 1870; Schriftgießerei Flinsch, Frankfurt am Main
Schriftkünstler: unbekannt
Antiquateil: Macklin Text
Digitalschrift; Entstehungsjahr und Schriftkünstler unbekannt

11. Springmännchen und Goldfasan — Normal-Fractur
(auch: Weber-Fraktur und weitere Namen; meist aber nur mit Nr.)
Entstanden 19. Jahrhundert; von vielen Gießereien angeboten
Schriftkünstler: unbekannt
Überschrift: Haas-Gotisch — **Details siehe oben**
Antiquateil: kursive Scotch Text
Entstanden 2017; digital bei Positype
Schriftkünstler: Neil Summerour

Diese sehr gut ausgebaute Schriftfamilie ist eine Schrift im Scotch-Modern-Stil, der Anfang des 19. Jahrhunderts vor allem im angloamerikanischer Raum Verbreitung fand. 2017 wurde sie digital den Vorbildern nachgestaltet, u. a. mit den Varianten Scotch Modern, Scotch Micro und Scotch Text, letztere in den Laufweiten Normal, Eng und Schmal.

12. Die wilde Marinka — König-Type
Entstanden 1907; H. Berthold AG, Berlin
Schriftkünstler: Heinz König
Überschrift: Halbfette König-Type
Entstanden 1906; H. Berthold AG, Berlin
Schriftkünstler: Heinz König
Antiquateil: Rhode-Mediäval
Entstanden 1944; Norddeutsche Schriftgießerei, Berlin
Schriftkünstler: Hieronymus [Hiero] Rhode

13. Stiefmütterchen — Hamburger Druckschrift
Entstanden 1904; Genzsch & Heyse, Hamburg
Schriftkünstler: Friedrich Bauer
Überschrift: Fette Hamburger Druckschrift
Entstanden 1908; Genzsch & Heyse, Hamburg
Schriftkünstler: Friedrich Bauer
Antiquateil: TT Livret Text
Digitalschrift; Entstehungsjahr und Schriftkünstler unbekannt

14. Die Harfe der Königin – Neue (Moderne) Fraktur
(und viele andere Namen: Faust-Fraktur, Ideal-Fraktur, Richard-Wagner-Fraktur, Hamburger Fraktur ꝛc.)
Entstanden 1900; bei Wagner & Schmidt, Leipzig — von vielen anderen, auch ausländischen Schriftgießereien angeboten.
Schriftkünstler: Eduard Brox
Überschrift: Halbfette Neue (Moderne) Fraktur
Antiquateil: Stix Two Text
Digitalschrift; Entstehungsjahr und Schriftkünstler unbekannt

Die Angaben zu den gebrochenen Schriften (Entstehungsjahr, Schriftgießerei und Schriftkünstler) entstammen größtenteils dem:

Handbuch der Frakturschriften - Geschichtliches, Beispiele, Künstler, Anbieter - **von Wolfgang Hendlmeier;** Selbstverlag; Vertrieb: Delbanco◊Frakturschriften, Klaus-Dieter Stellmacher, Cottbus; ISBN: 978-3-00-047580-1. - www.fraktur.com -

Beim Satz des vorliegenden Buches wurden für die Frakturteile ganz überwiegend Schriften von Herrn Dipl.-Ing. Gerhard Helzel, Hamburg, verwendet. Diese Schriften bilden digital die Original-Bleisatzschriften aus der Zeit des „analogen Buchdrucks" nach. Im Internet werden sie auf der Seite - www.romana-hamburg.de - angeboten.

Einige für Überschriften verwendete Schriften stammen vom Anbieter Delbanco◊Frakturschriften; - www.fraktur.com -

Für die Antiqua-Seiten der vorliegenden zwei*schriftigen* Ausgabe hat der Herausgeber digitale Schriften verwendet, die entweder mit dem Rechner geliefert wurden (Systemschriften), oder die er bei einem der heutigen großen Schriftenanbieter erworben hat (meist Monotype/Linotype; - www.myfonts.com -).

Soweit es sich dabei um digitale Fassungen älterer Bleisatzschriften handelte (Futura, Pergamon, Technotype), konnten Detailangaben oben eingearbeitet werden; leider mußte es aber oft heißen: *Digitalschrift; Entstehungsjahr und Schriftkünstler unbekannt.*

Hinweis auf weitere Werke

Neben der Publikation älterer, gemeinfreier, schöngeistiger Literatur befaßt sich der Herausgeber auch mit dem Verfassen von Fachbüchern mit dem Schwerpunkt auf Eisenbahn, Büroorganisation und Recht (Schadensbearbeitung — Ermittlung, Haftpflicht, Entschädigung).

Im gleichen Verlag sind erschienen:

Bürokunde und ein Blick ins Archiv
2012 gebunden; ISBN: 978-3-86870-856-1, 272 Seiten.
2019 Paperback; ISBN: 978-3-96103-525-0, 272 Seiten.

Dokumente zur Eisenbahn-Aktenkunde. Alphabetischer Aktenplan der Deutschen Reichsbahn-Gesellschaft und ihrer Nachfolger sowie einschlägige Dienstvorschriften zur Behandlung der Geschäftssachen und der Verschlußsachen. Ein Beitrag zur Eisenbahngeschichte.
2019 Paperback; ISBN: 978-3-96103-522-9, 976 Seiten.

Katechismus der Schadensbearbeitung im Eisenbahn-Güterverkehr
2023 Paperback; ISBN: 978-3-86870-351-1, 256 Seiten.

Einzelheiten zu den Büchern und Leseproben daraus finden sich auf:

www.bureokunde.de